LES FRANÇAIS ET L'AI
2 : culture et so

Pierre Goubert *Daniel Roche*

LES FRANÇAIS ET L'ANCIEN RÉGIME

2 : culture et société

3e édition

ARMAND COLIN

Maquette de l'ouvrage : d'après Michel Cabaud

Illustration de couverture :
Le port de Marseille en 1754, détail d'une peinture de Joseph Vernet
Musée du Louvre
© Giraudon

ISBN : 2-200-25145-1

Armand Colin, 21, rue du Montparnasse, 75006 Paris

CULTURE ET SOCIETE

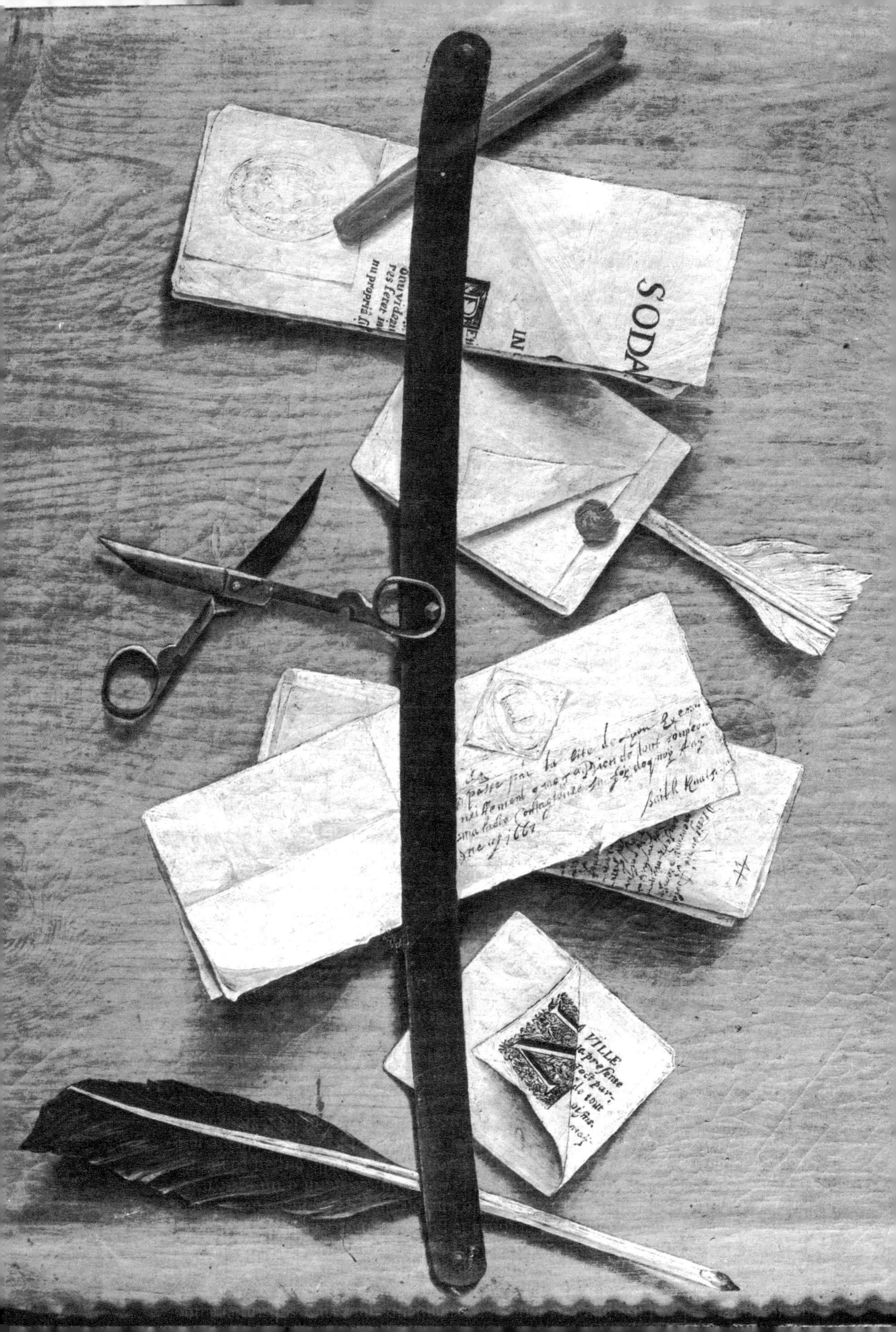
SODA
VILLE

INTRODUCTION

Chacun sait cela : la culture c'est ce qui reste quand on a tout oublié. Toutefois, l'historien de l'Ancien Régime ne peut se contenter de cette définition trop étroite, trop élitaire, trop simple, car il est confronté depuis plus de deux décennies aux développements multiples et passionnants d'une aventure difficile. Son but est de comprendre les médiations diverses qui interviennent entre les conditions objectives de la vie des hommes et les façons innombrables dont ils se les représentent et se les disent. C'est donc d'*histoire des cultures* qu'il faut parler, et non de la culture, de l'histoire des comportements collectifs, des sensibilités, des imaginations et des gestes, de l'histoire des rêves, bref, de ce qu'il est convenu d'appeler sans élégance histoire « des mentalités ».

Le projet actuel de cette histoire a été formulé essentiellement par Lucien Febvre, dans les années trente, au moment de la grande rupture inscrite dans les travaux de l'École des *Annales*, bien avant que les héritiers d'aujourd'hui n'en réalisent les objectifs principaux et ne retirent de ces investissements anciens des profits multiples. Ce modèle repose sur des refus et des choix, il se manifeste dans des œuvres, mais il n'est pas sans susciter des difficultés et des interrogations qu'il faut évoquer si l'on veut comprendre son fonctionnement par rapport à d'autres disciplines ; enfin, il exige une définition minimale de son champ d'application comme de ses méthodes et de ses problématiques.

Le renouvellement de l'histoire sur lequel vit encore notre génération suppose que l'on sacrifie trois habitudes anciennes. D'abord, celle de l'identification exclusive du document à l'écrit et par conséquent du travail de l'historien à la critique du texte : « Les textes évidemment, mais pas rien que les textes », expliquait Lucien Febvre. Ensuite, on remet désormais en cause la conception positiviste du fait histo-

Trompe-l'œil, anonyme, XVIIIe siècle, musée des Beaux-Arts d'Arras.

rique retrouvé dans des traces écrites, lequel, même critiqué, restait donné et aussi indiscutable que l'objet des sciences positives ; au contraire, il faut admettre désormais que le fait historique est également un objet construit selon des hypothèses qui influent sur son interprétation. Enfin, troisième rupture capitale, l'histoire ne peut plus être seulement une discipline gratifiante, chargée de légitimer le présent ou de justifier la nation, l'État, le progrès.

Histoire des cultures, histoire des mentalités

A ces refus majeurs correspondent trois impératifs qui placent l'interrogation des historiens sous le parrainage des sciences du social. A l'histoire des individus ou de l'homme, conçue comme une abstraction, la discipline préfère celle des groupes sociaux. Elle s'efforce d'en comprendre la totalité, ce qui correspond moins à l'affirmation de la prééminence de celle-ci, prééminence susceptible de rendre compte de tous les aspects de la chose étudiée, qu'à la volonté de percevoir et de comprendre l'interdépendance des niveaux de la réalité et ses changements dans le temps. Tout est devenu historique, et pas seulement les manifestations superficielles du changement. Enfin, et c'est ce qui place l'histoire actuelle de la culture dans une perspective de psychologie du collectif, deux notions apparaissent comme fondamentales : la première, c'est l'acceptation des différences, c'est-à-dire, pour l'interprétation, le refus de l'anachronisme et le refus de l'investissement préalable d'un sens dans les faits ; la seconde, c'est la nécessité d'inventorier les éléments de l'outillage mental, caractéristique d'un temps, dont disposent les groupes sociaux et les individus : état de la langue écrite et parlée, outils et concepts de la science, mais aussi « le support sensible de la pensée » et le système des perceptions qui commande à l'affectif. On voit déjà ici se dessiner la difficulté de mesurer le déplacement d'ensemble de ce questionnaire, qui caractérise la mutation de l'histoire depuis quarante ans. De l'œuvre de L. Febvre aux travaux d'aujourd'hui, les infléchissements ont été multiples, les modèles nombreux. On ne saurait toutefois oublier deux figures dominantes dans tous les débats, celle d'Ernest Labrousse, qui en définissant les directions majeures de l'histoire économique — analyse des fluctuations, utilisation des séries statistiques, mesure de l'effet social des crises — a dicté l'orientation principale de nombreuses enquêtes ; celle de Fernand Braudel, qui par sa méditation sur l'espace et le temps offrait une manière de lecture dont on n'a pas encore pleinement mesuré l'efficacité méthodologique dans le domaine de l'histoire des cultures, dans le cheminement incertain qui a conduit nombre d'entre nous de la compréhension de l'économique comme clé de l'histoire à l'analyse du culturel comme expression de nos interrogations et de nos incertitudes.

Aucun doute ici, le point de départ reste la volonté d'écrire une histoire sociale de la France ancienne, quantifiée, fondée sur des monographies régionales, susceptible de mettre en valeur moins le local objet que le problème, par le jeu des oppositions entre structure et conjoncture. Des paysans du Beauvaisis à ceux du Languedoc, à travers crises et croissance, les permanences et les changements de milliers de vies ordinaires conduisaient presque nécessairement à s'interroger sur leur en deçà, voire leur au-delà, ce qui pour une lecture du changement économique et social pouvait se dire en termes de blocage culturel et exigeait d'autres interrogations.

Trois facteurs ont été décisifs dans cette réactivation de l'intérêt des historiens pour les cultures : le succès de l'histoire démographique, la remise en cause par les sciences humaines de la primauté de l'histoire, la crise de nos sociétés.

La croissance et la réussite de la démographie historique, la constitution à partir de ses analyses et de ses questions d'un modèle global d'interprétation de l'histoire des populations françaises, voire occidentales, sur lequel il faudra s'interroger, ont permis de découvrir, au cœur des éléments les plus naturels en apparence, la présence insidieuse du culturel ; on a pu ainsi se demander comment remonter des comportements démographiques du passé aux motivations qui les sous-tendent. Face aux historiens, vers la fin des années soixante, sociologues, ethnologues, anthropologues proposaient un langage différent, dont la prise en compte a eu pour l'histoire culturelle quatre conséquences décisives : le privilège accordé au temps long, celui d'une histoire sinon immobile du moins d'une histoire dont les objets sont affectés très lentement par le temps ; la primauté des relations sur les structures ; la prise en charge des significations symboliques ; et enfin l'élargissement du questionnaire historique prenant en compte objets et concepts spécifiques venus du champ des sciences sociales. Pour finir, ne faut-il pas prendre en considération le phénomène de crise qui se joue dans les sociétés contemporaines, et qui, remettant en cause croissance et progrès, accentue l'intérêt pour le passé et permet d'exprimer le refus de l'irréversibilité d'une certaine modernité ? Avec François Furet, on peut penser justement que le secret de l'histoire des mentalités « est d'abord un secret de sensibilité », par quoi elle investit notre passé des racines idéalisées de notre présent ; on peut penser aussi que son succès est pour partie fait de notre nostalgie, même s'il nous permet, une fois encore, de nous soucier du sens de notre liberté et de nous interroger sur la diversité des stratégies humaines.

Dans cette perspective, la lecture partielle que nous proposons ici des phénomènes culturels dans la société d'Ancien Régime ne se confond pas totalement avec l'histoire des mentalités ou de l'intellectualité. Si, de la première, il faut retenir la volonté de comprendre les manières générales de sentir et de penser liant représentations collectives et conduites personnelles à l'état d'une société, donc à son histoire, la situation actuelle des enquêtes interdit une description globale de tous les processus mettant en cause l'outillage mental. On doit se contenter d'insister sur leur mobilisation par les agents sociaux, et sur l'analyse de la constitution d'habitudes sociales, afin de voir comment se constituent les conditions sociales de leur intériorisation. Par rapport à l'histoire des idées et des concepts pratiquée par les historiens littéraires, français ou étrangers, comme par ceux des sciences, mais avec d'autres ambitions épistémologiques, il faut insister sur les phénomènes d'enracinement et de circulation, c'est-à-dire penser le rapport aux idées autrement qu'en termes de détermination ou d'influence, l'objectif pouvant être de retrouver des structures qui organisent les usages et les pratiques collectives. En d'autres termes, le champ de cette réflexion d'histoire sociale et culturelle se voudrait à la rencontre des questionnaires et des problèmes de l'histoire des modèles culturels, des idées et des mentalités, elle voudrait en conserver les ambitions globales et exhaustives, tout en restant consciente de leurs limites et de leurs insuffisances. Rejetant l'histoire élitiste, qui privilégie les grands, les grandes œuvres, elle n'entend pas les exclure en dépit de leur position relevée par les traditions établies dans la hiérarchie des savoirs. En ce sens, elle souligne sa fidélité à l'histoire sociale telle qu'Ernest Labrousse en a tracé le programme, mais elle se veut aussi anthropologie pour trois raisons.

De la topographie sociale à l'histoire sociale des appropriations

D'abord, à la grille traditionnelle qui classe ou hiérarchise les faits, de l'économique au social, et du social au culturel, en niveaux successifs, elle préfère l'étude des interactions. Ensuite, elle postule la possibilité de comprendre, sinon d'ériger en vérité définitive, des phénomènes sociaux totaux qui sont moins l'expression des manifestations significatives de l'homme en société que la mise en perspective de leur temporalité spécifique. Dans cette mesure, on peut dire que le culturel investit tout et que l'élargissement des questions peut être infini. Enfin, cette histoire se voudrait celle des appropriations des structures mentales et des valeurs culturelles. C'est en ce sens qu'elle se différencie le plus de l'histoire des mentalités dont nous avons la familiarité, car elle s'intéresse autant aux phénomènes de rupture qu'aux catégories stables et immobiles, car elle s'inscrit dans le moyen terme — deux à trois siècles aux limites indécises — plus que dans la très longue durée, et parce qu'elle est plus sensible aux spécificités sociales et aux rapports, voire aux tensions, qui se jouent entre les groupes et les classes. Allier la connaissance statistique ou qualitative qui rend compte de la façon dont une forme culturelle ou un motif intellectuel se distribue selon les groupements sociaux, ou se répartit parmi les individus d'une population selon des modes d'appropriation variés par des pratiques qui sont actes de distinction, reste une de ces ambitions fondamentales. Au terme d'un transfert de problématique, c'est à la double interrogation de l'indépendance des faits culturels et de la constitution des *habitus* sociaux que tente de répondre l'histoire sociale et culturelle de l'Ancien Régime. Avant toute chose, elle est acceptation des contradictions.

Au départ, l'histoire sociale s'est voulue quantitative et sérielle. Elle acceptait sans difficulté les méthodes d'analyse éprouvées pour d'autres niveaux de la réalité historique, leur principe permettant une double opération : constituer des séries temporelles d'unités homogènes comparables autorisant les mesures d'une évolution ; substituer à l'événement la répétition de données sélectionnées, construites en fonction d'une analyse spécifique. Toutefois, cette ambition souffrait d'une limitation essentielle liée à la chronologie même du développement de la statistique, donc de la possibilité de constituer en nombre suffisant des séries valables et comparables : elle souffrait également de la limitation imposée par les liens qui unissent cette croissance du matériau quantitatif avec celle des organismes ou des institutions qui le suscitent pour répondre aux nécessités dictées par la centralisation des pouvoirs de l'État et des Églises. Aux biais que souligne la critique documentaire, s'ajoutent alors ceux qu'introduit l'exploration du sens que revêt le quantitatif pour une compréhension des appropriations culturelles. La relecture des sources habituelles de l'histoire sociale, l'utilisation de sources nouvelles introduisent déjà à d'autres enjeux, qui sont ceux-là mêmes de l'histoire des cultures.

Mises en cause en premier lieu, les archives dormantes, défrichées amplement pour le démographique et le social. Ainsi, les registres paroissiaux, base de la méthode Henry-Fleury, pour l'étude du mouvement et du volume des populations anciennes testées quant à leur natalité, nuptialité, fécondité et mortalité, deviennent la source fondamentale des attitudes devant la vie, mesurées à la variation de l'illégitimité, de la contraception, voire celle d'une analyse des divisions culturelles saisies par le relevé des signatures au mariage. De même, les archives notariales per-

« Amour est un grand ouvrier ». Plaque foyère du XVIIe *siècle, exemple de document où image, texte, décor témoignent des mentalités familiales (musée Dauphinois, Grenoble).*

mettent de multiplier les questions culturelles ; le contrat de mariage renseigne sur la capacité à signer et sur les réseaux de sociabilité ; l'inventaire après décès permet de dresser la topographie sociale des matériaux culturels, livres, images, objets ; le testament illustre des choix religieux et l'évolution des attitudes devant la mort, prouvée par l'analyse des clauses et celle des formules testamentaires.

La réutilisation de l'histoire du livre dans une démarche d'histoire des cultures impliquait aussi la mesure, et donc un changement de perspective. Évaluer la production suppose l'établissement de séries, et, par ailleurs, on a vu se substituer à une histoire littéraire, attachée aux grandes œuvres et conduite de ce fait à considérer le livre en tant que porteur de la nouveauté esthétique ou intellectuelle, une histoire plus ambitieuse, celle qui a pour but de saisir ce qu'écrit ou lit une société entière. Ainsi pouvait être mieux compris et éprouvé le poids relatif des archaïsmes et de la nouveauté. L'étude sérielle des livres peut, de surcroît, loin de les méconnaître, servir à étayer de manière neuve les lectures de la tradition. Le statut d'un texte n'est en effet point indifférent au fait qu'il est création exceptionnelle ou, au contraire, exemple parmi d'autres d'un genre de grande circulation. Le regard égalitaire jeté sur les produits culturels n'est pas ignorance du sens que prennent les textes au travers de la lecture, ou méconnaissance des pensées novatrices. Il est reconnaissance de territoire et évaluation des ensembles qui la constituent. Face à l'histoire littéraire, l'histoire de la culture voudrait inciter à l'exploration de corpus socialement significatifs et nécessairement massifs, et à la prise en considération des conditions d'ensemble de leur production, qui met en valeur les effets de l'écrit dans une culture majoritairement orale. A l'inverse, l'historien de la culture ne peut utiliser sans précaution les textes littéraires et les données qu'ils fournissent. Le jeu des règles qui expliquent leur apparition et leur disparition ne saurait être mis entre parenthèses ; ainsi, Rétif de La Bretonne, parlant de la vie rurale à partir d'un point de vue urbain et d'une mise en scène nouvelle de l'ordre social qui relève d'autre chose que de l'hagiographie paysanne (G. Benrekassa), met en valeur la conquête d'une identité de l'écrivain. Le champ du littéraire reste largement ouvert aux historiens des cultures ; il leur est simplement recommandé de ne point en méconnaître les fonctions spécifiques et de refuser l'écart entre le texte et le savoir.

A l'égard de l'image, une même prudence s'impose. Si l'historien est avant tout attentif à la production massive d'œuvres significatives, par exemple les retables, les ex-voto et les autels, immédiatement mobilisables par l'étude des thèmes interrogés en série, il ne peut négliger les conditions esthétiques et sociales de leur apparition et de leur diffusion. Derrière ces pratiques d'historiens, demeure une hypothèse sur la possibilité de lier la mesure et l'analyse des contenus, ce qui revient à admettre qu'il existe une articulation des phénomènes dans le temps et qu'il est opératoire d'utiliser pour l'analyse des partages culturels les classifications diverses qui viennent du monde social et qui traduisent les écarts qu'on peut y relever.

Une double critique a été portée sur cette attitude : d'une part, l'étude sérielle ne peut être que réductrice, car l'on ne saurait mettre au même niveau les grands et les *minores* ; d'autre part, la mise en ordre que suppose la mesure utilise des cadres de classement préalablement établis, incapables de rendre compte de l'appropriation des objets culturels. Dans l'un et l'autre cas, il est reproché au nombre de ne pas tenir compte du sujet, individuel ou collectif, et de négliger le rapport, personnel ou social, qu'entretiennent les agents sociaux avec leur système de valeurs ou de croyances. Le retour aux études de cas permet alors de mieux comprendre le problème des articulations entre position sociale et choix culturel analysées comme le travail spécifique fait sur un matériau donné. En réalité, outre l'élargissement et le décloisonnement qu'a permis l'histoire sérielle, il faut tenir compte du fait qu'opposer hiérarchie quantifiée et appropriation qualifiée ranime un vieux débat : est-il possible de mesurer la foi ? Débat qui se trompe d'objet, car les procédures d'analyse des uns ne sont pas contradictoires avec celles des autres. L'utilisation de la mesure ne peut se faire que pour apprécier l'inégal partage des biens culturels, en raisonnant sur les classifications réelles et imaginaires du social et en tenant compte des rapports complexes qui le régissent, révélés par les témoignages individualisés. Le sens d'une histoire des cultures consiste à comprendre un peu mieux comment les hommes ordinaires d'un temps ont pu apprendre à penser leur relation à Dieu, aux mondes et aux autres.

Ainsi, les enjeux de l'histoire culturelle mettent en cause des figures classiques du travail des historiens, les Églises et le sacré, l'État et le public, le privé et l'individu. Toutefois, celles-ci ne peuvent être utilisées que dans la perspective d'une analyse de la transmission sociale des faits culturels, et, ainsi, elles retrouvent une fonction spécifique et complexe. L'Ancien Régime — comme d'autres moments de l'histoire — peut alors se caractériser par la mesure des jeux qui déplacent l'un et l'autre de ces lieux d'action et d'intervention, mesure qui met l'accent sur l'hétérogénéité, les différences, la circulation, l'appropriation. Ces relations sont communément analysées à travers des oppositions admises sans débat, mais qui sont le résultat temporaire et changeant des transformations mêmes que l'on analyse (R. Chartier) : consommation-création, savant-populaire, dominant-dominé, écrit-oral, réel-imaginaire. Ces découpages sont à questionner si l'on veut mieux comprendre la spécificité de la démarche des historiens des cultures et les caractères originaux des débats et des tensions qui se jouent de l'âge de l'absolutisme aux temps des Lumières.

Le domaine de l'histoire culturelle ne se réduit pas à l'étude de la géographie sociale de la réception, qui repose sur l'opposition entre la création et la production active d'une part, l'assimilation passive et la dépendance d'autre part. L'essentiel est sans doute d'admettre que, au-delà de nos propres catégories de pensée, toute « consommation » correspond à une « autre production », rusée, silencieuse et quasi invisible (M. de Certeau). Toute œuvre ne prend sens que par la construction d'un sens ; regarder, lire, entendre sont des attitudes intellectuelles et affectives où se partagent les libertés et les contraintes. La culture du plus grand nombre repose sur les possibilités de cette « *attention oblique* » et les tentatives qui visent à transformer les pratiques (ainsi dans le domaine de la religion et des mœurs) doivent composer avec les tactiques de résistance et de détournement qui font la force des gens ordinaires. L'opposition du populaire et du savant a pu fonder des méthodes d'approche différente — quantifiée et collective d'une part, qualitative et individualisée d'autre part —, mais elle doit désormais se lire en termes d'échange, de relation et de partage. Comme écrit Roger Chartier : « Importe avant tout l'identification de la manière dont, dans les pratiques, les représentations ou les productions se croisent et s'imbriquent selon différentes figures culturelles. » C'est ce que peut montrer l'analyse de la religion ordinaire ou l'étude de la culture populaire. Là se dessine une autre remise en cause, celle de la frontière qui sépare l'écrit et l'oral. Certes, la France de l'Ancien Régime est une société de l'oralité où l'écrit est déjà signe d'appartenance à la culture dominante, mais entre les deux niveaux les échanges existent, et l'ambition d'une histoire des cultures consiste à les mettre en valeur ; le domaine des contes ou celui des proverbes en livre de nombreux exemples. Les rapports qui s'instaurent par le jeu des réemplois ou des détournements concernent aussi bien les formes que les contenus et permettent la constitution d'ensembles mixtes. L'Ancien Régime est fait de tous ces métissages culturels où il faut bien admettre que l'imaginaire et les représentations sont constitutifs de la réalité (G. Duby). L'historien interroge des textes, des discours, des images, dont le statut est en lui-même significatif et inséparable des conditions de son élaboration. La réalité de l'historien des cultures n'est alors plus exactement celle que vise le texte même, mais la manière dont il contribue à la constituer « dans l'historicité de sa production et la stratégie de son écriture » (J.-M. Goulemot). Le bilan que l'on peut tenter d'esquisser pour les siècles de l'Ancien Régime trouve ici ses limites : il propose quelques lignes d'ensemble qui paraissent assurées et qui sont le résultat du travail de toute une génération ; il suggère qu'au-delà de la fragilité des sources et de la subjectivité du commentaire connaître mieux une réalité complexe et nuancée implique un changement de regard.

Au verso

Vierge du Bon-Secours, personnage de cire dans une boîte vitrée, présentant l'Église à sa droite, la royauté à sa gauche (fin XVIIIe*, musée Historique lorrain, Nancy).*

Première partie

LE BON DIEU ET LE DIABLE

Famille de paysans dans un intérieur *(détail) par Le Nain, musée du Louvre.*

La foi des anciens temps a toujours été un bon et beau thème d'homélie, mais il convient sûrement d'y insister car tous les hommes d'autrefois ont vécu sous le signe de la croix. L'interdépendance du sacré et du profane est l'une des dimensions fondamentales de la France moderne, comme l'illustrent trois exemples concrets.

Au sommet du corps social et de tous les pouvoirs, le roi est oint, sacré, détenteur de miracle ; la conception sainte de la monarchie imprègne tous les mécanismes du corps social et dicte au souverain ses responsabilités envers le peuple. Le paternalisme politique fonctionnera jusqu'au XVIIIe siècle, et les régicides révolutionnaires mettront brutalement fin à un culte dont la désaffection se préparait lentement. Au plan de la culture, un indice traverse toutes les enquêtes faites sur la possession du livre : 80 % des livres possédés sont des livres religieux, et plus le niveau culturel est bas plus l'imprégnation religieuse est forte, si bien que l'on s'interroge avec raison sur les possibilités des évasions et des ruptures. Dans la célébration de la réalité ordinaire à laquelle les peintres de la vie silencieuse nous ont familiarisés, le sacré joue sur des registres habituels : le pain et le vin sont souvent les acteurs principaux de ces natures mortes ou de ces évocations muettes ; dans la *Famille de paysans* de Le Nain, dans la *Nature morte à l'échiquier* de Baugin, chez Chardin enfin. Nul doute qu'on y puisse lire l'évocation d'un art de vivre, l'aspiration à une sociabilité de joie, qui suppose une morale d'équilibre opposée aux excès et fidèle aux valeurs simples ; mais au creux du symbole, ne faut-il pas percevoir le reflet de l'attachement fondamental à une religion de salut ? Le vin ne peut être détesté en terre de catholicité, où les théologiens rêvaient de réconcilier la communauté dans le rite du partage des deux espèces. Dans notre monde laïcisé, il est nécessaire d'opérer un déplacement pour comprendre cet univers différent. Certes, dans les apparences, la trame du christianisme reste présente de nos jours : les églises marquent toujours le paysage et les archevêques de Paris parlent à la télévision, mais les gestes et leur signification ont perdu une partie de leur substance, les fidèles ne se reconnaissent plus toujours dans l'évolution des clercs et des pratiques, une rigueur nouvelle dicte des débats et ouvre des fronts nouveaux. A qui, de l'intérieur ou de l'extérieur de l'Église, tente de s'interroger sur la croyance en cette fin du XXe siècle, le regard vers l'histoire n'est point tout à fait inutile. Si l'on veut comprendre à partir de quel moment une société entière cesse d'être un langage religieux, il est utile de se demander quand et comment la permanence d'un contenu de foi s'est instaurée. Comprendre la civilisation chrétienne définie dans tous les actes de la vie par un ordre de religion, c'est voir aussi comment sans le savoir très clairement nous en sommes sortis. Cette démarche refuse l'anachronisme et rompt peut-être avec deux illusions : celle qui veut que les hommes du XVIIe et du XVIIIe siècle aient eu une manière de penser autre et impossible à comprendre, et qui consiste à prendre pour une manière archaïque de raisonner ce qui est culturellement défini ; celle qui veut que les âges anciens aient vu régner une mentalité plus primitive que la nôtre, alors que le contexte social et culturel seul diffère. Si, en d'autres termes, on croit moins à l'astrologie aujourd'hui qu'au temps de Newton, ce n'est pas par une disposition plus rationnelle, mais parce que l'école et la culture ont imposé — avec quelle part d'échec — des structures de rationalité qui étaient autrefois l'apanage de quelques-uns. L'historien ne doit pas faire du religieux le champ du conflit entre rationnel et irrationnel, il doit en admettre une certaine irréductibilité à l'un comme à l'autre, comme l'a montré L. Kolakowski dans *Chrétiens sans Église*. La religion n'est pas seulement « l'opium du peuple », mais une dimension, des valeurs, où l'équilibre de l'homme dans son univers et la manifestation de la gloire de Dieu ne sont pas encore et forcément antagonistes. Si les conduites religieuses s'inscrivent dans l'ensemble des conduites sociales avec leur spécificité, il faut admettre qu'elles peuvent être aussi un mode de perception et d'appropriation des différents sujets sociaux, donc qu'elles sont à la fois compréhensibles en elles-mêmes et génétiquement, c'est-à-dire dans leur interpénétration avec tout le reste du social.

Pour une histoire religieuse renouvelée

Une histoire religieuse en plein renouvellement permet de conduire cette réflexion. Elle rompt avec une double tradition qui en faisait souvent le prolongement de l'apologétique et de la controverse : celle d'une histoire politique et événementielle, celle d'une histoire théologique et littéraire. Histoire du politique au sens large, l'histoire religieuse restait jadis une histoire des sommets, où se déployaient les grands actes et les grands hommes des Églises, où l'État et l'Église s'affrontaient durant des siècles, en conformité à une sensibilité souvent antilaïque. Apanage d'ecclésiastiques savants et de cardinaux académiciens, elle trouvait dans l'étude de la théologie la démonstration d'un progrès qui conférait à l'orthodoxie la place centrale dans les idées comme dans les pratiques : l'application des découpages orthodoxes, foi reconnue contre superstition, y fonctionnait à plein. Toutefois, l'énorme apport d'historiens des idées et des sentiments religieux, de Sainte-Beuve à Bremond, ne doit pas être mésestimé. S'ils s'intéressaient surtout aux textes et méconnaissaient les archives, s'ils regardaient d'abord les grands spirituels et mettaient en valeur les influences unifiantes, les historiens de la spiritualité nous ont légué plus qu'une démarche : un climat. Confronté aux ambitions d'aujourd'hui, ce dernier permet de mieux situer l'interrogation sur le fonctionnement ancien du langage social en matière religieuse et sur les lois qui l'organisent. Le débat a un double enjeu : d'une part, il met fin à l'affrontement religion-antireligion qui au temps

Le baptême chez les catholiques (en haut) comme chez les protestants (en bas) reste l'acte essentiel de l'entrée dans la vie et offre une grande similitude (gravure par B. Picart, bibliothèque Sainte-Geneviève, Paris).

des luttes nécessaires pour la laïcité supposait la possibilité d'un partage transparent ; d'autre part, il replace le phénomène religieux dans le social en lui enlevant tout privilège : non seulement il le dépouille du statut de vérité que lui conférait dans l'ancienne société la primauté du théologique, mais il permet aussi à notre histoire de ne plus être une histoire sainte, car notre propre société n'a plus à se penser sur le mode religieux. Au total, il faut comprendre comment les références de sacralité sont inhérentes à la société d'Ancien Régime et comment celle-ci s'en est peu à peu déprise au terme d'une transformation qui vit triompher pleinement une religion de la gloire de Dieu et de la majesté de l'ordre établi (A. Dupront).

Ainsi, la religion traverse toutes les formes de l'existence, et l'entreprise d'anthropologie doit tenter de voir comment ces besoins sont « un service essentiel de l'équilibre humain », qui distingue un sacré, évocateur d'une cosmogonie et révélateur d'une quête de l'au-delà, d'un religieux où règnent les projets de l'institution ecclésiale et les normes éthiques. Ce sont les deux pôles d'un domaine qui ne se réduit pas au seul contenu de l'incarnation vivant et vécu de la religion dans l'Église.

Trois questions majeures peuvent définir notre angle d'attaque : la première concerne l'unité religieuse de l'Ancien Régime, la deuxième souligne l'extension de la vie religieuse, la dernière regarde l'environnement social. De 1600 à 1789, l'affirmation de la communauté de foi est essentielle à la constitution sociale ; mais le catholicisme se trouve confronté à l'hétérodoxie protestante, et l'instauration définitive du principe « une foi, un roi » peut paraître tardive. L'histoire religieuse a continué de suivre les frontières des confessions, et de présupposer, non sans fixisme, une coupure qui ne sera jamais totalement réalisée entre les doctrines et l'ecclésiologie. En fait, « il y a une histoire une des Églises déchirées », et la rupture de 1685, si elle met un terme à la très longue hésitation des irénistes français, justifie d'autres dérives et la permanence d'un protestantisme masqué. Avec raison, il faut souligner la maturation lente de l'aspiration à la réforme, du XVe au XVIIe siècle, et identifier son principal moteur intellectuel à l'augustinisme dictant des attitudes qui rapprochent autant qu'elles opposent les ailes marchantes de la réformation. Les adversaires du jansénisme ne s'y trompaient pas lorsqu'ils y décelaient du « calvinisme rebouilli ». En fait, l'originalité française est double : le protestantisme est un protestantisme de minorité, et le roi n'a jamais basculé ; au contraire, Henri IV, hérétique et relaps, monte sur le trône. On ne doit pas plus cacher les antagonismes que sous-évaluer l'unité théologique qui organise une ecclésiologie, des Églises fondées sur les communautés visibles et invisibles, une pastorale et une pédagogie dont les principes extrêmes et doloristes se rejoignent, et qui, au XVIIIe siècle, se voient frapper d'un même relâchement. L'homme protestant existe profondément, mais en bien des domaines son voisin catholique n'est pas si différent.

L'empreinte quotidienne du sacré

Catholiques et protestants vivent dans un univers où le religieux et le sacré sont partout présents. L'espace en est marqué par la densité urbaine et rurale des édifices, mais aussi par d'innombrables signes, croix de chemin, modestes oratoires campagnards ou forestiers, niches des maisons. Depuis la lecture des premiers chapitres du *Rabelais* de Lucien Febvre, chacun sait que la vie privée et tous ses gestes sont comme la vie publique christianisés de maintes façons. Naissance, mariage, mort, travail, fêtes sont consacrés par la religion, et les sacrements tissent entre l'homme, la société et Dieu un lien indissoluble. L'État est saturé de christianisme dans ses actes les plus communs. Dans la trame ordinaire et extraordinaire des jours, le naturel et le surnaturel s'entrelacent perpétuellement. Mais reconnaître cette caractéristique n'exclut pas qu'on tente de s'interroger sur ses limites. Il est d'assez bon ton aujourd'hui d'oublier les aspects négatifs de l'action des Églises — les philosophes avec Voltaire parlaient de leur fanatisme —, et l'on fait aisément du duc d'Albe ou du baron des Adrets des bienfaiteurs de l'humanité souffrante, convertie pour son salut éternel. On ne doit pas oublier que la société traditionnelle est aussi société d'exclusion. Sous une autre forme, l'historien des cultures rencontre ce problème posé autrefois par Lucien Febvre dans sa polémique avec Abel Lefranc sur l'athéisme possible de Rabelais. La question de l'incroyance demeure, même si l'on doit admettre pour le plus grand nombre l'impossibilité mentale du refus. Les figures de l'athée et du libertin, les contestataires d'idées ou de mœurs hantent l'Ancien Régime et le père Garasse n'en dormait plus quand il rêvait un Paris peuplé d'innombrables athées. Des libertins éclairés aux philosophes, il y a permanence d'une tension dont la nature et la portée sociale ne doivent pas être mésestimées. La société classique a ses zones d'ombre et ses éliminés, que les hommes de raison, clercs, pasteurs, magistrats, policiers, cernent dans leurs discours ; et, de part et d'autre des frontières qu'établit la croisade acculturante des Églises, on ne retrouve pas toujours qui l'on souhaiterait. La raison des uns n'est pas évidemment la chose du monde la mieux partagée par tous et l'opiniâtreté de la remise en ordre ne doit jamais faire oublier la nécessité de l'irrationnel qui anime une vie profonde, chargée d'une affectivité viscérale. Bref, cet inventaire des questions conduit à mettre l'accent sur les manifestations du religieux et du sacré dans le social, en regardant comment les Églises sont devenues les instruments privilégiés de la socialisation culturelle classique, dans un processus qui met en cause la sphère publique et privée, l'État et l'individu, et suscite des conduites d'uniformité, mais aussi des conflits et des déviances. Cette exigence d'une société est portée par la cléricalisation des Églises ; elle vise à un état de perfection qui modifie la religion ordinaire et commune. Le Bon Dieu et le Diable se disputent les consciences, l'univers terrestre et les sphères invisibles.

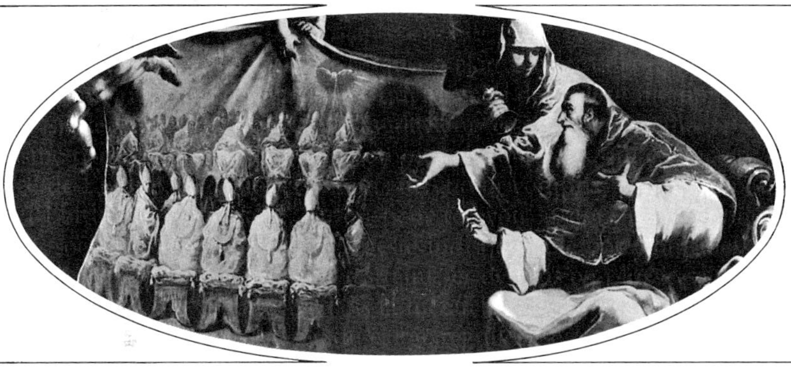

1
La cléricalisation de l'Église

Esquisser pendant deux siècles les traits majeurs d'une histoire des rapports du religieux au social exige une double précaution : réfléchir au préalable sur l'ambiguïté de la périodisation admise, s'interroger sur le sens de la crise qui, au dernier quart du XVIe siècle, infléchit jusqu'à nos jours toutes les interprétations habituelles du problème. L'effort gallican de rechristianisation est commencé très profondément à l'aube du XVIIe siècle. Depuis 1520, la pédagogie protestante a conquis et fortifié ses principaux bastions ; depuis 1563 et la fin des travaux du concile de Trente, les catholiques du royaume ont à assimiler et à traduire dans la réalité les principes qui précisent pour l'Église universelle le message du salut. L'action est largement entamée dans le Midi. Toutefois, la tradition historiographique met en valeur le tournant de la fin du XVIe et du début du XVIIe siècle. Il faut lire, dans la promotion de cette époque, la justification de la reconquête commencée sur le protestantisme, la mise en valeur de l'effort clérical et le profond attachement aux dimensions de l'histoire politique qui, après la crise de la dynastie des Valois, insiste sur le progrès représenté par l'avènement des Bourbons avec Henri IV. Or ces choix négligent quelque peu une lecture d'ensemble qui remet à sa vraie place le déroulement de la réformation à la française.

SOCIÉTÉ ET RÉFORMES RELIGIEUSES : LE POIDS DES ÉGLISES

L'Ancien Régime s'articule en fait autour d'un déplacement capital ; jusqu'en 1660, il absorbe les traits dominants d'une phase de transformation d'origine italienne et espagnole, les influences d'une Europe du sud que l'on retrouve dans bien d'autres domaines, des arts, de la littérature, du livre au voyage. Porté par une élite de grands mystiques et de moines, inspirant des milieux étroits, surtout dans les villes principales, un christianisme ascétique est ici en cause, qui met l'accent sur la manifestation transcendante de la gloire divine et l'omniprésence du péché, lesquels tentent de s'équilibrer dans les recherches théologiques de l'*École française*.

République chrétienne, république des lettres

La période qui suit vit sous d'autres auspices ; jusqu'au premier quart du XVIIIe siècle, elle repose sur l'effort des clergés séculiers et voit la christianisation renouvelée des mondes paysans. La proclamation définitive de l'union profonde entre l'ordre temporel et l'ordre divin de l'univers s'accompagne alors d'une exclusion des hétérodoxies et s'accommode de la première « crise de la conscience ». La *Respublica Christianorum* comme la *Respublica Litterarum* connaissent alors une évolution décisive ; la méfiance gallicane contre Rome, le triomphe du nouveau rationalisme qui imprègne sciences mondaines et théologie, l'adoption de l'humanisme chrétien par de larges fractions de bourgeoisies et de noblesses marchent de concert. L'abandon de l'aristotélisme et la transformation de la conscience de chrétienté, voire sa remise en cause, sont à lire en parallèle, car, comme l'a bien montré R. Taveneaux, les méthodes de la théologie positive et de l'exégèse rénovée « préparent plusieurs des options du XVIIIe siècle, après la prédominance de l'observation, de l'induction, de l'esprit historique ». Elles contribuent à faire naître un nouvel œcuménisme par la science.

Toutefois, ce déplacement n'intervient qu'au terme de près d'un siècle de travail en profondeur de la part des élites et du peuple chrétiens. Par rapport au plan de départ, l'étude des climats de rénovation repose souvent sur la mise en valeur de l'opposition entre un XVIe siècle de crise, de déchirement, de désastre temporel et spirituel, et un XVIIe siècle tout de remise en ordre et de progrès. Il faut sans doute se déprendre de ce catastrophisme inhérent à nos habitudes, confrontés que nous sommes au récit des turpitudes des prêtres et des moines aux temps des guerres de religion, voire de leur misère matérielle, et qui n'est certainement que le masque de nos ignorances. A part la Bretagne d'Alain Croix et la Provence de Marc Vénard, sans compter quelques autres terroirs, nous ignorons encore trop de choses sur la situation antérieure aux réformes. La prudence invite aussi à ne pas céder à la tentation d'écrire l'histoire en reprenant préjugés et jugements d'un temps qui recherche ainsi un sens préalable aux événements, justifiant par les troubles et la crise, la réorganisation, le triomphe du bon droit et le dévouement incontesté des artisans de la réformation. L'interrogation met en valeur deux problèmes fondamentaux : l'importance des problèmes matériels et celle des pertes humaines, qui n'échapperont pas à celui qui veut mieux comprendre l'histoire des Églises et des clergés ; la signification de la crise terminale du XVIe siècle sur le plan religieux, où l'affrontement des confessions ne doit pas cacher une aspiration ancienne à la réforme freinée par les guerres ; de même, le rôle ambigu de l'État s'efforçant de contrôler le clergé, pour le meilleur et pour le pire, ne doit pas faire oublier l'attente religieuse des peuples, qu'attestent par exemple les cahiers de doléances de 1614, et qui rejoint les décisions conciliaires. A la fin du XVIe siècle, la situation n'est pas figée, le royaume n'est pas devenu protestant, mais la conversion du roi s'accommode d'une coexistence pacifique, pour un temps encore favorable à l'indécision, aux transferts d'une confession à l'autre, à l'irénisme, bien mis en valeur par les recherches de C. Vivanti, phénomènes qui ne s'achèvent vraiment qu'avec le règne de Louis XIV.

En ce domaine, la responsabilité du pouvoir royal est particulièrement lourde, car de lui dépend l'interprétation des articles publics et secrets de l'édit de Nantes, qu'il ne faut pas lire comme la charte de la liberté de conscience, mais comme un acte conforme à la logique sociale de l'époque, préoccupée de définir les frontières des ordres et des privilèges de chacun. C'est un monument d'ambiguïté politique,

Dans son aspect caricatural, ce détail du tableau de P. Van de Vanne — où la pêche des âmes chez les réformés tranche par sa sobriété sur la cupidité grotesque des évêques — illustre l'attitude dont l'historien doit se déprendre (Rijksmuseum, Amsterdam).

qui reconnaît la liberté privée de croyance et autorise la liberté limitée du culte public, conquêtes toujours menacées que la communauté huguenote doit défendre vis-à-vis d'un État qui peut être libérateur ou oppresseur. Lâcher la bride à la diversité des religions ne va pas sans problèmes pour les légistes et les commissaires ultramontains et gallicans, serviteurs zélés du Roi Très-Chrétien. Celui-ci peut un temps masquer la scission, mais le caractère divin de son pouvoir, qu'authentifie aux yeux des masses sa capacité thaumaturgique, impose une remise en cause. Trois tensions naissent de cette contradiction entre la signification conjoncturelle de l'édit — mettre fin temporairement à l'ère des conflits armés — et son sens à long terme — préluder à l'instauration d'un régime de liberté de conscience —, où, face à la réforme de l'Église, la question de savoir quel sera le rôle d'un État qui joue temporairement le jeu de la tolérance reste entière. Face aux protestants armés, retranchés dans leurs « places de sûreté », comment maintenir l'équilibre entre respect du prince et division confessionnelle ? Face à l'opinion lettrée partagée, quelle attitude adopter en matière de controverse ? La réforme catholique, qui modifie en profondeur toutes les données de la vie culturelle de la France d'Ancien Régime, s'ouvre ainsi dans un climat d'incertitude où bien des choses sont possibles. Songeons que, malgré les pressions de tous ordres — Rome, les évêques, les dévots —, le pouvoir n'a jamais accepté de reconnaître les décrets du concile de Trente comme loi du royaume ; ils furent seulement acceptés par l'assemblée du clergé. Commence alors un temps d'indécision, où la distinction entre le temporel et le spirituel se précise, bien que l'aspiration à l'union indissoluble des pouvoirs s'exaspère. Dans cette confusion apparente se dessinent la mainmise de la monarchie sur l'Église, la résistance de celle-ci pour rester dans l'État, et son glissement progressif et compensatoire vers une dépendance moindre, que servent Rome et la Réforme.

Espace et institutions de l'Église

La force de l'Église est de régner sur un espace, d'avoir son droit de bénéficier des privilèges d'un ordre. Face à l'organisation catholique, la frontière des protestantismes apparaît comme un obstacle sérieux, mais fragile. Les structures de la vie religieuse bénéficient d'une stabilité jamais remise en cause. La base reste la carte des 14 archevêchés et 102 évêchés de la fin du XVIe siècle, portés par conquêtes, divisions, réorganisation à 18 et 120 à la veille de la Révolution. Ni l'inégalité territoriale qui oppose France du sud et France du nord, ni la confusion des limites et des enclaves, ni la hiérarchie implicite et explicite qui établit un classement entre les évêchés, des diocèses crottés aux métropoles prestigieuses, ne seront modifiées. A la base, 30 000 ou 40 000 paroisses, qui ne coïncident pas toujours avec les unités géographiques et administratives, encadrent le peuple. Leur taille varie comme le nombre de leurs habitants, surtout entre campagne et ville, sans que l'inégalité et la diversité soient toujours ressenties comme des obstacles. Des niveaux intermédiaires, doyennés, archidiaconés, archiprêtrés, jouent tour à tour leur rôle dans un fonctionnement d'ensemble que régit le droit canonique. Ce n'est pas un code unique, puisque s'y affrontent *jus universale* et *jus particulare*, ni un ensemble stable, puisque lois singulières et principes généraux s'y accommodent peu ou prou selon le moment. C'est, pour les légistes de tout poil, un lieu béni accueillant à la chicane et favorisant de juteux procès. A eux de se reconnaître dans l'accumulation des canons de l'Église, de l'Écriture aux décrets, dans l'amoncellement disparate des coutumes diocésaines et provinciales, et des usages du royaume, dans la pratique des règles concordataires familières aux mœurs ecclésiastiques et administratives depuis 1516. Tour à tour, le roi et ses officiers, Rome et ses légats, les évêques et leurs agents, trouvent leurs intérêts dans d'innombrables conflits, surtout en matière de nomination, d'exemption ou de résignation. Les juristes de l'Église française tentent, par la tenue de nombreux synodes et par une œuvre d'érudition fastidieuse mais irremplaçable, de clarifier les principes et les habitudes. Un monument subsiste encore, témoignant de cet effort : *L'Ancienne et Nouvelle Discipline ecclésiastique* de Louis Thomassin. Dans la vie quotidienne, le rôle des officialités confirme une présence que les populations préfèrent quelquefois à celle du bras séculier. Le prestige des docteurs est, pour une part notable, un élément de la puissance ecclésiastique, forte de ses institutions, mais aussi de ses libertés.

L'ordre du clergé

L'institution et le droit sont dans la logique de la société des privilèges, ils participent de la tension qui oppose une société cléricale, le premier ordre de l'État, à prétention universelle, et la société civile, qui se constitue peu à peu. Le clergé, c'est d'abord un élément de la hiérarchie sociale conforme à l'imaginaire social du temps, mais c'est ensuite un principe actif de la hiérarchisation du monde, par sa symbolique et ses privilèges. La société des clercs repose sur trois principes : une définition de plus en plus précise et étroite, une place centrale accordée dans son fonctionnement au système bénéficial, et le droit à la parole, que confère l'autorisation de tenir des assemblées.

Répondre à la question : qu'est-ce qu'un clerc ? c'est déjà résoudre pour une part le problème principal de la période, qui est celui de la cléricalisation de l'Église. Au XVIIe siècle, l'exaltation des clercs devient essentielle, même si des traits d'archaïsme persistent, qui désignent comme tels tous ceux qui consacrent leur vie au service de l'Église, bedeaux et enfants de chœur compris, et tous ceux qui sont agrégés à l'ordre par la tonsure, qu'on peut recevoir à sept ans. D'innombrables amphibies sociaux se contentent de ce geste indispensable pour jouir des bénéfices et des privilèges de l'Église. Au sens restreint, et de plus en plus le seul valable, le terme désigne ceux qui se rangent dans la hiérarchie des ordres ecclésiastiques, ont un titre patrimonial, ou, par la voie du clergé régulier, se soumettent à une règle et prononcent des vœux absolus ou simples. Contrôler mieux le recrutement de l'ordre, veiller aux respects des principes canoniques, et faire entrer dans les mœurs des obligations morales et spirituelles nouvelles vont être des impératifs constants de l'œuvre de réforme. Celle-ci doit tenir compte non seulement de ses pesanteurs institutionnelles, mais aussi du maquis du droit bénéficial, qui a sans doute fortement ralenti l'action réformatrice. Pour les juristes laïcs et ecclésiastiques, le bénéfice est une charge ou une dignité qui a un revenu annexé pour une fonction spirituelle : *beneficium propter officium*. Mais il existe une variété extrême de bénéfices, selon le caractère : régulier ou séculier, une abbaye, une cure ; selon la fonction : à charge d'âmes ou pas ; selon le mode de collation et de nomination. Le marché des bénéfices reste à étudier dans son fonctionnement social, car on y voit s'y concentrer tous les conflits d'intérêts temporels et spirituels qui opposent les pouvoirs laïcs, collateurs de bénéfices, à la puissance ecclésiastique. La question du contrôle des nominations dans l'indépendance du spirituel ne sera jamais résolue, bien que la conscience d'une transformation fasse son chemin et mette en valeur le rôle du prêtre et de sa mission, ce qui conduit à poser en règle absolue la prééminence du clerc dans la société. La défense des privilèges juridiques ou fiscaux, les biens du clergé constituant un patrimoine énorme échappant partiellement aux impôts, sous-tend cette affirmation de primauté et justifie la tenue des assemblées.

Le clergé est le seul ordre du royaume à jouir de cette capacité politique de réunion et d'expression en permanence. Dictée à l'origine par la nécessité financière et la négociation de l'aide du clergé au roi — le don gratuit —, l'assemblée, devenue périodique pour discuter du renouvellement du contrat, permet de faire entendre la voix des clercs. Des députés élus, mais où dominent les gros bénéficiers et les évêques réunis à Paris tous les cinq ans, contrôlent la gestion financière des agents et des receveurs généraux de l'ordre, et interviennent sur toutes les affaires spirituelles. Cette fonction conciliaire, qui a toujours inquiété Rome, se double d'une pratique politique. Les études du P. Blet ont bien montré la montée des interventions promonarchiques et gallicanes des assemblées du premier ordre, et comment elles ont justifié l'absolutisme, la politique étrangère des cardinaux ministres et du roi, la lutte contre le jansénisme et l'interprétation restrictive des articles de l'édit de Nantes. Charnière entre le spirituel et le temporel, l'Église et l'État (R. Taveneaux), les assemblées soulignent l'imbrication permanente du profane et du sacré ; en elles s'expriment la conscience du corps et la volonté de réforme. Pendant tout l'Ancien Régime, elles sont le baromètre des tensions.

Devant l'ubiquité du catholicisme, face à sa force institutionnelle, à sa richesse économique, à sa puissance politique, le protestantisme joue d'autres cartes, qui affirment son originalité socio-politique. Trois éléments la caractérisent : une organisation religieuse conforme à l'ecclésiologie protestante, une structure politico-militaire, enjeu permanent de l'affrontement avec le roi, une implantation géographique et sociale où joue diversement de part et d'autre de « la frontière de catholicité » le rapport des forces en présence.

Les forces protestantes

La bonne et perdurable paix de Nantes permit au corps protestant de reprendre souffle. Sa vigueur réside dans l'équilibre spécifique qui règne entre les pasteurs et les fidèles. Ministres et consistoires, assemblée des anciens expriment l'Église vivante et le rôle du sacerdoce universel. Le protestantisme échappe à la tentation de la cléricalisation, puisque les pasteurs et les anciens se contrôlent réciproquement et que les ministres demeurent souvent dans une situation précaire, leur élection dépendant des consistoires, leur assiette sociale étant fragile et leur établissement matériel instable. Par rapport à l'orthodoxie tridentine, cette création laïque d'une Église vivante restera toujours provocante, même si les guerres et les nécessités de la vie nouvelle

Dans Lyon, « nouvelle Genève », le temple rassemble fidèles et pasteurs, qui se contrôlent réciproquement (bibliothèque publique et universitaire de Genève).

ont imposé la création d'assemblées, de colloques et de synodes provinciaux qui expriment l'union, la coordination et l'autorité. Mais toujours, les laïcs réclament leur rôle dans le gouvernement des Églises. Cette organisation adaptée à la dispersion minoritaire, à l'expression des solidarités fondamentales, à l'esprit d'un autogouvernement du peuple de Dieu, perdurera après l'effondrement des structures politico-militaires qu'interdisait l'article 82 de l'édit, mais qu'autorisaient les clauses secrètes.

Militaires et nobles tiennent le premier plan dans les assemblées provinciales et dans la défense des places de sûreté, dont La Rochelle reste le symbole. Surveillées par le roi, propices aux querelles de clans et de notabilités, elles sont l'un des enjeux de la discussion politique et religieuse. Avec les chambres mi-partie, qui dans les cours doivent garantir aux protestants une justice plus équitable, elles montrent l'ambiguïté de la situation des réformés, partagés entre l'attachement loyaliste et la nécessité de défendre leur spécificité, au besoin par les armes. C'est sans doute là que s'affrontent le plus vivement les gens distingués, la noblesse et les bourgeoisies, et aussi les petites gens. Religion minoritaire, dispersée sur tout le territoire, fortement concentrée dans les bastions méridionaux, mais éparpillée partout ailleurs, la communauté protestante, après l'échec de la violence salvatrice et la paix d'Alais en 1629, voit ses libertés et privilèges diminuer peu à peu. L'État, l'Église ne peuvent plus tolérer la menace du dualisme religieux, qui suppose une autre société. La révocation de l'édit de Nantes, en investissant les laïcs protestants d'une puissance de religion plus forte encore, tout en instaurant la logique de l'accommodement, souligne les partages sociaux du protestantisme. L'acte rétrograde de Louis XIV exaspère l'opposition au pouvoir absolu et prépare la route à l'avènement d'une société civile sans discrimination religieuse. Jetant sur les routes de l'Europe toute une société, elle favorise l'élaboration d'un syncrétisme nouveau, ordre neuf de la coexistence religieuse (A. Dupront). Le protestantisme joue un rôle de révélateur où l'on voit se dessiner les possibilités de l'avenir ; il prouve à quel point socialisation et laïcisation vont de pair, il prélude à la séparation de la vie religieuse et de la vie temporelle, il ouvre le temps où politique et religion vont avoir à s'accommoder ou à s'affronter.

La révocation de l'Édit de Nantes va jeter sur les routes d'Europe les protestants français, créant une coupure essentielle dans tous les domaines de la vie et modifiant sensiblement l'équilibre du Vieux Continent (XVIIe, bibliothèque du Protestantisme).

LE RÔLE DES ÉVÊQUES

Dans le foisonnement de la vie religieuse, il faut surtout faire place aux acteurs sociaux qui expriment ordinairement des réponses concrètes à des situations quotidiennes. La diversité du monde des clercs, celle de leur rôle et de leur fonction imposent des choix. On mettra en valeur deux milieux qui ont été plus particulièrement responsables de la transformation culturelle de tous. D'une part les évêques, parce qu'ils ont accentué l'un des principes essentiels de la réforme tridentine, l'épiscopalisation de l'Église, d'autre part les clercs de paroisse, car ils sont les intermédiaires nécessaires et suffisants entre les hiérarchies ecclésiales et les peuples chrétiens, pédagogues de culture et artisans d'une pastorale. L'évolution pendant deux siècles de ces deux groupes, les relations qu'ils entretiennent avec les autres clergés et les leçons et les exemples qu'ils donnent aux fidèles ont été essentiels.

Pouvoirs du premier ordre du clergé : l'épiscopat

La perspective conciliaire qui voit « le peuple chrétien conjoint et uni à un évêque par un clergé organisé » se fonde sur trois éléments : elle place l'évêque au sommet d'une hiérarchie, elle en fait le pivot de la politique de réforme dans le diocèse où il jouit d'une autorité souveraine, elle entraîne l'action commune des évêques qui, en corps, constituant le premier ordre de l'Église, deviennent les interlocuteurs privilégiés du pouvoir royal. La réforme de l'épiscopat se heurte à trois obstacles principaux : d'abord au fonctionnement du système bénéficial, qui permet la collusion des intérêts spirituels et temporels par le jeu permanent des infractions canoniques, cumul, confidence, résignation, commende ; ensuite à l'action même du pouvoir royal, qui utilise les bénéfices épiscopaux à sa guise et les confère à des laïcs ; enfin, à la lourdeur et la complexité des fonctions épiscopales, qui mêlent l'action sociale, politique, pastorale. Les institutions n'évolueront guère et le changement sera plutôt l'affaire des hommes qui vont reformuler vigoureusement les principes.

L'évêque, c'est un pouvoir. Il le tient de Dieu. Mais juridiquement, conciliaires partisans d'une délégation directe et curialistes qui reconnaissent au pape un rôle premier ne se sont jamais accordés. C'est là une des sources de difficultés entre la monarchie et Rome, car, selon la conception que l'on a des principes de la puissance, déléguée du siège romain ou non, la démarche de la réformation s'effectue différemment. Le roi, arbitre des nominations par le concordat, devient l'un des maîtres de la renaissance pastorale. Celle-ci peut invoquer la *plenitudo potestatis* au spirituel, c'est-à-dire le monopole de l'autorité et de la transmission du charisme sacerdotal, puisque l'évêque confère au spirituel la *cura animarum* et légifère en ce qui concerne la discipline. Juridiquement, comme ordinaire du lieu, il est le garant de l'ordre réglementaire, de la justice qu'il délègue dans les officialités, et des exemptions, sources de conflits innombrables. Au temporel, il gère le bénéfice, prélève droits et taxes, administre les biens et les œuvres. La trésorerie des évêchés est son constant souci. Au total, la théologie tridentine ne fait que renforcer dans le sens d'une autorité confirmée les fonctions traditionnelles de successeurs des apôtres, le rôle de pères et de pasteurs des évêques ; et surtout elle insiste sur la nécessité, pour garantir l'harmonie spirituelle et temporelle du diocèse, de les stabiliser dans leur résidence. Le statut de droit public du corps — le serment du sacre en est le fondement —, la cohésion des prélats qui vivent dans un esprit de hiérarchie égalitaire où les dignités historiques et les dignités de fait distinguent les talents et le succès et mettent en valeur les appuis et les réussites sociaux et politiques, confèrent aux évêques une situation tout à fait privilégiée. Dans leur action, on voit varier l'indécise frontière du spirituel et du temporel. Au plan local, ils sont pasteurs, mais aussi administrateurs et seigneurs ; dans les provinces et les pays d'états, ils ont un rôle officiel ; au niveau national, ils restent une pépinière d'hommes d'État de premier ordre, de Richelieu à Fleury et Brienne. Pour intensifier leur action, ils ont utilisé avec adresse trois moyens décisifs. La prescription de résidence, qui est le plus impérativement immédiate, mais dont il est difficile de mesurer l'impact, un bon évêque un peu trop absentéiste valant mieux qu'un mauvais résident ; le contrôle du personnel diocésain, qui passe par une pratique de nomination de titulaires exigeant un choix d'auxiliaires efficaces comme vicaires généraux et un bon accord avec les chapitres cathédraux, où les chanoines prébendés ont trop souvent loisir de contester la tutelle épiscopale ; enfin, la mobilisation de tout ce monde par des réunions synodales ou provinciales. Le troisième instrument de la réforme est d'engagement personnel et indirect à la fois : la visite pastorale qu'entreprennent le prélat ou ses commissaires. Elle atteste une prise en charge de l'espace, des lieux et des hommes. Elle a ses routes, ses itinéraires, et ses rythmes. Elle est pratique de contrôle et de pédagogie, mais surtout elle reste l'irremplaçable témoignage des normes qui s'imposent désormais aux clergés et aux fidèles. De sa continuité dépendent la rapidité et la profondeur des résultats obtenus. Les visites pastorales, qui sont désormais un instrument de mesure indispensable à l'historien, permettent de voir la transformation du souci administratif aux préoccupations pastorales, la manière dont l'évêque a su regagner sur les prêtres et les petits officiers épiscopaux la plénitude de son pouvoir. L'acharnement du visiteur caractérise le prélat réformateur. Ainsi, François de Sales, qui en témoigne dans sa correspondance : « J'ai vu ces jours passés des monts épouvantables tout couverts d'une glace épaisse de dix à douze piques, et les habitants des vallées voisines me dirent qu'un berger allant requérir une sienne vache tomba dans une fente de douze piques de haut en laquelle il mourut gelé. Ô Dieu, dis-je, et l'ardeur de ce berger était-elle si chaude que cette glace ne l'a point refroidi ? Et pourquoi donc suis-je si lâche à la quête de mes brebis ?... » ; ainsi, Mgr Jean Soanen : « Mon cheval qui ne m'avait jamais fait d'affront s'abattit de quatre pieds dans un de ces endroits... » Évêque cavalier, évêque de rocher et de terrain, l'épiscopat du XVIIe au XVIIIe siècle n'a pas manqué de figures exemplaires dont le nombre a permis la réformation profonde du corps de l'Église.

L'abondance des monographies diocésaines, bien que teintées souvent d'un moralisme un peu anachronique — ne peut-on être personnellement médiocre chrétien et très bon évêque ? —, permet à peine de tenter une synthèse. Deux points de vue seraient à considérer : l'action réformatrice comme mise en place d'hommes nouveaux et de normes nouvelles, la constitution d'un corps épiscopal unifié dans son recrutement, sa culture, son mode de vie. La difficulté de notre temps reste de comprendre comment peuvent se concilier la volonté réformatrice et le comportement mondain. Un exemple suffira. Mgr Joachim d'Estaing, évêque de Clermont d'Auvergne assure pendant 35 ans le démarrage de la réforme, mais vit comme un

Au cœur de la réforme catholique, la ferveur : Messe de Saint-Martin de Tours *par Eustache Lesueur, musée du Louvre.*

Le nouvel esprit de l'architecture religieuse : inpiration classique et trompe-l'œil de Brunetti, 1764, chapelle de l'église Sainte-Marguerite, Paris.

prélat fastueux, châtelain accueillant, amateur de jolies filles, et qui, aveugle, « aimait à saluer les dames plus que paternellement... » Le début du XVIIe siècle est encombré par ces prélats guerriers, chasseurs, paillards ou précieux, politiciens dans l'âme, comme M. de Retz, népotistes, arrivés à l'épiscopat sans bagage théologique, ainsi Richelieu, lui-même nommé au siège de Luçon sans être ordonné prêtre. Les choses ne changent pas du jour au lendemain, mais incontestablement la qualité progresse avec le temps. Elle est due à de meilleurs choix qui contribuent au renouvellement des générations dont l'accès aux responsabilités épiscopales se stabilise avant 1660 entre 35 et 40 ans. Les prélats au berceau, qui n'étaient pas rares au XVIe siècle, disparaissent.

La société des évêques gallicans

En même temps, la carrière se fixe, portée par une exigence de culture, une expérience préalable des affaires. Après 1650, les choix de Mazarin et de Louis XIV, sans être jamais libérés des impératifs personnels, familiaux et politiques, désignent un minimum de mauvais prélats et un maximum d'honnêtes évêques. Nommer les évêques est une affaire d'État jusqu'à la fin de l'Ancien Régime, qui voit se dérouler le ballet des influences, les luttes de familles et de clans, voire les conflits d'écoles et de spiritualités. Le grand Bossuet n'échappe pas à la règle, quand il plaide pour que son petit-neveu lui succède sur le siège de Meaux. Si le climat général ne change guère sur le plan des impératifs sociaux et des motivations individuelles, où s'équilibrent l'image d'une vocation voulue et les conditions spirituelles de sa réalisation, les possibilités de choix meilleurs s'élargissent ; disciples proches ou lointains de Charles Borromée, concordataires ou hommes du roi, élèves des sulpiciens, des eudistes ou des oratoriens, ultramontains, ceux-ci de moins en moins nombreux ou gallicans, ceux-là de plus en plus considérables, les nouveaux candidats à la prélature offrent de meilleures garanties à l'Église comme à l'État.

La cohérence interne du groupe social se dessine clairement au dernier quart du XVIIe siècle. On entre dans l'épiscopat au terme d'une compétition qui désavantage les roturiers — 8 % seulement avant 1700 —, et favorise les familles anciennes : 51 % de la noblesse épiscopale dépassent deux siècles de généalogie nobiliaire. On y voit fusionner les lignages de robe et les clans de l'épée. La naissance et les mérites désignent les *meilleurs*, où l'aristocratie de cour et les parlementaires sont en majorité. Les étrangers, nombreux avant 1640, disparaissent, et Paris s'impose. On peut d'ailleurs naître provincial et ne connaître d'autres horizons que ceux des couloirs de Versailles ou des hôtels de Paris habités par les bonnes familles. Les dynasties familiales subsistent et subsisteront jusqu'au bout, mais les prélats de roture se feront rares. Ils étaient pour une part liés aux relations, voire à la domesticité de cour : ainsi Félix, Vallot et Daquin, que Louis XIV nomme à Chalon, Nevers et Fréjus. Le XVIIIe siècle et surtout la génération des évêques en place au moment de la Révolution ont vu s'accentuer ces traits d'homogénéité. L'âge moyen s'est relevé quelque peu : dans le groupe actif, les prélats de 40 à 50 ans dominent le corps. La noblesse l'emporte à 100 %, et 77 % des familles d'évêques étaient nobles avant 1400. A la différence du temps de Louis XIV, les provinciaux sont gagnants par la naissance ainsi que les fils de militaires et de familles de noblesse ancienne et seigneuriale

Cette représentation post-tridentine de saint Julien, évangélisateur du Maine au VIe siècle, ici représenté atteignant Le Mans en costume d'évêque du XVIIe siècle, souligne le rapport neuf de l'épiscopat à son diocèse (musée de Tessé, Le Mans).

(75 % du recrutement analysé par Michel Perronet). Bref, avec de légers glissements, une place plus grande à la mobilité nobiliaire, c'est un épiscopat très représentatif de l'élite de l'ancienne France.

Par sa culture comme par sa vie, cet épiscopat témoigne à la fois de traits constants et d'un renouvellement profond. Louis XIV régnant, les exigences intellectuelles se sont multipliées. Les évêques du grand roi ont dans leur majorité suivi le cursus normal des études : collège, faculté de théologie, séminaire, où d'ailleurs des itinéraires divers peuvent se dessiner ; on passe par Saint-Sulpice ou Saint-Magloire, et la maison de la Sorbonne fournit son contingent régulier de candidats mitrés. Les évêques de Louis XV et de Louis XVI sont encore plus cultivés : 80 % sont licenciés ou docteurs en théologie. Les études sont longues, elles s'achèvent régulièrement vers 27-28 ans, mais, accomplies le plus souvent à Saint-Sulpice et en Sorbonne, elles garantissent l'avenir. Le trait nouveau, et de plus en plus exigé, reste l'expérience préalable des affaires, qui s'apprend dans les commissions de grand vicaire ou les charges d'agents des assemblées du clergé : Talleyrand et La Fare sont, avant d'être nommés à Autun et à Nancy, passés par ces apprentissages.

Au total, la qualité des études et la définition intellectuelle et spirituelle de la mission épiscopale ont été les garants du succès. M. Olier, avec le *Projet d'établissement de séminaire* (1651), Louis Abelly dans son *Manuel de l'activité épiscopale* (1668), Duguet dans son *Traité des devoirs d'un évêque* (1710), ont défini les références théologiques et pastorales sur lesquelles ont vécu les évêques d'Ancien Régime. L'unification sociale et culturelle du corps tend à privilégier l'homogénéité de leur intervention pour promouvoir les formes de piété et les moyens d'action de la réformation. Vigilant à l'égard de son clergé, animateur et créateur d'œuvres de charité, de collèges, d'écoles, d'hôpitaux, le prélat du XVIIe et du XVIIIe siècle est désormais un chef spirituel plus qu'un grand seigneur. On peut toutefois relever un changement notable de mentalité et de comportement au fur et à mesure que le temps passe.

Le mode de vie change peu, il dépend de la personnalité et des ressources de l'évêché : on n'a pas le même train à Senez ou à Vence, qui rapportent à leur titulaire moins de 10 000 livres par an, qu'à Paris ou à Strasbourg, où l'évêque empoche 300 à 400 000 livres. Partout, les prélats sont tenus à une manifestation ostentatoire d'opulence et au respect sourcilleux du cérémonial et des préséances, qui les placent toujours au premier rang. L'histoire de la vie ordinaire et de son cadre reste à écrire pour en dire autre chose que le rappel de traits anecdotiques et sans signification : il y a des évêques gourmands et gourmets, des prélats musiciens et amateurs de belles choses, des architectes et des bâtisseurs. Le luxe et le faste font partie de la fonction, on ne saurait le leur reprocher. Ils le doivent au monde, au public, au roi. Ils ont pu le vivre de façon complètement différente selon qu'ils étaient plus ou moins austères et pieux. Plus important peut-être est le fait qu'ils tendent de plus en plus à associer à l'action pastorale l'activité administrative provinciale. A la fin de l'Ancien Régime, les grands prélats, Dillon à Narbonne, Brienne à Toulouse, Champion à Aix, ont une perception économique de l'espace, le sens des affaires financières, la capacité au mécénat culturel : entre 1683 et 1789, près de 130 évêques ont siégé dans les sociétés de culture parisiennes et provinciales, et certains, par exemple en Languedoc, ont eu une présence protectrice et dynamique. Dans les pays d'états, ils ont pu prouver leur qualité de gestionnaires par des enquêtes, des fondations, de grands travaux, mais, ce faisant, ils accentuaient à la fois le mélange des préoccupations politiques et religieuses et l'écart qui les éloignait de l'ensemble du bas clergé, alors même que celui-ci tentait de rattraper son retard culturel. L'impossible réforme du système bénéficial, le jeu des clientèles aristocratiques autour du marché de l'épiscopat, l'accroissement des pouvoirs d'un haut clergé lié au service de l'État monarchique, ont limité l'ampleur de la réformation et favorisé la survivance des abus. Il n'en demeure pas moins que le roi, par un contrôle plus strict des nominations, par l'accroissement des exigences et des régularités, par la fermeture sociale de l'épiscopat quasi totale dès le XVIIe siècle — ce qui ruine ici l'idée d'une réaction aristocratique tardive —, a contribué à améliorer sa capacité d'intervention comme défenseur de l'Église et de la tradition. Contre les emprises du fisc, contre la « révolte » des curés, contre les parlements, contre les philosophes, le haut clergé apparaît trop souvent comme un milieu très éloigné de la masse des fidèles et des clercs. On ne saurait toutefois, faute d'une véritable histoire de la politique de l'Église, exagérer en ce sens. Les assemblées du clergé témoignent, dans leurs procès-verbaux, d'un souci d'adaptation et d'une volonté de réflexion qu'il ne faut pas négliger et qui visent à une remise en ordre sans rupture avec la coutume gallicane.

BOSSUET, UN ÉVÊQUE PARMI CENT...

Bossuet, c'est l'anti-Voltaire et en même temps celui qui l'annonce, ayant écrit avant Voltaire la seule *Histoire* qui soit allée « au-delà des faits politiques et militaires » (G. Lanson). Bossuet, c'est l'auteur idéal pour se livrer à l'exercice classique d'une étude de l'homme et de l'œuvre, de la jeunesse à la cléricature, du canonicat de Metz à la prédication, du préceptorat du Dauphin à l'évêché de Meaux, prédicateur, historien, moraliste, docteur et écrivain. Aurait-il exercé si longtemps sa fascination si ses phrases n'avaient été guidées par la nécessité de convaincre d'abord et toujours ? Au lecteur d'aujourd'hui d'en décider et de dire si le traitement des lieux communs persuade encore, sinon de l'art. Bref, l'« Aigle de Meaux », dont la prose baroque est sans doute la plus classique car les images et les idées y flamboient dans une même unité, avait su se donner les moyens de son action spirituelle et temporelle, réunir les puissances de la parole et la publicité de l'écriture, exprimer en son temps l'ultime évolution du gallicanisme, comme l'a démontré Aimé-Georges Martimort. Il fut aussi un évêque.

Laissons de côté l'épisode de Condom, évêché sinon crotté du moins trop éloigné de la cour et de la ville pour que Bossuet s'y consacre. Il ne pouvait résider, faisant passer avant son rôle de pasteur sa tâche de précepteur du Dauphin : il donna sa démission. Parlons plutôt de Meaux, où il arrive au sommet de sa gloire, quand le mariage de son élève met fin à ses fonctions de pédagogue : « Sa Majesté sait bien que je suis évêque et que je n'ai pas de diocèse... » Le roi le nomme en Brie. Ce n'est pas trop loin de la cour, il pourra sans manquer au devoir de résidence revenir à Versailles, conseiller la Dauphine dont il est l'aumônier. De 1681 à 1687, il sait concilier les extrêmes : membre de l'assemblée du clergé, défenseur des libertés gallicanes superbement résumées dans la *Déclaration de 1682*, qui unit les divers courants de pensée partageant clercs et fidèles de l'Église de France, énonçant les maximes qui précisent les rapports entre le roi et le pape et ménagent les intérêts du temporel et du spirituel : « J'espère qu'il ne sortira rien de l'assemblée que de mesuré et de modéré... » Sa candide vanité fit qu'il ne réussit pas à plaire à tout le monde et qu'en laissant peser un doute quant à l'obligation de souscrire à une déclaration solennelle (pour la première fois œuvre d'une assemblée d'évêques), il anima des années et des années de controverses entre Paris et Rome, et, à l'intérieur de bagarres théologiques sans fin, opposant ultramontains démontés par ces « odieuses propositions » et gallicans convaincus de leur justesse. Entre Meaux et Paris, secoué dans son carrosse, l'« Aigle » pouvait méditer sur les vicissitudes de son destin. Celui-ci l'avait conduit au rôle principal, sinon dans l'institution — d'autres occupaient des postes plus prestigieux —, du moins dans la vie politique : il était la conscience du clergé de France, mais il n'avait pas suivi Colbert et le roi dans leur volonté d'abaisser la papauté devant la couronne. C'était un triomphe obscurci. Pendant quatre à cinq ans, de 1682 à 1687, il défendit ses quatre articles en beau latin et en bon français, au centre des controverses ; il mobilise sa verve et son érudition pour confondre et pour rallier. Le prouve la *Defensio declarationis*, qui n'a pas été publiée de son vivant, mais que l'on connaissait et que le public des amateurs, nombreux en ces temps d'unité de foi et de division des consciences, s'arrachent après 1730, car c'est « le recueil le plus commode, sinon le plus complet, de tout ce qui a été dit ou écrit au cours des siècles sur l'autorité des papes » (A.-G. Martimort). Il lutte ainsi jusqu'à satiété : *abeat declaratio quo libuerit !*

En mars 1687, il annonce publiquement à la cour et à la ville sa décision de faire retraite : « Heureux si, averti par ces cheveux blancs du compte que je dois rendre de mon administration, je réserve au troupeau que je dois nourrir de la parole de vie les restes d'une voix qui tombe et d'une ardeur qui s'éteint. » Il n'a pas soixante ans. A partir de là et jusqu'à sa mort en 1704, il n'a plus aucun rôle directement dans les affaires ecclésiastiques. Il est quelque peu suspect, on surveille sa correspondance. Il était soutenu par le clan Le Tellier, mais les Colbert contrôlent tout. L'archevêque de Paris, François de Harlay, qui ne l'aime guère, l'emporte sur tous. Monsieur de Reims, l'archevêque, un Le Tellier qui le défend n'est pas mieux en cour. Alors se jouent sans lui les phases principales d'une bataille qui oppose Louis XIV à Rome. De son diocèse et débordant largement les frontières du royaume partent encore des écrits essentiels, l'*Histoire des Variations des Églises protestantes* (1688), *le Traité de la concupiscence* (1694), tout ce qui concerne la défense des droits de l'épiscopat et le dossier Fénelon. C'est alors que Richard Simon dira de lui : « Il faut le laisser mourir, il n'ira pas loin », ce qui n'était pas très charitable mais mettait les choses à leur place.

Bossuet a pendant près de vingt ans vécu la vie et conduit les affaires de son diocèse comme la centaine d'évêques alors en place. Or cette histoire reste à écrire tant le théologien et le prédicateur ont éclipsé tout le reste. Malgré ses protestations, malgré sa mise à l'écart relative, il n'a pas été un prélat résident fanatique. Trop de choses l'attirent au centre du royaume ; en dépit de la maladie — un eczéma le torture depuis 1699, qu'il soigne au vin de Bourgogne —, il faut qu'il surveille les privilèges de l'université dont il est le conservateur ; il doit régenter la maison de Navarre dont il est supérieur ; conseiller la duchesse de Bourgogne, il est son aumônier ; participer aux séances du conseil d'État du roi. Il lui faut veiller aussi à ses abbayes, qu'il ajoute à son bénéfice épiscopal en dépit des préceptes canoniques. C'est un prélat en mouvement perpétuel et son panégyriste, l'abbé Ledieu, rappelle la place tenue dans sa vie par ses voitures et ses chevaux. Entre Paris et Meaux, entre Meaux et Paris, il réfléchit, écrit, discute, trouve dans les in-folio chargés dans le carrosse les références dont il a besoin. Il s'agite et change de place : « On l'aperçoit à Pâques et à la Toussaint, quelques semaines, il préside le synode, il ordonne ses prêtres, puis il repart..., il court à Paris, à Versailles, à Marly, à Saint-Cyr, à Fontainebleau, à Conflans, pour se montrer, faire sa cour, agir... » (J. Calvet). Il combat, il intrigue, il négocie, il veut faire de son neveu, l'abbé Bossuet, son coadjuteur et son successeur, autre exemple d'infraction au droit canon. Seule la proximité de la mort le fixe, et, peu avant, il avoue : « J'ai assez travaillé... »

C'est qu'il a su aussi être un pasteur. Il a organisé le recrutement sacerdotal, établissant un programme d'études de plusieurs années pour les séminaristes. Il écrit des méditations religieuses pour les communautés meldoises et ses augustines. Il prêche avec solennité ou plus familièrement il catéchise, veille à la discipline des clercs comme des fidèles. Il a visité ses paroisses et contrôlé ses grands vicaires. Il surveille les hôpitaux généraux qu'on a créés pour enfermer les pauvres et les anciens hôtels-Dieu qui accueillent encore les malades. Il rédige et publie un catéchisme. Il rétablit l'ordre dans les couvents, réduit la très récalcitrante abbesse de Jouarre, une princesse de Lorraine, et la pousse à démissionner. Il est maître de son diocèse, à l'aise, sans adversaire, sans contestataire. Il y croit (à sa maîtrise temporelle) sans trop y croire, comme tend à le montrer le pli des yeux et le sourire narquois que lui attribue Rigaud dans ses deux portraits en 1698 et 1701. Homme d'étude, intellectuel, « il est intrigué et réjoui de l'action des hommes, il les regarde se débattre avec le sentiment que cela renforce sa propre paix ». Bossuet est quelqu'un de fin avec un corps sans élégance, costaud, robuste, carré, les pieds sur terre, épanoui. Le front est large, dégagé, le nez fort et droit, une grande bouche, des yeux qui s'éclairent de bonté et d'ironie. Il est sûr de lui-même comme de l'univers et de Dieu — non sans candeur — et ce qui le sauve à nos yeux, non sans courage : il en fallait pour dire à Louis XIV ses quatre vérités et blâmer publiquement son inconduite. Drapé dans son manteau d'évêque, il est l'un des visages de l'Église vivante dont il a défendu l'unité pour l'éternité. Lui, il a encore quelque cinq ans à vivre, qu'il passera en son diocèse, surtout à Germigny, petit Versailles épiscopal en bord de Marne avec allées rectilignes, fontaines et jets d'eau. « Quel agréable divertissement ne trouve-t-on pas à contempler de quelle manière les ouvrages de la Nature s'avancent à leur perfection par un accroissement insensible ? Combien ne goûte-t-on pas de plaisir à observer le succès des arbres qu'on a entés dans un jardin, l'accroissement des blés... » Ce grand homme est un bon homme qui connaît la saveur des choses de la vie.

Avec lui deux traditions semblent disparaître à l'horizon intellectuel et social, qui avaient été pleinement constitutives de l'âge classique : les temps de l'érudition sacrée dont il fut le produit et le champion s'achèvent ; 1704, la crise de la conscience s'amorce pleinement ; la montée sociale vers la noblesse par la robe se stabilise et les dynasties de parlementaires parisiens et provinciaux se consolident, or Bossuet était l'héritier d'un de ces lignages bourguignons. Au second quart du XVIIe siècle, il avait plus qu'un autre vécu intensément, jeune étudiant de 15 ans, cette fermentation d'intelligence tournée vers Dieu, qui soulève Paris, la France, l'Europe. Il en avait partagé l'ivresse avec quelques autres, dont Rancé qui fut son ami sur les pentes du Quartier latin, entre faubourg Saint-Jacques, où Port-Royal fait « revivre l'esprit de l'antiquité chrétienne », et faubourg Saint-Germain, où les bénédictins et la bibliothèque de Dom Luc d'Achery suscitent les vocations érudites. Rue de la Harpe, chez les frères Dupuy, il a rencontré la fine fleur des intellectuels parisiens, l'abbé de Launoy, les pères Sirmond et Pétau, l'abbé Gassendi, l'abbé Boullian, Henri de Valois et Mézeray, le président de Montmort, les avocats généraux Bignon et Fabrot, Messieurs de Sainte-Marthe et Naudé, que protège Mazarin, tous les esprits libres en dépit des croyances sinon les libres esprits. A tous, comme l'a démontré Martimort, il doit beaucoup. Quand il disparaît, les querelles théologiques passionnent encore, mais l'esprit n'est plus le même.

De la Bourgogne, Bossuet héritait une double tradition, celle du mérite, qui établit sur les sièges du parlement de Dijon les Bossuet, les Bretagne, les Mochet, les Humbert, quatre grandes et solides familles de Bourgogne et de Comté, ses ancêtres, montés du terroir à la robe en moins d'un siècle ; celle de la fidélité au roi, que récompensent l'ordre et la tranquillité publique voulue par Dieu. Jacques Bossuet, son grand-père, déjà conseiller au parlement — ce qui fait de Bossuet un anobli au troisième degré — était resté fidèle au Béarnais dans une ville ligueuse. Son père, Bénigne, qui réprima sans douceur la *jacquerie des Lanturelus*, négocia quantité d'affaires, passa au parlement de Metz, fut l'un des hommes du pouvoir dans une zone contestée ; c'était aussi l'un des chefs de la compagnie du Saint-Sacrement, et, veuf, il se fit d'Église et chanoine. Son oncle Claude, conseiller au parlement, maire de Dijon, qui l'éleva après le départ de son père, refusa de livrer la ville à la Fronde. L'adolescent aura appris de sa famille les bons principes. En 1704, la contestation de la plénitude sacrée du pouvoir des rois commence à faire son chemin : les derniers combats du prélat l'ont montré. La robe comme les lettres s'apprêtent à relever la tête.

PRÊTRES
ET PASTEURS ORDINAIRES

L'épiscopat du royaume compte une centaine de personnes pour deux siècles : c'est moins d'un millier de prélats qui sont à considérer ; son influence et son action s'exercent du sommet vers les populations, et sa signification historique renforce l'idée que la vitalité spirituelle et intellectuelle d'un temps peut reposer pour une grande part sur les petits nombres. Avec les clergés, on change d'échelle. Une évaluation difficile, mais qui s'affine progressivement (C. Langlois, T. Tackett), permet de compter en 1791 près de 170 000 personnes, religieuses comprises ; du XVIIe siècle à la Révolution, cela représente sans doute plus de deux millions d'acteurs, dont les rapports constants avec les fidèles de toutes classes ont été au centre de l'acculturation de la réformation tridentine. Ils en ont été les cadres après avoir été les premiers touchés par la nécessité d'exemplarité. Leurs fonctions spirituelle et sacramentelle, leur poids social dans les villages et les villes en font les agents du changement, intermédiaires représentatifs et obligés entre les cultures et les conceptions différentes du sacré. C'est un monde bigarré et divers qu'on ne saurait regarder avec les lunettes du XXe siècle, tant est complexe l'entrecroisement des valeurs spirituelles et humaines qui le traversent. De plus, c'est à ce moment de l'histoire que s'impose, par l'impulsion de l'épiscopat, et en réponse aux exigences des peuples, le nouveau type de prêtre, présent, instruit, exemple moral, qui doit beaucoup au modèle protestant et qui va devenir habituel et commun jusqu'à nous.

D'un clergé de clercs
à un clergé de prêtres

Le clergé paroissial d'abord. En nombre, dans la France des 18 millions d'habitants de Louis XIII, ce sont 100 000 séculiers pour autant de réguliers ; Louis XVI régnant, les premiers, présents dans plus de 40 000 paroisses, ont perdu moins que les seconds. Le problème n'a d'intérêt que parce qu'il souligne la difficulté d'interpréter l'évolution en considérant moins l'insuffisance en nombre des clercs que le changement de conception qui en fixe la définition. De surcroît, il est difficile d'évaluer en terme de besoins la densité cléricale par rapport au nombre d'habitants ; la société d'abord, tout entière catholique, a plus d'exigence de services que la nôtre, le monde chrétien ne se réduit pas au monde visible, et le lien tenace qui unit par la prière les vivants et les morts nécessite des prêtres ; enfin, le clergé de paroisse n'accomplit pas uniquement des tâches spirituelles mais aussi quantité de fonctions civiles indispensables à la communauté. En terme de rapport hommes-besoins, cela signifie un appel à un nombre toujours plus grand de clercs, mais la densité cléricale — un prêtre pour 200 catholiques au milieu du XVIIe siècle — varie beaucoup : un pour 238 à Paris, 1 pour 400 à La Rochelle, mais 1 pour 800 âmes si l'on compte les protestants du diocèse. L'exigence de stabilité postule un accroissement que le système bénéficial limite, de même qu'il borne les possibilités de choix, donc d'action des évêques. Enfin, le curé est rarement seul ; selon ses moyens, il peut s'entourer d'auxiliaires, vicaires ou chapelains, dont la situation matérielle est très dépendante. La société des clercs de paroisse est très hétérogène dans ses reve-

Les missions : « Saint Vitalian passe sa vie à hanter des femmes publiques pour les convertir... » (illustration pieuse du XVIIe siècle).

nus, ses activités, sa culture. D'énormes différences existent entre les régions, entre les villes et les campagnes, les premières étant toujours favorisées : c'est là que se jouent, surtout à Paris et dans les grandes métropoles, les commencements de la réformation. En définitive, à la base, c'est du passage d'un clergé de clercs à un clergé de prêtres, d'une diversité à l'homogénéité, qu'il s'agit.

Il faut pour en comprendre toutes les dimensions évoquer le prodigieux développement des familles régulières présentes dans les cités et sur les routes. Leur diversité est immense, car s'y côtoient des modes spirituels très contrastés selon les vœux plus ou moins indissolubles, le rapport à l'autorité de l'évêque, le mode de recrutement, masculin ou féminin, les revenus rentés ou mendiés, les fonctions sociales de prédication, d'enseignement, de prière, selon aussi l'histoire qui authentifie et sépare les ordres anciens, bénédictins, augustiniens, mendiants, les instituts nouveaux et les congrégations de prêtres et de femmes pieuses qui fuient le siècle ou le travail dans les œuvres : leur rôle et leur prosélytisme ont été fondamentaux. Si l'on néglige, malgré son intérêt social, l'image critique — léguée par le Moyen Age à la Réforme et aux Temps Modernes — du moine paillard inculte et riche, c'est l'image d'une société autre qui s'impose. Celle-ci met en valeur la critique du monde, justifiant ainsi la fuite hors des cités, la réalisation exemplaire de la Cité de Dieu sur la Terre et l'influx du rachat de tous par la pédagogie de l'enseignement ou de la prédication, du service charitable ou hospitalier. On y voit se concilier les voies différentes d'une recherche de distinction spirituelle par la vie solitaire (l'érémétisme connaît alors un renouveau ample et révélateur d'un individualisme dont se méfie l'autorité ecclésiale et civile) ou bien encore par la vie commune, qui admet des types d'organisation et d'autorité très nombreux : familial et à l'antique, comme chez les bénédictins ; féodal à Cîteaux ; communal dans les couvents citadins des mendiants ; épiscopal dans les congrégations ou chez les chanoines réguliers ; pontifical avec les nouveaux instituts et congrégations, tels les jésuites ou les oratoriens soumis à Rome. Deux faits sont à retenir. D'abord, c'est autour des réguliers que s'est jouée une conception de la réforme, romaine pour l'essentiel et à la fois savante et mystique par l'exégèse et la prière ; ensuite, pour l'Église gallicane et ses évêques, c'est une frontière d'autorité. Dans un monde où la dimension féminine trouve une place exemplaire, les aspirations utopiques (l'égalité que garantissent l'obéissance, la soumission, l'habit uniforme, le temps spécifique, qui découpe le déroulement des journées et des heures selon les besoins de la prière et du travail et qui, cependant, postule la fin du temps terrestre) coexistent toujours avec la volonté d'engagement dans le siècle. L'alignement des ordres anciens sur les principes de la réformation, la multiplication des congrégations féminines et masculines charitables et enseignantes, qui acceptent de s'intégrer dans l'action épiscopalienne, le rôle exemplaire des ordres nouveaux dans la ville révèlent « l'immense besoin de vie religieuse en communauté pour le prosélytisme du siècle » (A. Dupront). Ce besoin se traduit dans l'espace urbain, il rayonne des grandes abbayes que la logique réformatrice transforme en centres d'études où une conception nouvelle de l'histoire, fruit de l'érudition bénédictine et mauriste, s'impose peu à peu. Les réformations régulières proposent aux clercs séculiers et aux fidèles des exemples divers d'un renouveau d'expression de la foi et des œuvres.

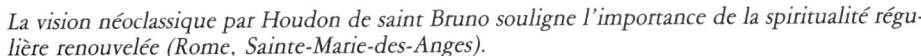

La vision néoclassique par Houdon de saint Bruno souligne l'importance de la spiritualité régulière renouvelée (Rome, Sainte-Marie-des-Anges).

Les pasteurs de la Réforme

Les Églises réformées ont eu aussi leur modèle spécifique qui interroge les laïcs protestants comme les clercs et les fidèles catholiques. Les pasteurs élus des consistoires ont d'abord constitué une minorité militante, cultivée et cryptique. Sans jamais se définir en tant que clergé, les *professants* ont été réunis par l'existence d'organisation et les nécessités de la défense du culte et de la vérité sur la « frontière de catholicité ». Une reconnaissance de fait par l'État catholique n'aboutit jamais à une reconnaissance de droit espérée par l'élite calviniste jusqu'au XVIIIe siècle et après la Révolution. Contre le catholicisme, les pasteurs incarnent la vraie Église, ils gèrent le dépôt de la foi, ils contrôlent les tendances anarchiques et centrifuges. Leur autorité dans le système presbytéral dépend donc d'un tout autre rapport au peuple que dans l'Église d'orthodoxie tridentine. Le groupe l'emporte de loin sur le ministre (A. Dupront). C'est dans une négociation constante avec le consistoire, expression de la communauté, que se fonde leur action pastorale et morale, et c'est de cette négociation que dépendent leurs conditions économiques, qu'aucun bénéfice ne garantit. Formés dans les conflits, vieux pasteurs de combat, gentilshommes d'écriture « crachant » et « toussant », ratiocinant dans les assemblées, ils sont peu à peu remplacés par une élite plus ouverte, venue d'horizons sociaux variés, passée souvent par Genève, formée de plus en plus dans les académies protestantes de Montauban, Sedan et Saumur. A la veille de la révocation, on compte peut-être moins de 800 pasteurs pour près de 850 000 à 900 000 protestants, soit 1 pour 1 200. Théologiens sûrs d'eux-mêmes, rigoristes dans leurs mœurs, chargés d'enfants, ils assurent en campagne et en ville le prêche et l'enseignement, mais aussi le secours aux malades et aux familles ; leurs gestes ne sont pas toujours très différents de ceux du clergé catholique. Par leurs études et leurs réflexions, ils cautionnent les discussions et les controverses qui manifestent les ambitions d'unification ecclésiologique et de résistance. L'édit de Fontainebleau et les persécutions dont la réalité quotidienne permanente a eu plus de portée que l'éclat temporaire des dragonnades, toujours évoquées, révéleront leur homogénéité : deux tiers des pasteurs fuiront hors du royaume, un tiers d'entre eux abjurera (E.G. Léonard). Le fait confirme la dimension laïque du protestantisme français, qui traverse un demi-siècle d'épreuve : l'établissement d'une *Église de Mémoire* se fonde sur le témoignage des martyrs, la lutte des révoltés et la protestation silencieuse des nouveaux convertis. On souhaiterait un jour bénéficier des leçons de l'histoire, non plus seulement celle des luttes et des persécutions, mais celle des manières de vivre et des multiples rencontres qui ont été caractéristiques des communautés religieuses affrontées. La comparaison du vécu différent d'une autre société, d'un autre ordre religieux, pouvait immédiatement se lire soit en terme de séparation — c'est la dominante provinciale ramassée dans ses villes et ses seigneuries protectrices —, soit en terme d'unification irénique et mondaine — c'est le paysage social de Paris. La rupture voulue par le roi et la majorité des clergés catholiques contraint définitivement les deux sociétés à l'hostilité. Le curé poursuit le ministre et les fanatismes s'affrontent avant que d'autres tolérances ne triomphent.

La transformation du clergé séculier met en valeur trois particularités : elle a été lente (elle dure plus d'un siècle, selon les moyens et les expériences mis en œuvre, le seul renouvellement démographique imposant ses rythmes) ; elle s'est fondée sur l'exaltation du caractère sacrificiel du clerc, dans une vision qui renforce la coupure entre le sacré et le profane ; enfin, elle accentue le caractère hiérarchique et clérical de l'Église par rapport à la société civile. Pour en bien comprendre tout le sens, il faut se déprendre de légendes en apparence seulement contradictoires : légende dorée qui magnifie des saints et des athlètes du sacré, légende noire qui ne voit que prêtres luxurieux, ivrognes, incultes. Dans la réalité, sans doute le comportement des clercs du XVIe siècle à son terme ne se distingue-t-il pas de celui des fidèles : ni dans les conduites (les mœurs sont alors plus libres et plus violentes pour tous), ni dans la vêture, ni dans le travail et la vie quotidienne (le curé n'est souvent qu'un paysan parmi les autres, accablé comme eux par les tâches temporelles et les difficultés, mais cherchant et espérant quitter un bénéfice insuffisant). Plus précocement dans les villes, plus tardivement dans les campagnes, la montée des exigences mobilise l'épiscopat, l'élite régulière et dévote et un noyau de fidèles qui s'identifie le plus souvent avec la *sanior pars* de la société rurale et urbaine. Quatre impératifs sont partout identifiables, par exemple dans les cahiers de doléances de 1614, ou dans les procès-verbaux des visiteurs à l'aube du XVIIe siècle.

Moralisation, stabilisation, régularisation et formation spirituelle et intellectuelle des prêtres

Moralisation d'abord, qui suppose culture et formation. La lutte contre les déficiences disciplinaires et éthiques s'attaque à l'ivrognerie et à la grossièreté, condamne l'incorrection vestimentaire, impose la soutane qui surprit le petit Louis XIV sur le dos de M. Bourdoise, limite le port de la perruque ; elle condamne sans toujours y réussir nombre d'activités trop profanes auxquelles s'adonnent par plaisir ou par nécessité les ecclésiastiques indisciplinés, la chasse, le braconnage, le jeu, le commerce. C'est surtout dans la répression de la licence sexuelle, du concubinage ancillaire, voire du libertinage, que la dénonciation affirme peut-être le plus vivement le double tabou qui frappe d'indignité le commerce charnel et met en cause le bavardage féminin, menace pour le secret de la confession. Le modèle du bon prêtre se diffuse donc selon une intensité et des rythmes variables, et la question qu'il pose est moins celle de la proportion toujours relative des prêtres incriminés — à peine 10 à 20 % pour l'ensemble des infractions calculées dans les procès-verbaux de visites pastorales, au midi du XVIIe siècle, peut-être moins de 5 % vers 1725 — que celle de l'image d'une société et d'une culture différentes qu'il impose à tous progressivement.

Ensuite, l'exigence de stabilité se manifeste partout par l'injonction canonique de résidence permanente. Ce souci ancien, toujours battu en brèche par le système de recrutement et les exemples venus d'en haut, c'est à terme la fin du monde médiéval des clercs instables, mobiles, gyrovagues. La nécessité canonique, reprise en écho par les synodes diocésains, réitérée par les écrits des grands réformateurs, Vincent de Paul, Olier, Bourdoise, s'instaure peu à peu. Le pasteur au milieu de son troupeau garantit la continuité de l'enseignement et surtout supprime la crainte de mourir sans sacrements. La lenteur de la mise en pratique s'explique partout par la permanence des comportements bénéficiaux, par la rapidité plus ou moins grande de l'engagement des évêques, et par leur rayonnement (les diocèses méridionaux influencés par Avignon ayant sans doute une avance non négligeable) ; enfin les

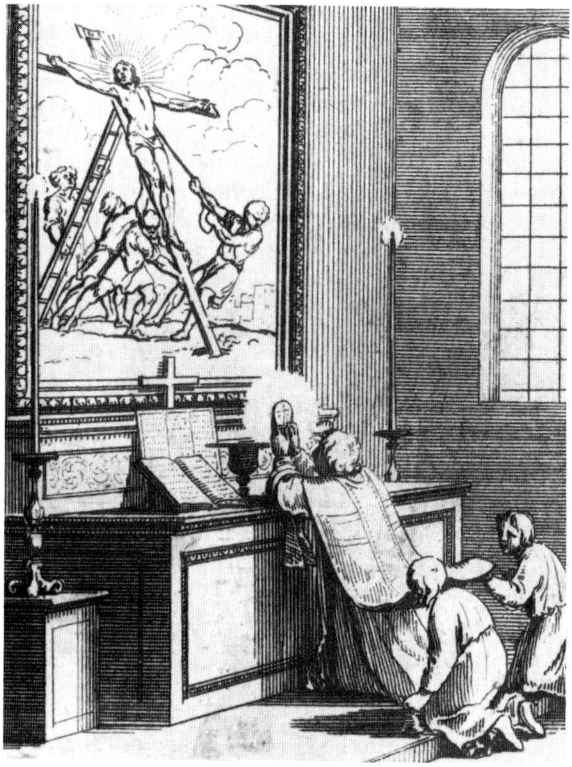

L'imagerie impose aux fidèles la représentation du prêtre vertueux célébrant le Saint Sacrifice sous le signe de la croix (La Célébration de la messe, *XVIIIe siècle, Bibliothèque nationale).*

événements, frondes, guerres, révoltes, ont pu freiner l'action réformatrice dans le Nord, l'Ile-de-France, la Lorraine, ravagés par la guerre de Trente Ans, le Sud-Ouest, terrain des conflits de religion et des luttes paysannes. L'absentéisme se réduira peu à peu, au dernier quart du XVIIe siècle, mais il ne disparaîtra jamais totalement, les cahiers de 1789 en témoignent. La troisième exigence remet en cause sans y parvenir l'assiette du système bénéficial : elle est de sécurité matérielle. Trop souvent la situation concrète des curés et des clercs de paroisse réduit leur liberté d'action ; bénéficier, le prêtre est un petit notable terrien inquiet de ses récoltes et de ses dîmes, et la disponibilité des ressources limite le recrutement ; congruistes, les desservants sont moins dépendants en recevant un quasi-salaire fixe (300 livres en 1686, 700 livres en 1789), mais ils doivent défendre leur niveau de vie contre la hausse des prix et pour cela chassent les droits casuels. La Fontaine dans quelques fables s'en fait l'écho ironique. La condition économique des prêtres est partout acceptable, malgré une grande diversité géographique. Louis XIV régnant, un curé vit largement avec 300 livres de bénéfice et de ses revenus patrimoniaux ; sous le règne de Louis XVI, avec 1 000 livres, il est à peu près à l'aise, avec 2 000 à 3 000 livres, il connaît une médiocre opulence. Sans aller jusqu'à dire que la pauvreté du bas clergé est, comme sa chasteté d'ailleurs, un de ces problèmes un peu faux dont il est convenu de discuter, il est certain que de sa condition économique dépendent un style de vie, un rapport au social, une possibilité plus ou moins grande d'indépendance vis-à-vis des autorités laïques, des seigneurs de paroisse, de la communauté d'habitants, voire de la hiérarchie ecclésiastique. Là encore, les villes et les campagnes sont à distinguer. Là aussi, une géographie historique reste à établir.

Mais quelquefois aussi apparaît le prêtre mondain défiant par son attitude scandaleuse deux siècles de réforme (La Promenade du matin, *XVIIIe siècle, Bibliothèque nationale).*

Enfin, l'exigence collective réclame du clerc le refus de l'ignorance et affirme partout la nécessité du savoir, qui étaient l'apanage des villes et dans les bénéfices garantis aux gradués des universités, à une élite de culture. La majorité des clercs se forment sur le tas, se barbouillent d'un peu de latin de cuisine, se donnent une teinture de théologie morale, de liturgie, et assurent vaille que vaille le service spirituel, à l'indignation de plus en plus manifeste des réformateurs, soucieux de redonner sens à la règle originelle de l'exemplarité du prêtre. L'aspiration cléricale à une meilleure formation rejoint le changement d'attitude générale de la société à l'égard de l'éducation : le mouvement de scolarisation en témoigne à tous les niveaux, même s'il faut considérer à part les nécessités particulières de l'instruction cléricale. Les doctrines sacerdotales de l'*École française* s'y expriment avec richesse. Le prêtre s'y définit d'abord par une identification avec le Christ (voir Olier dans le *Traité des saints ordres*), et le sacerdoce devient médiation première du divin au terrestre. L'exaltation de la personne du Fils et celle du rôle du prêtre sont liées, elles reposent sur une nécessité de différenciation d'avec le siècle, en rupture manifeste avec l'idéal de chrétienté du Moyen Age, qui admettait l'imbrication du profane et du sacré. La diffusion des nouvelles doctrines va se faire dans le mouvement des séminaires qu'inspire le décret *Cum adolescentium* du concile de Trente et qui mettent en œuvre de multiples réflexions théoriques et quantité d'expériences pratiques : César du Bus et ses doctrinaires, à la fin du XVIe siècle dans le Midi, M. Bardon à Limoges vers 1626, M. Crestey à Caen autour de 1650, mais surtout les initiatives parisiennes de M. Bourdoise à Saint-Nicolas-du-Chardonnet, de Bérulle à Saint-Magloire, de Vincent de Paul à Saint-Lazare et de Olier à Saint-Sulpice.

La société cléricale entre l'ouverture et la clôture

La conquête diocésaine se fait en trois étapes : avant 1642, une dizaine de créations, jusqu'en 1660, une quarantaine, avant 1680, plus de cinquante fondations ; la quasi-totalité des diocèses est pourvue d'un séminaire autour de 1700, à l'exception des plus petits. L'instrument essentiel de la réformation des clercs, contrôlée par les évêques et confiée souvent aux congrégations nouvelles, s'est imposé non sans difficulté. Les fondateurs ont partout eu à résoudre des problèmes matériels, ils ont eu à triompher des résistances d'un milieu qui n'était pas résolu à se laisser enfermer, enfin, ils ont dû choisir entre des formules pédagogiques différentes et quelquefois opposées. Ainsi l'expérience initiale de Bourdoise à Saint-Nicolas-du-Chardonnet, qui mêle la formation cléricale à la vie du clergé de paroisse, les retraites de quelques jours préconisées par Vincent de Paul, ou les maisons ouvertes par les eudistes (et surtout les sulpiciens) avec plusieurs années d'études et un cursus établi ; les divergences, on le voit, sont multiples. Elles s'atténuent avec les programmes presque partout adoptés, dont témoigne le *Mémoire* du sulpicien Legrand, en 1758. L'éducation ecclésiastique s'articule désormais autour de deux polarisations principales : les études, qui permettent au prêtre de dominer les exigences du ministère, les mœurs où sont soulignées les vertus des apparences, habits, gravité, modestie. Du XVIIe au XVIIIe siècle, le modèle de la clôture et de la différence n'a pas le même sens (D. Julia) : il est d'abord de réformation quand le clergé mêle des générations différentes dans leur formation, il est de perpétuation d'un ordre et d'une discipline au moment où l'institution n'est plus contestée. Alors, le modèle moral dont Renan portera témoignage pour le premier quart du XIXe siècle, comme les normes intellectuelles pratiques, édifiantes, enferme les prêtres dans un ghetto clérical dont les études profanes sont exclues. Le bon prêtre, caractérisé par le respect des mœurs, la piété, l'éminente dignité de son état, la résidence bien sûr, s'est peu à peu imposé. C'est la force de l'Église ; il lui confère en effet dans l'exactitude et la stabilité une vertu d'efficacité sans commune mesure au cours de l'histoire, comme en témoigne l'évolution de la pastorale diocésaine. C'est aussi sa faiblesse, car le bon prêtre postule un refus d'assimilation au commun, ce qui oppose de part et d'autre d'une barrière deux univers culturels, l'un moralisé et intellectualisé, l'autre panique et affectif ; les pratiques sociales, d'un côté et de l'autre, s'affronteront ainsi pendant longtemps. De surcroît, la culture du clergé, restant spécifiquement religieuse, est peu capable d'intégrer (sauf pour une élite qu'on retrouve dans les académies de province) les éléments de l'intellectualité réformatrice des Lumières.

La connaissance précise que l'on a désormais pour une bonne cinquantaine de diocèses, étudiés du point de vue du recrutement ecclésiastique, permet de mesurer l'impact social de ce modèle spirituel et moral. L'analyse quantifiée et la sociologie rétrospective ne donnent toutefois que ce qu'elles peuvent donner, sans offrir de réponse certaine à la question historique de leur sens religieux (D. Julia). Entre le XVIe siècle et le XVIIIe siècle, le statut social du clerc a changé et celui de la vocation également. Dans l'espace du royaume, les changements ne coïncident pas toujours, et l'on voit subsister des réserves archaïques, diocèses lentement touchés par les normes nouvelles, où domine encore un prolétariat de chapelains, d'obituaires, d'habitués, mal fixé, peu contrôlé : ainsi, à Vannes de Bretagne ou à Rodez en Rouergue. L'uniformisation semble toutefois l'emporter sur la disparité. D'une part, les hauts

Le trait de Carmontelle sait rendre compte de l'assise consolidée des curés de paroisse (musée Condé, Chantilly).

niveaux de recrutement sont atteints à la fin du XVIIe siècle, dans une stabilité variable selon les régions ; il n'y a chute des vocations qu'après 1750-1760, avec d'ailleurs des reprises quelquefois marquées. D'autre part, ces recrutements puisent d'abord dans un groupe social et culturel très spécifique : celui des fils instruits de la bourgeoisie, moyenne et petite, des villes. Le système bénéficial exclut les pauvres, car il faut avoir les cent ou deux cents livres de rente qui autorisent l'acquisition du titre patrimonial et permettent d'attendre l'obtention d'un bénéfice libéré. La société cléricale est une société de notables à laquelle ne peuvent accéder, contrairement à ce que l'on a trop longtemps cru, les enfants saboteux de la paysannerie majoritaire — si ce n'est peut-être les rejetons des gras laboureurs et des riches fermiers, mais c'est l'exception qui confirme la règle. Toutefois, la règle change, et au XVIIIe siècle la montée terminale des petits clergeons ruraux est attestée. C'est le résultat cumulatif du progrès de l'instruction des campagnes, de l'enrichissement, voire de l'inflation — 100 livres en 1789 sont plus faciles à trouver qu'en 1650 —, peut-être aussi du désintérêt qui s'amorce dans les élites urbaines pour le marché des bénéfices. Les courbes et les histogrammes de notre sociologie quantitative reflètent ainsi des mouvements profonds de la réalité sociale ; on y mesure la variabilité régionale des stratégies familiales, qui conduisent à la prêtrise les enfants en fonction des conjonctures économiques et des possibilités de réussite ; mais on y perçoit aussi les changements de la valeur sociale conférée au clergé selon les milieux et les régions ; on y enregistre l'impact relatif des réformes et le rapport complexe qui se noue entre les vertus et la différenciation religieuse et les impératifs du changement culturel. Pour les noblesses, pendant longtemps fortement intégrées dans le mouvement des vocations religieuses (certains secteurs leur sont pratiquement terres réservées, sans être totalement fermées à d'autres milieux : les chapitres de chanoines, les bénéfices réguliers, les congrégations relevées, certaines cures richement pourvues), pour les milieux de la robe et des offices, pour toutes les bourgeoisies rentières et marchandes, pour toutes les classes moyennes, l'accession d'un fils aux ordres était un bienfait spirituel, un bonheur ou la confirmation d'une dignité, voire une promotion sociale. Les nouvelles exigences, l'évolution culturelle, la « fermentation dangereuse » qui modifie les idées et la société, ont changé les attitudes ; même enfermée dans son ghetto moral et spirituel, l'Église n'a pu échapper au monde. On le perçoit dans les enjeux de l'*Aufklärung* catholique étudiée par B. Plongeron, comme dans le mouvement des curés et du bas clergé où se manifeste une conscience de classe : revendication d'égalité, exigence de promotion au mérite par le concours, et non plus par la course aux bénéfices, idéal du rôle civilisateur du clergé de paroisse par l'union de la pastorale religieuse et de l'expérience d'une quasi-fonctionnarisation.

Désormais distincts et conscients de leur distinction, exemplaires dans l'exactitude de leur devoir, les clercs de paroisse possèdent pleinement ce degré de connaissances qui encourage la vertu chez les habitants des chaumières mais ne trouble jamais la bonne conscience de ceux auxquels une infaillible providence permet de vivre dans les châteaux (J. Conrad).

2
La religion ordinaire

La vie chrétienne se déroule avec ses rythmes habituels et ses fastes réguliers dans le cadre de la paroisse, institution qui est la première sans doute à structurer villages et villes français, et dont la réalité, définitivement établie par la réformation, va survivre à tous les changements. Comme les seigneurs et leurs représentants, le curé est un médiateur de la communauté face au monde extérieur, aux autorités locales, civiles et religieuses, aux pouvoirs lointains de l'État. Il bénéficie d'une autonomie très grande. L'identification incertaine qui existe entre les affaires séculières de la communauté paysanne et celles de la paroisse permet bien des empiétements et autorise de nombreux conflits. La diversité régionale en ce domaine est très forte : dans l'Ouest, les états généraux de paroisse se confondent avec l'assemblée des habitants ; ailleurs, la « fabrique » s'en distingue, mais les affaires de l'une et de l'autre sont spirituellement et temporellement imbriquées sinon confondues. Si les curés gouvernent les premières, ils transigent pour les secondes avec les marguilliers, représentants élus ou cooptés des habitants, chargés de gérer la fabrique. La réalité des comptes et les motivations des réunions sont bien souvent mêlées. Le fait que la paroisse est aussi la division administrative primaire — on y tient l'état civil, on y lève les impôts, on y recrute la milice — renforce le pouvoir de la cure. Mais le fait que la paroisse n'a pas de ressources propres — le revenu du bénéfice allant au seul patron, s'il est congruiste, ou au curé s'il est bénéficier — conforte la puissance des marguilliers qui gèrent le produit des quêtes et les revenus des fondations et des rentes. La richesse d'une paroisse, donc sa capacité à animer matériellement l'action spirituelle, dépend de la charité des habitants, ancienne ou récente. Le choix des administrateurs est donc fondamental, car il exprime le point de vue d'une petite élite de notables de quartiers ou de gros villages, ou celui de la majorité des habitants. Ses implications toutefois n'ont pas partout et toujours la même importance. Ce niveau supplémentaire d'intermédiaires complique singulièrement les affaires et en même temps nuance les oppositions trop tranchées entre clercs et peuple.

LA PAROISSE

De la conquête plus ou moins rapide de ce noyau qu'est la *sanior pars* rurale ou urbaine découlent la stabilité des clercs, la montée des exigences, les progrès de la christianisation réformatrice, l'entrée de la majorité dans les formes religieuses spécifiques de la nouvelle modernité. Mais le théâtre de cette acculturation est d'abord un lieu de vie ; pour la plupart des paysans c'est même le seul qu'ils connaissent. Cela confère à l'expression ordinaire et extraordinaire de la religion toute sa ritualisation populaire, spontanément acquise, à travers des gestes transmis, des trajets coutumiers, des manières de vivre, un horizon quotidien. Dans les principaux éléments qui l'orientent, l'église et ses annexes occupent la première place.

Le cadre paroissial : réformer et bâtir

L'église, c'est la maison de Dieu et des hommes, place commune de la vie commune, lieu d'asile et refuge des individus. C'est le cadre des cérémonies modestes du culte de tous les jours, mais aussi celui des grandes fêtes et des proclamations et célébrations solennelles. La réserve le dispute à la familiarité ; dans les modestes églises de village comme dans les grandes cathédrales urbaines, littérateurs et imagiers nous montrent la coexistence sans problème des éléments les plus divers de la vie : les amants s'y donnent rendez-vous, les cavaliers lorgnent les belles aux sermons mondains, les vieilles dévotes bavardent, les chiens accompagnent leur maître, les enfants jouent à cache-cache, des affaires multiples s'y traitent à l'occasion. Avec les réformateurs, d'autres pratiques, un autre climat s'impose peu à peu conformément aux exigences nouvelles d'épuration et de séparation. Les visiteurs canoniques témoignent de cette remise en ordre, dont les deux canons impératifs sont surveiller et blanchir. Contrôler l'espace sacral, veiller à sa propreté, organiser sa partition par la topographie des bancs et des sièges réservés, surveiller sa discipline et sa décence, expurger les nudités héroïques et profanes, changer les animalités provocantes et les figurations non conformes ou grotesques, lutter contre l'immodestie, imposer des représentations du sacré conformes aux principes nouveaux de hiérarchie et de sanctification, voilà pour les prétentions du clergé et des élites. Toute une activité, lente, silencieuse, tenace, commence alors ; mises à l'écart et substitutions y coexistent selon les moyens et l'impulsion du moment : nouvelles peintures, nouvelles statues, nouveaux retables, nouveaux autels, nouveau matériel liturgique, exprimant nouvelles normes et nouvelles dévotions, prennent place dans les églises. Chronologiquement et géographiquement, c'est affaire d'accommodement entre le contrôle canonique et l'autocontrôle social.

En effet, les possibilités économiques de ces investissements spirituels ne sont pas infinies. Les campagnes du premier XVIIe siècle, trop souvent ravagées par les guerres et les révoltes, ont perdu quelquefois leurs églises : il faut rebâtir, la cartographie régnicole de cet effort reste à établir. Les villes, porteuses de l'élan nouveau, où les peuples s'entassent et où les congrégations nouvelles prolifèrent, ont d'autres besoins : il faut construire ; partout la nécessité du culte, la vétusté des lieux, les impératifs des clergés de plus en plus instruits, dictent leurs choix suffisants : il faut reconstruire et réparer. Contribuer à cette œuvre est l'un des enjeux de la pastorale de la mort, c'est l'affaire des riches pour s'assurer un bonheur éternel, c'est le cadre d'une compétition permanente entre les moines et les curés, où la concurrence des assurances spirituelles entretient le flux variable du profit. La bâtisse d'église marque de son empreinte le paysage de la rue urbaine et du village. En dehors des grands chantiers novateurs où se diffusent les traits des esthétiques successives, elle est porteuse de permanence : combien d'édifices gothiques ou romans datent simplement du XVIIe, voire du XVIIIe siècle ? La lenteur des campagnes de construction — il faudra plus d'un siècle pour rebâtir et décorer Saint-Sulpice — prouve la difficulté de l'œuvre, mais aussi son acharnement révélateur du besoin. C'est un lent travail d'aménagement qui s'effectue, c'est un calme labeur de reclassement social qui se fait jour : partout les ateliers locaux réparent, décorent, multiplient les annexes et les accessoires ; mais aucun des grands projets d'aménagement des villes anciennes autour des places ou des quartiers nouveaux, voire les reconstructions rares et les constructions plus rares encore de villes neuves ne placent l'église au centre de leur plan, même si elle n'est jamais oubliée. Dans la cité monarchique comme dans la ville des Lumières, la monumentalité sacrale cède le pas à l'affirmation du pouvoir royal et à la proclamation de l'utilité : dès le XVIIe siècle, l'architecture religieuse est une activité de périphérie (voyez le Val-de-Grâce et les Invalides, et, un siècle plus tard, la Madeleine). C'est un art de réaménagement coûteux, car il exige pour être apprécié de ménager des parvis permettant le recul indispensable, et il provoque une transformation du parcellaire voisin ; c'est enfin une œuvre d'adaptation aux poussées de la population et de l'urbanisation conjointes. Au village sans prétention, il n'en va pas de même, l'église reste au cœur de l'habitat, son clocher et son cimetière exprimant différemment, en verticalité et en horizontalité, deux manifestations de la rencontre du monde et de l'éternité.

Clochers et cimetières de village

Le clocher du village est pour tout paysan un symbole de solidarité, c'est l'expression de la communauté forgée par les malheurs ; les guetteurs montés dans les clochers tentaient de prévenir. Quant aux démonstrations de joie, les cloches sonnantes et carillonnantes les exprimaient encore il y a peu de temps. La cloche joue

Enfants jouant, conversation tendre, aparté mondain ne semblent pas troubler la ferveur du jour des Cendres : c'est la solennité mais aussi la simplicité familière des offices, où se mêlent classes sociales et classes d'âge.

dans la vie d'autrefois un rôle qu'il faut rappeler. Elle a d'abord une fonction liturgique, sonnant les cérémonies selon un code sensible à tous, glas différemment interprété selon les âges et les sexes, tocsin mobilisateur dont l'écho porté de village en village éveille les angoisses et suscite l'énergie défensive, carillon des *Te Deum* en signe de gratitude. La cloche paysanne et citadine peut incarner la fierté des fidèles : elle est à la fois signe et signal. Elle unifie le temps, dont elle ponctue les heures ordinaires ou marquantes ; elle unifie l'espace, car chacun, d'un bout à l'autre du terroir, peut entendre et répondre à ses appels. La cloche est un instrument de catholicité (J. Fouilheron) qui puise sa force dans sa fonction culturelle et son anthropomorphisme. Les cloches ont été perçues en effet comme des êtres vivants, elles ont leur baptême, elles portent leur nom gravé dans l'airain sonnant entouré de messages propitiatoires et du rappel de leurs parrains ou de leurs marraines ; elles suscitent des cultes, des dévotions, des thérapies, des terreurs ; elles ont leurs monstres et leurs phénomènes. A leur façon, les cloches des anciennes paroisses expriment les antagonismes du temps, elles en ont été quelquefois les victimes pour en avoir

Inhumation dans une église. Face à la mort, les gestes et les postures soulignent les enjeux spirituels et mondains de l'époque (illustration publiée au XIXe *siècle dans* Institutions, usages et costumes en France *et exécutée d'après une gravure du* XVIIIe*).*

provoqué ou accompagné les violences. Elles sont toujours gages d'une fidélité à l'essentiel.

Le cimetière, terre sacrée, dormitoire des fidèles, exprime lui le sentiment d'une active communauté entre vivants et morts. Il est souvent peu distinct de l'église, qui accueille à l'intérieur et dans une hiérarchie de la proximité les sépultures notables et arrose de ses gouttières les tombes communes. Dans les églises urbaines, les tombeaux sobres ou prétentieux illustrent par leurs gisants et leurs priants la volonté de théâtralisation des puissants. Un premier culte civique s'enracine dans ses fondations de piété ostentatoire, une tradition de cohérence familiale s'y exprime dans une religion de mémoire. Pour le commun, la dalle, l'épitaphe, le tableau de fondation ou l'anonymat des fosses de grand charnier sont monnaie courante. Pour les riches comme pour les petits, la familiarité du lieu qu'est le cimetière est attestée ; on y danse en Bretagne, on s'y réunit en Provence, le bétail y trouve aliment, les voisines y font sécher le linge. L'œuvre de l'église réformée est ici discriminante : en sacralisant par la clôture et la surveillance la terre des morts, elle introduit une distance nouvelle avec les trépassés dont témoigne l'ossuaire breton tardif. Ainsi, elle prélude à la grande séparation qu'orchestreront les hommes des Lumières : l'évacuation des tombes d'églises, l'expulsion des cimetières hors des villes. L'espace des villes et des bourgades se désacralise. Il n'en demeure pas moins organisé pendant longtemps par l'ancien maillage des lieux et des signes de prière.

Les terroirs ont une géographie sacrée particulière, les chemins de champs sont bornés de croix et d'oratoires, des chapelles en marquent les limites ; dans les bois et les écarts existent des lieux de dévotion cachés mais connus de tous ; des fontaines mystérieuses aux vertus thérapiques accueillent des cultes archaïques et efficaces. La prise de possession de cet espace se fait dans des rites processionnaires et festifs que le clergé observe et tente de contrôler. Par exemple, avec les processions des Rogations (trois jours avant l'Ascension), c'est toute la campagne et toutes les récoltes qui réclament les bénédictions célestes. Les paroisses urbaines et les cités ont aussi leurs processions et leurs trajets propitiatoires.

Dans ce terrain, autour de ces pratiques, s'exerce la tension majeure entre deux perspectives religieuses, celle du sacral matérialisé et affectif, celle des peuples, mais pas seulement du populaire, et celle du sacré, réglé, épuré, distingué, celle des clercs et des dévots convertis. Leur rencontre ne se traduit pas toujours par une déculturation radicale des premiers par les seconds, car le mental collectif trouve souvent à s'adapter. A Malay-le-Vicomte, diocèse de Sens, vers 1648, les paroissiens révèrent un vieux saint Éloy, familier sous sa défroque de maréchal-ferrant ; l'évêque, soucieux de défendre la majesté de l'épiscopat, veut le remplacer par un jeune saint Éloy plus conforme aux normes nouvelles sous ses habits d'évêque. Il le fait décrocher et enterrer, mais les fidèles le déterrent et le remettent en place. En Bretagne, le zèle des recteurs nouveau style, acharnés à clôturer les cimetières et à rhabiller les statues, provoque quantité de minuscules guérillas pichrocolines. A Brignac, au temps de la Pompadour, au cœur de la forêt de Brocéliande, la querelle du recteur avec ses paroissiens se règle à coups de fusil — ce qui est rare —, puis de procès, ce qui est fréquent. Bref, pendant tout un siècle, une ère de conflits est ouverte ; elle culmine entre 1670 et 1730, avec l'arrivée des générations de clercs « recyclés » et quand l'autorité civile appuie celle de l'Église contre tous les particularismes. Son extension et sa durée sont dépendantes du rapport qui s'instaure entre les curés et leurs paroissiens, comme du rapport des uns et des autres à la culture écrite, l'absence ou la fréquence de querelles d'intérêt. La fin de l'instabilité multiséculaire des clercs, le recrutement de plus en plus autochtone jouent en faveur d'une entente qu'impose aussi le rôle administratif des curés. La résistance affective et irrationnelle des populations trouvera appui dans quelques territoires préférentiels, les sociétés de jeunesse, les confréries, les fêtes et les pèlerinages. La transformation des mœurs et l'observance des pratiques situent le terrain de la conquête tridentine en ville et au village.

LA VIE CHRISTIANISÉE

Étudier la vie religieuse aux XVIIe et XVIIIe siècles pose deux problèmes de méthode. Le premier est dicté par la transposition des analyses quantitatives testées pour le XXe siècle à l'instigation de Gabriel Le Bras. Ce faisant, on doit être conscient que l'on retrouve le principe décisif aux yeux des réformateurs post-tridentins quant à l'affirmation religieuse : un geste social, les mœurs plutôt que la foi désignent l'appartenance à l'Église. La scientificité apparente du critère reste à discuter. La méthode exige prudence et critique des sources les plus propres à mesurer l'évolution de la pratique. En second lieu, comment cette attitude questionne-t-elle un temps qui voit l'unanimité des gestes de la pratique. Les notions communément admises de christianisation ou de déchristianisation changent de sens en raison même de l'évolution des exigences. La Révolution jouera sur ce terrain un rôle de révélateur de la manière dont la vie religieuse évolue par grande masse et très lentement : la réalité déchristianisante, faite de sécularisation, de laïcisation, d'iconoclasme et de détachement prouvé par l'abandon ou la transformation des gestes, coexiste avec une résistance religieuse populaire d'animation féminine (A. Dupront) et cléricale, et avec les accommodements de tous envers la nécessité de faire face à la rupture révolutionnaire, le voir et attendre caractéristique des majorités silencieuses. L'ampleur de l'enjeu n'échappe à personne si l'on songe qu'il faut aussi appréhender diversités régionales et géographiques, contrastes sociaux et anthropologiques dans leur permanence et leur rupture. La stabilité des gestes et des croyances ne fait que souligner l'effort d'approfondissement.

Vie publique et vie privée

La totalité de l'existence est christianisée. Les gestes de la vie publique d'abord. Les serments, les actes des justices laïques qui s'entourent de l'apparat religieux, le calendrier de la vie publique, scandé par des célébrations d'Église, à l'occasion des avènements, des victoires, des naissances et des morts de la famille royale. Dans les campagnes, les mandements épiscopaux, repris au prône par les curés de village, informent ruraux et notables de ces événements du monde placés sous le regard de Dieu. Du haut des quarante mille chaires de paroisses, la nouvelle lancée aux fidèles que le roi convoquait les états généraux après plus de cent ans d'interruption a dû immédiatement résonner au cœur de tous. C'est une conception du monde qui chaque dimanche se dévoile dans les campagnes, comme dans les rythmes de la vie urbaine, messe de rentrée des cours, célébration académique des fêtes dynastiques, calendrier d'embauche et de paiement, ordre du travail et du loisir.

Plus encore la vie privée : le baptême, dont la pratique immédiate devient un principe canonique, marque l'entrée dans la vie commune des chrétiens. Son contrôle et les lettres testimoniales qui l'accompagnent en proclament la valeur aux yeux des clercs. Pour tous, il est indispensable au salut ; c'est une préoccupation constante d'un temps où les naissances sont trop souvent difficiles et la mortalité infantile massive : baptiser les nouveau-nés au plus vite est un devoir pour les sages-femmes comme pour les parents. Les registres paroissiaux qui prouvent la réduction de l'écart existant entre la naissance et la remise du sacrement — 90 à 95 % au cours des deux premiers jours au XVIIIe siècle, en Aunis et autour de Paris —, montrent l'instauration de cette assurance collective. En même temps, l'entrée dans la vie chrétienne est admission dans la société ; des réjouissances profanes la saluent partout, et l'attribution d'une individualisation, le choix des parrains et marraines, celui du prénom significatif des liens familiaux et des dévotions stables ou à la mode, en font partie intégrante. Ce rituel à un passage essentiel de la vie exprime l'ambiguïté d'un besoin de protection immédiate et éternelle, celle aussi de son expression publique, les croyances magiques qui entourent les instruments du baptême, l'eau, le sel, l'huile sainte, le feu, et justifient la croyance spontanée et généralisée des résurrections miraculeuses opérées dans les « sanctuaires à répit » où sont portés pour leur salut les mort-nés. On conçoit que l'Église tridentine s'efforce de clarifier l'aspect ritualiste et encourage la réflexion sur la portée spirituelle du sacrement. L'anniversaire du baptême, son prolongement dans la confirmation, que les évêques associent aux visites pastorales et aux missions, le met de plus en valeur comme instance salvatrice.

Le mariage associe pleinement l'acte social — on y reviendra plus avant — et la réception du sacrement. Aux yeux de l'Église, c'est un engagement définitif qui exige qu'on en assure la publicité et qu'on le dégage des pratiques anciennes où s'expriment l'attachement aux rites de fécondité et la sensualité spontanée des peuples. Pour les clercs anxieux de réforme, cela veut dire chasse aux mariages clandestins, qui marquent une trop grande liberté sexuelle, mise en ordre des fiançailles, qui sont de plus en plus cléricalisées et publiques, enfin célébration solennelle, à l'église, de l'échange des promesses, généralement à la grand-messe du dimanche. En même temps, la réception sociale du sacrement est renforcée par l'enregistrement paroissial et le contrôle des témoins, qui font obstacle aux désordres : clandestinité, bigamie liée à l'errance, refus de l'autorité parentale. Les pratiques épurées récupèrent les traditions érotiques ancestrales et tentent de les spiritualiser : la bénédiction du lit nuptial, vieux rite de fécondité propice à la gauloiserie, devient cérémonie célébratoire de la pureté conjugale, l'enlèvement de la mariée, promenée de part et d'autre du terroir par la jeunesse excitée, afin de lui conférer l'adhésion de tous et la possession de l'espace commun, devient acte furtif, les prières et les exorcismes pour protéger des sorts sont surveillés par les officiaux diocésains. La vision nouvelle du mariage consacre la spiritualité du laïcat — en témoigne l'*Introduction à la vie dévote* —, encourage l'austérité sexuelle et contribue à la défense des droits de la femme. L'enseignement des clercs n'a pas sur ce point rencontré uniquement des résistances. Les registres paroissiaux montrent comment, au XVIIIe siècle principalement, le calendrier des unions traduit l'acceptation collective des nouveaux gestes.

La mort enfin, la préparation à la mort dans la vie, les derniers sacrements, les rites funéraires sont d'exigence commune et de cérémonial collectif. L'autorité de l'Église s'y exerce comme ailleurs, et il faudra en mesurer les démarches et leurs conséquences de plus près. Comme toutes les formes collectives de la pratique, le renouveau s'y marque par une plus grande rigueur, par une uniformisation des gestes, mais également par la volonté d'intérioriser les significations des sacrements : au total, par une intellectualisation plus forte. C'est dans ces transformations qu'on peut alors situer la confrontation des fidèles et des clercs, telle que l'ont restituée les visites pastorales. Il faut d'abord rechercher en elles le témoignage principal sur la continuité d'une action, telle qu'on la saisit pleinement à Chartres et à Nîmes avec les travaux de Robert Sauzet, à Reims dans les études de Dominique Julia. Il faut aussi se demander ce qu'on y trouve bien sûr, et avant tout les objectifs pastoraux et le signe de la sollicitude des visiteurs à l'égard des diocésains, mais également l'instauration difficile d'un dialogue entre ceux-ci et les gens d'Église étrangers à la paroisse, entre les clercs paroissiaux et la hiérarchie. C'est dire qu'il n'est pas toujours facile de se retrouver entre le rapport des curés tant-mieux et des curés tant-pis, des paroissiens satisfaits et des fidèles angoissés. Trois points forts semblent aujourd'hui acquis : l'insistance sur l'uniformité de la pratique, l'affirmation des revendications moralisantes, la crainte des hétérodoxes.

Unanimité chrétienne, marginalité du refus

Le premier trait met en valeur la visibilité extérieure des gestes et l'unanimité de la pratique : 90 % de la population française font leurs Pâques, en ville sans doute un peu moins, en campagne certainement plus encore. C'est un triple signe, celui de la réussite d'une reconquête depuis les XVe-XVIe siècles, quand chancelait l'établissement de la communion annuelle, à vrai dire assez mal perçue, sauf dans les Flandres étudiées naguère par l'abbé Toussaert ; c'est aussi la confirmation de l'obligation d'observance, donc de la vigilance cléricale, l'exclusion étant la sanction du refus ; c'est enfin celui d'une non-observation limitée mais permanente, quasi irréductible malgré les injonctions réitérées, privées et publiques, pour rallier les réfractaires. Volontaire ou non, on trouve une population diverse qui finira bien par intéresser un historien soucieux d'en scruter les expériences. On peut y repérer le refus de la mobilité et de l'errance, le refus des situations de marginalité : nomades, bergers, bûcherons, mariniers sacrant et jurant, soldats moins simples qu'on ne le croit et parfois ne différant guère de leurs officiers libertins (voyez l'état-major emperruqué et amoral qui entoure le Grand Condé). Ce sont là les populations des forêts, des routes, surtout terriennes, moins souvent maritimes, car les populations côtières savent être à la fois dures et indifférentes, en d'autres termes méfiantes à l'égard des clercs activistes, et profondément religieuses surtout en mer, quand l'Église prend sa revanche, quand l'angoisse reconduit fermement les équipages vers Dieu. Dans les paroisses s'excluent d'elles-mêmes et sont rejetées par les clercs toutes les victimes des exigences nouvelles : les concubins notoires, les femmes de mauvaise vie, les tranche-montagnes d'opinion, ainsi ce pauvre couvreur que Jeanne Ferté repère dans les visites de l'archidiaconé de Paris en 1673 : « N'a point fait ses Pâques, on se plaint et l'accuse de jurer le Saint Nom de Dieu, il dit que la confession ne sert de rien, que tous les prêtres iront au diable et qu'il en peut faire autant qu'eux. » Si le cas n'est pas fréquent par rapport à l'omniprésence du conformisme qui du haut en bas de la société crispe les pratiques et impose leur régularité, il évoque en clair l'existence d'une race d'impénitents à l'excès, voire jusqu'au jour de la mort, attachés à d'autres certitudes et capables de se forger leurs propres règles de vie et de salut. Ils n'ont plus leur place dans la société surveillée de la communauté rurale, où chacun sait ce que fait autrui et peut parler des manquements de tous. Le triomphe de la pascalisation, plus ou moins rapide, est le résultat de la vigilance des clergés et des fidèles, accordés sur une même nécessité d'ordre et de régularité. On

Le lit nuptial, symbole de fécondité, monument de la famille, est béni par le prêtre. L'Église étend ainsi son contrôle à la vie privée (B. Picart, musée des Arts et Traditions populaires).

conçoit qu'elle ait pu bénéficier d'une extension dans tous les domaines de la vie, ainsi la généralisation des pratiques de communion, avec la communion solennelle, rite de conquête des jeunesses avant de devenir acte de passage social ; la querelle de la Fréquente Communion illustrera sur ce point les conditions d'un commerce que certains clercs contestent mais qui impose l'habitude du confessionnal. On imagine bien comment la ville avec ses garnisons, ses théâtres, ses bordels, son mouvement d'hommes et d'idées, après avoir été le phare de la réformation, où la reconquête sur le protestantisme citadin a été menée à son terme au plus vite et l'acculturation tridentine réussie dans le peuple et les élites encore plus rapidement, devient peu à peu le laboratoire des attitudes de détachement, voire de déchristianisation. L'avantage pieux des villes est partout attesté, en Provence, à Marseille et à Aix, en Anjou, à Angers et à Saumur, à Paris. Mais la ville première gagnée, et ce d'autant plus vite qu'elle est plus grande (R. Chartier), est aussi plus rapidement perdue. Au XVIIIe siècle, la cité devient terre d'abandon et la campagne lieu de ferveur. L'évolution des attitudes devant la vie comme devant la mort illustre bien cette inversion lourde de conséquences ; mais à l'aube des Lumières l'équilibre n'est pas encore rompu et la moralisation triomphe en ville et dans le plat pays.

Des paroissiens moralisés

L'étude du lexique des procès-verbaux de visite pastorale atteste de la moralisation, car le visiteur y énumère « les vices dominants » des paroisses ; cette expression se généralise au XVIIIe siècle. Elle met en valeur une fois de plus la culture et la vision cléricales, préoccupées d'uniformiser les conduites au même titre que les pratiques, et de les soumettre aux impératifs de la foi par une attitude de rigueur, expression profonde d'une méfiance pour le corps, le plaisir et le désir, qu'identifient « les concupiscences ». La quête des infractions devient alors l'expression normalisée de l'interdit. Le paysan de la fin du XVIIe siècle et de l'entier XVIIIe siècle ne peut avoir par définition que les vices de son état, et ce sont curieusement, dès 1700, les mêmes que ceux que les communautés urbaines et la *sanior pars* dévote et rurale reprochaient aux clercs indignes et mal éduqués des années 1600-1620 : *luxoriosus et ebriosus* surtout, le vin et le sexe (l'un va-t-il sans l'autre ?). Autres griefs : les injures, les procès, les querelles et les disputes d'intérêts familiaux et collectifs. Quand Alexandre Dubois, curé de Rumegies en Flandres, s'interroge sur son troupeau, quand le curé de Sennely en Sologne s'irrite contre ses paroissiens, « idolâtres baptisés », c'est, du règne de Louis XIV à celui de Louis XV, le même ton dicté par l'engagement commun, concret, journalier dans l'union du spirituel exalté et du temporel rabaissé. Les esprits forts sont rares : « Pour ce qui regarde la religion, les articles de la foi, il n'y en a point un seul capable de soutenir le contraire à ce qu'on leur prêche..., [même] s'il y en a toujours qui ont dans le cœur de vieilles erreurs. »

On peut augurer de ce trait ce qui se passe en terre d'affrontement confessionnel : ainsi à Nîmes, et dans son diocèse, où Robert Sauzet suit exemplairement le passage de la coexistence au conflit ouvert, de la fraternisation de quelques-uns à l'exclusion et à la lutte. Partout, les suspects d'hétérodoxie sont d'abord recensés et observés par les clercs, ensuite ils seront poussés à l'abjuration ou à la fuite, enfin, on les surveillera en tant que nouveaux catholiques, laissant croupir les vieux dans leurs erreurs, et conquérant, de force s'il le faut, les jeunes. Les résultats et les incertitudes de cette politique dépendent de la force et de la cohésion des communautés en présence. Dans la région nîmoise, les protestants sont nombreux et forts, les catholiques ne réussissent pas à imposer une législation favorable, les conversions spontanées sont rares, et le bloc protestant cède peu avant que ne s'abattent les dragons et que n'éclate la révolte. En Normandie, en Saintonge, quand le seuil des 10 % est à peine atteint, la résistance s'affaiblit plus vite et les ralliements, noblesse et bourgeoisie en tête, sont plus rapides. Dans l'un et l'autre cas, le mouvement de conversion postule l'exemplarité des pasteurs et des fidèles catholiques ; il faut moraliser pour conquérir. Partout le fait souligne l'union des deux réformes ; il n'y a pas eu dans l'Ancien Régime de mouvement de révolte sociale à fondement religieux. La réformation est distinction épurante et conscience d'homogénéité, quels qu'en soient le support et la place faite à l'Église (A. Dupront).

Dubois de Rumegies et le prieur de Sennely parient sur le principe pascalien de « l'abêtissez-vous » : il ne peut qu'en rester quelque chose ; ils ne cessent de se lamenter sur l'attachement aux biens temporels de leurs paroissiens (« ... c'est pourquoi on les trouve cruels, adonnés au blasphème et têtus... »), et sur leur négligence à fréquenter les saints sacrements et les saints offices : « Point de scrupule de ne

Gentilhomme « contemplant l'enfer dans un miroir », ou la pratique de l'oraison mentale (illustration du Jugement universel, *XVII*[e] *siècle).*

point entendre la sainte messe. » La conclusion s'impose, tout se joue sur la pastorale quotidienne et l'instruction, sur le triomphalisme des sermons, l'éclat prodigieux des solennités, où les principes de séparation et de hiérarchie jouent totalement, où la pompe et le latin séduisent et conservent les âmes et les cœurs. Relisons Chateaubriand. Le catéchisme, enfin, a été capital, dont l'enseignement est partout en progrès, associant à la transmission de la vérité en famille, parents, enfants et domestiques, et le magister ; exigeant un enseignement régulier, ce qui impose qu'on triomphe de l'inertie des fidèles et des prêtres ; nécessitant la mise au point de formules adaptées aux besoins de publics variés, adultes, enfants, pauvres, riches. Les nouveaux livres, ainsi le *Catéchisme des trois Henris*, publié à La Rochelle en 1676, permettent de suivre le progrès de la pratique et l'évolution du discours catéchétique. Après 1685, tous les diocèses ont un ou deux manuels. En deux cents ans, on est passé d'un modèle d'assurance mystique, mettant au premier plan les principes de la foi et les sacrements, à un modèle moral, conforme au principe de l'Église hiérarchisée, cléricalisée et obéissante, où les moyens sont quasi supérieurs aux fins. Plus précis, plus savants, les catéchismes et leurs leçons popularisent la lecture théologique tridentine et, par la transmission oralisante et lisante associée, généralisent un art de conduire sa vie, la mémoire de l'autorité ecclésiastique, les rudiments de la culture religieuse.

LA MISSION ET LES INDES NOIRES DE L'INTÉRIEUR

La rencontre des initiatives et des moyens pour lutter contre l'ignorance des campagnes est frappante dans le mouvement des missions intérieures, dont l'ampleur et la spécificité, du XVIIe au XVIIIe siècle, justifient qu'on s'y arrête quelque peu. C'est l'occasion de mesurer l'effort pastoral en dehors des cadres ordinaires pour suppléer aux ignorances des clergés en place.

Le temps des missions

Une mobilisation temporaire intense utilise toutes les ressources de la prédication, de la pédagogie et de la catéchèse, la parole, l'image et l'écrit y sont tour à tour et simultanément exploités ; tous les clergés séculiers et réguliers y participent avec leur génie propre. Pour l'Ancien Régime pastoral, c'est une forme d'intensité unique de la catéchèse populaire, où s'expriment la méfiance des clercs envers la religiosité du plus grand nombre et le fait qu'ils savent très bien l'utiliser dans l'effort de rénovation spirituelle et morale. C'est, pour l'Église française, évangéliser des Indes intérieures aussi noires que celles d'outre-mer. L'image assimile les campagnes, avec leurs paysans ignorants et idolâtres, aux terres d'expéditions apostoliques lointaines ; elle traduit à la fois le désir de fonder une chrétienté, la curiosité de la découverte par une majorité de citadins d'un monde inconnu et terrifiant, l'effroi de lieux mal connus, la crainte de la nature, mais également le sentiment qu'ils peuvent éprouver devant la grossièreté, l'ignorance, la sauvagerie, le faible usage de la raison des habitants du plat pays. Retrouver la Chine et les Indes en Bretagne, en Vivarais ou en Cévennes, en Normandie ou en Lorraine, n'est pas exprimer une métaphore innocente, c'est affirmer la conscience du décalage culturel dans les manifestations de la vie religieuse, et en même temps confirmer une volonté de travailler à le faire disparaître. C'est le sens d'une action pour éveiller à la régularité et équilibrer les forces paniques ; en comprendre les choix et les inflexions exige qu'on en regarde le temps spécifique, qu'on en compare l'engagement avec l'ensemble de l'effort christianisant, et qu'on en précise les moyens.

Le phénomène missionnaire est général. Il consolide le pouvoir royal, qui a pu en assurer le financement et y rechercher, face à l'hérésie, une affirmation d'autorité et de reconquête. En Dauphiné, dès le règne de Louis XIII, le souci d'intervention est évident ; il se concrétise par la délivrance de lettres patentes et de maigres crédits aux maisons de prédication et aux hommes, par le soutien des autorités, intendants, gouverneurs, officiers de justice, seigneurs, consuls. Le Conseil du roi prend s'il le faut des arrêts qui organisent l'activité prédicante et limitent l'expression des pasteurs. Entre 1620 et 1650, toute une activité réglementaire sous-tend le développement des missions. Au plan local, le principe de la mission exige l'« accord de l'ordinaire » à la demande des clergés séculiers et réguliers. La chronologie du mouvement montre la précocité des initiatives et l'engagement progressif de toutes les instances. Dès la fin du XVIe siècle, l'action est lancée dans une perspective de conversion pacifique. La première phase mobilise surtout les congrégations anciennes et les artisans du renouveau, capucins, jésuites, oratoriens, doctrinaires, dans les Cévennes, le jésuite François Régis, dans les Alpes, François de Sales ; Vincent de Paul découvre dans la mission intérieure le sens de son action et fonde les Prêtres de la mission en 1625. M. Bourdoise et les séculiers parisiens s'attaquent au diocèse de Chartres et aux campagnes d'Ile-de-France ; Jean Eudes en Normandie surtout, mais aussi en Bourgogne, multiplie les fondations. Michel Le Nobletz en Bretagne pourchasse le paganisme au fond des paroisses du Léon de 1610 à 1652. L'apogée est atteint au milieu du siècle avec la mobilisation des séculiers au côté des réguliers. C'est le temps béni du zèle des jésuites bretons, le père Maunoir, le père Huby, le père Rigoleuc ; le seul Maunoir met à son actif 439 missions en quarante ans, dans tous les diocèses de Bretagne. Partout, c'est la phase décisive de l'expérience, qui n'épargne aucune province et voit même se développer l'action de congrégations spécifiques ; en Dauphiné, par exemple, celle du Très Saint Sacrement, qu'anime Christophe Authier à partir de Valence. Dans le diocèse de Tarbes, J.-F. Soulet a montré l'évolution depuis les stations urbaines clairsemées jusqu'à la grande vague rurale où interviennent jésuites et même bénédictins ; passé 1682-1683, les capucins prêchent dans les villes. Au XVIIIe siècle, le mouvement poursuit son essor mais il est moins de reconquête que d'entretien et de progrès ; c'est le temps du passage au plan des mœurs et de la multiplication des interventions régulières et séculières appelées par les évêques : en Bretagne, A. Croix dénombre plus de 200 paroisses visitées entre 1700 et 1709. Dans la France de l'Ouest, Grignon de Montfort et sa congrégation laissent des traces durables dans près de cent missions. Au total, presque tous les diocèses ont été touchés, certains grands missionnaires, le père Honoré de Cannes, le père Lejeune de l'Oratoire missionnent aux quatre coins du royaume et de leurs provinces. Des missions accompagnaient les armées. Le phénomène est ubiquiste et sa force réside sans doute dans une mise en valeur propre au siècle.

Rythmes et organisation des missions

Dans le temps d'Église, la mission instaure une rupture installée souvent à un moment décisif du cycle liturgique, l'étude des calendriers mettant en valeur le carême et la Pentecôte. Mais en outre, les missionnaires s'inscrivent dans une dimension anhistorique, l'héroïsation pastorale spontanée postulant un pari d'éternité que traduisaient d'abondantes indulgences. La brisure met en évidence un avant-temps du paganisme et un après-temps de la conversion, que les répétitions missionnaires entretiennent. L'initiative des clercs ruse d'ailleurs avec le temps des laïcs, elle loge la mission dans le calendrier des travaux et des jours, en hiver et au printemps, quand les routes sont bloquées par les neiges et les boues, en été pour le plat pays surtout, avant ou après les grands travaux agricoles. L'événement, et c'en est un pour les communs mortels, fonde une transgression par rapport aux habitudes, il confronte le paysan à des visages nouveaux, il l'appelle à des gestes spectaculaires et inhabituels. Pour cela, les clergés instituent une temporalité spécifique : une à plusieurs semaines sont nécessaires pour un travail efficace qui déjoue les pièges du calendrier local, ainsi la concurrence des foires et des fêtes votives.

LA SUPERSTITION ORDINAIRE

Dans l'esprit de réforme de l'Église, la campagne apparaît certes ignorante, mais plus encore suspecte de paganisme, comme en témoigne ce texte d'un prêtre solognot, qui n'hésite pas à parler de ses ouailles comme autant d'« idolâtres baptisés ».

Jay dit que les Solognots sont plutôt superstitieux que dévots. Qui le pourroit nier les voyant rigides observateurs des différentes pratiques de dévotion qui sont également déplorables et ridicules qui ne servent qu'à les éloigner de la véritable piété ? Ils croiroient offencer Dieu s'ils sassoient leur farine le jour de St Thomas, parcequ'ils ont une fausce tradition parmi eux que ce saint Apotre a été martirisé avec une sassoire ; ils en ont fait un proverbe : « Au jour de St Thomas, pour Dieu n'y sassent pas ! » Lorsque ils souffrent quelques douleurs, ils implorent d'abord St Sulpice qu'ils appellent St Suplice pour avoir du soulagement du suplice qu'ils endurent ; à St Maur quand ils ont des malades en langueur ou en grande agonie pour les faire vivre ou mourir plutôt ; St Perpetue pour avoir du lait aux nourices qui sont taries, à St Corneille lorsqu'ils sont hâves noir et défigurés par aport à la Corneille qui est un oiseau sec maigre et tout noir.

Leurs bestiaux de même n'ont aucune sorte de maladie pour lesquels ils ne fassent les pélerinages : à St Jean Baptiste pour les brebis parce qu'on représente St Jean avec un aignau, à St Paxent qu'ils appellent St Paissant quand leurs bestiaux sont dégoutez et paissent pas ; à St Yves qu'ils appellent St Yvre lorsque leurs brebis sont lourdes, à St Firmin qu'ils appellent St Fremin, lorsque leurs bestes tremblent et frémissent. Ils meinent meme leurs aumailles en pelerinage, lorsqu'ils arrive mortalité de bœufs ou de vaches, à St Aubin, leurs font faire trois fois le tour de l'église en commencant à la main gauche, leurs font donner de l'eau benite par le curé, ce qui a été déclaré superstitieux par Mgr de Ste Beuve et autres docteurs et font des vœux generalement pour touttes sortes de maladies tant pour les personnes que pour les bestes, ils gardent du pain bénie de la messe de Minuit de Noel pour en faire manger à leurs vaches, croyant que c'est pour elles un antidote preservatif, font des croix de paille le Dimanche des rameaux aux quatre coins de tous leurs bleds.

Nous serions en droit de faire le même reproche que l'apôtre St Paul fesoit aux Galatés. Vous observez les jours et les mois, les saisons et les années. Ils croiroient que leurs enfants mourroient dans l'année si on les baptisoit les samedis veille de Pasques et de la Pentecôte, et il est impossible de les désabuser de cette folle opinion. Ils disent que les maris auroient des femmes infidèles s'ils etoient mariés le mercredy, et vendredys sont aussi des jours qu'ils croient dangereux pour relever leur femme de couche.

Ils regardent comme une faute punisable de cette vie de faire brûler le joug d'une charrue et l'on a vu souvent de pauvres malades s'en faire mettre sous le coussin de leur lict dans leurs agonies parce qu'il apprehendoient d'en avoir fait brulet par mégarde. Ils font aussi grand scrupule de faire la lessive dans le temps qu'un malade a recue l'extremontion. Ils doutent du salut d'une personne qui meurt étant tourné vers la ruelle du lit, pretendant que le démon y est en sentinelle pour s'emparer des âmes de ceux qui meurent de ce côté-là. Enfin, ils sont sugets à touttes sortes de superstition entre lesquelles je ne doits pas ômettre la croyance qu'ils ont qu'il y a une vertu inhérente dans leurs cloches pour dissiper les nuages dangereux et s'offencent contre ceux qui leurs veulent faire comprendre que l'effet de fendre et dissiper les nuées vient d'une cause, toutte nautrelle, les cloches ne faisant que comprimer l'air par leur son, de sorte que nous pouvons dire d'eux avec vérité, après tout ce que nous venons de raporter, qu'ils sont en beaucoup de choses des idolâtres baptisez.

Cité dans *Le Village immobile* de Gérard Bouchard.

Les grands missionnaires donnent l'impression de s'installer pour l'éternité : le père Lejeune réside deux mois à Limoges, Grignon plusieurs années à Nantes. Cette épaisseur spécifique du temps joue ainsi sur le calendrier qui organise la progression journalière et hebdomadaire de la pastorale. L'emploi du temps y est décisif.

L'engagement missionnaire met partout en évidence la confrontation des pratiques, celles des propagateurs de la réformation, celles des clergés locaux et celles des fidèles. C'est cette dimension qui en fait l'instrument privilégié pour une diffusion des dévotions modernisées et des spiritualités triomphantes. Dans ces expériences, une grande diversité apparaît, l'hagiographie du temps en fait l'écho, mais aussi les textes des spirituels spécialistes de la mission : Vincent de Paul et sa *Petite Méthode*, Jean Eudes et son *Prédicateur apostolique*, Albert de Paris avec son *Manuel de la mission à l'usage des Capucins*, le père Lejeune et le *Missionnaire de l'Oratoire*. L'extraordinaire floraison du monde spirituel français est illustrée dans les thèmes de la prédication, le père Sandret, un jésuite, insiste sur la dévotion eucharistique, M. Bourdoise est fougueusement bérullien et christocentriste, Lejeune ascétique et dévoué au Christ, le père Bridaine, terroriste, est l'évocateur de la mort. Tous ces « intellectuels sûrs de leur vérité » (N. Lemaître) se sentent responsables du salut collectif et individuel. Là réside l'unité du geste missionnaire pour un enseignement réducteur de l'ignorance (instruire), pour une éducation plus approfondie de la spiritualité des pratiques (renouveler), pour la conversion des hétérodoxes. La prédication missionnaire diffuse à plein tous les thèmes et stéréotypes du bon prêtre et du peuple de Dieu. Elle demande des moyens, une organisation.

Avant tout, il faut trouver des sources de financement et des appuis pour rassembler et faire nourrir les équipes missionnaires. Les évêques réformateurs appellent les prédicateurs convertisseurs, qui se choisissent, surtout après 1650-1660, des auxiliaires séculiers. Le père Maunoir disposera ainsi de plusieurs centaines de clercs bretons prêts à intervenir s'il le demande. Harlay de Champvallon en 1671, prenant possession de son siège parisien, organise une mission générale où près de 200 religieux de tous ordres, rayonnant à partir de dix-huit bourgades, travaillent pendant plusieurs semaines. Le patronage laïc n'est pas moins nécessaire, et c'est souvent à lui qu'on doit les moyens matériels d'action. Fondations et legs de grands seigneurs, les Gondi et les Conti autour de Paris, de petits hobereaux, des bourgeois ou des robins notables, souvent membres de la Compagnie du Saint Sacrement, alimentent les missions. Quelquefois, mais plus rarement, ce sont les fabriques et les villes qui sont sollicitées. Maunoir y excelle avec son talent particulier qui fait de lui un animateur spirituel étonnant, doublé d'un adjudant de quartier attentif au moindre détail matériel.

L'organisation méthodique et la pastorale ont progressivement trouvé leur rythme. Au départ, rien n'est trop systématique. Adrien Bourdoise ou Vincent de Paul interviennent à la demande ou selon leur envie, à l'occasion d'une fête patronale ou d'une incursion. Puis la stratégie épiscopale et régulière s'est affirmée ; Richelieu songe même en 1638 à un plan national ; les missionnaires prennent conscience de la nature et de la fonction de la mission. Ils l'ont vue comme une marche hors de la ville et des cloîtres, comme une vocation aussi forte et prégnante que l'apostolat de l'extérieur, que l'évangélisation des Indes ; ils la conçoivent comme une moisson dont on retrouve les images dans leurs paroles et sous leur plume : les bons et les mauvais fruits, la bonne et la mauvaise terre, les bons et les mauvais ouvriers ; la culture évangélique et l'environnement immédiat dictent ces évocations

Munificence des ordres réguliers en province : plafond de la chapelle du couvent des carmélites, Toulouse, peint par Despax (XVIIIe).

Retable populaire d'inspiration baroque. Les Cinq plaies, à *Commana (Finistère).*

répétitives de semailles, de récoltes, de vendanges, de grains et de raisons (B. Dompnier). Ils la vivent aussi comme un combat dont ils organisent les tactiques ; ils livrent des batailles et ce sont des soldats. Vocabulaire militaire et agricole ne font que traduire l'absence d'autonomie de l'enjeu, les populations rurales acculturées par la parole, et l'importance de l'organisation réglée.

L'enseignement est étalé sur plusieurs semaines, et organisé selon une progression réfléchie. Entre les clercs de la mission, les rôles sont répartis pour catéchiser, confesser, prêcher, administrer les sacrements. Vincent de Paul, dans une lettre à Jeanne de Chantal de 1639, en donne un témoignage éloquent mais précis : « Quand nous sommes en mission à la campagne, on va à l'église à 6 heures du matin pour célébrer la sainte messe et confesser, ensuite de quoi la prédication qu'un de la campagne vient faire après entente de la sainte messe qu'il a dite auparavant. L'on confesse jusqu'à 11 heures, puis l'on va dîner et l'on retourne à l'église à 2 heures pour y confesser jusqu'à 5 heures. Ensuite de quoi, l'un fait le catéchisme et les autres s'en vont dire matines et laudes pour souper à 6 heures. L'on a pour maxime de ne point sortir d'un village que tout le peuple ne soit instruit des choses nécessaires au salut et que chacun n'ait fait sa confession générale ; et l'on va en peu de lieux où il reste quelqu'un qui y manque, et comme l'on a travaillé vingt jours environ, l'on se repose 8 à 10 jours ; puis l'on retourne au travail, n'étant point possible de subsister au-delà de ce travail sans ce repos et celui d'un jour par semaine. » Le père Maunoir, levé à 4 heures, couché à 22 heures, épuise ses auxiliaires. Un siècle plus tard, à Brissac en Anjou, jésuites et séculiers se partagent semblablement les tâches selon les mêmes horaires. Après une prise de contact solennelle, un dimanche, un jour de fête après vêpres, les missionnaires lisent la bible d'indulgence, qui confère son poids spirituel à la mission, et s'entendent avec le clergé du cru. Ensuite, viennent les exercices, les enseignements et les confessions permanentes. La mission se termine généralement par une communion collective et une cérémonie exceptionnelle avec plantation de croix et proclamation de foi.

Le théâtre des missions : pédagogie raisonnée et spiritualité panique

De l'ouverture à la clôture, la pédagogie exprime un souci d'adaptation à la réalité sociale et culturelle des auditoires ; elle sait être à la fois massive pour obtenir un effet de choc collectif, et individualisée pour enraciner dans la conscience de chaque fidèle les leçons de réforme ; elle varie de la ville à la campagne, des régions patoisantes ou de langue d'oc aux provinces bretonnes et de dialectes d'oïl. Parfois, c'est un instrument de l'uniformisation langagière ; la prédication en langage parisien imposant un message unifiant, le père Lejeune prêche ainsi en Limousin et le père Honoré de Cannes en Provence. Avec le temps, les missionnaires ont senti la vertu du patois : les jésuites de Bretagne donnent l'exemple, ils apprennent le breton bretonnant. Dans sa diversité, l'effort pédagogique révèle l'emboîtement des niveaux culturels, la manière dont sont articulés, et simultanément, différents instruments pour agir.

L'oral d'abord, il domine prédication, instruction, catéchisme. Efficace en vulgaire, l'enseignement doit s'adapter. Le père Lejeune distingue cinq classes de culture, depuis les illettrés, paysans et artisans analphabètes, salariés, journaliers et

La prédication transmet à tous vérités de foi et normes nouvelles (Bibliothèque nationale).

domestiques de ville, aux savants de la notabilité villageoise et urbaine. Ceux qui ne savent pas lire apprennent par cœur, les autres mémorisent, réitèrent et dialoguent. La mise en œuvre des usages et des dévotions locales permet contrôle et progrès. Dans les cités, les missionnaires utilisent souvent des procédés d'une savante complexité : Honoré de Cannes dose ses moyens et ses effets journaliers, du sermon instructif, donné à l'aube aux classes populaires, jusqu'à la méditation méridienne, lyrique et libre autour d'un texte, comprise seulement par les dévots, le dialogue joué entre convertisseur et converti, dans l'après-midi, et enfin le sermon solennel « pathétique, populaire et enlevant » du soir. A chaque instant, le chant mobilise l'auditoire ; une incroyable production d'incroyables cantiques, souvent sur des airs profanes, entonnés par les chantres, repris en chœur par tous, marque de son style le réveil spirituel des masses. Chants de pénitence et de crainte, cantiques d'allégresse et de communion, ils contribuent beaucoup à la tonalité baroque des missions intérieures.

L'écrit ensuite, souvent accompagné de l'image. Imprimé, manuscrit, peint, cet enseignement est partout, des billets secrets d'examen, aux livrets d'instruction et aux familles de cantiques, *Miroir du Pécheur,* et *Art chrétien* de vivre. Les cartes du père Maunoir que commentaient les prédicateurs — les *Taolennou* peints sur des peaux de mouton — montrent un montage de 25 scènes. Puissance du verbe, valorisation scénographique de l'image, la parole missionnaire touche différemment les auditoires, de l'adhésion anthropomorphique balbutiante et spontanée à la conviction raisonnée et libre ; mais pour tous, elle est puissance extraordinaire d'éveil, utilisant toutes les forces du spectaculaire et de la dramatisation. Processions théâtrales, effets de scène, l'ensemble retrouve les vertus carnavalesques des cérémonies populaires : l'émerveillement, le dépaysement, la terreur. Émerveiller, le fond sonore des cloches et des hymnes, les chants, les tableaux, les harangues le font, en mettant en scène au sens propre une réalité autre. Les clercs se font acteurs pour mimer les mystères, ils apostrophent l'orateur comme autant de diables déguisés, ils sont foudroyés par la grâce. Maunoir affectionne ces subterfuges propres à jeter l'effroi dans l'assistance. Les oratoriens préfèrent des cérémonies plus tranquilles et les processions liliales où s'illustrent les mystères, revus par M. de Bérulle. Dépayser : tout y contribue, le nombre de participants, l'ampleur des cérémonies, le rythme intensifié des prières, la mobilisation au terme du labeur, voire dans la journée, par états et par sexes séparés. L'évocation des lendemains convertis est un thème général de l'hagiographie missionnaire, tableaux attendrissants des résultats obtenus, des milliers d'âmes moissonnées et vaincues par la grâce, spectacle d'une

Sur les images des livrets populaires diffusés dans le cadre de la mission, le Diable et Dieu se disputent l'âme des fidèles (musée des Arts et Traditions populaires).

communauté réconciliée dans ses fins par l'accommodement des querelles et des procès, établie durablement par les fondations propices aux œuvres de piété et d'enseignement. Une autre vie chrétienne commence pour tous après le départ des missionnaires.

Terroriser : la mission a sans doute été le moyen le plus spectaculaire de la pastorale doloriste, affective et dramatique du temps. Celle-ci culmine dans les « sermons sur la mort et les tourments des pécheurs », dans les grandes processions de clôture où pénitents encapuchonnés et laïcs vêtus de sac, se donnant la discipline, accompagnent la croix dans un tohu-bohu de gémissements et de larmes. Dans les cérémonies d'amende honorable, des foules de fidèles réclament leur pardon, des bûchers de livres et d'images immoraux mettent définitivement fin à un passé de turpitudes. La poignée de missionnaires se sent quelquefois dépassée par son succès. En faisant appel au réveil des puissances paniques, missions et missionnaires manipulent les forces qu'ils veulent conjurer ; ils en déclenchent des manifestations gestuelles incontrôlables ; aux yeux des peuples, ils prennent l'habit des faiseurs magiques de miracles et de sorciers bénéfiques ; sans le vouloir, ils s'intègrent dans le schéma de pensée du sacral populaire. En même temps, leurs catéchisations et les pratiques uniformisantes unifient le mental religieux collectif, généralisent les dévotions neuves et implantent les spiritualités nouvelles. Dans la description des réussites et des échecs missionnaires restituée par les récits de vie des grands convertisseurs transparaît toute l'ambiguïté du succès des missions et de la difficile rencontre entre nouvelles exigences et vieux mystères.

SOLIDARITÉS ET SOCIABILITÉS CHRÉTIENNES

Dans l'espace diocésain et paroissial la relation au sacré passe aussi par le réseau des associations porteuses de la pastorale des œuvres. La contestation protestante de leur signification spirituelle a incité l'Église catholique à en surveiller le fonctionnement et à encourager le développement de toutes celles qui se conforment aux règles nouvelles. Leur cartographie, l'analyse de l'évolution de leur mouvement de fondation sont sans doute pendant la période d'unanimité l'un des meilleurs tests auxquels on puisse soumettre la ferveur chrétienne. On saisit là un geste complexe d'adhésion à la vie chrétienne dans un rapport à l'Église et au social, où une fois encore on peut voir s'affronter la vision quasi administrative des clercs, soucieux de régularité, et celle plus archaïque, moins canonique, d'une majorité de fidèles. Dans le relâchement des gestes d'association, on pourra lire au XVIIIe siècle une manifestation point trop ambiguë du détachement, ou déchiffrer dans l'éclat de la réformation la montée des nouveaux comportements et l'expression de formes diverses de la piété collective.

Associations et compagnies de fidèles

Les associations sont partout, à la ville et aux champs, mais il faut distinguer parmi elles, celles qui relèvent d'une vision secrète et d'une action élitaire, dans la perspective d'un dessein large assurant tous les aspects spirituels et temporels de la réforme catholique (R. Taveneaux), ainsi la compagnie du Saint Sacrement et les associations apostoliques ; il faut regarder d'autre part les groupements qui manifestent, dans une affirmation ordinaire de solidarité et de sociabilité, les comportements associatifs christianisés et les formes de dévotion ou de charité, ainsi les confréries pénitentes et les congrégations dévotes.

L'association traduit l'engagement des laïcs dans la vie chrétienne, son geste est bien antérieur au concile de Trente. La signification qu'on lui reconnaît généralement pendant la période postconciliaire réunit le souci de remise en ordre canonique et la volonté de développer les configurations nouvelles de la piété. Selon la formule retenue et selon la fonction, on peut distinguer trois modèles principaux qui, dans la réalité, sont bien souvent confondus : dès le XVe siècle, les tiers ordres, qui se sont créés dans le sillage des ordres mendiants, se sont multipliés essentiellement dans les villes. Les dominicains et les franciscains de toute obédience, touchés par l'esprit de réforme, y voient un moyen de canaliser la dévotion des élites urbaines dans des pratiques de piété ; la méditation sur la pénitence et les fins dernières est essentielle, comme sont essentielles les œuvres de secours. Intégrés dans la vie urbaine, mobilisant les couches notables de la noblesse et des bourgeoisies citadines, les tiers ordres dominicains ou franciscains expriment surtout les nombreuses tensions qui partagent les milieux régularisés par la réformation, tension entre le désir de la retraite à l'ombre des couvents et la volonté d'action dans le monde par les œuvres, tension entre la pauvreté et la bonne administration des biens. Pendant plusieurs siècles, les tiers ordres ont réalisé la projection à l'extérieur de la spiritualité et de l'ascétisme des cloîtres.

La participation à une vie religieuse commune caractérise la confrérie laïque et séculière, groupement très ancien constitué sur des ambitions particulières où l'on retrouve la volonté d'institution gestionnaire et le dessein associatif. Toutes les formules mettent en commun la christianisation de leurs membres par les œuvres charitables, l'assistance, la prière. Dans le cadre paroissial dominent les confréries institutions, confréries luminaires, où les fidèles participent en commun à la gestion du maître-autel ; ces confréries se placent souvent sous le patronage du Saint-Esprit, elles ont toutes leurs rituels, leurs cérémonies, leurs chapelles, leurs processions. Elles entrent souvent en conflit avec le clergé de paroisse pour quelques mètres carrés de chapelle, pour un décor d'autel, ou plus vivement pour une célébration jugée irrégulière par le curé ou ses vicaires.

Les confréries associations sont d'abord rassemblements des corps de profession et de métier, il n'est pas toujours facile de tracer la frontière entre la confrérie qui s'adresse à tous les artisans et les confréries indifférenciées qui honorent le patron de la paroisse. La confrérie de métier en tout cas se distingue en la prolongeant de la corporation et de la jurande dont elle rassemble maîtres et compagnons ; c'est donc aussi une institution de solidarité sociale dont l'équilibre repose sur la consécration spirituelle du travail et de l'activité productrice et sur les œuvres de secours, expressions de *confraternitas*. Regroupée autour du culte d'un saint patron, avec dans l'église paroissiale chapelle, autel, retable, leur fête chômée est obligatoire. A Avignon, dès 1610, Marc Vénard en dénombre une cinquantaine, implantées dans la capitale et les bourgs du Comtat. La Provence les voit partout fleurir sous le patronage des maîtres de métier. L'hagiographie des confréries installe certains saints en position de monopole protecteur, saint Crépin pour les cordonniers, sainte Madeleine et saint Fiacre pour les jardiniers, d'autres saints sont bons à tout ; d'autres se disputent les faveurs des confréries : saint Vincent et saint Marc pour les vignerons, saint Blaise et saint Antoine pour les métiers de la laine. Avec leurs statuts, leurs officiers, leurs règles de participation très protectionnistes, le souci constant d'entraide, les confréries de métier ont été, surtout en milieu urbain, dans la France du midi principalement, mais aussi dans la France du nord, le lieu de la montée d'un esprit professionnel à la fois mutualiste et pieux, et le lieu privilégié de la vigilance réformatrice. Au XVIIe et au XVIIIe siècle, elles pâtissent quelque peu des rivalités entre compagnons et maîtres ainsi que de la montée des associations nouvelles dans le cadre de la paroisse ou de la ville.

Les pénitents : aux frontières de la spiritualité baroque

Les pénitents encapuchonnés et multicolores se sont développés dans les provinces méridionales d'abord, dès la fin du Moyen Age. Leurs manifestations, spectaculaires et dramatiques surtout en période d'épidémie, les placent au premier rang de la reconquête sensible et affective ; elles tracent sans doute une frontière de sociabilité dominante dans les provinces méridionales et sont fortement engagées dans la lutte contre l'hérésie. Au début du XVIe siècle, on recense seulement deux confréries de ce type à Avignon ; à l'aube du XVIIe siècle, on en compte moins d'une centaine dans la capitale et la campagne. Le modèle pénitent repose sur une double finalité (A. Dupront) : il définit d'abord un groupe d'élection où l'on entre par vocation distinctive, afin d'expier et de prier pour le salut d'autrui. Indifférencié par le sexe et le statut social, le milieu s'organise en dehors des cadres communs de la paroisse. Mais, en même temps, il traduit l'aspiration à une vie religieuse approfondie et « la différenciation avec la pratique commune, et l'affirmation publique ». Bleus, blancs, gris, noirs, ils transmettront à travers la France urbaine l'épanouissement de leur culte voué aux cinq plaies du Christ et à la préparation à la mort, leurs gestuelles affectives exaltant la Passion et la pénitence. Dans la Nice des confins baroques, le jour de l'Annonciation, toutes les confréries pénitentes se réunissent, les noirs venus la veille au soir, les blancs à l'aube, les bleus, les rouges et les pénitents blancs de Falicon ensuite. Tous se rendent en cortège à l'église de Cimiez pour entendre la messe ; la population rassemblée se restaure dans le « festin des cougourdons », tandis que les moines régalent les pénitents de beignets de blette et de tourtes. Des scènes d'exaltation mystique sont partout attestées, ainsi que l'enthousiasme, le tumulte, et le zèle, excessif aux yeux des clercs ; ces scènes en fait attestent l'ambiguïté des pénitents : leur dévotion va bien dans le sens de la pastorale tridentine, mais leurs démonstrations paniques et leur caractère laïc suscitent l'inquiétude des évêques. A Nîmes, Fléchier interdit la fondation de confréries pénitentes, il condamne les confrères d'Aimargues qui, en 1694, célèbrent la Semaine sainte la

Les confréries de pénitents restent des lieux d'expression importants de la sociabilité religieuse (musée Condé, Chantilly).

nuit et sans lumière, « ce qui donne occasion à de très grandes indécences ». La vigilance épiscopale explique l'insuccès partiel des pénitents dans les villes du Nord, ainsi à Paris ; elle justifie le mouvement de distinction sociale qui regroupera d'abord les pénitents selon leurs affinités temporelles et elle provoquera la fuite hors des confréries des élites nobiliaires et bourgeoises pendant le XVIIIe siècle. La popularité des pénitents exprime alors l'ambiguïté d'un geste qu'unifient déviation profane et exaltation affective.

Pour les clergés réguliers et séculiers, les congrégations dévotes apparaissent plus conformes, en tout cas plus faciles à contrôler. Implantées dans les chapelles conventuelles, liées quelquefois aux tiers ordres, associées souvent aux collèges, encouragées dans les paroisses, elles ont pour but de développer les nouvelles dévotions ; elles apparaissent souvent comme la réplique préférentielle donnée par l'Église aux contestations huguenotes. Les questions sur les confréries apparaissent dans les procès-verbaux des visites pastorales quand les visiteurs s'y intéressent pour répandre les saints mystères. Les confréries de l'Immaculée Conception, de l'Assomption, du Rosaire, implantent le culte marial, les confréries du Saint Sacrement, fondées souvent par les jésuites, rassemblent les dévots du Christ enfant, sa prédication, sa passion, son eucharistie. Elles ajoutent partout la prière et les œuvres de miséricorde et de charité. Dans les pays de vieille chrétienté, en Lorraine, en Ile-de-France, en Franche-Comté, elles se multiplient au village et en ville ; dans les provinces d'affrontement entre catholiques et protestants, leur implantation trace dans la géographie des terroirs la « frontière de catholicité » : ainsi, dans le diocèse de La Rochelle, entre Poitou et Charente, ainsi dans le diocèse de Nîmes, de l'est à l'ouest, entre Nîmes, Aimargues et Le Vigan. Dans l'entier royaume, sous l'autorité du clergé, elles tissent le réseau de la reconquête et du contrôle, elles organisent régularité et regroupement, elles postulent les ambitions spirituelles et sociales de la nouvelle chrétienté.

Confrères de l'AA et compagnons du Saint Sacrement

Dans cette perspective, il faut noter que les formes d'une sociabilité plus secrète et plus intellectualisée se développent surtout à Paris et dans les métropoles provinciales. L'Église et les réformateurs jouent ici sur le commerce social qui rassemble dans la cellule d'un directeur apprécié ou d'un régulier remarqué les dévots et les envieux. L'abbé de Saint-Cyran, aux origines du jansénisme, le père Mersenne, dans la discussion théologique et scientifique, en sont de bons modèles. Mais il n'y a pas loin de ces cénacles de bon ton au cercle de spiritualité : Mme Acarie, femme de ligueur et mère de dévots, réunit autour d'elle l'élite des réformateurs parisiens. Sa salle de réunion est un centre d'action et de création pieuses, on y soutient l'Espagne et le Carmel, mais c'est aussi un haut lieu de spiritualité où le jésuite Coton, confesseur de Henri IV, peut côtoyer le jeune Bérulle et le pieux Marillac, qui placera ses six filles en religion. Ces sociétés distinguées et étroites font le succès des nouvelles idées, elles fondent à la fois l'humanisme dévot et le mysticisme du *Divine amore*. Passé les années trente du XVIIe siècle, elles ont sans doute permis l'essor des associations apostoliques (AA) et celui de la compagnie du Saint Sacrement, qui mêlent les dimensions mondaine et cryptique. Pour la plupart, elles essaiment enfin de Paris aux provinces.

D'abord provinciale, l'AA du jésuite Bajot regroupe, vers 1630, l'élite du collège de La Flèche, mobilisée dans la congrégation à la Vierge. Elle s'implante à Paris au collège de Clermont et regroupe étudiants en théologie, clercs et laïcs, futurs vicaires capitulaires, futurs évêques. Elle vise la sainteté, acquise par le zèle et les préceptes communs, les prières et les œuvres. En 1654, l'AA de Paris, que dirige M. de Meur, derrière les murailles du séminaire des missions, décide de s'élargir en province ; Toulouse, Bordeaux, Béziers, Poitiers, Lyon, Carcassonne, Cahors, Montauban, Albi, Dijon, Langres sont touchées successivement par ces cénacles souvent éphémères. La force de ces groupements secrets réside dans la cooptation ; leur finalité est de surveiller les déviances, d'encourager l'établissement d'une société chrétienne purifiée et transparente. Insaisissables par nature, elles ne portent pas pour autant la responsabilité d'une puissance occulte, favorisant controverses et contrôles. Il faut plutôt y voir la forme extrême d'un besoin d'union et d'accomplissement temporel. C'est pour l'historien des idées et des mœurs un bon observatoire pour saisir la rencontre de la vitalité créatrice laïque et la nécessité du contrôle clérical.

La compagnie du Saint Sacrement va plus avant. Elle est délibérément politique et dévote. Les annales de la Compagnie tenues par René Voyer d'Argenson, les travaux anciens mais fondamentaux de Raoul Allier et Alfred Rebellian permettent quelques conclusions assurées en attendant une relecture souhaitable. L'organisation est lancée par Henri de Lévis de Ventadour, lieutenant général en Languedoc, un dévot dont la femme entre au Carmel, un pénitent, un homme d'épée, un mystique. Il rassemble autour de lui un noyau de grands robins, hommes du roi ou du parlement, parisiens d'abord, Lamoignon, d'Ormesson, grands aristocrates tels que Conti et le duc de Nemours, qu'appuie un groupe de réformateurs, Olier, Condren, Vincent de Paul, des capucins, des jésuites. Le but de l'organisation secrète est de promouvoir la « gloire de Dieu par tous les moyens », mais essentiellement de développer l'exigence du royaume chrétien, intériorisée par la prière, la lecture, la méditation spirituelle, et préoccupée des dévotions les plus nouvelles, le Saint Sacrement et le culte marial. C'est une école de vie intérieure. Semblablement, elle est conduite à la pastorale des œuvres actives, et l'on retrouve son ombre dans toutes les initiatives charitables et punitives de mise à l'écart et de remise en ordre ; sans majorer son action, on sait qu'elle travaille à la création des hôpitaux généraux, qu'elle soutient les œuvres d'assistance aux pauvres, aux malades et aux prisonniers, qu'elle intervient dans la surveillance des salaires, des prix, des métiers, mais aussi contre les compagnonnages, comme le prouve l'œuvre du Bon Henri. Mobilisant de nombreux évêques, La Fayette à Limoges, Solminihac à Cahors, Zamet à Langres, elle anime la lutte pour l'interprétation rigoureuse de l'Édit de Nantes et la reconquête morale. Elle surveille l'opinion, les déviants, les comédiens et les libertins. Sa force réside dans une implantation nationale coordonnant des petits groupes d'une trentaine d'affiliés, hiérarchisés, avec un supérieur spirituel et un directeur général laïc ; le réseau des cinquante villes affiliées englobe toutes les métropoles provinciales et fait circuler les informations, les nouveautés, la correspondance. Elle regroupe les notables de la réformation tridentine, clercs, nobles et bons bourgeois. Sa force secrète est d'agir sur tous par un éveil à la conscience sociale et professionnelle, dans l'anonymat voulu pour des raisons égalitaires et spirituelles

— « Il faut se revêtir des livrées d'un Dieu caché » —, mais aussi parce que l'efficacité d'une action est à la mesure de sa discrétion (R. Taveneaux).

Cette dimension de clandestinité, fût-elle au service de la toute-puissance divine, entraîna sa disparition. Ni les hommes du roi ni les gens de robe ne voyaient d'un bon œil la montée de cette puissance occulte et bien souvent contestataire de l'ordre laïc. Dès 1660, la compagnie est interdite ; elle disparaît peu après, en 1666, mais elle se survit à elle-même dans les œuvres. Deux raisons principales à ce coup d'arrêt : l'attachement gallican au refus du contrôle du temporel par le spirituel, sur lequel débouche l'action des confrères, l'engagement politique procatholique et proespagnol, qui s'oppose à l'activité de Mazarin, allié des puissances protestantes. Deux questions demeurent à l'étude, que pourrait éclaircir l'analyse sociale et intellectuelle de la compagnie : dans quelle mesure a-t-elle bénéficié des appuis sociaux et politiques qui avaient été ceux de la Ligue ? Par quels relais sociaux participe-t-elle à l'opposition complexe qui traverse le temps des frondes et des crises préludant à l'avènement de Louis XIV, et à l'affirmation définitive de la gloire du roi ? Quand Molière s'attaque à la compagnie, avec le soutien du jeune roi et de Colbert, il avance, à travers la satire du dévot hypocrite, c'est-à-dire d'une figure bien vivante du théâtre social, une autre philosophie de la religion, la possibilité d'un christianisme raisonnable, et il éclaire l'avènement d'un équilibre entre l'ordre divin et celui du siècle, entre le privé et le public. Les lectures privées chez Hébert de Montmort, chez Longueville dans le salon du Grand Condé, le succès des représentations du Tartufe en février 1669 expriment l'assiette d'un refus aristocratique et libertin, monarchique et gallican, bourgeois et raisonnable envers l'excès de zèle des dévots cabaleurs, défenseurs d'un idéal révolu.

L'Ancien Régime religieux est fait de cette complexité d'attitudes où s'énoncent l'élan religieux profond, constant, et les forces institutionnelles. Il faut en avoir une vision dynamique, mobile, car l'acculturation trace entre le sacré et le profane, dans les lieux, dans les gestes et dans les mœurs, une frontière invisible et mouvante qu'expérimentent conflits et déviances.

3
Conflits et déviance

La description du monde des clercs et de leur action a révélé le développement progressif d'un nouveau fonctionnement social de l'Église en un double mouvement. D'abord les clergés se sont mobilisés pour défendre une frontière mieux dessinée et plus précise du sacré. La cléricalisation de l'Église précède à long terme la laïcisation, qui est en définitive sa mise à l'écart. Les conduites religieuses en tant que pratiques de moralisation du social se réordonneront autour de l'État. Dès la fin du XVIIe siècle, Louis XIV utilise l'Église pour rendre à l'autorité ses droits et à la royauté sa tranquillité (E. Thuau). Ensuite, le discours des clercs, convertis par un siècle de travail en hommes de l'Écriture, a pour but la diffusion de la foi, et comme moyen la force de l'administration ecclésiale ; mais ce discours amplifie le repli sur les pratiques. C'est pourquoi il faut revenir sur la rencontre entre attitudes du plus grand nombre et comportement des clergés, car elle met en jeu l'essentiel de la culture, à savoir une unité organique des pratiques, une vision du monde. C'est la religion ordinaire. On peut préférer ce terme à celui de religion populaire, car, ainsi, on ne préjuge pas, pour l'entier déroulement des siècles d'Ancien Régime, une séparation qui s'instaure peu à peu, transformant le fonds commun. C'est ce déplacement qu'il faut comprendre, car il rend incertain, on l'a vu au départ, le partage savant/populaire admis généralement sans problème, mais dont il convient de regarder au plus près le fonctionnement opératoire. C'est affaire de définitions et de sources. Il faut aussi, au-delà des caractères majeurs, en préciser les implications. La frontière de mentalité se précisera, mais on pourra la retrouver dans d'autres domaines que celui des gestes de dévotion, ainsi dans la sorcellerie et le crime, ainsi dans l'attitude à l'égard des pauvres.

LA RELIGION DE TOUS

Parler de populaire, c'est supposer imperméables les partages élites-peuples, dominants-dominés, clercs-laïcs, lettrés-analphabètes. Tous, en réalité, se recoupent et n'ont valeur qu'approximative : des clercs terroristes ou complices, souvent issus de milieux sociaux intermédiaires, enseignent des populations socialement et culturellement hétérogènes, mais dans une épaisseur homogène d'apparences. Si les places à l'église sont différentes, les espérances et les échéances sont les mêmes pour tous (A. Dupront). La foi du charbonnier n'est pas réservée aux humbles, c'est aussi un modèle. Bref, évitons d'identifier simplement les clivages de comportement avec les hiérarchies sociales des ordres, des classes, des groupes, et, pour ne pas simplifier la réalité, admettons les échanges et la circulation.

Toutefois, le terme populaire désigne souvent autre chose, qui mêle trois sens : d'abord ce qui est destiné au peuple, un message simplifié, un discours déculturant ; ensuite une culture de l'intemporel, où un paganisme d'illusion enracine tout ce qu'on veut ; enfin une fidélité au modèle créatif qui sera cher aux romantiques. Deux thèmes parcourent ces significations : le populaire, c'est l'émotivité, le merveilleux, le spontané, c'est donc une religiosité ; le populaire c'est aussi la naïveté, la simplicité, la médiocrité, la rusticité, ce qui est superficiel, grossier, et prélogique. Au total, le populaire est une autre forme de l'enfance, et comme telle un état qu'il faut modifier, l'objet d'une pédagogie.

En réalité, il faut rompre quelque peu avec ces définitions imposées par les clercs et les savants, les prêtres et les pasteurs. Le populaire est un matériau découpé dans la dimension religieuse, par des censeurs et des intellectuels, en fonction de critères qui expriment un état de la théologie et de la discipline ; de même, dans le domaine du littéraire, des principes esthétiques ou politiques occultent au nom du bon goût et de l'ordre des pans entiers du patrimoine culturel commun. Ce qui est important ici, c'est de retrouver une partie de l'héritage et de voir comment les clivages s'installent. Progressivement, les clercs, soucieux de faire disparaître les usages teintés de paganisme ou de grossièreté, instaurent un monde qui a changé de sens ; ils établissent un écart, dont la chasse aux superstitions est la manifestation principale.

Les chasseurs de superstitions

Le terme de superstition recouvre deux acceptions qui orientent les gestes (J. Revel, R. Chartier). Avec saint Augustin, elle se comprend en premier lieu dans le contexte d'une référence d'unité, dans une définition d'orthodoxie excluant l'idolâtrie des âges anciens ; de là découlent les pratiques d'inventaires toujours entrepris, jamais achevés, car le nombre des conduites à recenser dans l'espace et le temps est illimité ; mais c'est là une manière de dire le partage clérical. Certains s'en font une spécialité, ainsi Jean-Baptiste Thiers, curé de Champrond-en-Gâtine, au diocèse de Chartres, vers 1670. Théologien (il est docteur de Sorbonne), pasteur (il exercera son ministère dans plusieurs paroisses pendant plus de trente ans), processif (il accumule les procès avec le chapitre de Chartres et l'ordinaire), c'est un auteur prolixe, réformateur des mœurs, qui sait ce dont il parle grâce à l'observation ; par discipline, il connaît les statuts synodaux et les rituels des évêchés réformateurs ; par lecture, c'est un dévoreur de traités anciens, où il pourchasse les décisions conciliaires et les témoignages historiques. C'est aussi le rédacteur d'un fort beau *Traité des perruques*, dont le titre ne doit pas surprendre car c'est de la décence des clergés qu'il s'agit. Ce chasseur d'usages hétérodoxes est aujourd'hui la providence des historiens et des folkloristes, même si l'on doit l'utiliser avec quelques précautions.

Ses écrits, sa méthode témoignent du second sens donné au superstitieux. Il s'agit, par opposition à la diversité des usages et des pratiques changeant d'un diocèse à un autre, variant à l'infini dans le temps, jamais justifiés par l'ensemble des autorités (l'Écriture, les Pères de l'Église, la tradition), de faire accepter une définition universelle, une catholicité. Pour les théologiens, il n'y a pas un seul peuple, mais des catégories particulières qu'il faut délimiter et faire entrer dans un ordre unique et contrôlé. Ce faisant, les diverses sources, procès-verbaux de visite pastorale, archives de la répression policière provenant des tribunaux ecclésiastiques et laïcs, récits de voyageurs administrateurs et envieux que guident souvent les préjugés parisiens et centralisateurs, enquêtes des folkloristes trop souvent insouciantes de datation précise, révèlent l'imbrication et les tensions qui régissent les conduites et leur transformation. D'une part, les pratiques anciennes sont en quelque sorte travaillées et remodelées par l'instance ecclésiale, qui règle, épure, normalise. La réformation catholique tente ici de faire passer dans la société ce que pensent les clercs, d'intérioriser d'autres valeurs. Mais, en même temps, il n'y a jamais eu conditionnement impératif et complot déculturant. La réalité l'interdit, dans le foisonnement de ses possibilités, dans le jeu des irrévérences maintenues en dépit de tout, dans l'éventualité toujours possible d'une subversion des dévotions nouvelles. Rien n'est jamais totalement pur, et la manière dont l'appropriation des mots et des choses religieux procède dans le temps et l'espace social est toujours infiniment complexe. On peut se demander, avec D. Julia, si l'attention tatillonne à la lettre des rituels n'a pas redoublé l'attitude magique des fidèles. Par exemple, la gestuelle des célébrants a pu ici et là renforcer le sentiment de la toute-puissance sacrale de l'eucharistie, d'autant que la communion, plus rare en ces temps, s'accompagne d'une familiarité moindre. Le contrôle des confréries du Saint Sacrement, la surveillance de l'ostension et de l'exposition de l'hostie, l'interdiction d'user des saintes espèces à des fins exorcistiques traduisent la volonté consciente du clergé de ne pas céder à une pression du désir populaire. Avec un peu de réflexion, les gens de peu sont capables d'échapper aux interdictions, voire de retourner des pratiques répressives. La constatation ainsi faite voue partiellement à l'échec les tentatives un peu trop ambitieuses d'identifier strictement le clivage du clérical et du populaire. Le sens profond de ce partage réside toujours dans une tension créatrice entre intériorisation (c'est-à-dire la capacité à revenir sur des démarches passées, une manière de spiritualiser) et une extériorisation (l'expression soudaine d'un savoir enfoui, de besoins profonds qu'expriment des pratiques sociales) (N. Belmont). Ce sont les deux faces de la réalité religieuse ordinaire, inséparables bien qu'affrontées. L'Ancien Régime est un temps où s'équilibrent d'une manière spécifique la dimension de l'individuation spirituelle d'une part (la prière personnelle, la méditation privée, l'oraison, l'exercice, la retraite, la lecture autonome en sont les manifestations connues, le religieux peut s'y dissoudre), et d'autre part l'excès d'extériorisation, qui pose le problème du sens des conduites et surévalue l'intégration sociale. La partition se joue sur des croyances, une sensibilité, des normes, et des pratiques occasionnant l'intervention préférentielle des clercs.

L'intelligence spirituelle des humbles

Le *Credo* ordinaire des humbles s'exprime dans des attitudes significatives ; le sayetteur lillois Chavatte, le prieur de Sennely en Sologne, le curé de Rumegies, mais aussi les textes des autorités, mettent en valeur quatre dispositions principales de la présence du surnaturel. La présence de Dieu souverain maître d'abord, celle du Malin ensuite, l'accessibilité du salut, l'attachement au spectaculaire.

Dieu est partout, il intervient dans l'ordre du monde, fait la pluie, le beau temps, règle l'événement, régit les disettes, les pestes, les guerres, il punit et récompense, il permet les révoltes, voire les révolutions, comme signe de sa colère. Ces croyances font la force de l'astrologie, qui dévoile le destin de chacun par le mouvement des astres établis par Dieu, et que critiquent vivement les théologiens, persuadés de l'entière liberté divine. Elles assurent le succès des miracles, manifestations évidentes d'un recours sacralisé toujours possible, preuves tangibles de la présence du divin : les hosties consacrées échappent au feu, les statues de la Vierge pleurent des larmes de sang, la Sainte Épine guérit Marguerite Périer, nièce de Pascal. Le miracle conforte, invite à l'espérance, justifie les justes causes, alors même que les docteurs ne s'essayent pas à en donner une définition valide et des normes épurées. Avec d'innombrables prodiges, les comètes, les pluies de sang, les cordes de pendu rompues, les miracles traduisent clairement l'immanence du divin. D'autant plus peut-être que Satan rôde autour des hommes, tentateur et pervers, bouc au pied fourchu, humanoïde séducteur et bestial : il est l'objet de nombreuses croyances, il a ses fidèles, nul n'oserait le nier, et ses animaux : le chat, les poules noires ; ses espaces : la forêt, la montagne. Il dicte les conduites déviantes et inspire l'intolérable : le régicide et le sacrilège. Il entretient les rumeurs. De sa victoire ou de sa défaite dépend le commun salut, but d'une vie dont la misère est adoucie par l'espérance d'un éternel bonheur. Les pratiques sacramentelles et dévotieuses, les indulgences accumulables, les legs pieux qui sauvent les riches, les *œuvres* donnent assurance du paradis et s'insèrent dans un commerce régulier avec le divin, dont le souci principal est l'efficace. Croyances et gestes composent une sensibilité à l'extraordinaire, une excitabilité des sens qui font le succès des cérémonies imposantes en usage partout. C'est le miracle du spectacle que traduisent le décor, les pompes baroques et classiques. C'est le théâtre de la religion qui rassemble les fidèles en communion, dans les célébrations, les cortèges, les exécutions capitales.

Des normes spécifiques structurent ce comportement. Le mental collectif n'exige pas de corps doctrinal, c'est une adhésion spontanée à l'ordre du divin, qui n'a pas besoin de discours pour croire à l'existence de Dieu ; c'est un syncrétisme qui s'ajoute aux besoins de tous. Ces prières n'émanent pas d'un *Credo* contrôlé mais s'accommodent de celui des clercs. Une religion sensible est ainsi transmise par la famille et le clan, non par l'école et le catéchisme ; la croyance y est en elle-même supérieure à la doctrine, elle est une non-doctrine (A. Dupront) qui postule son

L'ex-voto peint, populaire ou savant, exprime la relation inconsciente du profane et du sacré. Ici, à la fin du XVIIe, une famille d'Allauch (Bouches-du-Rhône) a voulu remercier Notre-Dame du Château des suites sans conséquences d'une chute. La famille rassemblée prend dans le tableautin la place principale. Le ciel accueille la Vierge et l'Enfant, traduction de l'efficacité protectrice. Cet ex-voto constitue, de plùs, un excellent témoignage sur le costume populaire.

intemporalité et n'exige pas un corps d'Église ou d'institutions. La religiosité commune se défie des clercs, elle défend contre eux ses miracles et ses prodiges. Elle consacre une communication directe et instinctive avec les forces surnaturelles. La voix de Dieu est la voix du peuple, c'en est aussi la voie où le geste l'emporte sur la prière, l'objet sacralisé sur l'idée, la présence physique sur le sens. C'est une religion de saints guérisseurs et de cultes agraires, inscrite dans l'habituel. Elle est imbrication de pratiques d'origines diverses, dont la ferveur s'alimente dans des gestes d'attouchement, d'échange, de substitution ; superstition pour les gens d'Église, croyance attachante en l'irrationnel de l'univers, pour presque tous. Dans les fêtes, les processions et les pèlerinages, s'affirment plus particulièrement la permanence panique et le conflit des fidèles et des clercs.

Fêtes surveillées et libres, pèlerinages contrôlés et familiers

Le clergé réformé réprouve les fêtes, leur nombre nuit à l'exécution des devoirs d'état, leur signification est trop souvent contestataire par rapport à l'ordre qui s'établit pour canaliser la piété du recours. Fêtes des fous, tôt disparues, carnavals urbains provocateurs et riches de remise en cause, arbres de Mai, feux de la Saint-Jean, fêtes de bachelleries, vogues et assemblées votives, tout ce qui est rupture du temps, porteur d'une autre vision du culte, évocateur d'un paganisme possible est occasion de critique en règle. La critique doit elle-même son intolérance à l'horreur causée par les « indécences populaires », elle est rêve d'une économie du travail moralisé. Tout montre que les fêtes ont survécu, soit que la force collective impose sa loi, soit que le clergé christianise les fêtes et se contente d'un transfert d'habitudes. Les curés allument les feux du mois de juin, ils ne pourront jamais éteindre les brandons du carême.

De même, aucun clergé — les protestants, répétons-le, diffèrent peu ici des catholiques — n'a pu imposer de prescriptions unifiées aux processions et aux pèlerinages où se manifeste en permanence l'« ignorance des peuples ». Ici éclate le refus de cette mobilité trop favorable au déploiement des pratiques incontrôlées telles que l'attachement aux vieux cultes thérapiques, la fidélité aux reliques, bref la libération de l'habituel. Une même crainte de l'errance et de la nuit hante les esprits cléricaux, car, rassemblés dans la nature ou le sanctuaire votif, les fidèles échappent aux règles. Ils s'installent dans une société nouvelle et différente, constituée par le mélange des horizons nationaux, des groupes sociaux, des sexes : un monde éphémère d'élection individualisée et collective, libre et de hasard. Les temps de l'Ancien Régime voient se réduire la carte des pèlerinages ; aux vieilles routes vers Saint-Jacques ou Rome, succèdent les chemins provinciaux et locaux ; on les emprunte avec l'autorisation des curés et sous la surveillance des maréchaussées. Bref, le recours pérégrin ne disparaît pas, il transige ; peut-être gagne-t-il en profondeur sur place ce qu'il perd en étendue, aux horizons lointains délaissés.

Le monde des croyances populaires n'est qu'en apparence un univers de l'immobilité ; il évolue, il incorpore et il rejette, mais c'est là qu'il y a sans doute le plus à faire pour retrouver et interroger les textes en historien, pour rejeter les assimilations abusives, ainsi celle qui s'établit entre carnavals modernes et saturnales antiques. Traités réformateurs, statuts, visites permettent de dresser l'inventaire qu'il faut mettre en perspective longue. Trois grandes données sont acquises entre le XVIIe et l'aube du XIXe siècle. Les superstitions jalonnent le cycle de la vie, du berceau à la tombe ; elles marquent les étapes calendaires et les rythmes de l'année liturgique et saisonnière ; enfin, elles visent à une emprise sur le monde : prévoir l'avenir, déjouer le mauvais sort, assurer les richesses. C'est la leçon historique du folklore, dont le maître fut Arnold Van Gennep (F. Lebrun). Reste que cette lecture fait état de trois regards différents dont il faut s'accommoder.

Celui de l'anthropologie, avec Marcel Mauss, qui impose réflexion autour du concept de *magique*. Pour comprendre l'univers du magisme traditionnel, on en retiendra le caractère contraignant et le formalisme impératif des rites. La manière dont la pratique est vécue ne se sépare pas du critère extérieur d'efficacité. La force du recours magique et astrologique, c'est de répondre aux besoins culturels et sociaux d'un temps, c'est-à-dire qu'on peut agir et prévoir en manipulant les symboles et les traditions qui mettent en jeu les lois de l'univers par contraste, par contact ou par similarité. Tout est alors possible, les astres interrogés inclinent à la victoire, et le balai de la ménagère, à l'instar de celui des sorcières, incite à faire pleuvoir. Pour rompre avec le charme de ce système d'action et de connaissance, il faut une révolution des mentalités : c'est celle qui substitue à la vision du monde fini l'espoir des progrès infinis de l'homme, la conviction qu'une expérimentation systématique permettra une autre société. C'est le triomphe moins de la raison que de l'expérience et du calcul sur l'occulte et la tradition.

De l'intérieur du système, les ethnologues définissent autrement le conflit. Ils soulignent l'appartenance à un même univers de la superstition et de la religion raisonnable. C'est pour certains une fausse religion, mais on peut être superstitieux dans le culte rendu à Dieu. Les superstitions dévoilent le visage anormal ou les déviances d'un ensemble mental cohérent et homogène, par-delà les classes et les niveaux de culture. Les spécialistes du clergé peuvent baliser la frontière superstitieuse, parce que les faits superstitieux n'agissent pas comme des causes physiques mais comme des symboles et des signes d'une causalité qui n'est pas attribuable à Dieu ou à la nature qu'il organise et bénit. Dans le culte orthodoxe authentifié par l'institution ecclésiale, les effets viennent de Dieu, non du diable (N. Belmont). Au total, religion et superstition procèdent de la même attente en un recours efficace contre les situations exceptionnelles, pour affronter ce qui échappe aux techniques usuelles. L'important n'est pas de discuter l'efficacité réelle de ces pratiques, mais de comprendre comment elles répondent à la demande sociale. Art de faire, les gestes superstitieux imposent la technique la plus facile à nos yeux, puisqu'elle remplace la réalité par des images.

L'historien peut tenter de comprendre décalage et substitution. Il constate à la fois l'efficacité et l'inefficacité du contrôle clérical, il mesure l'équilibre entre l'intériorisation et l'extériorisation, le poids du collectif mental et la capacité des individus à revenir sur leurs choix. Il enregistre la montée de l'esprit critique et du rationalisme expérimental, qui vont conférer une importance différente à la manière de vivre et de croire établie durant la première modernité. La promotion du savoir contrôlé tend à prouver l'inefficacité commune du religieux et du magique, mais le combat des rationnels, hommes de science, médecins, administrateurs éclairés, philosophes, rejoint et prolonge celui des prêtres tridentins. Il constitue en objet les paysans crédules et superstitieux, les sorciers passéistes, il justifie le besoin des mondes urbains et organisés utopiquement maîtres d'eux-mêmes.

*L'*Exécrable Sabat *(XVIIe, Bibliothèque nationale).*

LA SORCELLERIE ET LE CRIME

Dans le rapport au monde et à Dieu, une place centrale doit être faite à la sorcellerie et au crime. La frontière entre crime de lèse-divinité et crime de lèse-société est alors presque confondue ; mais, comme en d'autres domaines, le XVIIe et le XVIIIe siècle sont le temps d'un déplacement qui se traduit dans l'État d'abord, car lié à la conservation de l'ordre public qui se fait plus prégnant. Depuis le Moyen Age, le serment du sacre confère à la justice du roi le bras séculier : la mission de défendre l'orthodoxie contre les hérétiques et les déviants. C'est un devoir autant qu'un droit (M. Antoine), qui entraîne l'obligation pour le roi d'être législateur, par le biais d'une justice déléguée à des magistrats mais dont la plénitude reste toujours au roi. C'est la base du pouvoir de toutes les compagnies judiciaires comme du fonctionnement du Conseil. Elle suppose cependant la possibilité du recours ultime au monarque représentant de Dieu sur la terre, mais qui, pour l'essentiel des peuples, reste de fait inaccessible ; on a là une des causes du maintien d'une économie de justice reposant sur la composition et l'arbitrage. La défense de l'ordre public s'étend donc à l'ordre religieux et moral, c'est une police du sacré qui surveille et punit les atteintes au conformisme de foi et de discipline, c'est une police des mœurs qui veille et qui châtie les infractions à l'ordre social ; l'appareil de la répression et la symbolique judiciaire entrelacent constamment le religieux et le civil. Toute exécution est un temps fort de la conscience collective, où se révèle publiquement la manière ancienne de rendre ses comptes et de comparaître. En 1760, à Caen, l'exécution d'un soudard assassin, Jean Corbelet, dévoile la mise en scène et son sens (J.-C. Perrot). La dramaturgie finale — laissons de côté la barbarie des procédures — s'ordonne à partir de l'amende honorable (quand le condamné exhorte la foule à prier pour son salut) jusqu'à la roue, supplice final, comme une cérémonie religieuse à la fois étonnamment cruelle et profondément compatissante au sens premier du terme. Le bourreau brise les bras et les jambes du patient criminel qui entonne le *Veni Creator*. La foule reprend l'hymne. Deux prêtres soutiennent la tête du malheureux devant la multitude curieuse et édifiée. Au bout d'une heure, « avec bien de la peine », le bourreau étrangle le coupable. Le témoin, à qui nous devons cet incomparable récit de mort publique et sainte, commente ainsi la scène : « Le même exemple devrait faire rentrer en eux-mêmes certains esprits forts qui abandonnent notre croyance pour suivre la religion naturelle établie par le libertinage. » On peut y lire aussi de doubles funérailles : celles du condamné, immolé à la défense de l'ordre divin et terrestre, et celles d'une manière de mourir qui s'achève. La roue, le bûcher, la corde, les galères dont peu reviennent, la férocité des châtiments ne doivent pas surprendre, c'est le lot ordinaire d'une société sans tendresse où la violence est insidieuse. Ce qui change, dans le discours des élites judiciaires et administratives, dans la montée du mouvement de réforme, après 1760, c'est l'élimination progressive, pour défendre et conserver l'ordre du monde, de la référence au surnaturel et à la transcendance, pour justifier le rôle de l'institution judiciaire et le recours aux supplices. Un ordre rationnel du politique s'instaure auquel ne sont pas étrangers les clercs et leurs exigences nouvelles. La fin des sorciers et la survivance des sortilèges, la socialisation du crime et la constance du recours permettent de mettre en valeur permanences et ruptures.

Délire des juges, réalité du recours magique

La sorcellerie est toujours à la mode, et Michelet y est pour beaucoup. Sa *Sorcière* hante nos imaginations fascinées par l'image de la femme révoltée et persécutée, prêtresse des cultes de la nuit, chassée de l'histoire par les clercs et les rationnels. La double figure de Satan et de la sorcière sulfureuse et romantique unit dans le même souffle la condamnation des prêtres et des juges et l'exaltation des forces de la nature, terre promise au-delà du temps. Bref, une contre-société et le diabolique en direct. Le simple historien peut chercher autre chose : la réplique inversée de la vitalité religieuse, l'illustration exemplaire du conflit entre sacralité populaire et religion savante, où le diable n'est pas toujours ce que l'on croit.

Les textes sont là, les noms les plus fameux de l'élite judiciaire et intellectuelle s'y sont illustrés, Jean Bodin, Boguet, Pierre De Lancre, Spenger, sans oublier les auteurs du manuel de base des inquisiteurs : Eymerich et Peña. Du XVIe au XVIIe siècle, ils établissent la vulgate des comportements sataniques et les normes d'une procédure sans appel et terrifiante, « Au feu les sorciers ! » Confrontés aux sources criminelles des parlements (mais il faut aussi regarder les archives locales car bien des procès ne sont jamais parvenus en appel), ils permettent de voir ce qui s'est passé dans l'imaginaire des persécuteurs et dans la réalité des persécutés ; le déclin du satanisme se joue entre les deux instances perpétuellement confondues.

L'évolution de la mentalité des juges est bien connue, Robert Mandrou y a consacré sa thèse. Un vieux fonds de croyance païenne — recours aux envoûtements, procédures extraordinaires des sorciers qu'évoque déjà Lucien, un mélange de crédulité médiévale où l'on voit les sorcières traverser les murs et cuisiner d'abominables mixtures dans des chaudrons sataniques — prend tout à coup sens dans la lutte engagée contre les hérésies. L'indulgence médiévale, compréhensible quand la sorcellerie ne remet pas en cause l'ordre des choses, cède la place à l'impitoyable chasse quand flamboient les hétérodoxies. Une démonologie écrite puise alors son bien dans la démonologie orale et les inquisiteurs construisent sur fond de torture, de dénonciations et de racontars les stéréotypes du sabbat. Entre XIVe et XVIe siècle — le *Maleus maleficarum* est de 1486 —, ils s'exportent partout et connaissent par l'imprimerie une vaste diffusion. C'est la « vulgate de l'aveu » (J. Favret) qu'utilise deux siècles durant la machine judiciaire française. La flambée maximale de satanisme et la grande période de persécution coïncident avec la montée des exigences spirituelles et des affrontements de confession, qui favorisent la suspicion, le prosélytisme, au moment même où les certitudes renforcées condamnent les manifestations maléfiques des forces déséquilibrantes pour l'ordre social et mental.

Les épidémies sont, on le sait, création des robins, ce qui ne veut pas dire que les pratiques de sorcellerie ne sont qu'imaginaires et simple projection des angoisses libidineuses des juges. De fait, la dénonciation des sorcières s'insère dans l'échec du recours magique, le paysan dénonciateur ne songe pas à faire disparaître les pratiques, il venge un insuccès. Cette dénonciation n'est pas le fait des incultes mais des instruits et de petits lettrés de village, souvent à l'origine d'une répression féroce — voire des lynchages. La marée satanique et son châtiment sont la contrepartie de la foi qui s'affine, c'est un « christianisme retourné » (J. Delumeau), comme le prouve l'inversion des rituels ; c'est une contre-religion, comme l'expose Bérulle dans son *Traité des énergumènes.*

Prise de conscience des juges, mobilisation des médecins

Ni les théologiens, ni l'opinion savante, ni le mental commun ne peuvent échapper à la croyance objective en la réalité du satanisme ; c'est une menace pour l'ordre chrétien d'autant plus redoutable qu'on peut y déceler la marque de la contre-culture des faibles, qu'on y soupçonne la possibilité d'une émigration intérieure (M. de Certeau), dangereuse dans ses prolongements politiques et sociaux. On conçoit que le pouvoir royal se soit préoccupé des explosions urbaines et conventuelles de possession diabolique dans des abcès localisés qui sont aussi des foyers de ferveur mystique, à Loudun bien sûr, mais aussi à Évreux, à Louviers et à Nancy. Alors s'allument les bûchers, au terme de procédures expéditives et tatillonnes : en Lorraine avant 1591, Nicolas Rémy, juge particulièrement délirant, se flatte d'inscrire à son tableau de chasse plus de 3 000 sorciers ; en Franche-Comté, Henri

L'héroïne de l'Affaire des poisons, la marquise de Brinvilliers, croquée par Le Brun lors de son transfert en place de Grève pour y être suppliciée (musée Carnavalet, Paris).

Boguet, en Labourd De Lancre et d'Espagnet additionnent les victimes par centaines ; les juges de Bordeaux se mobilisent vers 1630, ceux de Rouen s'activent de 1618 à 1638. La flambée de Luxeuil dure dix ans, les grandes affaires urbaines à Aix vers 1610, à Loudun vers 1630-1640 émeuvent les autorités. Il est difficile d'avoir une estimation certaine de l'importance quantitative et de l'étendue géographique des ravages car on ne perçoit que le mouvement de surface, arrivé en justice et surtout en appel. Entre 1565 et 1640, le parlement de Paris, dont le ressort est le plus vaste, ne voit passer devant lui que 750 causes de sorcellerie ; il confirme les sentences surtout avant 1600, et pour moins d'un tiers des appels par la suite. On peut lire ici la montée de la conversion des juges. Dès 1624, l'appel automatique des sentences capitales — annoncée dès 1588 — instaure une possibilité de sauvegarde pour les persécutés ; en 1686 Colbert interdit aux Cours de retenir l'accusation de sorcellerie sabbatique, après une dernière poussée de fièvre rurale en Normandie, après surtout l'Affaire des poisons, révélatrice des crédulités du monde nobiliaire et parisien. Désormais les sorciers sont des illusionnistes qui ne relèvent que de la police des mœurs. En un siècle, c'est une mutation décisive qui s'est manifestée, Philidor pourra, à l'Opéra, en donner le point d'orgue final : il fait chanter sur scène un sorcier de village.

Au départ, point de prise de conscience d'un scandale — qui oserait nier la réalité diabolique ? —, mais le doute et l'incertitude que provoquent les possessions citadines où sont engagés les filles de la bonne société et les prêtres, « victimes consentantes ou non du même redoutable ennemi ». L'entreprise de légalisation commencée antérieurement et l'application du principe de la justice retenue amorcent le recul. Il faut pour l'intensifier une autre révolution mentale, où l'on voit le résultat unifiant de la transformation des esprits, par la rupture mathématique et cartésienne expérimentale qui instaure la séparation du naturel et du surnaturel, et au bout du compte rejette Dieu à l'infini. C'est aussi le recul des théologies augustiniennes, chez les réformés et les catholiques, qui font triompher l'opposition entre le naturel et le surnaturel, à la différence du thomisme, qui ne sépare pas l'univers et la pensée, et où le divin se dissout dans le quotidien. La théologie tragique du « Dieu caché » séduit les mêmes hommes que « la révolution scientifique » : le Diable n'a plus à intervenir dans les choses ordinaires. A l'heure de la « recherche de la vérité », vers 1680, les retombées de cette attitude commencent à changer les mœurs.

Les médecins ont joué là un rôle capital, et dans la sorcellerie s'est produit un transfert du théologique au médical. Ce sont les docteurs qui disent le sens nouveau des malaises sataniques des femmes et des vierges de Loudun et des villes. Dans un premier temps, ils confirment le discours théologique, ils sont des auxiliaires indispensables pour trouver les preuves inscrites sur les corps — les lieux insensibles — de la damnation. Puis dans le corps médical s'affrontent *possessionnistes* et *rationalistes* dont la double affirmation désigne la sorcellerie comme une maladie relevant du savoir expérimental et non plus de la symbolique des exorcismes, ou bien même relevant de la supercherie ; c'est une maladie qui n'existe pas mais qu'on soigne par des purgations et des injonctions morales. Dans cette hésitation, on entrevoit l'impossible rencontre de deux univers culturels. Car les sorcières et les possédés croient, eux, à leurs propres maux, ils le prouvent par leur gestuelle, tout autant que les médecins croient à la vérité de leur science. Enfin, c'est la dernière étape du passage, l'idée de la maladie mentale triomphe. « On est sorcier par l'imagination », dira Malebranche. « Que l'on cesse de les punir et qu'on les traite comme des fous. » La rupture de l'ontologie classique autorise la mutation, mais elle laisse de côté la question de ce que nomme la sorcellerie.

Pourquoi l'appel à Satan ?

C'est dans la permanence des sortilèges, bien après l'arrêt des persécutions, que persiste à se faire entendre cette chose autre, cette manière différente, où parlent le corps et ses désirs. Pour beaucoup, pour les femmes victimes trop souvent de l'« ambition de haute pureté stérile » des hommes d'Église, pour les miséreux, bien que la sorcellerie ne s'enracine pas exclusivement dans le désespoir économique, c'est le seul mode culturel possible d'un vécu métaphysique et d'un rapport au monde. Le surnaturel ordinaire ne se laisse exorciser ni par la raison ni par la médecine.

Sorcellerie villageoise : Suzanne Goudry (57 ans), de Rieux-en-Cambrésis, mai-juillet 1652

[Le 7 juin, prédécent], la prisonière estante ramenée en chambre *[de justice]* at dict et déclaré en se délamentant que ce qu'elle avoit cy devant confessé n'estoit véritable, le révocquant. [...]

— Interrogé combien de temps il y at qu'elle at esté trompé du diable.

— At dict n'avoir jamais esté trompé, mais que la Vierge, estant couchée en la prison, l'est venue trouvée et l'at levée. Et qu'elle at dict que son amoureux s'appelloit Petit Grinniou *[son diable familier]*, mais qu'il n'estoit vray, et qu'elle n'avoit point d'amoureux. Et mesme qu'elle avoit dict qu'elle s'apelloit Magin, ayant retenu ce nom, de tant qu'une fois, estant à Denain, elle a veu les damoiselles qu'elles accomodoient une inocente qu'elles appelloient Magin ; et ainsy que ce nom luy estoit venu premier en la bouche. Aussy qu'elle at dict d'avoir la marcque sur l'espaulle gauche, n'estant néantmoins vray, monstrant son espaulle, laquelle est pleine de taches rouges comme espèce de galles ou ripes *[ulcères]*. Ayant persisté en touttes ses dénégations, nonobstant qu'elle fuist esté pressée, dont fut renvoyé en prison.

[Un peu plus tard, le même jour]

— Interrogé pourquoy de son propre mouvement elle at confessé qu'il y avoit XXV ou XXVI ans qu'elle estoit en la subjection du diable.

— At dit estre vray de l'avoir confessé, mais que ce qu'elle at dit c'at esté pour s'en aller [...].

— Demandé sy il n'est aussy vray qu'elle at confessé d'avoir esté dix ou douze fois à la dansse.

— Dit qu'elle l'at dit, mais que c'estoit pour s'en aller et eschaper le prison.

— Persisté, atendu que pour eschaper on ne diroit poinct qu'on seroit sorcière ou laron.

— Dit qu'elle at esté trompé par ceulx quy luy ont faict dire. *[Les juges ont dû lui promettre la clémence.]* Et n'aiant rien voulu dire aultre chose, fust renvoié en prison.

[Suzanne Goudry est torturée, elle avoue puis se rétracte à nouveau, ce qui lui vaut d'être ramenée en salle de torture.]

Ladite Susanne Goudry estante amenée audit lieu de la question fust admonestée de persévérer dans les confessions qu'elle at faict, aultrement qu'on la ferat aplicquer sur la question, ayante préalablement ladite question et le lieu esté exorcisé.

— Dit qu'elle prie mercy à Dieu et à tout le monde, et qu'elle n'est poinct sorcière, demandante un confesseur pour la confesser.

— Pressé de dire la vérité, et que sy elle at eu du mal sur la question, qu'elle en aurat encores davantaige ceste fois icy.

— Respond que l'on face ce qu'on veult, qu'elle n'est poinct sorcière, demandante tousiours un confesseur [...]

— Enquise pourquoy elle ne respond poinct présentement sur demandes, comme elle faisoit lors.

— Dit que c'est à cause que ce qu'elle at dit n'est poinct vérité, et que sy elle l'at dit, elle s'en dédit.

[Sous la torture, Suzanne Goudry parle.]

— Interogée sy avec ceste esplinque il ne luy at donné la marcque.

— Dit que non, mais qu'en junglant *[jouant, taquinant]* il l'at frappée sur son espaulle.

— Demande combien de fois elle s'est trouvé à la dansse *[au sabbat]* et ce qu'il s'y passe.

— Respond qu'elle s'y est trouvé cincq ou six fois, qu'on dansse avec des violons et des chiflotz *[sifflets]*, qu'il y at une table sans nappe ny aultre chose que ce soit.

— Encquise quy elle y at recognu en ceste dansse.

— Dit qu'elle n'y at recognu personne [...]

— Encquise combien de fois son amoureux l'at cognue charnellement.

— Respond qu'elle at esté cognu de luy charnellement nœuf ou dix fois, que mesme elle y prenoit du contentement et ne sentoit rien d'aultre [...]

— Pressée de dire quels maléfices elle at faict avec la pouldre que son amoureux, qu'elle appelle Petit Grigniar, luy at donné.

— Respond : quand elle auroit faict morir mil bestes que ce seroit tout un, mais qu'elle ne l'at poinct faict. Dit aussy qu'estant à la dansse, il s'y faict une grande dansse, d'aultre y font une petite, où il y at un homme entre les femmes ; quelque fois on se repose, puis on recomenche, où on y est sy loing temps qu'on veult. Elle n'y at pu toutesfois recognoistre personne. Qu'auparavant y aller, son amoureux la venoit advertir, luy disant en ces termes : « Allon, allon ! » Dit aussy qu'il y en at des plus estimé les un que les aultres ; que le plus souvent qu'on y vat c'est en esté ; que tout cela elle n'at jamais confessé à son confesseur, ce pourquoy elle dit qu'elle a tant offensé Dieu.

— Demandé sy son amoureux ne luy at faict renoncher à Dieu.

— Dit qu'oy, qu'elle y at renonché, comme aussy à cresme et baptesme, luy disante : « Coraige Maghin ! », quy est le nom quy luy at donné.

— Interogé sy il ne luy at conseillé de faire mal à personne.

— Respond quy luy at plusieurs fois conseillé. [...]

— Demandé sy demain au matin elle se maintiendrat dans ses confessions.

— Dit qu'ouy [...].

[Suzanne Goudry fut brûlée vive le 10 juillet 1652.]

Cité par Robert MUCHEMBLED dans *La Sorcière au village.*

La chasse aux sorcières met alors en évidence les phénomènes de reclassement, elle a ses agents, ses victimes, ses témoins, elle trouve au village et à la ville ses alliés et ses sacrifiés, prêts à avouer aux juges tout ce qu'on veut. D'une manière générale, elle traduit un fait de marge et de frontière. Elle se déroule dans les zones d'acculturation religieuse, sur les fronts des confessions opposées, Pyrénées basques, bocages normands, montagne de Franche-Comté, forêts de la Lorraine ducale, villages désolés des Flandres, que ravagent les soudards catholiques et huguenots. Les heurts culturels poussent au pire, les orthodoxies théâtralisées suscitent les déviances diaboliques, c'est manière de résistance et explosion panique. Mais la marginalisation est au cœur du satanisme. Dans les terroirs de plaine, il trouve refuge au bois, aux périphéries du Bassin parisien, par exemple en Ardennes, en Bassigny, en Pays d'Othe et au Berry. Son terroir, c'est la limite des manses, vers les pacages, les taillis, les landes et les forêts que convoitent depuis toujours les seigneurs de village ; c'est le refuge des sacralités mystérieuses des arbres, des rochers et des eaux, loin des villages et des terres labourées ; c'est le monde des bergers, des charbonniers et des sabotiers, des métiers du feu et du bois, mais nul n'est à l'abri. Le sorcier, la sorcière sont à la fois très lointains et très proches. En ville, ils sont présents mais comme dilués dans un milieu social plus contrôlé par l'autorité d'orthodoxie. Ils s'abritent dans les mansardes des faubourgs et des quartiers populaires (vers 1750 Jacques-Louis Ménétra en fera l'expérience à Paris) comme dans les couvents et les hôtels des beaux quartiers. C'est un débordement interne qui sort peu hors des murs. Partout, c'est aussi l'affaire des femmes.

Un sorcier pour quatre sorcières, et le plus souvent ce sont des femmes seules, des veuves, des femmes âgées. La psychose collective n'épargne pas les moniales. Ce n'est pas là un fait de nature, mais l'écho du partage sexuel des rôles.

Les femmes, détentrices des clés essentielles de la vie, de la naissance à la mort, manieuses des corps et maîtresses du sang. Elles nettoient, soignent, guérissent, elles ont dans les villages une culture propre (on la retrouvera dans l'étude de la famille), voire un espace particulier. Dans ce cercle, étroit et séparé, peut aisément naître la rumeur, les femmes sont toujours proches et la mauvaise fortune n'est pas loin. En cas de crise ou de besoin, la désignation s'impose à tous et plus encore aux hommes qui attribuent aisément au sexe faible des pouvoirs inversement proportionnels à son impuissance sociale réelle : d'une part, tous les procédés destinés à mettre le démon au pouvoir d'un humain, d'autre part, toute la cuisine magique et cabalistique et les secrets médicinaux et diaboliques du recours. Dans le premier cas, les juges et l'accusée sont persuadés de l'influence diabolique ; dans le second, ce sont les autres, puis les juges, qui croient « au mauvais œil ».

Entre la sorcellerie ordinaire des paysans et la sorcellerie sabbatique des magistrats se déroule un étrange et constant chassé-croisé, mais la première n'est pas vécue comme l'autre ; la persécution prend sa force dans l'univers mental commun ; les sortilèges, la mise à l'écart, voire même les lynchages, survivent à la fin des procès. Car c'est la présence du malheur qui authentifie l'existence du diable immanente à la religion chrétienne. Dans le milieu resserré du village, chances et malchances sont sous le regard de tous et les difficultés irritent les frustrations. Or les techniques médicales et sociales du recours contre les maux quotidiens et les malheurs extraordinaires imposent par leur inefficacité le refuge dans la magie. La seule figure entendue de la causalité demeure la volonté humaine, la leçon des choses ne peut être comprise. L'angoisse désigne alors les victimes des soupçons, car qui veut fortement peut efficacement, donc c'est le coupable attendu. La sorcellerie qui survit aux révolutions rationnelles est d'abord un système de ressource et d'interprétation, la mise en ordre de l'infortune. Inutile alors de chercher dans les sorcières des temps modernes la survivance clandestine de culte païen de fertilité, la sorcellerie est d'abord dans les gestes accessibles à tous du « sort-contre-sort » l'affirmation d'une possibilité d'action bienfaisante ou maléfique. L'adhésion affective des masses paysannes à la théologie tridentine a pu jouer son rôle dans la persécution, car sorcellerie et religion ont en commun l'ambivalence même des cultures du temps ; entre le bien et le mal, entre le bon Dieu et le diable peuvent s'insinuer l'effroi comme l'espoir, la guérison ou la damnation maléfique. C'est l'affaire du destin.

L'évasion criminelle : du désordre au contrôle

Face au crime et au criminel, les historiens de la modernité ont pu retrouver des partages analogues, une évolution comparable. Une double approche a été menée à bien dans des sites régionaux variés, en Languedoc avec Nicole et Yves Castan, en Provence avec M. Vovelle, en Normandie avec P. Chaunu, en Ile-de-France avec F. Billacois, en Flandres avec Pierre Deyon : mesurer le poids du recours à la justice, ce qui interroge l'économie du judiciaire et l'histoire des procédures et des moyens, mesurer l'évolution des formes de la criminalité qui enregistre celle des comportements et des inquiétudes. L'analyse quantifiée des procès — plus de 5 000 procédures, près de 10 000 accusés dans le ressort du parlement de Toulouse, scrutés entre 1750 et 1790 par N. Castan —, l'utilisation des archives des cours souveraines et autres, l'étude des juridictions exceptionnelles, maréchaussées, tribunaux extraordinaires des Grands Jours ou commission de la Cour des aides imposent une première conclusion solide. Jusqu'au XVIIIe siècle, on usait peu de la justice : l'inertie des juges, refusant de recevoir la plainte ou de poursuivre des gens trop pauvres pour payer les frais du procès et les épices du magistrat, l'éloignement des tribunaux exigeant des déplacements, l'arrêt du travail, un séjour coûteux, mais aussi la coutume de régler à l'amiable les querelles et les dommages expliquent cette rareté. L'infrajustice est la règle en Languedoc comme dans le Paris du XVIIe siècle. C'est la sphère d'action des chefs de clan, des notables, des seigneurs locaux, des curés et des pères de famille. C'est une nécessité d'équilibre pour le village et la paroisse, et le prêtre joue ici son rôle disciplinaire : il peut recevoir les aveux, il peut imposer réparation, il peut traduire l'exigence morale et le degré de réprobation de la collectivité. C'est aussi le lieu de manifestation des honneurs et des infamies ritualisés, charivaris et aubades diverses qui peuvent sanctionner la déviance ou rétablir la réputation. Menues rivalités locales, vengeances, coups, blessures, larcins, injures, atteintes à l'honneur familial ou marital, tout peut se régler par conciliation. Le taux d'appel remarquablement faible de 1 pour 10 000 habitants pour tout le XVIIIe siècle dans le ressort de la chambre criminelle de Toulouse le prouve. Mais il progresse, comme reculent à Paris, dès le dernier quart du XVIIe siècle, les procédures notariales d'accommodement privé. L'accord au civil et au criminel réclame de plus en plus l'intervention de la justice officielle, sans jamais être dominant.

Ce changement coïncide avec une conscience nouvelle de l'efficacité du recours judiciaire, qui est sans doute d'abord urbaine. La majorité paysanne peut se satisfaire encore de la conciliation, pour les affaires mineures, et de l'exclusion définitive du criminel ou du scandaleux convaincus. De toute façon, l'éloignement des lieux de l'exécution, le caractère définitif qui l'accompagne enlèvent une part de sa valeur à l'exemplarité et à l'aspect salutaire des peines évidentes ; c'est l'inverse pour tous les défenseurs de l'ordre et pour les populations citadines où l'idée d'insécurité grandissante fait son petit bonhomme de chemin. Pour le reste, c'est affaire de menace réitérée quand brigands et voleurs perdent de leurs aptitudes légendaires à défendre le pauvre monde pour en tirer rentes et profits assurés sans travail. La crise de régulation autonome par la communauté et le transfert de la justice informelle à la justice réglée montrent les reclassements sociaux qui travaillent pour un plus grand souci de distinction entre le monde rural et urbain : saisir les juges devient acte de reconnaissance sociale. Les courbes de procédures enregistrent la montée d'une demande et l'accroissement de la contrainte nécessaire des autorités, elles ne peuvent jamais révéler la réalité, puisqu'elles sanctionnent une apparence que dictent la fluctuation des normes et l'efficacité variable des moyens d'application. Elles permettent en tout cas de s'interroger sur l'évolution des sensibilités au crime, cause de toute répression.

L'intervention met en valeur le recul de la violence d'exception, remplacée par une brutalité insidieuse, et peut-être plus quotidienne dans les villes, à Paris, dans des régions que l'évolution économique et culturelle tend à isoler. En place, les archives de la justice voient monter toutes les infractions aux formes de propriété, du chapardage au vol, du crime contre les biens aux délits économiques. La poursuite des mauvaises mœurs devient un impératif essentiel, c'est l'affaire première des polices citadines mises en place à la fin du XVIIe siècle sur le modèle parisien. Au total, le déplacement des transgressions relève à la fois du changement normatif, des effets cumulés de la moralisation religieuse et éducative, de l'urbanisation qui accentue les problèmes et les exigences. L'essor démographique, la mobilité croissante qu'il occasionne, les tensions et les conflits développés dans le monde paysan, que transforment l'évolution économique et les crises, donnent la possibilité d'exister à des milieux isolés par l'âge et la précarité, voire au milieu lui-même. La répression s'accentue, portée moins par le progrès de la délinquance crapuleuse et des crimes que par la montée de la criminalité anodine et la poussière d'événements liés au refus et à la contestation individuelle. Le dispositif judiciaire s'en ressent et tente de se réformer. La justice faiblement interventionniste ne suffit plus et la critique des philosophes remet en cause fonctionnement et procédures inadaptés. Un double but est proposé à la répression : la correction du criminel et la protection du corps social. Bref, il s'agit d'empêcher la récidive et la contagion, de surveiller et de punir. L'Ancien Régime ne s'est pas donné les moyens de cette politique, mais, à terme, il rangeait les déviants dans la catégorie terrestre des individus dangereux pour la société. C'est la naissance des classes dangereuses, fait national et non plus local, fait séculier et non plus religieux. A un autre âge social correspond une autre exigence pénale.

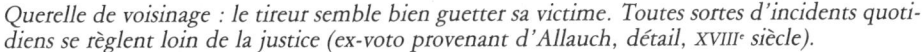

Querelle de voisinage : le tireur semble bien guetter sa victime. Toutes sortes d'incidents quotidiens se règlent loin de la justice (ex-voto provenant d'Allauch, détail, XVIIIe siècle).

Le Vielleur au chien *(détail) de Georges de La Tour (1593-1652) et les* Gueux *de Jacques Callot (1592-1635), ci-contre à droite, montrent la fatalité de la pauvreté ancienne, mais aussi une capacité de survivre que permettent d'innombrables petites activités (musée municipal de Bergues ; Bibliothèque nationale).*

PAUVRES ET MARGINALISÉS

Il y a plus de vingt ans, Michel Foucault publiait l'*Histoire de la Folie à l'âge classique*, qui mettait en valeur la grande opération du renfermement des pauvres et des marginaux dans les hôpitaux généraux. Il révélait ainsi comment une société désignait autrement et séparait ce qu'elle ne pouvait plus supporter ; une conception sociale de la pauvreté prenait le pas sur sa définition spirituelle. Depuis, les historiens n'ont cessé de scruter les archives de la misère pour mieux comprendre comment la société d'Ancien Régime produisait ses pauvres, et quelle était l'inéluctabilité de la pauvreté, mais aussi pour savoir comment cette société voyait pauvres et marginaux. Il s'agissait en d'autres termes de saisir quelles étaient les définitions sociales, relatives et mobiles qui justifiaient un grand mouvement de séparation.

Sur ces masses muettes, les archives et les textes parlent d'abondance : l'administration, parce qu'elle se préoccupe de gestion et de mise en ordre ; pour elle, le lit de la misère est fécond en criminels potentiels ou en mutins ; l'Église et les hôpitaux, parce qu'ils assurent encore la tâche d'accueillir et de secourir (c'est pour l'Église le lieu privilégié de la pastorale des œuvres partiellement contestées par les protestants) ; la police enfin, qu'on a vue vigilante envers le crime et que préoccupe de plus en plus la montée de la misère. Au XVIIIe siècle, le souci statistique et le souci réformateur se rencontreront pour faire de la pauvreté et de la mendicité le terrain de choix de la discussion et de la réflexion des élites, depuis les académies jusqu'au Comité d'assistance de la Constituante.

La difficulté du problème est que du XVIIe au XVIIIe siècle, la représentation de la pauvreté et de la marginalité change dans l'imagination et dans la raison des dominants, en même temps que les conditions économiques et sociales se transfor-

ment. La pauvreté suppose une situation de privation et de précarité, la marginalité peut être acte volontaire de refus, déclassement économique, ou produit du regard social désigné par des pratiques ou des textes. La réalité du pauvre et du marginal est faite de ces rapports mettant en cause une distance par ajustement relatif aux normes de la richesse et du comportement. L'échelle de la misère (le vocabulaire est toujours explicite : le pauvre tombe ou se relève) varie, celle de la compassion également. De ces glissements naissent l'oscillation essentielle de notre modernité entre la charité et la bienfaisance, l'amour du prochain et l'exclusion, les pauvres de l'Évangile et les classes dangereuses.

Du pauvre, image du Christ, au misérable renfermé

La pauvreté était chargée par la spiritualité médiévale d'une valorisation extrême, car vertu sanctifiante à l'image de la pauvreté du Christ, car condition involontairement subie ou valorisée par un choix. Elle ne coïncide pas avec une définition sociologique exacte (M. Mollat), mais elle se définit par des seuils qui varient dans le temps et l'espace : seuil de la précarité biologique, seuil de l'incapacité physique, seuil de l'exclusion sociale ; la pauvreté met ainsi en cause la sphère des ressources et des besoins, c'est une absence ou une fragilité, celle de la santé, de l'infirmité et de la maladie, c'est à la fois une inaptitude au travail et une vulnérabilité que l'âge accentue ; enfin, c'est la définition sociale d'une déchéance acceptée ou refusée, la possibilité de l'asocialité et le vagabondage des sans-aveu. Aux croisements de ces trois instances se dessinent trois figures de la misère.

Au sommet, le pauvre, image du Christ, personnage sacré, déchu involontaire d'un état honorable, ou par option imitative. Sans ressources, il est le moyen du salut de tous. Par l'exaltation morale et spirituelle de sa dignité éminente, l'Église justifie l'aumône individuelle et les institutions charitables de secours collectifs. La montée urbaine accentue dès le XIVe siècle la liaison entre l'assistance et la christianisation. Le pauvre doit spirituellement justifier son état. Mais dans la société traditionnelle, le phénomène provoque d'autres effets, et surtout le nomadisme de la misère. Aux pauvres honteux mais connus, aux infirmes et aux grabataires, vieillards, femmes âgées, chômeurs, s'ajoute l'armée des vagabonds, que jettent périodiquement sur les routes la faim et la guerre. C'est, dans le monde ancien de la vertu immobile et fixée, l'entrée de l'incertitude ; personne ne peut se porter garant pour ces forains et ces misérables qui fuient vers des régions dont ils rêvent l'abondance et surtout vers les villes toujours paradisiaques dans l'imagination des gens sans ressources. Le vagabondage est l'une des angoisses des temps anciens, car il lance sur les chemins des migrations habituelles une armée de malheureux sortis de la jeunesse, en quête de labeur, et une escouade de francs coquins, escrocs d'habitude et bien décidés à ne rien faire. Au XVIIIe siècle, c'est le gibier des maréchaussées, que tout le monde suspecte. Ils mettent en cause l'ordre social — on ne peut pas ne pas les voir dans chaque émotion et chaque révolte —, ils mettent en cause la santé — ce sont des porteurs de peste, prêts à contaminer les populations saines en véhiculant leurs haillons et en polluant les fontaines. Bohémiens et tziganes constituent une catégorie à part de ces populations inavouables (H. Asséo), ils nourrissent depuis longtemps une image de crimes spécifiques et ataviques, faite de menus larcins (vol de poules à la nuit tombée), de libertinage et de débauche, de filouterie à la bonne aventure ; ils représentent une criminalité virtuelle et une exclusion acceptée. Au XVIIe siècle, la méfiance se renforce quand les difficultés s'amplifient. On voit s'ajouter aux pauvres honteux et aux errants une frange de plus en plus large de gens sans état, mendiants et vagabonds qui viennent de tous les milieux, ruraux et urbains, paysans et artisans, vulnérables aux crises et accablés par l'impôt. « C'est la France muette qui est en dessous », dit Michelet, celle qui brasse bons et mauvais pauvres.

La société d'Ancien Régime hérite dans ses réponses au paupérisme d'un double patrimoine qu'elle gère et transforme. De la chrétienté médiévale, elle conserve les secours pour tous, les aumônes privées et les distributions collectives, régulières ou occasionnelles, pour les funérailles et les couronnements ; elle s'alimente au réseau des couvents — surtout ceux des ordres mendiants — qu'entretiennent les dons et legs testamentaires. Elle garde aussi l'hôpital, qui distribue soins et donne accueil, à la fois maison de santé et hospice, généralement de petite taille, qu'on trouve partout, y compris dans les bourgades assez modestes. En même temps, les hommes d'Ancien Régime vivent sur une mutation décisive acquise au XVIe siècle, aux temps de la réformation et de l'humanisme. C'est d'abord un procès de marginalisation (B. Geremek en a étudié la mise en place du XIVe au XVIe siècle), c'est ensuite l'instauration d'un nouveau mode de contrôle social de paupérisme, de nouveaux moyens de sa gestion (N.Z. Davies et R. Chartier en ont donné l'analyse pertinente et exhaustive).

L'ère des renfermements

D'abord, la valorisation religieuse et christique du pauvre fait place à une image négative que caractérisent trois traits principaux : la population paupérisée est pensée comme *inutile* au monde, ne travaillant pas et ne produisant pas de richesse, alors que l'idéal productif et la réhabilitation du travail deviennent des valeurs essentielles. Elle est vue aussi comme « demeurant partout », sans domicile : c'est la constatation de l'errance permanente des pauvres, alors que l'idéal social est de plus en plus idéal de fixation dans des conditions sociales et dans des lieux de résidence connus et déterminés. Enfin, c'est désormais une population d'*hommes sans maître*, c'est-à-dire ayant échappé au contrôle des seigneurs et de l'autorité des maîtres de métier. La crise des sociétés rurales et ses conséquences pour les villes du premier XVIe siècle créent cette déstabilisation sociale et engendrent l'attitude ambiguë des dominants : les pauvres, c'est une armée de réserve pour le travail, donc un élément important de l'enrichissement capitaliste ; c'est aussi la troupe des vagabonds réduits à la mendicité, conduits au vol et au crime, donc un danger potentiel qu'il faut contrôler. Les autorités religieuses et municipales, préoccupées d'assistance et de christianisation, mettent alors en place, à l'imitation des initiatives étrangères, surtout flamandes, de nouvelles institutions qui survivront jusqu'à la Révolution.

Table de pauvres, Aumône générale, Grand Bureau des pauvres, expérimentés à Paris, à Lyon, à Rouen, reposent sur trois principes. Ce sont des organisations laïcisées des secours, confiées aux administrations civiles et aux autorités urbaines d'abord. Elles dépossèdent partiellement l'Église de son autorité et de ses biens, en créant un service public contrôlé par les laïcs, concentrant les ressources des vieux hôtels-Dieu, centralisant les secours qui ne sont plus distribués dans une relation personnelle mais médiatisés par un rapport administratif — des autorités sont désignées pour cela — et sélectif : une enquête établit la nécessité du secours, éliminant trompeurs et faux mendiants. Désormais, les secours passent dans un rapport fiscal (une taxe des pauvres les alimente) et administratif (des représentants de tous se chargent de leur gestion).

En second lieu, cette réforme exprime l'idéal d'ordre et de stabilité du social, qui exige discipline et exclusion. L'Aumône générale impose aux pauvres la régularité dans la distribution des secours, aux antipodes de la confusion conventuelle médiévale, et l'exclusion partielle, car ils doivent désormais porter une marque distinctive, « plommet » en plomb à Lyon, croix jaune à Rouen, croix rouge ou jaune sur l'épaule à Paris. Les pauvres sont ainsi légitimés et exclus. En troisième lieu, il s'agit de remettre toute une population au travail, les hommes sur les chantiers, les femmes à l'atelier, les enfants en apprentissage dans des métiers qui les qualifieront ; la pauvreté devient ainsi un état transitoire. Cette vision « renaissante » exprime le rêve des laïcs et des clercs humanistes, érasmiens, calvinistes et catholiques, pour une société d'essence urbaine, civilisée, policée et harmonieuse, travailleuse et pacifiée, préservée des malheurs de l'errance et de la tare habituelle des pauvres : orgueil et rébellion.

La réformation catholique confère à cette transformation une autre dimension. Les spirituels de l'humanisme dévot, Bérulle, Camus, Vincent de Paul, Condren ; les maîtres à penser du jansénisme, Saint-Cyran, Lancelot, Singlin, retrouvent tous l'éminente dignité du pauvre : « Ils découvrent le visage de leur Sauveur à travers les haillons les plus vils dont les pauvres sont revêtus. Les yeux de la foi leur font apercevoir à tous moments ce grand mystère et cette merveilleuse transfiguration de la gloire et de la majesté du Sauveur en l'indigence et ignominie de ses membres », écrit Godefroy Hermant, officiel du diocèse de Beauvais, auteur d'un *Discours chrétien sur l'établissement des pauvres de Beauvais*, publié en 1655. Toutes les familles spirituelles appellent à la mobilisation sur les œuvres de charité ; les misères du temps, guerres et révoltes, combats et famines, épidémies et ruines affectent tout le pays, ébranlent l'autorité et la conscience commune, en multipliant les pauvres. La pauvreté, plus encore qu'un siècle plus tôt, devient problème social. Les miséreux prennent la route, fuient les villages, escomptent l'assistance des villes enfermées dans leurs enceintes.

Dès 1610-1620, les projets citadins se multiplient pour pallier l'échec de la politique des Aumônes générales. Ils postulent désormais l'*enfermement des pauvres*, le retranchement pur et simple. Ils réussissent à s'imposer à Lyon, à la Charité, dont le jésuite Martellange dessine les plans. Ils gagnent le réseau des villes de province : Aix, Béziers, Dijon, Marseille, Montpellier, Reims, et Toulouse ; ils entraînent la conviction des autorités parisiennes et royales en 1656. Bref, à l'histoire du renfermement racontée par Michel Foucault, il faut ajouter celle des initiatives provinciales antérieures et la montée de l'intervention royale : dès 1622, des lettres patentes prescrivaient l'enfermement des pauvres (le code Michaud de 1629 en reprend l'injonction), qui est définitivement généralisé par l'édit de 1656 créant

Puissance de l'angoisse dans la statuaire profane.
Bassin de Latone, marbre de Marsy (1670), parc de Versailles.

Le châtiment de Dieu. L'Hiver ou le Déluge *par Nicolas Poussin, musée du Louvre.*

l'hôpital général de Paris et celui de 1660 étendant l'expérience à toutes les villes du royaume ; la disparition du paupérisme et de cette manière est, pour la première fois, affaire d'État.

Les raisons du succès entremêlent la justification économique et les motivations spirituelles, outre les pressions de la nécessité. Depuis un siècle, les économistes sérieux, Laffemas, Montchrestien, Jean de Jons et les donneurs d'avis de tous bords attirent l'attention du roi et des principaux ministres sur cette solution miracle. Les pauvres sont des fainéants qu'il faut mettre au travail : l'industrie, l'agriculture manquent de bras, les nouvelles manufactures cherchent de la main-d'œuvre. Donc, la mobilisation laborieuse des pauvres permettra de réduire le chômage, limitera les importations et les sorties de numéraire (J.-P. Gutton). Le mercantiliste Colbert percevra vite l'intérêt, pour le roi, de lier la solution d'un problème économique — produire plus et moins cher pour accroître les ressources de l'État — à celle d'un problème moral, la mendicité, fille naturelle de la fainéantise et du vice. Mais il ne s'agit plus de mettre les inactifs au travail dans les ateliers des villes ou sur les chantiers de grands travaux, panacée courante du paupérisme urbain ; il s'agit de faire de l'hôpital général une vraie manufacture.

En même temps, la claustration des pauvres résout le dilemme des réformateurs et des compagnies de charité. C'est à la fois le moyen d'une christianisation et un transfert de responsabilité. L'œuvre de salut passe par l'éducation des adultes et des enfants sauvages des milieux paupérisés. Des initiatives dispersées conduites par des laïcs pieux, des évêques zélés, des clercs réformateurs — le plus actif en ce domaine fut sans doute Vincent de Paul, créateur de la compagnie des Dames de la Charité —, des institutions fragiles expérimentées par les corps de ville, l'action passe aux interventions réglées par le Conseil du roi et surveillées par les intendants de province. La motivation religieuse traduit une unanimité de la culture dominante, elle assimile le pauvre à l'enfant, elle confie à l'État le soin d'en surveiller la discipline sécularisée. La clôture met fin au caractère aléatoire de l'aumône individualisée, elle soustrait les pauvres à l'insécurité matérielle et leur permet d'acquérir la santé spirituelle ; elle garantit la sécurité des biens et des personnes. Godeau, évêque de Vence, auteur d'un *Discours sur l'établissement de l'Hôpital Général*, Nicolas Asseline de Soissons, auteur d'un *Discours sur le renfermement des pauvres*, évoquent semblablement cette socialisation spiritualisée de l'extinction du paupérisme. L'écho le plus important de cette nouvelle attitude est obtenu dans le milieu des notabilités civiles et religieuses des villes ; la compagnie du Saint Sacrement y contribue dans tout le royaume. Le succès dépend pour beaucoup de la mobilisation des ressources que l'État, l'Église et les villes peuvent rassembler, et il est conditionné surtout par un accueil moins unanime qu'on ne pouvait le penser.

Échec du renfermement, montée de la bienfaisance

D'une part, en effet, les autres formes d'assistance se défendent bien et concurrencent le renfermement, dans le peuple comme dans les élites. L'aumône manuelle reste présente et les formes de la charité sont multiples : fondations d'œuvres de secours, créations d'hôpitaux dispensateurs de soins, assistance aux malades, aux prisonniers, aux filles libertines, institution d'écoles gratuites pour les enfants pauvres. « La volonté de réformer les mœurs et d'assurer le salut des âmes anime la pédagogie de l'enfermement, celle de l'enseignement et de la charité, de la même façon qu'elle inspire les conquêtes missionnaires » (R. Chartier). D'autre part, l'hostilité aux nouvelles mesures se manifeste dans les milieux populaires ; artisans et journaliers attaquent les « archers des pauvres », les milieux des corporations dénoncent la concurrence déloyale des ateliers des hôpitaux généraux, la mentalité urbaine collective ne se soumet que peu à peu à cette manifestation nouvelle de la *police des mœurs*, qui inspire l'action du lieutenant général de police depuis 1667 : il doit assurer la chasse aux pauvres et le nettoyage de la ville en même temps que toutes les mesures qui visent à policer les hommes, à les éloigner de la violence, de la brutalité, de la grossièreté qu'on prête aux habitants des campagnes et aux prolétaires des faubourgs. Cette prise en charge de tous les aspects de la vie ordinaire n'interviendra définitivement qu'un siècle au moins après l'édit de renfermement ; elle doit composer auparavant avec toutes les capacités de ruse et de violence des populations, le faire-semblant et la révolte — qu'on songe à l'éclat brutal des journées de 1750-1751 provoquées à Paris par les enlèvements d'enfants indisciplinés. Elle doit aussi s'accommoder de la permanence attachante de la représentation archaïque du pauvre, image du Christ, que continuent de diffuser les ordres mendiants — ainsi les capucins avec Yves de Paris —, voire même certains des réformateurs activistes de la pastorale charitable, ainsi Vincent de Paul. Bref, l'enfermement partage la conscience collective, déconcerte les individus pieux, provoque la vigilance hostile du peuple ; c'est tout, sauf un succès.

Mais il a marqué un tournant décisif vers la centralisation et la sécularisation ; les hommes du roi, les corps de ville interviennent de plus en plus dans le domaine de la charité, qui se fait gestionnaire et administrative. Penser la pauvreté en termes d'économie et d'utilité sociale, c'est déjà laïciser la charité en bienfaisance. Mendicité, paupérisme et désordres ne disparaissent pas. D'un côté, ils obèrent vainement les finances urbaines, en vertu du principe que sous le contrôle des intendants chaque localité doit prendre en charge ses pauvres : la dépense est énorme, 450 000 livres pour l'hôpital général de Paris, qui renferme 5 000 personnes vers 1657 ; 1 150 000 livres en 1722, sur la base de 10 000 enfermés ; les recettes (quêtes, droits sur les vins, droits sur la comédie) n'ont pas suivi. D'un autre côté, les administrations royale et locale ne peuvent résoudre la complexité des structures hospitalières : les hôtels-Dieu, chargés de malades, admettent les errants de passage ; en temps de crise, leur clientèle se multiplie ; les hôpitaux généraux reçoivent mendiants, pauvres, infirmes, fous, prostituées, mais les soignent corporellement et spirituellement. Laïcs et clercs se disputent le contrôle des administrations hospitalières. L'arsenal des lois répressives — déclaration royale de 1724 unifiant les coutumes locales, déclaration de 1764 qui crée les dépôts de mendicité pris en charge par les finances monarchiques — s'étoffe jusqu'à la veille de la Révolution sans venir à bout de la permanence de la misère.

La pauvreté révèle l'engrenage structural de l'ancienne économie (O. Hufton), qui à tout moment peut projeter dans la misère des catégories entières de la société, salariés urbains, manouvriers des campagnes, tous ceux qui vivent de leur travail plus que de leur avoir et que guettent les avatars de la vie et des crises. Tout un monde survit ainsi par une économie d'expédients — travail saisonnier, travail redoublé en ville — dans laquelle se rangent les ressources de la charité. Dans sa précarité, s'alimente toujours le double mouvement de la migration vers les régions riches et les villes, et de la montée criminogène. Vagabonds et mendiants hantent désormais la conscience inquiète des nantis. Insensiblement, on est passé de la charité mystique au christianisme des bonnes œuvres et des dames patronnesses ; les Lumières mettent en avant bienfaisance et philanthropie laïcisées. Les enquêtes, la réflexion des philosophes et des économistes, les concours académiques font converger plusieurs thèmes qu'illustre le rapport établi par l'abbé Malvaux, secrétaire de l'Académie de Châlons-sur-Marne, au terme d'une compétition destinée à éclairer la République des Lettres sur « les moyens de détruire la mendicité en France en rendant les mendiants utiles à l'État sans les rendre malheureux » (1779).

La réflexion sur la pauvreté rassemble tous les débats du siècle, le luxe, la ville dévoreuse des hommes, la responsabilité sociale des élites et de l'État, la montée « d'un libertinage sans borne » dans les classes laborieuses. Il faut y lire aussi la condamnation administrative, financière, médicale du renfermement dans l'hôpital général et des dépôts de mendicité, car l'élite refuse désormais l'idée d'institution permanente d'assistance et propose comme remède le travail obligatoire inspiré du modèle britannique ou hollandais. Pour les autres misères, des bureaux paroissiaux de charité y pourvoiront. La charité se réduit à des secours temporaires : « Les valeurs s'inversent, ce n'est pas l'hôpital qui doit être une manufacture, mais la manufacture qui devient l'arme essentielle pour supprimer la pauvreté. Le pauvre du Christ cède la place au prolétaire » (R. Chartier).

De part et d'autre de la frontière des superstitions, s'est joué un premier reclassement des fidèles et des clercs ; dans l'évolution des attitudes à l'égard de la sorcellerie et du crime, un second classement se manifeste ; enfin, face aux pauvres et à la pauvreté, une autre série de distinctions s'est mise en place. La modernité spirituelle de l'Ancien Régime est faite de ces déplacements dans un mouvement de cléricalisation des Églises, de convergence collective laïcisante du recours, de domination progressive de l'intervention laïcisante des agents de l'État. L'homme se découvre plus avant maître de sa destinée.

Au verso

Voyageurs dans une auberge, *détail, école des Le Nain, The Minneapolis Museum of art.*

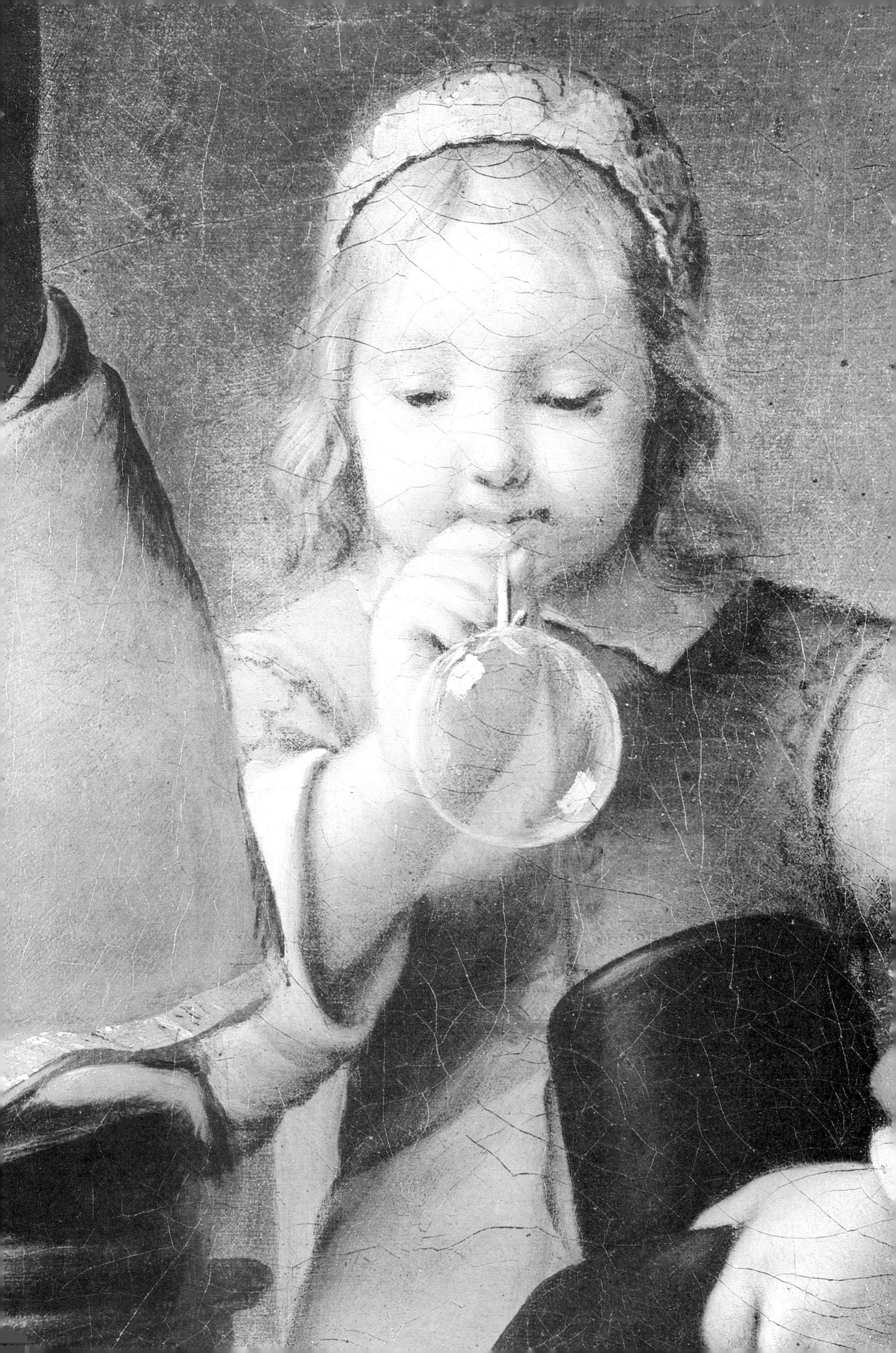

Deuxième partie

NAÎTRE, VIVRE ET MOURIR

La Chambre de la grand-mère *(détail), Le Nain, musée des Beaux-Arts, Lille.*

Avec l'étude des attitudes devant la vie et la mort l'historien de l'Ancien Régime franchit une étape nouvelle. Son enjeu est de taille, car il repose sur l'idée que l'on doit, mais aussi que l'on peut, saisir le social dans toutes ses dimensions et surtout dans cette construction permanente entre représentations et réalités qui fait la trame même de l'histoire des hommes en société. Le renouvellement des interrogations, les résultats acquis sûrement et les problèmes encore posés justifient toutefois l'audace d'une aventure incertaine où il faut bien admettre d'entrée que la culture et le culturel sont partout et infléchissent continuellement les données de la nature. Il faut distinguer ici l'apport des démographes et celui des historiens des mentalités.

Les premiers ont en vingt ans accumulé les données chiffrées sur l'ensemble des comportements démographiques, bien qu'ils ne se soient pas désintéressés des interactions entre comportement démographique et comportement culturel. Il suffit pour s'en rendre compte de regarder la table des matières de la revue *Démographie historique* ; dès 1973, un grand numéro sur l'enfant dressait un bilan exhaustif et ouvrait des directions nouvelles de recherches, mêlant les interrogations d'anthropologie et celles qui prennent en compte la constitution intellectuelle et mentale des données démographiques. Sciences camérales et statistiques, arithmétique politique, observation de la famille comme unité de base de la reproduction biologique et sociale, choix du conjoint, dimension de la déviance..., le catalogue des intérêts est loin d'être clos.

De l'autre côté, les historiens des mentalités appelaient à la discussion. Les études sur les pratiques et les normes, celles sur l'affectivité et les processus d'intériorisation des valeurs sociales anciennes, religieuses et civiles, questionnaient le bilan des démographes historiens. Ils utilisent des matériaux différents : pour les uns, registres paroissiaux conservés par dizaines de milliers, fiches de famille établies solidement, études monographiques approfondies ; pour les autres, analyse des discours d'autorité et des normes, catéchismes, manuels de confesseurs, traités et textes de morale, voire discours littéraires, représentations figurées, témoignages, et, de plus en plus, sources de la pathologie sociale, procès et textes du droit. Alors, comment faire pour que les uns et les autres parviennent à une rencontre, une entente, qui intellectuellement ne méconnaisse pas les limites épistémologiques ?

Démographes et historiens des cultures

L'accumulation de données statistiques d'une part, l'analyse classique ou sérielle des croyances et des pratiques mettant en cause le sexe et la mort d'autre part, se rencontrent en effet, mais d'une façon plus relative que définitivement assurée, car il n'est pas facile de percevoir comment l'on passe de l'un à l'autre niveau. D'un côté on mobilise une information fondée sur des résultats rigoureux, l'éclairage statistique de la vie biologique saisie quelquefois sur plusieurs générations, appréhendée mais trop rarement dans l'épaisseur différenciée du social, et plus rarement encore dans la mobilité : cela, c'est du solide, puisé au fond des archives massives. De l'autre côté, on rassemble surtout une information discontinue dans le temps et l'espace, où les biais de la nature du témoignage juridique et policier, clérical, médical, littéraire, folklorique, introduisent une indétermination constante : il est un peu paradoxal, alors, de ne comprendre le *comment* des pratiques sexuelles qu'à partir des écrits de clercs, évidemment un peu obsessionnels dans leur bavardage, car, contrairement à ce que pense Michel Foucault, jamais sans doute on a autant écrit sur le sexe qu'aux beaux moments de la réformation catholique, mais surtout en latin : les « funestes secrets » ne doivent pas sortir du cercle des spécialistes des cas de conscience. « Ainsi le problème qui consiste à remonter des comportements démographiques du passé aux motivations qui les sous-tendent ne comporte que des incertitudes » (F. Furet). L'interprétation culturelle du démographique met en valeur deux questions : quelle est la signification des gestes pris en compte ? Certains, et non des moindres, refusaient de leur reconnaître une signification autre que descriptive ; d'autres, et non des moindres, ne refusent pas un sens aux pratiques comptabilisées, mais se demandent toujours comment il leur est possible de parler d'un *pourquoi ?* Ces remarques ne visent qu'à souhaiter un peu de modestie à l'égard d'une confiance trop facile, trop rapide. Il faut savoir admettre l'hésitation herméneutique. Si le geste n'est que carcasse extérieure d'un mystère inaccessible de la foi, la mesure ne veut rien dire ; en revanche, s'il est moyen d'une intériorisation individualisée, choix intellectuel ou pari, entraînement collectif ou traduction en pratique de la foi du charbonnier (« Abêtissez-vous », conseillait Pascal), alors la quantification reste un instrument essentiel pour comprendre la mise en perspective sociale des faits. Mais on n'oubliera pas que la frontière des exigences, donc la définition même des signes d'appartenance, a bougé. Mesurer des comportements, c'est rester sans doute fidèle à un principe du temps — la rupture de l'unité de foi dictait, rappelons-le, l'insistance sur les actes extérieurs comme preuve d'appartenance —, mais c'est un pari sur les signes.

Au-delà, il faudrait préciser la problématique de l'individuation et s'efforcer de mettre en rapport les trajectoires personnelles avec le réseau de socialisation et de relations qui est autour ; ainsi les stratégies des individus pourraient-elles être cernées par les ressources économiques et culturelles, par les traditions et les modes d'apprentissages familiaux des événements démographiques. De même tout ce qui relève de la différence sociale et de la mobilité doit redevenir essentiel. La natalité et la mortalité, la fécondité et la nuptialité sont des phénomènes historiques complexes qui nécessitent une analyse nuancée ; seule l'analyse sociale différenciée devrait permettre de sérier, sinon d'expliquer, les causes de changement et de progrès (A. Perrenoud). La société rurale n'est pas totalement homogène, la société urbaine moins encore, et l'on peut retourner aux fiches de famille afin de leur poser d'autres questions indispensables pour comprendre comment se forme et se maintient une société saisie dans la dynamique des structures (M. Garden). Ces précautions sont nécessaires avant de rappeler l'importance des résultats obtenus et ainsi caractériser à grands traits les bases culturelles de l'Ancien Régime démographique.

Le système de civilisation traditionnelle

L'idée directrice c'est que l'on doit lire la puissance démographique du royaume en termes de « système de civilisation » (P. Chaunu). Mis en place très tôt, dès le XIIIe-XIVe siècle, avec des inflexions dont il faut discuter — par exemple, l'importance du XVIe siècle pour comprendre l'établissement de certains traits particuliers, comme l'âge au mariage —, ce système permet de comprendre les phénomènes de régulation qui s'établissent entre niveau de peuplement et niveau de ressources. Quatre caractères majeurs le caractérisent, bien établis, bien connus. Premier caractère, la généralité de la nuptialité, prouvée par la faiblesse du célibat des hommes et des femmes ayant dépassé 50 ans : dans tous les sondages paroissiaux campagnards, 10 à 12 %, un peu plus sans doute en ville. Mais au-delà, c'est l'affaire de groupes sociaux limités : célibat religieux, célibat aristocratique, célibat des domestiques. Des variables régionales existent : les taux de célibat sont plus élevés dans le nord et l'ouest du royaume, ils sont moyens dans les paroisses du Bassin parisien et du Centre, plus faibles dans le Midi. Ces variables mettent en lumière les différentes attitudes à l'égard de la nuptialité et de la mobilité des célibataires, responsables principalement des taux élevés en ville. Bien sûr, l'enquête ruine l'idée commune des contemporains — de Montesquieu et Voltaire —, qui y voyaient la perte du royaume, surtout par anticléricalisme hostile au célibat stérile des moines et des nonnains. Toutefois, il n'est pas impossible que le taux de célibat ait progressé de Louis XIV à Napoléon, pour baisser de nouveau au début du XIXe siècle.

Deuxième trait : l'âge tardif au mariage. On le connaît depuis l'étude sur Crulai et Beauvais en Beauvaisis, 26-27 ans pour les hommes, 25-26 ans pour les femmes ; le retard des noces s'accentue en ville ; à Amiens, à Lyon, à Caen, à Rouen, c'est prouvé. C'est une pratique massive, collective, avec peu de différenciation sociale, sauf pour les hautes classes, et cette exception suffit pour léguer l'image, assez souvent admise encore, que nos grand-mères se mariaient jeunes. L'important, c'est la conséquence de ce geste, qu'aucune autre civilisation au monde dans l'histoire et dans l'espace n'a pratiqué : 40 à 60 % de la capacité reproductrice commune est ainsi mise entre parenthèses.

Troisième caractère : l'illégitimité des naissances est faible. Dans la France rurale, 0,5 à 1 %, c'est peu, même s'il y en a un peu plus dans les bocages que dans les plaines, dans les régions maritimes qu'à l'intérieur, dans le Midi plus qu'au nord et à l'est ; bien sûr, dans les villes, le pourcentage est plus fort : à Lyon on arrive à 10 %, à Bordeaux on dépasse 15 %. Par rapport aux Anglais, sans doute plus fornicateurs, c'est une originalité française dont l'évolution est essentielle pour tester le changement des comportements culturels.

Quatrième caractère : les conceptions prénuptiales sont faibles : 3 % à Crulai, mais 5 % en Quercy, et 14 % à Troarn en Normandie. En corrélation avec l'illégitimité, on note les mêmes variations géographiques, des taux septentrionaux et urbains toujours plus élevés et sans doute un accroissement du XVIe au XVIIIe siècle qu'on peut immédiatement mettre en rapport avec le recul des fiançailles traditionnellement propices aux privautés et aux expériences prénuptiales.

Au total, on aurait là un régime *naturel*, sans contrôle des naissances, le mariage tardif étant la seule arme nécessaire de régulation qu'accompagne cependant l'allongement possible des intervalles intergénésiques. C'est le régime des 6, 8, 10 naissances par famille, où la mère est mariée vingt-cinq ans avant la ménopause, avec 4, 5 enfants pour une durée de mariage de 15 ans. Mais, la mortalité infantile, terrible, fait les familles étroites. On aurait là la traduction d'une voie d'austérité majorée, dissociant au maximum instinct et institution, nature et culture, mais profondément culturelle, car associée à la montée ecclésiastique des exigences ascétiques et spirituelles. Mises en place dans le « Monde plein », les attitudes excessives sont à leur apogée au XVIIe-XVIIIe siècle — les registres paroissiaux le confirment —, mais elles sont progressivement contestées dès le midi du siècle des Lumières. On ose à peine dire que la mariée est trop belle. Admettons la chronologie, acceptons les traits généraux du modèle, soulignons toutefois ces implications socio-religieuses générales.

Pour P. Chaunu, la finalité malthusienne des pratiques est ainsi conciliée avec le respect de la vie, car la continence d'ascèse sociale collective trouve son point d'épanouissement avec l'expression morale de l'augustinisme militant des réformes, porteur, par la prédication et l'écrit imprimé, de la peur du péché de chair. L'impact du modèle est amplifié par le glissement contemporain du lignage à la famille et la constitution du *nucleus* familial. Il s'insère aussi dans le mouvement de promotion de l'enfant et l'effort de l'Église pour sauver la vie des enfants quand plus de la moitié ne peuvent arriver à l'âge de vingt ans. L'effort social vers la continence s'accompagne d'une culpabilisation qui a sans doute à terme favorisé les pratiques de contrôle contraceptif. Le refus de l'enfant n'est pas refus de la vie mais sa valorisation par ascèse dans le cadre de la famille étroite.

En suivant Pierre Chaunu, on a bien compris que l'on était passé du comment au pourquoi. L'itinéraire pose toutefois un double problème : celui, interne, de la possibilité réelle de diffusion d'une morale ascétique (J.-L. Flandrin), celui, externe, de la signification générale du modèle. La chasteté des célibataires mâles et femelles est-elle autre chose qu'une hypothèse que ne résout pas l'argumentation de la sublimation économique et religieuse, fondatrice du *nucleus* ? Les taux faibles d'illégitimité et de naissances prénuptiales peuvent prouver autre chose, soit qu'il y a des moyens de substitution, soit qu'il y a infécondité des unions — c'est biologiquement acceptable dans 80 % à 90 % des cas d'après les calculs de Bourgeois-Pichat —, soit qu'il y a usage de la contraception dans les relations illégitimes. Bref, il y aurait un dédoublement des comportements sexuels, dans le mariage et hors mariage, entre Adonis et Cérès, le plaisir et la reproduction. Au XVIIIe siècle, on assisterait à un transfert de l'une à l'autre des attitudes. L'interprétation repose sur deux hypothèses, celle du silence des registres paroissiaux sur les accidents prévisibles des écarts, celle du parallélisme entre les taxinomies cléricales et pénitentielles et les conduites collectives. Entre l'un et l'autre domaine, il faut relire l'histoire de la casuistique sexuelle et de sa diffusion, ce qui déjà interroge la possibilité d'une vision purement religieuse du système culturel.

Le contrôle par le mariage tardif est à replacer dans un modèle plus général, où à la réduction des naissances pour le retard des unions fécondes doit s'ajouter la ponction permanente mais irrégulière exercée sur le stock démographique par les guerres, les famines et les épidémies, les « catastrophes » qui abaissent le taux de population au niveau des subsistances, parfois même en dessous. Le peuplement des villages peut ainsi se maintenir, l'âge tardif au mariage créant une condition d'attente pour toute une classe d'âge qui ne peut s'installer qu'à la mort des pères et reprendre alors la maison et l'exploitation. Ceux qui transgressent la règle de la patience sont guettés par la paupérisation et la déchéance. Quand s'ébauche au XVIIIe siècle la montée populationniste, l'attente se prolonge plus encore si l'on admet l'efficacité de la propagande ascétique dans les chaumières et plus particulièrement celle du jansénisme rural (E. Le Roy Ladurie). La difficulté réside ici dans la compréhension d'une pratique plus ancienne, que peut-être les théologiens de l'augustinisme ne font que justifier *a posteriori*, et les prêtres convaincus diffuser par leurs sermons et les pratiques de pénitence. Il manque une histoire solide de la confession.

La mise en place du complexe de représentations et de pratiques correspondrait alors à un effort de rééquilibre démographique gagné en période d'accroissement et liant conclusion des unions retardées avec possibilités de succession (A. Bruguière). Le complexe régulateur de l'ascétisme ou des pratiques répréhensibles mais admises valorise une stratégie de l'établissement du couple autonome, moralement et économiquement. Au XVIIe siècle, François de Sales défendra l'« honnêteté du lit conjugal », quand la conception théologique dominante proclame la valeur des exigences sacramentelles et garantit ainsi la stabilité démographique par rapport à un niveau de civilisation matérielle imposé par la difficulté des temps. En disciplinant la vie sexuelle tout entière, en la finalisant vers le mariage, le système social et culturel réprime les pulsions. On retrouve ici l'opposition du panique collectif immédiatement et simplement obéissant à l'impératif de l'Écriture, « Croissez et multipliez », et de la socialisation religieuse par le sacrement, donc, le recul probable d'une individualisation de l'union. Ainsi commence la « police de la famille, mais sans doute est-ce au commerce des forces de la vie charnelle et sexuelle que l'emprise de la religion se fait la moins puissante... mais de ceci, peu apparaît à la surface sociale » (A. Dupront). On peut essayer d'en collecter quelques traces en suivant les actes essentiels de la vie, naître, vivre, mourir.

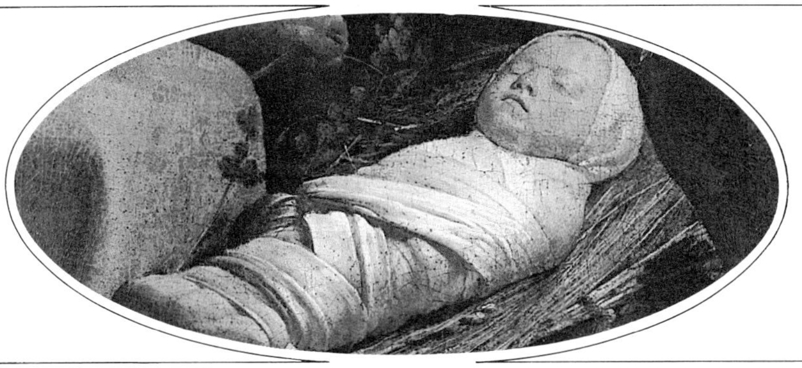

4
Naître

Autour de l'enfant, de la naissance et de l'enfance, un débat de vingt ans. Philippe Ariès en est l'initiateur, l'école française de démographie historique en rassemble patiemment les données indiscutables, quantité de travaux récents où l'excellent côtoie le moins bon élargissent la perspective : une histoire de l'entrée dans la vie s'avère raisonnable. Elle peut partir d'un constat incontestable : moins de deux ans après le mariage, le premier enfant paraît, dix à dix-huit mois en moyenne, si l'on comptabilise les conceptions prénuptiales et les grossesses retardées ou interrompues par les accidents. Après cette première naissance les autres arrivent tous les deux ans, ou un peu moins, ou un peu plus. Sur les huit à dix bébés mis au monde, trois ou quatre seulement arrivent à l'âge de vingt ans, pour recommencer la mécanique reproductive. Voilà pour les campagnes, surtout dans la France septentrionale. En ville, c'est un peu plus compliqué ; la fécondité dès le XVIIe siècle y est sans doute plus forte, mais la mortalité entre la première et la cinquième année plus forte encore : à Genève, si proche du royaume et admirablement étudiée par A. Perrenoud, les moins de cinq ans comptent 44 % de décès ; à Meulan, Marcel Lachiver trouve des coefficients proches de 48-49 % et entre le tiers et le quart à moins d'un an. Comment peut-on être bébé dans la France d'autrefois ?

Ici doit intervenir une précaution particulière : de ce tableau tragique, on est tenté de conclure à l'insensibilité des mères et des pères des anciens temps. Cette conclusion rapide met au jour l'essentiel d'une interrogation historique portée vers la culture. D'abord elle postule une identité de comportement entre nous-mêmes, les hommes d'hier, les femmes d'aujourd'hui et celles d'hier devant obéir à la loi universelle de l'instinct maternel. Or, s'il est bon de réagir contre cette idée et de redonner à la sensibilité son histoire, il faut le faire sans anachronisme et préjugé. A vouloir trop prouver et plus particulièrement à vouloir fixer le moment précis de l'entrée dans l'histoire de l'amour maternel quand Jean-Jacques écrit l'*Émile*, on a tordu les faits en supposant que l'histoire des sentiments est directement liée à celle de leur expression et que les manières de dire le chagrin, la joie, ne varient pas dans leur contexte et dans leur forme. De toute façon, la prudence s'impose pour une utilisation confrontée des textes et des faits démographiques. Les femmes de l'aristocratie et de la bourgeoisie qui ont lu Rousseau étaient-elles rousseauistes ? En partie sans doute, mais la réalité de leur conversion ne peut être assimilée à un mécanisme sans problème. Au-delà, faut-il toujours ignorer le silence des écrits, méconnaître le discours féminin sur l'éducation et la naissance, laisser la parole aux hommes seuls, ignorer l'apport de l'ethno-histoire, qui a mis en valeur l'aspect central de la maternité dans la culture féminine du monde rural ancien ?

C'est tout cela peut-être qu'il faut retrouver en commençant avant la naissance, car c'est alors qu'on peut lire les premières manifestations de sensibilisation à l'enfance, entre l'animalité biologique et l'emprise de la culture — des cultures. Ensuite dans la vie ordinaire c'est l'étape du « bas âge de l'homme » (Furetière) et du maternage, l'entrée dans la petite enfance jusqu'à l'âge de raison, vers sept-huit ans, étape où tout est joué, selon Charles Péguy, bon observateur de la vieille société rurale. Suivre cet itinéraire c'est rester en conformité avec l'histoire de l'échelle des âges telle que Philippe Ariès et Michel Philibert l'ont restituée, car c'est aux Temps modernes qu'on voit la mise en place du langage et des pratiques de différenciation des étapes de la vie, la conscience particulière de l'enfance que fonde la culture écrite de l'Église, de l'école, de la science. Ce que mesure ici l'historien, c'est une variation dans des limites : variation de quantité, puisque la durée de l'enfance se précise, la pharmacologie et la pédiatrie naissante s'en occupent ; variation en qualité, car l'intensité de l'attention à l'enfance grandit, mettant au jour des problèmes que l'on n'ignorait pas, mais qui préoccupaient moins, par exemple, pour les clercs, l'avortement, l'infanticide ; limites aussi, car les changements se font sur la trame des invariants biologiques et de la reproduction de l'espèce rapportés à un changement culturel où l'Église et la médecine imposent progressivement d'autres comportements.

LES CHEMINS DE LA NAISSANCE

Comment se joue dans la société traditionnelle maternité et paternité ? Pour les pères le jeu social de la reproduction impose quelques règles. L'enjeu pour tous c'est la possibilité de transmettre le nom, voire le patrimoine ; pour les lignages nobiliaires comme pour les modestes dynasties de manouvriers ruraux, l'héritier mâle est une nécessité de survie individuelle et collective. L'enfant, l'aîné, reprendra, transmettra la race, la terre, la ferme, la boutique. C'est ce destin que le vitrier parisien Jacques-Louis Ménétra évoque avec force quand il s'interroge sur sa destinée : il sera maître vitrier comme l'a été son père et comme devrait l'être son fils. C'est cette finalité personnelle et sociale qui se manifeste dans le « machisme », le

*Le culte marial a sans doute constitué un élément capital de l'intériorisation des fonctions maternelles. La tendresse exprimée dans ce détail du tableau de La Tour invite à nuancer fortement certains préjugés quant à l'absence d'amour, à l'époque, pour les enfants (*Le Nouveau-né, *musée des Beaux-Arts, Rennes).*

culte de la virilité des jeunes paysans et citadins, et la misogynie de tous, popularisée par toute une littérature sur la malignité et l'indignité des femmes. L'impuissance ne peut être le fait des hommes, on ne tient à la démontrer qu'au sommet de la société, dans l'élite nobiliaire et bourgeoise, où la preuve de la consommation doit être donnée publiquement, sous contrôle médical, c'est le *congrès.* L'Église et la civilisation des mœurs s'y montreront hostiles. Pour le reste, il y va toujours de quelques sorcelleries et de « nouage d'aiguillettes ». Mais déjà la réputation du couple est en jeu, et celle de la femme.

Maternité et fécondité

La maternité, c'est d'abord concevoir, et la stérilité reste une épreuve difficile à assumer dans un temps de civilisation agraire, propice à tous les rites de fécondité. La mère n'échappe pas aux impératifs de la transmission du lignage ; c'est un ventre, mais notons qu'en droit nobiliaire français ce ventre n'anoblit pas : la transmission du privilège de race est affaire des hommes. L'infécondité de l'épouse rend critique la succession des biens, la filiation des valeurs et des vertus dont elle a mission. L'exaltation des pouvoirs de sainteté et d'éducation dont elle est dispensatrice fait partie intégrante des cultes mariaux depuis le Moyen Age (A. Vauchez). La ferveur mariale du XVIIe et du XVIIIe siècle, affective, exubérante de dévotion, exalte, pour le grand spirituel comme pour la paroissienne de mince culture, la réconciliation des valeurs de la virginité et de celles de la maternité. La Vierge Marie, c'est Ève dominée et le modèle des mères fécondes et éducatrices.

On conçoit l'importance des rites anciens de fécondité, moyen de triompher de l'inquiétude et de mettre fin à la honte qui frappe le couple : seul compte le résultat de la consommation, dont tout le monde s'inquiète au village et dans le quartier. Les manières de recours ne manquent pas pour éviter la triste condition de femme « brehaigne » et méprisée. Pèlerinages et dévotions abondent dans la spécialité, c'est l'affaire d'innombrables sanctuaires dédiés à la Vierge (Henri III et son épouse fréquentaient la Vierge Noire de Chartres et Louis XIII plaça tout le royaume sous la protection de Notre-Dame) ; la fécondité est aussi le monopole de nombreuses chapelles plus modestes, où des intercesseurs efficaces peuvent être suppliés, saints locaux persécutés par les chasseurs de superstitions. En Bourbonnais et dans les Marches, on invoque saint Greluchon et sa cheville, en Touraine saint Génitour, dans les Dombes saint Guignefort, en Berry saint Foutin et en Bretagne saint Mirli. Partout les femmes stériles manient la cheville, branlent le verrou, ou bouchent le trou ; à Embrun, jusqu'au XVIIe siècle, elles caressent un magnifique phallus, se frottent le ventre aux statues ou aux pierres bénites, boivent l'eau des fontaines fécondantes. Bref, tout un rituel, symbolique de l'acte sexuel, tente de remédier à la stérilité, malgré un clergé réformateur de plus en plus inquiet de gestes trop explicites, et qui les fait disparaître quand il peut, au moins pour quelque temps, ou bien les bénit et les adopte ; toujours, il tente de surveiller et de contrôler, ainsi dans les pèlerinages à la Vierge et à sainte Anne. En cas d'échec des saints guérisseurs, les infortunées ont recours à l'intervention de quelques conjureurs de sort bénéfiques, aux sorcières discrètes des villages, aux matrones expertes et aux aînées attentives. Tout un bric-à-brac de grigris, parchemins, amulettes, prières copiées et recopiées, oraisons de la croix, philtres mystérieux et breuvages fécondants mobilisent la botanique et la pharmacopée, jouent sur les évocations salutaires, manient la symbolique des paroles et des signes, interprètent les présages et disent la « Sagesse du Corps » pour tenter de ranimer les organismes, voire les enthousiasmes défaillants. Au total, c'est un peu moins de 10 % des couples d'autrefois qui sont condamnés à vivre sans enfant et dans la réprobation ; pas de séparation possible pour la majorité d'entre eux, mais l'espoir d'un veuvage, suivi d'un remariage fécond.

Dans le cercle féminin des familles se joue la grossesse. La future mère, conseillée par sa mère, une sœur, les voisines, la voix publique des commères du quartier, apprend à éviter les pièges tendus par la nature et la culture, un savoir élémentaire retransmis de génération en génération renseigne sur les chances de fécondation et de grossesse. Cela fait partie de la vie, on est enceinte naturellement, sans cesse (M. Laget). C'est un moment habituel mais mystérieux, car l'enfant et la femme qui le porte sont fragiles, proies faciles pour la maladie et les forces du mal. On s'en remet au fatalisme, à la prière — un pèlerinage rituel aux diverses Notre-Dame-de-la-Délivrance ne peut faire de mal —, enfin on s'en remet aux recettes éprouvées. Conseils alimentaires, préceptes d'hygiène alimentaire conjurent à leur façon les envies et les accidents. Des livrets diffusés dans les villes, puis dans les campagnes par les curés, les compagnies charitables, les dames d'œuvres, ou vendus par les colporteurs, mettent à la portée de toutes celles qui savent lire les remèdes d'une médecine à la fois savante et populaire. Savante puisqu'elle rassemble les moyens éprouvés depuis longtemps dans les facultés, les hôtels-Dieu et les apothicaireries ; populaire car elle énonce ces pratiques partiellement déclassées avec d'autres accessibles à

Toute la tendresse de la petite enfance.
Bassin de Flore, œuvre de Tuby, parc du château de Versailles.

L'histoire sainte plus proche : une mère veille sur son enfant.
Le Sommeil de l'Enfant Jésus, *Charles Le Brun, musée du Louvre.*

tous et retransmises de bouche à oreille ; une botanique efficace par ses propriétés curatives, une pharmacologie d'onguents et de potions que des femmes avisées et des devins de village peuvent aisément confectionner sans recourir à quiconque. Le médecin ou le chirurgien des villes et des bourgs est trop coûteux pour la plupart, et surtout il se montre méfiant envers les remèdes, les pratiques, les superstitions de bonnes femmes. C'est le triomphe des *Médecins des pauvres*, des *Remèdes charitables* et des *Beaux Secrets de chirurgie*, que popularise la Bibliothèque bleue. Leur leçon, comme celle des proverbes et des aphorismes, valorise une modération salutaire où les arguments moraux dissimulent des conseils sur le corps, propres à venir en aide à toutes dans un temps d'incommodité et de souffrance.

Car la vie ordinaire ne s'arrête pas, ni le travail à la maison et aux champs, à l'atelier ou à la boutique : même chez les riches, c'est un temps difficile. En tout cas, il en résulte un permanent gaspillage de la vie : « accidents » et « blessures », les termes sont ceux-là mêmes qu'utilisent les curés dans leurs registres pour désigner avortements spontanés et fausses couches. Ils expliquent l'allongement anormal de certains intervalles entre les naissances et ils diminuent la fécondité. Pour les clercs, il s'agit de sauver les petites âmes des enfants inachevés. Ainsi progresse le rôle des confesseurs, au chevet des accouchées et dans les paroisses. C'est l'objet de l'*Embryologie sacrée* et l'aliment de chapitres substantiels dans les *dictionnaires de cas de conscience*. Pour eux, la venue au monde d'un nouveau chrétien compte beaucoup plus que le sort de la mère, et les théologiens austères, calvinistes et catholiques, s'emploient à justifier la nécessité, cumulée, de la fécondité comme sens de la vie et de la création, de la sublimation du sexuel et des exigences rigoristes pour lesquelles la maternité est un rachat. Cette conception savante rejoint la théorie populaire spontanée qui lie la transmission d'un patrimoine corporel et intellectuel à la responsabilité de la mère. « Les mauvais bois font les bons copeaux » assez rarement, mais « tous les frères de même ventre ne sont pas de même trempe » assez fréquemment. La croyance collective aux « envies » traduit l'idée qu'un enfant est marqué par les passions de sa mère. La médecine elle-même ne se déprendra pas de ses convictions avant la fin du XVIIIe siècle, et celles-ci survivent encore. Elles imposent discernement et surveillance de soi pour toute une conquête d'identité.

Infanticide et contrôle des naissances

Deux fronts ont été pour les clercs, les médecins et les autorités le lieu d'une surveillance développée : celui de l'infanticide et des avortements, celui du contrôle des naissances. Dès la fin du XVIe siècle, c'est le pouvoir civil qui a pris en main la lutte contre l'interruption de grossesse : des édits de 1556 et 1586 menacent les filles et femmes qui ont celé leur grossesse et leur enfantement de la peine de mort ; ils les obligent à faire déclaration devant les autorités civiles ou ecclésiastiques. L'application de cette législation a beaucoup varié et reste pour les historiens un vaste terrain d'enquête, mais on ne peut douter que l'effort des évêques, des clercs et des dévots n'ait contribué à l'uniformiser et à en généraliser la surveillance. Les confesseurs ne peuvent « donner l'absolution à toutes femmes ou filles qui, par remèdes, ou par autres moyens illicites, auront fait périr ou tenté de faire périr actuellement leur fruit animé ou non quand même l'effet ne s'en serait pas ensuivy... », prescrit l'archevêque de Paris dans un mandement de 1666. Société civile et société religieuse luttent d'un même accord contre tous les procédés pour limiter la famille, le peuple chrétien, la peuplade terrestre. Les curés dénoncent les infanticides volontaires ou involontaires, les missionnaires de Bretagne, en pays Léonard, accusent les époux de piétiner le corps des futures mères pour interrompre la grossesse. La communauté des femmes est partout avide de surveiller les filles suspectes, car la surveillance populaire s'accommode bien des injonctions officielles. La société ancienne tente de sauver ses bâtards, nés de l'insouciance ou de la violence, et la montée tardive du phénomène de l'illégitimité, surtout en ville, engage les autorités religieuses et civiles à rechercher des solutions à un problème de société. L'abandon d'enfant, fait d'exception et de crise, devient habitude de tous, il n'est pas réservé au seul populaire, on le voit bien à Paris. C'est un indicateur du désarroi et un témoignage de l'évolution des mœurs ; la baisse du nombre d'avortements réussis proclame, peut-être, le succès de la lutte pour sacraliser l'enfance ; la multiplication des abandons indique que la relation à l'enfant est encore fragile.

Ce n'est peut-être pas paradoxal de lire dans cette perspective la montée de la contraception. L'Église et l'État la condamnent semblablement : elle pouvait être dans une certaine mesure impensable, comme le voudrait Philippe Ariès, car tout s'y oppose, le sens sacré de la vie et les nécessités de la peuplade, force des rois. A en croire les pénitentiels et les manuels de confesseur en tout cas, les divers procédés en sont connus depuis longtemps, du *coïtus interruptus* aux « capotes d'assistance » qu'évoque Casanova. Le problème n'est pas celui des moyens, dont l'efficacité reste discutable, mais de comprendre comment on est passé d'un pouvoir à un vouloir, autrement que par l'abstention ; comment on a cherché à limiter la dimension des familles autrement que par le retard de l'âge au mariage. Les observateurs du temps, démographes-administrateurs comme Messance, Moheau et le baron de Montyon décrivent au midi des Lumières la dispersion des « funestes secrets » ; le père Féline en confirme la popularité dans son *Catéchisme des gens mariés* à l'usage des diocèses normands ; les démographes historiens le constatent aussi, courbes de fécondité globale ou courbes de fécondité du moment (plus précises quant à la chronologie) à l'appui. En Languedoc, dans le midi toulousain, en Vivarais, les taux de natalité ne bougent guère en deux siècles ; en revanche, dans la région parisienne, dans la

Acte d'abandon de d'Alembert en 1717 (musée de l'Assistance publique).

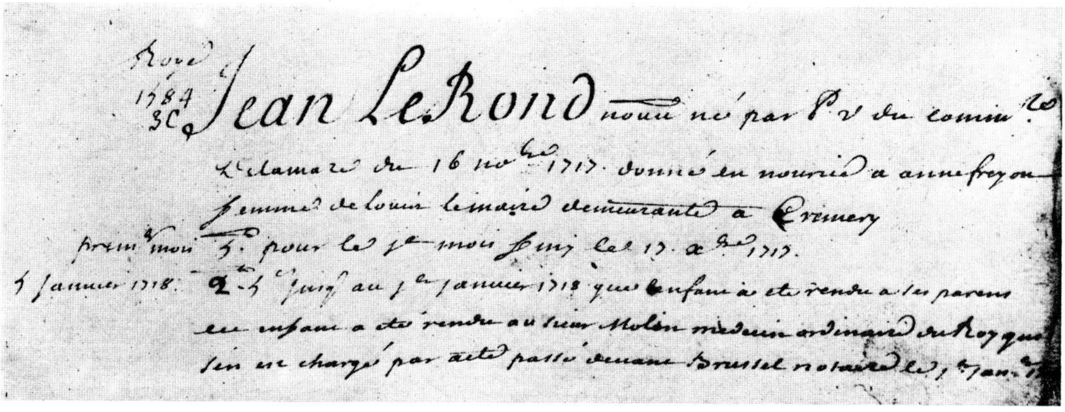
Jean Le Rond

Registre des enfants déposés au tourniquet de l'hospice de Saint-Flour, fin du XVIII*e siècle.*

France du sud-ouest, dans les capitales provinciales, comme à Paris sans doute, les pratiques contraceptives progressent. L'intervalle entre les naissances s'allonge, pour quelques familles avant 1780, pour la majorité après 1790. Ce qui était comportement d'élite, ou de libertinage, s'installe dans les habitudes communes sans qu'on puisse parler encore de révolution contraceptive, que seule la Révolution rendra possible. Dans la réalité coexistent la permanence des tabous religieux et sexuels et des initiatives d'émancipation. Un malthusianisme populaire de bon sens, un souci plus grand de bien-être des enfants à venir, le resserrement du noyau familial et son isolement, l'amélioration possible du niveau de vie, à commencer par les villes, l'allongement de l'existence enfin développent le sens des responsabilités à l'égard de l'enfant et incitent les couples à la prudence. La rupture est sans doute d'abord masculine ; elle met en tout cas en jeu le bonheur du couple, dans l'immédiat, et de sa descendance, dans le futur ; il faudra y revenir et cela suppose un changement notoire par rapport aux interdits sexuels et au plaisir. La volonté de restreindre la famille ne serait-elle pas en effet directement liée au recul de la sélection naturelle involontaire, donc à la montée générale des attitudes qui visent à garantir l'entrée dans la vie ? Bref à une nouvelle lecture du « Tu enfanteras dans la douleur ».

LE THÉÂTRE DE L'ACCOUCHEMENT

La naissance est un passage difficile qu'entoure toute une ritualisation ; c'est une épreuve redoutée, c'est une affaire de femmes et un acte social. Entre la vie et la mort, se joue une dramaturgie dont les gestes sont fixés et ont d'autant plus d'importance qu'ils sont accomplis dans un moment de réelle impuissance de la part des matrones et des chirurgiens. Les manquements aux règles symboliques sont de lourde conséquence pour les mères et pour les enfants, et c'est le comportement de tous qui est en cause à un instant où les femmes sont livrées à leurs seules défenses naturelles ; une première naissance surtout présente toujours des dangers (encore aujourd'hui), dans les campagnes comme dans les villes. A la fin du XVIIe siècle apparaît le conflit, dont nous suivons partout le procès, entre les comportements acquis des femmes reproduisant les gestes de tradition et l'intervention médicale, entre l'affectif, le sentimental, le symbolique de transmission orale massive, et le réfléchi, l'intellectualisé, transmis par les livres et l'apprentissage des gestes savants, bref entre le populaire et le savant (M. Laget).

L'épreuve des accouchées

L'épreuve se prépare par l'apprentissage de la patience et le respect de quelques règles pratiques, auxquelles les leçons entendues ajoutent un lot varié de rites propitiatoires, analysés par les anthropologues. Dans la vieille civilisation rurale, plus que chez les hommes des villes, la vie procède de cette obéissance aux rythmes de la nature, où, traditionnellement, il faut se dépêcher d'attendre. Cela reste conforme à une culture qui interprète les mécanismes biologiques de la grossesse et de la fécondation en termes naturels ; la naissance est une moisson et l'enfant nouveau-né un fruit d'espérance. Aux bonnes mères et à l'entourage de lire les signes qui annoncent la récolte, et la littérature médicale ancienne oppose les femmes des campagnes, qui ont de l'expérience, à celles de la ville, qu'une banale colique tracasse. Selon les régions, des procédés empiriques divers permettaient sans doute de gagner un peu de temps, voire de diminuer l'angoisse et la douleur. L'essentiel reste de se soumettre à la force des choses et d'accepter un déroulement d'habitudes. La réalité ordinaire différait beaucoup de l'image rapportée par les observateurs médicaux, sensibles surtout à l'exceptionnel : grossesses monstrueuses et prolongées — c'est une dissertation appréciée dans tous les cénacles académiques —, accouchements démesurés et héroïques, durant des jours et des jours, délivrances immédiates sans préavis des « perdeuses d'enfants » s'accouchant ellesmêmes aux champs. Pour les autres, c'est un temps d'attente à l'écoute des signes ; court, il récompense les bonnes ménagères ; long, il prend valeur initiatique ; à terme, il est libération d'angoisse, car s'y révèle une aptitude essentielle dans la vieille société patrilinéaire où la fille est souvent redoutée, au moins à la première naissance, car inapte à assurer la transmission de la vie et du patrimoine. Des rites propitiatoires et l'observation du calendrier enseignent à tous et à toutes « si c'est une fille ou un garçon ». Il ne viendrait à l'idée de personne qu'on puisse accoucher sans douleur ; la rudesse de la vie, l'impossibilité de supprimer la souffrance, qu'on peut espérer alléger, la valeur spirituelle accordée à la maladie et à la peine, tout pousse à vivre la délivrance comme une passion. C'est pourquoi, à la campagne comme à la ville, la naissance se vit de manière théâtralisée — à nos yeux bien sûr —, car c'est une initiation sociale dont le prix à payer est particulièrement lourd : autour de 1600, au sud de Paris, une primipare sur huit mourait en couches.

La mort rôde autour des accouchées, car aucun remède de la médecine savante ou de la tradition empirique et magique ne peut quoi que ce soit, face à la maladie des suites. Les fièvres de l'accouchement sont bien connues dans la tradition hippocratique, leur nosologie a été parfaitement décrite par les praticiens d'autrefois, qui y lisent le résultat du déplacement malencontreux des humeurs, dû à la montée anormale du lait. Dans les hôpitaux où accouchent les mères indigentes, la maladie prend une forme épidémique malgré les traitements à l'émétique et aux saignées. Les registres paroissiaux permettent de donner deux précisions : les décès en couches sont particulièrement forts dans le mois qui suit la naissance, et pour les femmes de 25 à 34 ans, les plus fécondes ; le taux de mortalité des femmes mariées oscille entre 2 et 7 % selon les sites plus ou moins pathogènes ; mais, à âge égal, les hommes curieusement meurent autant. En d'autres termes, les observateurs ont peut-être surestimé le danger partagé par les deux sexes : chez la femme, c'est le risque de l'accouchement, chez l'homme, c'est le danger du travail et de ses servitudes.

Dans son traité sur les accouchements, une célèbre sage-femme des Lumières, Mme du Coudray, donne un témoignage, un peu idéalisé, mais valable, du climat de l'accouchement traditionnel : « En attendant le moment de délivrer la femme, on doit la consoler le plus affectueusement possible : son état douloureux y engage ; mais il faut le faire d'un air de gaieté, et qui ne lui inspire aucune crainte de danger. Il faut éviter toutes les chuchoteries à l'oreille, qui ne pourraient que l'inquiéter et lui faire craindre des suites fâcheuses. On doit lui parler de Dieu et l'engager à le remercier de l'avoir mise hors de péril. Si elle a recours à des reliques, il faut lui représenter qu'elles seront tout aussi efficaces sur le lit voisin que si on les posait sur elle-même, ce qui pourrait la gêner... » On y note l'importance des conditions environnantes, le rôle des manières psychologiques et des forces symboliques.

Les femmes accouchent chez elles, dans leur cadre de vie, la salle commune et souvent unique qu'éclaire et chauffe le feu de cheminée. Les naissances hospitalières sont extrêmement rares, elles ont pour but d'instruire les futurs accoucheurs et ne concernent que les plus misérables. Les femmes accouchent entre elles, entourées des voisines et des parentes âgées. C'est à chaque occasion l'épanouissement d'une sociabilité qui exclut les hommes, maris compris. L'atmosphère est chaleureuse et plus ou moins publique, mais dans le palais des rois comme dans la chaumière des humbles c'est un acte communautaire et un acte d'entraide qui exclut la solitude toujours redoutée. On accouche autant que faire se peut dans la chaleur physique et morale que procurent la présence et les gestes, le repas, le bouillon, les cierges, les prières et les reliques. Pour les médecins progressistes, il faudra aérer et nettoyer ce tohu-bohu. Sur les conditions réelles, on a peu de témoignages directs au XVIIe siècle, davantage au XVIIIe siècle, mais en revanche bon nombre d'observations critiques, pas toujours mesurées ni désintéressées, émises par les médecins, les hygiénistes, les réformateurs généreux. L'accouchement se fait longtemps en position assise, au lit, en tenue de jour. Ce n'est qu'au siècle des Lumières qu'on verra les manuels et les praticiens vanter les avantages d'accoucher allongée, ou, pour les riches, toujours mieux entourées sinon mieux soignées, sur un lit de travail. La position nouvelle n'ayant d'autre raison que de faciliter l'intervention du médecin ou du chirurgien.

Matrones et chirurgiens

Dans cette cérémonie et avant qu'elle ne soit investie et transformée par le corps médical, le premier rôle est dévolu à une matrone, le plus souvent quinquagénaire, et à qui on attribue le nom de « sage-femme », car elle détient un savoir, et l'offre gratuitement, ou tout au plus contre quelque rétribution en nature : à elle l'habileté, l'expérience, la connaissance des herbes, celle des prières, la transmission des significations magiques attachées aux circonstances ou aux sous-produits des accouchements, placenta et cordon parés de toutes les vertus guérisseuses. Très tôt, autour des sages-femmes, s'est jouée une transformation primordiale qu'ont bien mise en valeur J. Gélis et M. Laget.

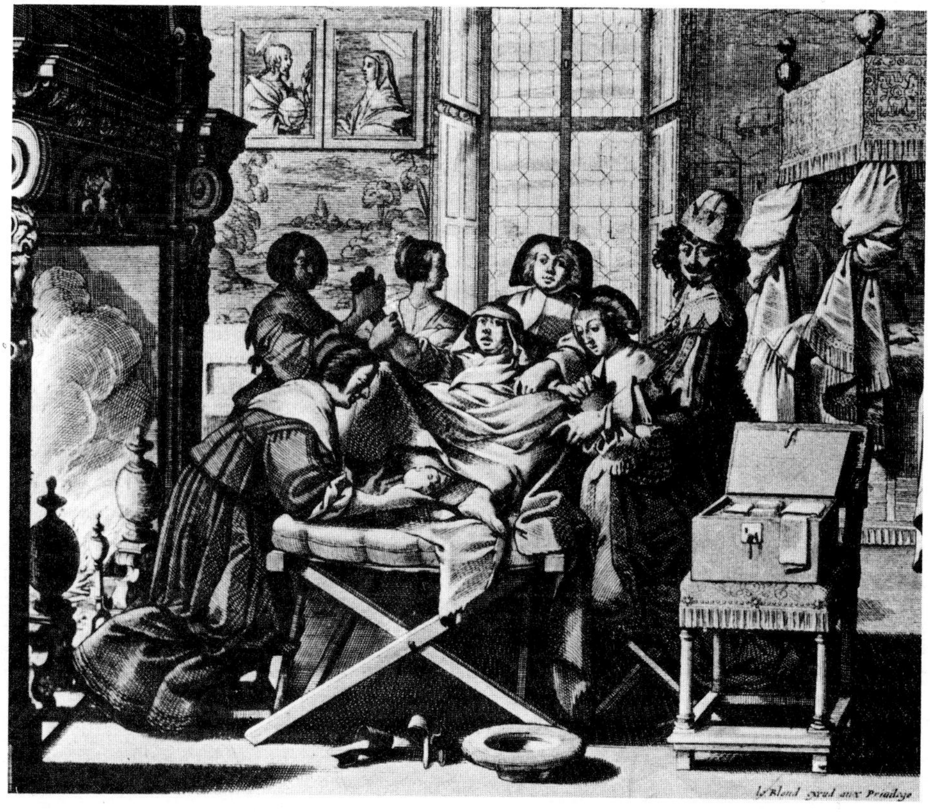

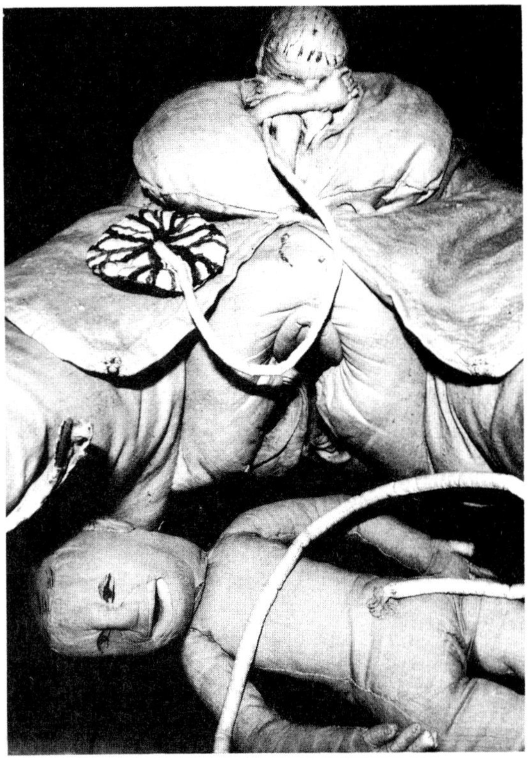

De la gravure d'Abraham Bosse du début du XVIIe (page de gauche) à l'ex-voto de Saint-Jean de Garguier, fin du XVIIe (ci-dessus, à gauche), on suit l'évolution de l'accouchement depuis son contrôle par les matrones jusqu'à sa médicalisation progressive. Le célèbre mannequin de Mme du Coudray (à droite) en a été l'un des instruments pédagogiques (musée Flaubert, Rouen).

D'abord, l'accoucheuse de village est prise en charge par le clergé paroissial qu'inquiètent les pouvoirs marginaux de ces demi-sorcières et que préoccupe surtout le salut des nouveau-nés. L'indépendance réelle de ces femmes désignées et quelquefois élues par la communauté du sexe faible n'est plus de mode. Très tôt, le curé avalise ce choix, puis il le guide. Avec la montée des réformes, il doit garantir la bonne vie et les mœurs des candidates. En frontière de catholicité, il s'inquiète du destin des enfants que des matrones huguenotes peuvent porter aux ministres protestants mais, inversement, ceux-ci peuvent redouter des sages-femmes catholiques le rapt de religion. Aussi, curés et pasteurs, clergés et consistoires se retrouvent pour surveiller leurs sages-femmes. On les soumet au serment d'orthodoxie et on examine leur capacité à ondoyer dans les règles, voire à baptiser : c'est une assurance contre l'hérésie, la sorcellerie et la négligence. Les Églises, par contrainte, forcent la porte de la femme en couches et pénètrent ainsi une des seules communautés qui échappaient à leur contrôle : celle des femmes au moment de la délivrance (J. Gélis). L'impératif du salut remplace partout l'entraide conviviale et solidaire par l'assistance d'une femme connue, surveillée, liée par serment. Dans la lutte contre le protestantisme, dès la fin du XVIIe siècle, le contrôle des matrones est un objectif essentiel pour celui des baptêmes et l'unité de foi.

Un peu plus tardivement se joue une seconde transformation décisive : la prise en charge par les chirurgiens de l'accouchement et de la formation des sages-femmes. L'exemple vient du roi et des princes (Louis XIV anoblit en 1663 le chirurgien Julien Clément qui a accouché La Vallière), il se diffuse par les villes, où les notables ont pris l'habitude de faire appel aux chirurgiens habiles. C'est un tournant capital de l'obstétrique moderne et de la morale des familles : il n'est plus indécent aux hommes d'accoucher les femmes ; le savoir et une expérience qui se capitalise en deux ou trois générations, de Philippe Héquet (1708) à Baudelocque, justifient leur intervention et dénouent un tabou pluriséculaire. A une pratique au départ très proche de celle des matrones, succède l'*art de l'accouchement*, à la complicité qu'on peut lire dans les traités des vieux maîtres, Laurent Joubert au XVIe siècle et Jean Liébault au XVIIe siècle, se substituent la critique et le mépris pour les remèdes de bonne femme. Les chirurgiens dénoncent l'incurie et la routine des sages-femmes, dont l'incapacité, la violence, voire la méchanceté, font le malheur des peuples. Ils exaltent en revanche leur propre expérience, leur instruction, leur technique. S'il n'est que trop assuré que la plupart des matrones sont impuissantes et quelquefois dangereuses, il est vrai que certaines de leurs pratiques recèlent une sagesse efficace que les maîtres chirurgiens vont superbement ignorer. La formation des accoucheurs, le contrôle des matrones, inspectées par les communautés urbaines des maîtres chirurgiens, l'organisation après 1760 d'un enseignement popularisé de l'obstétrique nouvelle — Mme du Coudray parcourt la France avec son célèbre mannequin —, une génération de praticiens actifs et solidaires, valorisent la nouvelle attitude. En moins de trente ans, se mettent en place dans toutes les provinces des cours publics patronnés par les intendants, les états provinciaux, les évêques, les académies, où se forment chirurgiens de village et accoucheuses : on estime à plus de 10 000 les élèves de Mme du Coudray et des 200 chirurgiens démonstrateurs dont elle a suscité la vocation. On sait que les nouvelles sages-femmes s'installent surtout en ville et que leur nombre est insuffisant par rapport à la demande des 40 000 paroisses. C'est toutefois une amorce de progrès et le début d'une novation capitale. D'abord, un domaine réservé de honte et d'interdit devient un objet d'expérience et de science ; la représentation du corps change et avec elle un rapport au monde, donc au recours magique. D'autre part, une pratique d'élite, limitée aux notables du prestige et de la fortune durant tout le XVIIe siècle et jusqu'en 1750, gagne de nouveaux territoires sociaux, grâce à un réseau plus dense de chirurgiens et de sages-femmes compétents ; l'exemplarité urbaine modifie les habitudes et les exigences d'hygiène, mais d'une façon lente, égalisant les chances à la naissance. Enfin s'instaure un autre divorce quand le respect de la tradition, le recours à l'empirisme sont concurrencés par l'expérience et le savoir-faire étonnant des nouveaux obstétriciens. Santé, bien-être prennent une place nouvelle dans la conception de la vie ; la survie compose avec le salut de la bonne mort et le fatalisme avec une certitude de responsabilité libre. Reste que pendant longtemps encore les matrones commanderont l'obstétrique rurale, conservant la confiance des familles paysannes ; surtout, l'infection puerpérale et la mortalité périnatale resteront invaincues. Jusqu'au XIXe siècle, un enfant et une femme se remplacent aisément, en moins d'un an pour l'un, en moins de trois mois pour l'autre. C'est dans ce contraste qu'il faut mesurer pratiques et intentions de l'amour maternel et paternel.

Accouchement royal : naissance de Marie-Thérèse de France en 1778

A l'instant où l'accoucheur Vermond dit à haute voix : « La reine va accoucher ! », les flots de curieux qui se précipitèrent dans la chambre furent si nombreux et si tumultueux, que ce mouvement pensa faire périr la reine. Le roi avait eu, dans la nuit, la précaution de faire attacher avec des cordes les immenses paravents de tapisserie qui environnaient le lit de Sa Majesté... Deux Savoyards montèrent sur des meubles pour voir plus à leur aise la reine placée en face de la cheminée, sur un lit dressé pour le moment de ses couches. Ce bruit, le sexe de l'enfant que la reine avait eu le temps de connaître par un signe convenu, dit-on, avec la princesse de Lamballe, ou une faute de l'accoucheur, supprimèrent à l'instant les suites naturelles de l'accouchement. Le sang se porta à la tête, la bouche se tourna, l'accoucheur cria : « De l'air, de l'eau chaude, il faut une saignée au pied ! » Les fenêtres avaient été calfeutrées ; le roi les ouvrit avec une force que sa tendresse pour la reine pouvait seule lui donner...

Extrait des *Mémoires* de Madame CAMPAN.

« Ces douces mères... » rappelées à l'ordre

Ces douces mères qui, débarrassées de leurs enfants, se livrent gaiement aux amusements de la ville, savent-elles cependant quel traitement l'enfant dans son maillot reçoit au village ? Au moindre tracas qui survient, on le suspend à un clou comme un paquet de hardes ; et tandis que, sans se presser, la nourrice vaque à ses affaires, le malheureux reste ainsi crucifié. Tous ceux qu'on a trouvés dans cette situation avaient le visage violet ; la poitrine fortement comprimée ne laissant pas circuler le sang, il remontait à la tête ; et l'on croyait le patient fort tranquille parce qu'il n'avait pas la force de crier...

J.-J. ROUSSEAU, *L'Émile.*

La complainte des enfants à naître

Nous ne sommes pas en sûreté pour entrer dans le monde. Ce n'est qu'en tremblant que nous osons nous y montrer, étant continuellement maltraités par certaines femmes qu'on appelle Matrones, qui, à propos de botte, viennent hardiment nous insulter dans nos casemates, malgré nos précautions à tenir nos portes fermées. Si nous voulons nous fâcher, on nous brocarde, on nous honnit, on nous traite de drôles, de mutins, de bandits, etc. [...] Si la curiosité nous porte à mettre la tête à la fenêtre pour voir ce qui se passe dans le monde, on nous accroche lestement avec la queue d'une lampe ou d'une cuillère à pot, ou bien avec le crochet d'une romaine. C'est avec ces machines infernales qu'on nous saisit sous le menton à la bouche, aux oreilles, indistinctement à la partie qui se présente. On nous vide la tête pour nous expulser ensuite plus aisément. Lorsqu'elles nous arrachent ainsi, elles s'efforcent de persuader à nos bonnes mères souffrantes, si elles peuvent les entendre, qu'elles ont manœuvré pour leur sauver la vie, attendu que nous pauvres innocents étions morts depuis long-temps dans nos tristes cellules... D'après tant de cruels traitements, les Suppliants ne sont-ils pas en droit de vous demander, Nosseigneurs, de les délivrer pour toujours de ces sempiternelles Matrones, grossières, laides à faire évanouir, ineptes, incapables de nous donner aucun secours, gauches à outrance, qui la plupart ont des mains aussi larges que des battoirs, et pour le moins aussi épaisses que des épaules de mouton ; la peau noire comme celle d'un nègre, et aussi rude que celle de chagrin, ou pour le moins comme l'écorce d'un vieux chêne, plus propres, sans contredit, à écorcher ce qu'elles touchent, et à mettre des entraves à notre passage dans un voyage si périlleux, qu'à nous faciliter la route simple et naturelle.

Requête en plainte..., pamphlet de Jean-François Icart, accoucheur à Castres. Cité dans *Entrer dans la vie* de J. GÉLIS, M. LAGET, M.-F. MOREL.

AMOUR MATERNEL, AMOUR PATERNEL

La leçon principale des registres paroissiaux et des observations médicales est de montrer comment la précarité de la vie et la volonté de survivre composent la trame des sensibilités. Celles-ci sont d'abord d'un temps où les nouveau-nés sont particulièrement fragiles dans leurs premiers jours et leurs premières semaines, un peu moins peut-être dans les mois qui suivent : selon les régions, 20 à 40 % n'atteignent pas leur première année. La mortalité infantile du royaume dépasse 280 ‰ au début du XVIIIe siècle ; elle devait être plus forte encore un siècle avant, et elle s'élevait largement en période de difficulté. N'oublions pas qu'en 1900 encore, elle se situe à 160 ‰. Les disparités régionales sont liées à l'insalubrité naturelle des terroirs, à leur richesse ou à leur pauvreté relatives, au degré d'urbanisation qui ne joue pas toujours dans un sens favorable, à la présence d'enfants en nourrice. En Sologne fiévreuse un record est battu : 374 ‰ au XVIIIe siècle ; en Anjou, la douceur climatique variable et la richesse diverse donnent un écart entre 170 et 260 ‰ ; autour de Paris, on calcule largement 280 ‰, vers 1750. Après, un peu partout, on constate une baisse sensible, même s'il y a un retour offensif de la mort à la fin de l'Ancien Régime. Le recul de la mortalité infantile répond aux historiens qui se demandent toujours si la médecine et la chirurgie d'alors ne détruisaient pas plus d'hommes qu'elles n'en sauvaient. Le fait est qu'il se passe quelque chose et que pour la famille c'est l'amorce d'un changement de cap, un espoir fondé sur de faibles gains et de fragiles espérances, une rupture avec la présence tenace de la mort au berceau des nouveau-nés.

La mortalité innocente

Les raisons de l'hécatombe sont évidentes. Rien ne peut être tenté pour lutter vraiment contre les causes de la mortalité endogène, la plus rapide à frapper, qui enlève plus du quart des nourrissons : malformations inaperçues, accidents de grossesse imparables, traumatismes des accouchements et résultats des maladresses des matrones aux ongles mal lavés et aux pansements rien moins que stériles. Peu de chose à faire contre les maladies propres aux nouveau-nés, exogènes, responsables des mortalités du premier mois et de la suite : coups de froid pris durant les baptêmes, quand l'église n'est pas chauffée, quand la saison est inclémente ; ictères variés à haut risque, et surtout coliques, diarrhées et fièvres, indices de typhoïdes, dysenteries, entérocolites, qu'on soigne comme on peut avec des adoucissants, des régulateurs, des lavements, l'universelle thériaque, le laudanum à la fin du XVIIe siècle. Heureux les enfants bien protégés par le lait maternel (ou le cas échéant par celui d'une tante, d'une cousine, d'une voisine), ils échappent à tous ces troubles digestifs mais ils ne sont jamais à l'abri d'un accident : coup de chaleur, étouffement dans le lit familial, et surtout l'été, durant les chaleurs, les entérocolites de juillet à septembre, qui remplissent les pages des registres paroissiaux des traces de ces destins terrestres furtifs. La fugacité séculaire de la petite enfance fait le fatalisme des

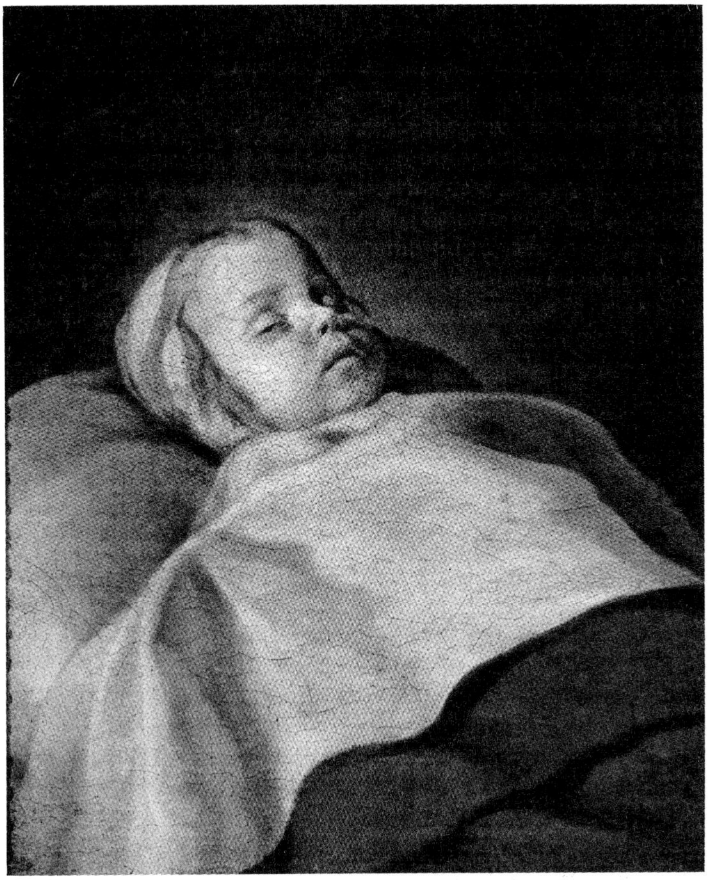

Silence, espoir, fatalité composent pour l'essentiel les attitudes anciennes devant la mort des petits innocents (à gauche, L'Enfant mort, *XVII*[e] *siècle, musée des Beaux-Arts de Besançon ; à droite, détail d'un ex-voto du sanctuaire de Sainte-Anne d'Auray, XVIII*[e] *siècle).*

mères et des pères : « Petits enfants, petits deuils ». L'enfant né et qui court tant de risques n'a pas encore accès à la vie (M. Laget), les morts répétées s'inscrivent dans l'ordre des choses.

Les citadins ne sont pas épargnés par l'hécatombe des innocents, au contraire. La vie urbaine a ses impératifs. D'abord elle concentre les abandons, ceux de la ville et ceux du plat pays qui l'environne ; les enfants abandonnés aux hôpitaux et dans les maisons charitables sont alors envoyés en nourrice dans quelque village. Entre le moment où ils sont recueillis et celui du départ, plus de la moitié meurent dans des conditions épouvantables ; ceux qui survivent au voyage ont quelques chances fragiles, une fois arrivés au port nourricier. Les registres paroissiaux permettent de dresser autour des grandes villes — Paris, Lyon, Rouen, Reims, Toulouse, Angers — la carte d'un accueil plus ou moins éloigné. Mais la mise en nourrice n'est pas réservée aux seuls enfants illégitimes ou abandonnés : tous les milieux y ont recours, à l'exception des riches familles qui peuvent se payer de plantureuses nourrices à domicile. Pour les autres, les aisés, les bourgeois, les artisans, les ouvriers, c'est une nécessité qu'impose le travail des femmes. A Lyon, les ouvrières en soie qui aident leur mari au métier, les bouchères et les boulangères qui tiennent la boutique, envoient toutes leurs enfants dans les paroisses du Lyonnais et du Bugey. L'éloignement est affaire d'argent. C'est une nécessité économique pour la survie du foyer et la continuité du travail : elle assure la fécondité élevée des villes, où les femmes se retrouvent enceintes rapidement, mais aussi leur dépopulation partielle, car, pour beaucoup de départs, combien de retours ? Dans les villages, la vie commencée est rude, aléatoire. Pour la cité, pour les parents, c'est un infanticide différé.

Silence, fatalisme ou espérance

La quotidienneté de la mort infantile crée la résignation ; n'en déduisons pas l'indifférence. Autour de ces disparitions précoces règne le silence, celui des muets de l'analphabétisme, celui des élites qui dans leur correspondance ou leur *livre de raison* cachent leurs sentiments — mais lesquels ? — derrière la brièveté d'un constat. Les morts répétées des enfants en bas âge sont des morts acceptées. L'expression débridée de la peine et le témoignage ostentatoire ne sont pas le fait, en ce domaine, de la mentalité ancienne, qui n'est pas en d'autres cas économe de ses larmes. La force du sentiment religieux rend sans doute la douleur plus supportable devant la mort des nouveau-nés, portée qu'elle est par la certitude de la béatitude éternelle, acquise de plein droit, sans arrêt au purgatoire et sans la nécessité d'une intervention de l'Église. C'est une ferme assurance qui justifie toute l'importance des rituels de baptême.

Le sacrement assure le salut des nouveau-nés et on a vu l'importance que l'Église y attachait. De ce point de vue, tous les gestes du baptême ont une urgence fondamentale, puisqu'il n'est jamais sûr que le nouveau-né puisse vivre. On ondoie comme on peut — cela permet d'attendre —, on baptise comme on veut, si les circonstances l'imposent. La concession la plus grande de la part des clercs est d'autoriser une femme, une matrone, à officier en l'absence d'un prêtre. On conçoit alors que le clergé prête beaucoup plus d'attention à la connaissance du rite qu'à la compétence obstétricale. Les sages-femmes puisent ici leur dignité (M. Laget). Au temps de Mme du Coudray, elles veilleront à ce que les conditions du baptême immédiat ou retardé ne nuisent pas à la survie des nouveau-nés. Avec les clercs, ce sont les agents de la diffusion du baptême rapide, à l'église ou dans la solennité d'une cérémonie amplement chargée de puissance symbolique ; le moment choisi — il faut éviter la nuit maléfique et dangereuse —, le cortège, le rituel en témoignent partout. A Paris, quand les enfants jettent les dragées, ils crient « Vivra, vivra ! ». C'est là témoignage de la double assurance que le salut éternel est acquis, mais qu'un sursis provisoire est à espérer. Malheur donc aux enfants morts sans baptême ; ainsi, aux yeux des catholiques, les calvinistes prennent un risque puisqu'ils repoussent le baptême au mois qui suit la naissance, et que surtout les pasteurs dénoncent le baptême domestique rapide, n'y voyant qu'une superstition papiste. Dans les luttes religieuses, le baptême est lui aussi un enjeu, car là se précise l'essentiel : la culpabilité des parents qui n'auraient pas su assurer le salut des nouveau-nés. La croyance au miracle qui ranimerait les enfants mort-nés montre que manquer ce sacrement est une épreuve redoutable (J. Gélis).

Les parents craignent en effet, puisqu'on ne peut baptiser un corps mort, que cet être innocent ne soit pas sauvé, qu'il ne soit pas enterré en terre chrétienne, qu'il ne vienne tourmenter les vivants, errant sans fin entre terres et limbes. L'enfant mort matérialise aux yeux de tous une faute, il attire les calamités les plus diverses sur le bétail, les récoltes, la famille. C'est ce qui justifie le recours aux sanctuaires à répit, où des intercesseurs, la Vierge surtout, accordent quelques instants de vie permettant de baptiser et de sauver l'enfant avant qu'il ne retourne à son « état mortel ». En France, des centaines de chapelles et d'églises paroissiales prouvent qu'il ne s'agit là ni d'un culte marginal ni d'un culte exclusivement populaire. Le clergé, méfiant à l'origine, s'en accommode et nourrit lui-même les pèlerinages, en raison de son exigence sur le rituel du baptême. Du XVIIe au XVIIIe siècle, ces pratiques miraculeuses jettent sur les chemins des milliers de parents anxieux d'avoir vu un peu de chaleur, un signe, un changement de couleur, un battement d'œil, un mouvement du corps, une « saillie du cœur » chez leur enfant mort, bref une preuve suffisante de la vie retrouvée un court instant ; ils implorent les quelques minutes nécessaires pour donner le baptême, un retour de la mort vers la vie. Plus important peut-être encore, le fait que le sanctuaire à répit n'est jamais un sanctuaire exclusif : il est fréquenté par les filles à marier, les femmes stériles, les mères qui craignent un accouchement difficile. Toutes ces pratiques que surveillent l'Église et la médecine sont au centre d'une recherche de fécondité ; leur disparition sera liée à celle de la vieille société agraire. Pendant des siècles, leur permanence prouve qu'entre la vie et le salut des liens mystérieux se tissaient quotidiennement et que, d'une certaine façon, l'attachement, l'amour de l'enfant existaient sous une forme que nous aurions tort de négliger.

Loin de la nôtre, cette sensibilité impose sa propre lecture, pour peu que l'on veuille en comprendre les variations. Ainsi ce que P. Ariès ou E. Badinter lisent comme une forme d'expression inférieure à celle de notre temps, le « mignotage » des mères d'autrefois, est à replacer dans une relation spécifique qui met l'enfant dans le double réseau des échanges corporels et symboliques que l'on verra plus loin. Les dévotions à l'enfance du Christ, le culte de la Sainte Famille, le culte de la Vierge Mère ont contribué à une première prise de conscience intellectualisée du sentiment d'affection porté à l'enfance. Au XVIIIe siècle, une double valorisation amplifie cette démarche laïcisante : l'enfant est l'avenir de l'État, qui a besoin de paysans, d'artisans, de soldats, de citoyens, pour sa gloire et sa prospérité. Il devient l'affaire des populationnistes en tous genres, administrateurs, philanthropes, académiciens, médecins, réformateurs ; l'enfant est l'avenir de l'homme, en lui se jouent les espoirs d'une transformation de l'humanité vers plus d'égalité, de liberté, de bonheur ; c'est aussi l'affaire des philosophes, des pédagogues et des éducateurs, ainsi Rousseau. Pour tous, l'enfant est d'abord un adulte futur, mais c'est une étape importante pour l'acceptation du jeune âge tel qu'il est. L'amour des parents ne naît point alors, il change de manière, d'expression et de sens ; la transformation se joue d'abord au sommet, chez les riches, les nobles, les bourgeois, les aisés et les cultivés, en un mot chez les citadins de la *sanior pars*, policés et éclairés. Pour les autres se poursuivent les gestes séculaires liés à la vie même dans sa douceur et dans sa violence.

LE RAPPEL A LA VIE

Le répit miraculeux

[Août 1657, à Langres, un notaire consigne les témoignages concernant la résurrection dans un sanctuaire à répit du fils mort-né de Jeanne Miou.]

Lesquels ont déclaré que ladite Miou accoucha hier environ le midy d'un fils mort-né, lequel ayant apporté en ce lieu et exposé devant l'image de la Sainte Vierge en l'église de ce lieu environ les sept heures après-midi. Lequel enfant n'avait aucun mouvement et environ demie-heure après qu'il fut devant lad. image, ils sentirent l'un après l'autre mouvements et battements sur le cœur et en la tempe dud. enfant avec chaleur et virent les jambes et bras d'icelui changer de couleur ; ce qu'ils ont affirmé véritable par serment d'eux pris présentement... Mongin Thierriot manouvrier au dit Fayl... a dit avoir senti battements sur le cerveau et la tempe et sur le cœur dudit enfant qui battaient fort, environ les neuf ou dix heures du soir étant en ladite église avec d'autres personnes en prières devant lad-image ; Pierre Pentelot, écolier demeurant aud. Fayl, âgé de douze ans ou environ, ... a dit avoir mis par trois ou quatre fois l'un de ses doigts sur la tempe dud-enfant et sentit à chacune de ces fois qu'icelle... faisait soulever son doigt, ne l'ayant touché aux autres places. Et François Chavance, chartier demeurant aud. Fayl duquel aussi serment pris de lui présentement, a déclaré avoir touché par diverses fois led-enfant qui n'avait aucun mouvement et depuis ayant senti mouvement au cerveau avec chaleur et battement sur le cœur, en la tempe et derrière l'oreille du côté gauche, l'ayant vu suer entre les jambes et sur le petit ventre en deux places, après quoi et au rapport de ceux ci-dessus et autres personnes qui étaient en ladite église : que led. enfant avait vie par les mouvements qu'ils sentirent, il baptisa icelui.

Textes cités dans *Entrer dans la vie* de J. Gélis, M. Laget, M.-F. Morel.

La résurrection médicale

[1785 : un médecin de Gaillac va sauver un nouveau-né en pratiquant le bouche-à-bouche.]

L'enfant, qui était un gros garçon, vint au monde sans donner aucun signe de vie. Après lui avoir donné le baptême sous conditions, je le confiai à la sage-femme pour m'occuper de délivrer la mère qui perdait beaucoup. Acquitté de mon devoir envers cette dernière, je courus vite à l'enfant. Mon premier soin fut celui d'appuyer ma bouche sur ses lèvres mourantes, afin de lui souffler fortement dans les poumons. Je lui chatouillai le fond de la bouche au moyen de la barbe d'une plume. Je le remuai, je l'agitai de toutes les manières. Je lui fis des frictions sur la colonne épinière, sur les tempes et sur la région épigastrique avec de l'eau-de-vie.

[...] Après tant de tentatives vainement répétées, je crus aussi de mon côté l'enfant véritablement mort, et je l'abandonnai. A peine fus-je retiré que, livré à la réflexion, je crus voir dans l'anatomie la raison de l'inefficacité du plus grand de tous les moyens qui est l'air que l'on cherche à introduire dans les poumons de l'enfant en lui soufflant dans la bouche. La route du nez me parut bien plus directe. Ainsi éclairé par le flambeau de l'anatomie, je revins à l'enfant pour faire de nouvelles tentatives. Celles-ci furent suivies du succès le plus inattendu, et à la troisième fois que j'eus soufflé dans le nez, ayant porté ma main sur la région du cœur, je sentis les côtes se lever, la poitrine se dilater, ce qui n'avait pas eu lieu la première fois [...] Le battement de cœur se fait bientôt sentir, successivement celui des artères après le mouvement des yeux et d'un bras, manifestèrent aux assistants, saisis d'étonnement et de joie, la vie de l'enfant. Il resta une heure ou à peu près sans se plaindre. Mais après lui avoir ranimé ses forces au moyen de quelques cuillerées de bon vin, notre ressuscité pleura, s'agita, et ses cris firent redoubler les coups de fusil que les voisins tiraient en l'honneur de sa naissance ou plutôt de sa résurrection.

Le façonnage des enfants

Pour le peuple des campagnes et des villes (dans la cité, la frontière est moins sociale que culturelle), l'enfant, surveillé par sa mère, vit avec les adultes et les autres enfants, dans la pièce unique des maisons urbaines et la salle des fermes campagnardes. Portés à bras, chauffés dans le lit des parents, plus rarement mis au berceau, parfois suspendus dans une hotte, les enfants sauvés de la mort ou rescapés de nourrice bénéficient d'un intérêt croissant dans un milieu chaleureux et proche, affectivement et corporellement, où se déploie une prévention spontanée de tous les jours. Des précautions symboliques (amulettes, pendentifs pour les tout-petits, dévotions à saint Fort ou à saint Jouvin, prières à la Vierge) et des gestes empiriques (mise en garde et surveillance contre les animaux, le chat, le chien, moins maléfique, les crapauds toujours malfaisants selon la légende, contre les dangers du feu, de l'eau) tentent de garantir un premier apprentissage de la vie. Il n'est pas purement défensif, mais porteur d'un idéal de santé corporelle et d'une hygiène rudimentaire que les élites médicales et philanthropiques vont apprendre à mépriser en généralisant des pratiques moins nocives et moins naturelles. Le façonnage que les sages-femmes conseillent pour la beauté sera remis en question : l'emmaillotement

La petite enfance se contentait de jeux simples : « poupée » monacale, signe de familiarité, coquillages et perles, symboles de croissance heureuse (ci-dessous à gauche, gravure d'après Greuze ; à droite, le fils de Paul Rubens, musée national de l'Éducation, Rouen).

qui « fait le corps » (car on craint que la liberté de mouvement ne nuise au développement des membres), l'allaitement maternel ou nourricier (car il unit à la forte proximité charnelle une signification symbolique éminente : avec le lait maternel se transmettent le caractère et la joie). Sainte Agathe, convenablement priée, favorise les bonnes lactations ; le couchage avec mère et père — que dénonce l'Église, redoutant les infanticides déguisés — est justifié par la crainte que l'enfant ne soit livré seul aux forces maléfiques de la nuit, et surtout qu'il ne prenne mal ou bien s'étouffe. Au total, au sevrage, quand l'enfant a vu pousser sa dentition, appris à marcher, quand il s'est progressivement habitué à la nourriture des adultes en mâchouillant quelques bouillies de céréales préalablement ensalivées par sa mère, quand enfin il en arrive au robage (on lui enlève son maillot brenneux pour lui enfiler la robe commune aux deux sexes dans la prime enfance), se développe tout un réseau d'interdits et de normes destinés à faciliter croissance et éducation (F. Loux). Il n'est pas jusqu'à la crasse qui ne soit mobilisée pour jouer un rôle bénéfique : c'est le temps de l'eau rare, en ville où elle coûte cher et en campagne où il faut la puiser à bras pour soi-même et d'abord pour le bétail. La règle est donc à l'absence d'hygiène, et la saleté et l'odeur forte prouvent et garantissent la santé. Mariner dans l'urine et le bren, garder ses cheveux sales, ses gourmes, ses croûtes, ses poux, est considéré comme bienfaisant pour l'enfant. Cela n'ajoute qu'une nuance aux puissantes odeurs de la maison paysanne ou du foyer urbain, qui admettent les effluves des corps mal lavés, des eaux douteuses et des aliments qu'on prépare au milieu de tout cela. C'est un autre monde corporel, où les nécessités matérielles et sociales conditionnent les manifestations de sensibilité paysanne ou urbaine qu'on peut lire dans la tâche quotidienne des mères d'autrefois, dans l'entretien constant de la vie ordinaire, dans la crainte de la mort et de la maladie, dans la proximité chaleureuse des corps entassés.

On conçoit que sur tous ces fronts les médecins et les réformateurs éclairés des villes aient tenté de mobiliser l'attention des gens du monde. La critique de l'emmaillotement — responsable des enfants bossus, nuisible à la propreté qu'imposent les plans d'éducation physique —, la condamnation de la mise en nourrice et à l'occasion la remise en cause de toutes les pratiques traditionnelles, l'éloge de l'allaitement maternel — car le lait maternel convient mieux au nourrisson et permet d'équilibrer les humeurs donc la santé des mères —, tels sont les trois thèmes principaux de la littérature réformatrice étudiée par M.-F. Morel : celle-ci établit médicalement le couple mère-enfant, que fondaient jusque-là la théologie et les mœurs. Ce couple va devenir essentiel à la relation familiale et sociale, il va fonder la puériculture et la pédiatrie. A la fin du XVIIIe siècle, ce qui est en jeu, c'est l'opposition établie entre deux comportements : l'un, intellectualisé, valorise des pratiques raisonnées, expérimentées, utilitaires et en même temps une morale raisonnable et affective des rapports mère-père-enfants ; l'autre, traditionnel et instinctif, met en valeur les gestes transmis par la culture féminine et les remèdes de bonne femme, sa sensibilité relève d'une culture corporelle et d'un amour moins raisonné que vécu dans d'innombrables contraintes. Entre les deux, une lutte est amorcée qui ne s'achèvera qu'aujourd'hui.

L'exemple des médecins est entendu à la cour, dans les cercles de l'administration, dans les familles éclairées qui lisent Rousseau ou les gazettes. L'effet de mode a été incontestable pour certains : l'hygiène de l'alimentation et du corps gagne quelque peu. Des institutions philanthropiques aident les mères laborieuses à nourrir

Grâce de la jeunesse et des jeux de l'amour.
Détail du Pèlerinage à l'Ile de Cythère *par Jean-Antoine Watteau, musée du Louvre.*

Où réside l'autorité dans le couple ?
L'Orgueilleux, *panneau de paravent, par J.-A. Watteau, musée du Louvre.*

elles-mêmes leurs enfants, l'Institut de bienfaisance à Lyon, la Société de charité maternelle à Paris. Ce sont des initiatives sans grande portée puisque les conditions sociales qui dictent la mise en nourrice sont inchangées. D'autres institutions administratives s'efforcent de réglementer l'activité des nourrices. Mais, au-delà, la diffusion des théories savantes se heurte à une impossibilité : comment ces théories pouvaient-elles atteindre les masses rurales, sauf de façon très restreinte ? Comment pouvaient-elles, faute de moyens réellement efficaces avant Pasteur et avant les antibiotiques, mettre fin aux maladies les plus mortifères ? La prise de conscience se place ailleurs : elle lie dans l'esprit des médecins et des parents la valorisation de l'enfance et l'espérance d'une médicalisation salvatrice (M.-F. Morel).

Le mouvement se place sur deux plans : l'un interne, dans le corps médical, où il donne lieu à une première théorisation des maladies de l'enfance ; l'autre externe, dans la famille, chez les parents, où il provoque un recours systématique aux soins des praticiens. A l'école des grands pédiatres anglais, la médecine française élabore sa première mobilisation pour une médecine de l'enfance. De grands spécialistes connaissent les traités britanniques et s'intéressent à l'hygiène infantile, la Société royale de médecine met au programme de ses concours des questions sur les maladies des enfants. Une nosologie et une thérapeutique se forment dans tous les domaines — la variole et la vaccine n'en sont que les manifestations les plus spectaculaires — et, il faudra y revenir, une pratique s'instaure, qui triomphe du fatalisme habituel dans le corps médical, qui s'efforce de remédier aux circonstances — ainsi les expériences sur l'allaitement tentées dans les hôpitaux à Paris vers 1775, à Rouen, à Aix, à Montpellier —, qui réfléchit enfin à l'hygiène alimentaire. Un premier pas est fait pour triompher de la mort, mais il va moins vite que dans le domaine de l'obstétrique, où les techniques opératoires maîtrisent un progrès certain. C'est une assurance sur l'avenir, qu'entretient la demande familiale.

La conscience aiguë de la maladie et le fatalisme liés à la réelle impuissance des soins ne doivent pas cacher la vigueur d'une réaction spontanée devant la souffrance et le mal. Dans les milieux traditionnels, aux premiers symptômes, on couche l'enfant et on le tient au chaud avec force tisanes, on le distrait. Dans les milieux éclairés, on appelle le médecin, dont on redoute souvent les remèdes mais dont en accepter l'amertume est de bonne pédagogie religieuse et morale. Quelle que soit l'efficacité de ces pratiques, elles prouvent un intérêt actif des parents pour leurs enfants malades, qui d'exceptionnel va devenir habituel. A la fin du XVIIIe siècle, c'est un fait acquis chez les riches ; le prouvent *Mémoires* et *Souvenirs*, comptes privés et comptes de collège qui relèvent les dépenses médicales, témoignages médicaux et notes de frais. Mais de nouvelles tendresses et de nouvelles anxiétés sont ainsi valorisées, on le voit dans le journal du marquis de Bombelle ou dans les lettres de l'exemplaire Mme Roland, disciples de Rousseau. L'attention des parents pour les maladies de leurs enfants est minutieuse et quotidienne, les relations se modifient.

Dans l'univers de tous, on note les premiers pas de ces innombrables enfants. Jusqu'à sept ans, « âge de discrétion », c'est l'âge des apprentissages élémentaires et fondamentaux, sous le regard des femmes : mère, nourrice, parente, servante, mais rarement sous celui de la grand-mère en ce temps d'espérance de vie courte. La peinture nous fait découvrir le monde des jeux, poupées de chiffon, chevaux réduits à un bâton allongé d'une tête, brouettes, chariots, toupies, cages à oiseaux ou à insectes : ils sont communs à tous les enfants. La mère campagnarde traîne ses enfants avec elle, dans la cour, au jardin, à l'étable, aux champs, leur évitant le sabot des bêtes, le tranchant des outils, la mare et le puits ; en ville, elle les porte dans la rue, à l'atelier, dans la boutique, leur épargnant la bousculade, le danger des chutes. Très tôt, l'enfant des villes et l'enfant des champs participent aux travaux de tous, dans la maison et en plein air, vaisselle des écuelles, menu ménage, ramassage des clous et des tombées : il se prépare aux tâches et aux choses de la vie. Il a acquis les habitudes alimentaires des grands, mange la soupe et le pain de tous ; il est propre, même si c'est à la manière du temps qui affectionne la scatologie, pets sonores et flûtés, rots appuyés et convaincants, odeurs fortes et musquées. Il a appris la tendresse un peu rude des mères et des pères, bousculés par le travail. Le petit Parisien Ménétra le prouve. Rescapé de nourrices mercenaires, vers 1740, grâce à l'attention de sa famille, orphelin, il trouve sollicitude et affection chez sa grand-mère et sa belle-mère — une fois n'est peut-être pas coutume : ce sont des protectrices bienveillantes et bienfaisantes que le récit du compagnon vitrier pare de tous les investissements essentiels à l'enfance. Auprès des femmes enfin, on apprend le merveilleux et l'extraordinaire ; berceuses, comptines, contes bleus, légendes locales, qui divertiront les savants et les docteurs après Perrault, qui disent le familier, aident à reconnaître son corps et l'espace, bercent pour consoler, amusent et enchantent, éveillent à l'intelligence du monde et de Dieu, à la crainte du mal. Le rôle des pères l'emporte ensuite avec d'autres rythmes et d'autres façons, plus viriles et plus violentes. L'amour paternel existe, si l'on veut bien admettre un autre modèle que celui de l'investissement affectif intense des parents pour leurs enfants, conquête récente et de faible extension sociale, après lecture de Rousseau et du docteur Tissot, après une assimilation aux adultes très précoce. Là encore Jacques-Louis Ménétra prouve que les promptitudes, les torgnoles, les coups de pied au cul n'excluent pas un vrai rapport affectif. C'est une manière de transmettre l'autorité et l'estime, en même temps que les tours de main et le sentiment de la réalité de l'existence. C'est ainsi qu'on entre dans la vie.

5
Vivre

Fils et filles de paysans demeurent presque tous au village, à moins que, poussés par la misère, l'ambition ou l'esprit d'aventure, ils ne prennent le chemin de la ville ; mais c'est toujours une minorité, même si les « remues d'hommes », traditionnelles dans leur géographie et leurs rythmes, entretiennent toujours une mobilité qu'exaspèrent quelquefois les crises. Ce n'est qu'au milieu du XIXe siècle que les choses changent et que commence l'agonie des campagnes et de la vie traditionnellement stabilisée. Fils et filles de citadins restent dans les cités pour la plupart aussi ; ils y fondent et reproduisent des dynasties urbaines stables, à moins que la malchance et l'infortune ne renvoient les migrants chez eux ou que la richesse petitement acquise ou prodigieusement édifiée sur deux ou trois générations ne permette le retour au village en carrosse. L'étude de ces phénomènes de mobilité à la fois sociale et géographique reste l'un des chantiers importants des historiens de l'Ancien Régime ; A. Corbin a donné l'exemple pour le Limousin du XIXe siècle, J.-P. Poussou, pour l'Aquitaine au XVIIIe siècle. Dans tous les cas, c'est la stratégie des familles que l'on rencontre à la croisée du démographique et du social, par conséquent c'est le mariage.

Tout ce qui se rapporte aux institutions familiales mobilise l'intérêt historien depuis quelques décennies. Les curiosités s'y conjuguent : souci de théologiens, car le mariage est sacrement et la famille lieu de pastorale privilégié de la vie privée ;

souci de juristes, car il y a contrat et transmission de patrimoine, donc coutume d'héritage ; curiosité de démographes, puisque se joue autour des époux et des enfants tout le problème de la reproduction de l'entière société ; intérêt de sociologues, puisqu'au moment de l'union on peut peser avec quelque rigueur le choix du conjoint et la mobilité économique et sociale ; passion de l'ethnologue et des folkloristes, qui observent les traditions populaires et tentent de dater leur apparition, leur évolution. Bref, l'histoire de la famille est un vaste atelier où maîtres et compagnons savent que le mythe de la famille éternelle a vécu et qu'entre le XVIIe et le XVIIIe siècle une conception moderne s'impose, avec un nouveau rôle de l'affectivité, de la sexualité, du rapport au social. C'est d'abord dans les villes que jouent ces transformations, chez les riches et les couples cultivés, pour lesquels existent des textes. Mais les historiens restent partagés sur le vrai rôle de la famille.

Deux visions s'affrontent. L'une, optimiste et chaleureuse, fait de la famille moderne le lieu d'une promotion de l'individu, d'une libération affective et sexuelle, de l'amour avec un grand A et de l'érotisation, presque selon une formule actuelle de type : « Famille je vous aime. » C'est peut-être aller un peu vite ; une fois encore on nie aux sociétés anciennes la possibilité d'une affectivité et d'une spontanéité immédiates, une fois de plus on confond une vision culturellement datée — l'amour romantique — avec un lent changement qu'a façonné le passage du mode de vie paysan à l'art de vivre citadin. L'autre image est résolument pessimiste et négative. La famille est le lieu d'une normalisation des conduites ; on parlera de la « police des familles », d'un façonnement des comportements par l'Église et par la société, on évoquera la « discipline des familles » ; on dira que finalement c'est l'institution exemplaire de notre contrôle et de notre mise en condition, on invoquera la « raison d'État » : « Famille, je vous hais. » Tout cela contient une part de vérité, surtout pour le XIXe siècle, surtout depuis qu'on s'intéresse à la famille et à la politique familiale, depuis que les quatre barbus, Malthus, Mendel, Marx et Freud, se sont penchés sur les berceaux, surtout depuis Michel Foucault, qu'on doit toujours relire, car sous sa plume les mécanismes sont moins implacables et les acteurs conservent une part de liberté et de créativité.

Reste que pour l'Ancien Régime l'itinéraire de la famille est bien balisé. Depuis vingt ans, les documents ont permis et soutenu tout ce travail sur la famille et le mariage. Millions d'actes de mariage des registres de catholicité, milliers de contrats de mariage, de minutes notariales, milliers d'inventaires après décès des archives de justice et des tabellionnages ; actes de la législation civile et religieuse, voire procédures de la pratique des officialités et des cours, témoignages des uns et des autres sur eux-mêmes, bavardages révélateurs de la grande et de la petite littérature. Dans tout cela bouge la vie même, avec ses incertitudes et ses possibilités, qui ne sont pas les mêmes en ville et au village, au sud et au nord, à l'ouest et à l'est. On peut en interroger la diversité en mettant fermement l'accent sur les enjeux : la constitution de la famille quand se mêlent tradition et modernité, contraintes sociales et libertés ; les conduites familiales quand sont révélées les modalités et les solidarités de la vie commune ; le travail et le loisir qui sont l'horizon quotidien.

LES RÈGLES DU JEU

Le mariage a toujours été un acte civil, mais tout ce qui s'y rapporte a mobilisé l'Église et ses clercs ; enfin c'est un échange personnel qui allant au fond des choses interroge les possibilités de notre liberté. L'État d'abord, on l'oublie trop souvent, a joué durant le XVIIe et le XVIIIe siècle un rôle décisif dans le domaine matrimonial. Bien sûr le contrôle des structures familiales échappe à l'État préclassique, confronté aux solidarités multiples et aux coutumes centrifuges qui font les réseaux de la France traditionnelle. L'importance des lignages a longtemps contrebalancé l'autorité civile, la parenté commune et la fidélité faisant la force des grands carnassiers féodaux toujours préoccupés de leur puissance territoriale et dynastique — songeons aux Lorraine au XVIe siècle, aux Montmorency, aux Condé au XVIIe siècle — mais aussi celle de maints tyranneaux ou patriarches de paroisse. Chez les dominants, c'est un modèle exemplaire et les dominés l'imitent à leur façon. Rétif de La Bretonne dans *La Vie de mon père* en donne à lire un bon exemple. Pour les dominés toutefois, les formes de solidarité de la communauté rurale, les associations communautaires interfamiliales, les sociabilités subversives de la jeunesse ou des compagnons contrebalancent les manières venues d'en haut et dictent leur régulation spécifique dans la constitution des familles. Surtout, le transfert à l'Église du contrôle civil du mariage a imposé une discipline familière que géraient les tribunaux ecclésiastiques, les officialités (longtemps plus proches du peuple que les tribunaux laïcs), et un discours d'égalité entre les contractants, une individuation des liens dans le mariage qui ont été essentiels.

Familles et pouvoirs

Progressivement, ces composantes traditionnelles doivent s'accommoder d'une nouvelle lecture de la loi et des coutumes. Dans la formation progressive de la monarchie absolutiste s'impose le contrôle des individus par les *corps, communautés* et *compagnies*, compromis entre les forces centrifuges de la tradition et la dynamique centralisatrice de l'État qui fonctionnera jusqu'en 1789 et qui est continuellement justifié par la théorie des *corps intermédiaires*. Dans la politique des familles, outre la mise au pas des grands lignages et des petits clans, le renforcement du pouvoir paternel dans la législation civile traduit cette inflexion majeure ; c'est une romanisation du pouvoir familial (J. Gaudemet). Dans la pratique, même si des solidarités plus larges contrebalancent encore cette influence du droit, deux forces se mettent également en place : la police fiscale, qui fixe comme unité de base de l'impôt et des comptages statistiques qui lui sont liés le *feu*, c'est-à-dire la famille nucléaire ; et la police des mœurs, qui transfère à l'autorité des lieutenants de police, des commissaires et des officiers de tout poil une partie majeure du contrôle des pratiques conjugales et familiales. A Paris, les lettres de cachet demandées par tous les milieux sociaux montrent comment sont diffusées et intériorisées les exigences sociales nouvelles (A. Farge).

Mari et femme travaillent ensemble et lèvent ensemble un verre à leur prospérité. Assiette en faïence polychrome (musée des Arts et Traditions populaires).

Cette transformation coïncide dans le discours des juristes et des politiques avec la vision identifiant l'État et la famille patriarcale ; le roi est le père du peuple. Le pacte social qui unit les familles au monarque et qui fait du régicide le crime le plus odieux, un paricide doublé d'un sacrilège, a sa contrepartie dans l'affirmation de la responsabilité du roi à l'égard de ses enfants, de ses sujets ; il leur doit assistance, protection, nourriture. C'est la justification profonde de la police qui règne jusqu'au XVIIIe siècle sur le marché protégé et surveillé des subsistances. La contestation de l'image du roi-père au tournant des années 1760-1780 sera fondamentale (S. Kaplan), elle ouvre un temps nouveau qui hérite cependant cette relation particulièrement forte établie entre le lieu de la reproduction biologique et sociale et l'autorité politique. Ajoutez à cela le natalisme spontané de la puissance publique et vous voyez se préciser chez les économistes la mobilisation de la famille au service de l'État pour sa richesse et sa force.

Cette nouvelle mentalité est le triomphe des hommes du roi en matière de justice et d'administration civile. C'est le pouvoir royal qui dès la fin du XVIe siècle bat en brèche le monopole de l'Église sur le mariage, avec l'édit pris par Henri II pour interdire les unions clandestines. Il s'agit pour une part de contrôler la politique matrimoniale des grandes familles, mais aussi de préciser fortement le rôle de la discipline parentale par rapport à cette idée des canonistes de l'Église que l'union sans consentement parental est licite bien que répréhensible. Dans les édits et leur application se joue le passage du mariage, acte sacramental pour l'essentiel, au mariage contrat civil. Des légistes romanistes aux juristes du droit naturel, l'idée fera son chemin que le mariage, lien de nature, est antérieur à l'acte religieux. Le droit laïcisé du mariage en tirera conséquence avec la Révolution et le Code civil : « La loi ne considère le mariage que sous les rapports civils et politiques. » Jusque-là, s'instaure un compromis avec l'Église, que remettent à peine en cause l'affirmation de l'individualisme philosophique (le Code reprendra totalement l'expression de l'autorité paternelle) et une certaine contestation émancipatrice qu'on voit apparaître dans la réflexion sur le divorce ou dans la contestation aristocratique (mais pas uniquement, celle-ci existe aussi en Languedoc et en Provence chez les paysans riches) de l'autorité des familles ; Sade et Mirabeau révèlent ici une crise de la sensibilité collective. Pour le reste, pour les paysans et les autres, le mariage est un sacrement que l'Église contrôle. C'est elle la vraie maîtresse du jeu qui se déroule sur trois fronts : l'autorité, le sexe, la solidarité des jeunes.

Un premier combat se joue autour du modèle patriarcal de l'inégalité entre hommes et femmes, qui ne s'impose pas aux clercs puisque le sacrement est d'abord échange de promesse entre les futurs époux par « paroles de présent », ce qui en principe n'exige ni prêtre ni église, et que le geste sacramentel n'est « parfait » que lorsque l'acte de chair a été consommé. Le prêtre n'est là que pour constater, en répondre à l'occasion devant témoins ; la bénédiction nuptiale a longtemps été simplement convenable plus que solennelle, et pendant longtemps jamais vraiment indispensable. Cela fait partie du contrôle nouveau que de l'imposer, car la publicité, l'obligation des bans pour vérifier les degrés de parenté ou d'affinité spirituelle, le consentement parental absolument obligatoire même pour les majeurs qui ne peuvent passer outre qu'après trois sommations respectueuses — et écrites — garantissent la fondation du foyer contre les irrégularités. La bataille de l'État pour cette autorisation des parents est gagnée entre 1560 et 1640, et met fin aux abus, enlèvements, rapts et violences (réels parce que favorisés par la mobilité dans les milieux aisés et la noblesse). En échange de cette mise en ordre, l'Église obtient le monopole du contrôle de l'état civil, exercé par les curés de paroisse à l'exclusion des réguliers et des moines, trop laxistes en ce domaine aux yeux des séculiers et des juristes régaliens.

En même temps, l'Église dicte une autre modification des habitudes anciennes, au détriment cette fois des gestes festifs et « superstitieux ». D'abord elle impose la discipline aux fiançailles, qui sentaient trop leur paganisme. Les « paroles de futur » permettaient en effet une assimilation rapide au sacrement de mariage, d'autant plus que les fiancés passaient couramment à la seconde phase dudit sacrement — la *copulatio carnalis* — et vivaient joyeusement l'expérience du mariage à l'essai. La communauté ancienne ne se formalise pas des privautés prénuptiales, « maraîchinage » et autre « cache-cache Nicolas », plus ou moins poussés, qui en fait ne transformaient pas toujours les « paroles de futur » en « paroles de présent ». Curés, prédicateurs, visiteurs, directeurs de conscience et spirituels rigoristes ou laxistes tonnent dans les paroisses, et dans les livres, contre ces mauvaises habitudes et même contre la cohabitation, encore qu'elle n'ait pas toujours été sexualisée ; surtout, ils obtiennent que l'on rapproche la date des fiançailles de celle de la bénédiction nuptiale. Sous Louis XIV vieillissant et sous Louis XV, il devient obligatoire de se fiancer la veille seulement ou le jour même : c'est ce que fait Jacques-Louis Ménétra à l'église Saint-Laurent en 1765, juste avant son mariage. On conçoit ici le conflit que pouvait créer la montée parallèle de l'âge au mariage et de la rigueur contre les pratiques d'attente socialisées et le concubinage prénuptial, qu'on voit dénoncer par les évêques et les magistrats : ainsi des Basques « qui épousent leurs femmes à l'essai, ils ne couchent point leurs contrats de mariage par écrit et ne reçoivent la bénédiction nuptiale qu'après avoir longtemps vécu avec elles, avoir sondé leurs mœurs et connu par effet la fertilité de leur terroir ». L'Église ne pourra jamais venir tout à fait à bout de ces usages, pas plus qu'elle n'a réussi à discipliner les réjouissances et les festins, tant il est difficile d'empêcher qu'on arrose un rite de passage ou qu'on l'entoure des gestes propitiatoires de la fécondité, nombreux au repas ou durant la nuit des noces.

Libertés et vertus

La sexologie d'avant le mariage s'interroge sur la vertu de nos ancêtres et se demande comment ils pouvaient accepter une continence prolongée. La France des campagnes (beaucoup moins celle des villes, où les mœurs sont plus libres sinon plus libérées) est un pays de sagesse, d'adresse ou d'hypocrisie. Pour les garçons, qui risquent peu de chose, tout est possible entre le ils-ne-font-rien-du-tout des pessimistes, et le ils-font-tout des optimistes paillards ; onanisme, bestialité, sodomie, ces deux derniers crimes punis de mort, ne sont pas réservés à la populace (Saint-Simon évoquera les jeunes gais de la cour du grand roi, où Monsieur donne l'exemple avec le chevalier de Lorraine), ils sont en tout cas dissimulés. Enfin, prostitution de village et de ville, relations ancillaires. Pour les filles, surveillées de près, quittant peu la maison paternelle, persuadées de la valeur religieuse et sociale de leur virginité, redoutant un déshonneur qui les ferait rejeter de la famille et exclure du village, la continence s'impose, que tempère le *petting* furtif au coin des haies, au recoin des greniers et des fenils. Les vierges folles sont les victimes de leur corps ou, trop souvent, pour les domestiques, du bon plaisir du maître et de ses fils. C'est dans la plupart des cas une aventure bâclée et banale qui conduit la pauvre fille délaissée devant le notaire et le magistrat pour déclarer sa grossesse et réclamer une mince justice. M.C. Phan et J. Depauw l'ont clairement montré à Carcassonne et à Nantes. Les sages sujettes de Louis XIV et de Louis XV, qui eux ne donnaient pas l'exemple, pouvaient toujours compenser leur abstinence par les jeux plus ou moins innocents de la veillée, de la vogue ou de bien d'autres encore, la moisson ou la vendange aidant. Les filles séduites et plus ou moins perdues, basculées sur les bruyères, dans les fournils ou dans les granges, paient les pots cassés, car les séducteurs, hommes mariés, célibataires, voire ecclésiastiques, gens de peu ou gens aisés, souvent soldats, risquent gros, mais s'en tirent toujours.

La tolérance des uns et le machisme de tous font le malheur des filles. Ce sont, répétons-le, aventures d'exception, ce que prouvent les calculs, même s'ils ne peuvent pas tout mesurer, et surtout la vertu : l'enquête de l'INED, qui a reconstitué le maximum de familles dans 40 villages du terroir, trouve une série de taux très faibles pour les conceptions prénuptiales : 60 ‰ pour 1720-1739, 106 ‰ pour 1770-1789. La proportion de jeunes femmes enceintes le jour des noces est basse, mais elle ira en augmentant ; toutes les évaluations que l'on peut faire pour arriver à un taux approché de filles séduites — calcul qui consiste à additionner pour un village le nombre des conceptions prénuptiales (filles séduites ayant régularisé) à celui des naissances illégitimes réel (environ quatre fois plus que le chiffre déclaré), et compte tenu du fait que les rapports sexuels sont rarement féconds à tous coups — déterminent une proportion de rapports prénuptiaux inférieure au quart : 20 % en 1700, 30 % en 1789.

Bref, nos ancêtres sont vertueuses mais relativement, et toujours plus dans les campagnes que dans les villes. Jacques-Louis Ménétra, sans prétendre témoigner pour toutes et pour tous, évoque pour ainsi dire à chaque page du *Journal de ma vie* la liberté sexuelle des cités entre 1740 et 1790. Les jeunes mâles, de 15 à 27 ans, s'y montrent peu difficiles quant aux choix : les veuves défraîchies, les prostituées d'occasion sont des proies moins farouches à séduire que les « filles de famille » et les

Le bon ménage savoure les joies simples de la famille, tandis que maîtres et domestiques chez Rétif de La Bretonne sont soumis à d'autres incitations (vignette pour Le Paysan et la Paysanne pervertis*).*

« petites cousines » ; quant aux moyens, ils vont des promesses non tenues, des parades quelque peu brutales aux viols plus ou moins collectifs. A Paris et dans les grandes cités que traversent les routes du compagnonnage, on vit en concubinage ostentatoire en dépit du curé et du commissaire, et ce n'est pas l'indigence qui dicte les conduites mais l'attente prolongée dans une chasteté impossible et illusoire pour de jeunes célibataires qui se préparent au saut matrimonial. On imagine pourquoi l'Église a voulu contrôler et christianiser à la ville et aux champs les solidarités de jeunesse et de groupe, qui institutionnalisent les conduites en fonction de l'état des mœurs, des traditions et des besoins de la classe d'âge des mariables. Ces jeunesses échappent à la discipline, elles imposent les conventions qui règlent le passage des deux promis du groupe de la jeunesse, de la bachellerie des célibataires, à la coterie des gens mariés, pourvus d'une maison et bientôt de marmots. Charivari, pelote, chevauchée des cocus, cortège des ânes, plantation des maïs sous les fenêtres des accordés sanctionnent diversement le respect ou l'infraction aux normes. L'Église pudibonde et la police sourcilleuse multiplient les barrages à ces débordements joyeux, violents, festifs : elles réussissent souvent en ville, moins souvent au village. Dans les cités, l'élite d'abord reprend sa jeunesse en main et la discipline dans les institutions éducatives ; les associations de jeunesse sont déclassées vers le populaire. Dans les campagnes, le besoin du groupe juvénile reste fondamental pour exclure les déviants et maintenir la cohésion de la communauté. Entre villes et villages le monde de la marginalité et de la mobilité compose un autre horizon de liberté.

Saisons et carte du tendre

La législation civile et religieuse transige avec la coutume et les contraintes du milieu. On se marie surtout hors des grandes périodes de « temps clos » interdites par l'Église : Carême et Avent (en gros décembre) ; en dehors aussi des périodes de grands travaux ; peu souvent en mai, mois réputé porter malheur et que les clercs consacrent à la Vierge. On se marie après s'être choisis ou après que les parents aient arrangé les noces, mais en fonction de conditions maintenant bien connues et chiffrées. Sauf si la paroisse est trop petite, on se marie au village, surtout les filles, les noces étant célébrées le plus souvent chez les parents de celles-ci : la proportion d'endogamie paroissiale atteint ou dépasse 65 et 75 % ; les trois quarts des mariages qui restent se concluent dans un rayon de trois à quatre lieues (10 à 15 km) ; l'espace matrimonial des hommes est toujours plus vaste que celui des filles, de même celui des catégories intermédiaires, artisan de village, cabaretier. Dans les villes, les taux géographiques calculés au mariage varient selon la taille des cités et l'ampleur du brassage humain : à Paris, vers 1750, 25 % de Parisiens dans les contrats de mariage, à Lyon 56 % de Lyonnais et 60 % de Lyonnaises, à Marseille 50 % et 60 % de natifs, à Bordeaux 60 % de femmes et 40 % d'hommes. La distance parcourue reste toujours proportionnée à l'attraction urbaine et varie quelque peu selon les catégories sociales et les métiers.

Enfin, chacun se marie partout dans son milieu, sa profession, voire même sa classe. Le taux d'homogamie socio-professionnelle peut d'ailleurs être adroitement utilisé pour mesurer la cohésion des groupes sociaux et la mobilité sociale. La règle générale est à une forte homogamie, d'autant plus grande que le groupe est isolé ou le métier spécialisé : au village, les vignerons du Beaujolais et ceux d'Ile-de-France battent tous les records avec 90 %, dans les ports les pêcheurs atteignent 80 %; à Paris, les ébénistes 85 %. A Lyon, à Rouen, à Bordeaux, à Marseille, dans la capitale, l'homogamie majoritaire varie selon les milieux de 50 à 75 % ; le brassage est toujours plus fort, mais deux catégories seulement montrent une exogamie confirmée, les élites nobiliaires et négociantes, qui tissent le réseau de leurs alliances sur tout le royaume et au-delà, les classes populaires dont les contractants viennent souvent de loin et pour lesquelles le mariage stabilise dans la cité. Voilà la trame dessinée, et avec elle posé le vieux débat du pourquoi des unions, intérêt, inclination, arrangement, voire même l'amour se disputant la réponse. Elle relève pour une bonne part de la vie du couple, car si l'on peut associer le bon sens et la sociologie, les amants ont toujours du goût l'un pour l'autre parce qu'ils ont les mêmes goûts (P. Bourdieu).

MARI ET FEMME

La vie familiale ne commence pas sous de semblables auspices selon qu'elle est organisée par la raison ou par l'amour. Les archives et presque toute la documentation conservée militent pour l'hypothèse la moins romantique : lois, coutumes, autorité des parents, contrats et comptes montrent que tout a été négocié et que l'on unit des biens. Les bergères n'épousent pas les princes. Mais, en deçà de ce constat, il n'est pas interdit d'imaginer une relation spécifique aux temps anciens. L'amour existe, mais à sa manière bien différente de la nôtre, car « aujourd'hui, on peut épouser une frêle jeune fille, on ne lui demande pas de faire quinze enfants tout en allant cueillir les choux » (M. Segalen).

L'étude de la nuptialité dégage l'accord établi entre choix individuels et contraintes sociales. La question est de ne pas réduire le phénomène à l'angle d'observation, tout vers le social, tout vers l'individuel ; l'absence de documents explicites rend l'entreprise difficile, encore qu'on puisse en trouver ; les déclarations de grossesse fournissent des exemples de relations sentimentales, les demandes de dispense adressées aux évêques par des cousins trop proches, des veufs, des veuves, des parrains, des marraines, que frappent les interdits spirituels en donnent d'autres ; les unes racontent des histoires mal vécues, mal finies, les autres définissent un modèle idéal que gère l'Église et mélangent la spontanéité avec le désir de respecter les normes, surtout quand le curé tient la plume. Mais dans tous ces textes, on peut voir, sans rétrodiction à partir de nous-mêmes, qu'il ne faut pas opposer choix personnel et règle sociale, instincts et calcul, cœur et raison, car la société n'est pas plus rationnelle que les individus qui la composent et pas moins passionnée qu'eux (G. Durand). Le choix du conjoint se fait sur la trame des attraits perçus, des intérêts comptabilisés, des interdits acceptés ou non, des normes imposées. Les transgressions ne sont pas impossibles, on peut fuir en soi-même ou quitter le village. Les infractions aux règles sont sanctionnées dans le rire, la dérision et la cruauté par la jeunesse.

Le choix du conjoint

Pour les milliers de cas normaux il faut imaginer comment s'est formée l'attirance et s'est fortifiée l'« amitié », car c'est le mot qu'emploient les témoignages, en ce qui concerne les fréquentations de l'enfance et les relations de voisinage. Sur ces jugements se fondent l'accord des parents — il ne faut pas que les différences soient trop grandes —, l'initiative des filles et des garçons, la conscience des limites et des contacts. Les raisons du mariage sont celles d'une recherche pour une vie commune, difficile et rude ; il faut être marié pour vivre, on ne peut se payer le luxe de vivre pour être marié ; l'existence commune peut avec le rapprochement des corps faire naître l'effusion, mais d'abord il faut *subsister*, le mot revient toujours sous la plume maladroite des demandeurs de dispense. Le cœur peut faire son choix s'il donne plus de capacité à affronter le malheur. C'est pourquoi la beauté compte, certes, mais moins que la valeur corporelle et physique d'ensemble, moins que la capacité à l'effort et l'ardeur au travail : « Belle femme, mauvaise tête. » Le mariage est d'abord un ménage, où la réussite repose sur la force et la stabilité du couple. Vive les femmes de beau sang, bien charpentées du bassin, bien en chair, propres à faire les enfants et le reste. Le champ des possibilités ? Il est de 5 à 7 paroisses au maximum, offrant une petite centaine de mariables par an dans les limites sociales de l'endogamie et des âges : les probabilités de combinaison peuvent s'évaluer à un millier, et le choix est unique. Ce qui le fixe, c'est la connaissance qu'on a des uns et des autres, élaborée dans les jeux, à l'école malgré la non-mixité, à l'église, aux fêtes religieuses, aux cérémonies familiales, dans les cortèges de noces, aux marchés et aux foires, dans les réunions et les cérémonies bachelières, en gardant les vaches et les moutons, en glanant ; à la ville en faisant les courses et dans l'escalier des grandes maisons pleines de bruits et de vie, dans la rue et ses bousculades. Ainsi se forment le regard et la main, le sentiment et la familiarité, tout le monde se connaît, et chaque famille a son histoire et sa légende, qu'on épouse. Ces relations ne vont pas sans rudesse : on se bouchonne en Bretagne, partout de bonnes bourrades expriment l'affection ; ni sans quelque tendresse manifestée par de menus cadeaux et des billets doux quand on sait écrire. Ainsi se préparent les bonnes associations qui ne sont pas seulement changement de statut, sacrement, échange sexuel, ensemble de rites et de réjouissances, mais reprise d'une exploitation et association pour le travail. Dans le peuple des villes comme dans le monde rural, il s'agit de fonder un foyer, lieu d'économie et de vie besogneuse, lieu d'échange entre les sexes et les générations ; c'est la famille.

Familles des villes, familles des champs

Sous le mot famille, l'historien regroupe bien des réalités qu'organisent les manières de vivre — citadines ou rurales —, les coutumes et les systèmes successoraux, les structures de traditions régionales. En ce domaine, la France reste diversifiée malgré toutes les tentatives pour dégager une géographie correspondant à des ensembles cohérents d'orientation spécifiques de la communauté familiale. Dans l'espace comme dans le temps, celle-ci est tiraillée entre deux façons de vivre : celle qui domine aujourd'hui, la famille conjugale ou nucléaire, rassemblant un couple avec ses enfants et rarement d'autres parents ; celle qui faisait prédominer les liens du sang et réunissait sous le même toit grands-parents, parents, enfants et aussi les collatéraux, frères et sœurs, avec leurs conjoints, oncles et tantes, cousins plus ou moins proches.

En ville, au temps moderne, domine le premier type qu'imposent la formation instable d'une population éloignée de ses traditions et les conditions de vie. On ne voit persister des associations larges d'oncles, de neveux, de cousins (souvent temporaires), que dans les milieux liminaux des migrants réunis dans les cours par affinités régionales et regroupements régionaux ; ainsi dans le Paris des Lumières les tribus auvergnates et occitanes, où il y a d'ailleurs peu de couples. Quand se fait un mariage, l'association large s'achève. A l'opposé, dans les hôtels de l'aristocratie, liens du sang et fidélités rassemblent les générations et les alliés, le cousin vieux mousquetaire et la douairière qu'on loge sous les combles. Pour la majorité qui vit dans une pièce unique (75 % de la population de Paris entre 1700 et 1790), ou qui s'entasse dans deux ou trois pièces, boutiques et ateliers compris, la famille est déjà très moderne, même si les modes de travail artisanal et marchand admettent souvent la présence de deux générations ou trois : grands-parents, parents, enfants. A Paris, à Lyon, à Rouen, métropoles où s'entrelacent les traits du passé et de l'avenir, c'est la règle ; le mariage et surtout la famille peuvent compromettre et détruire l'équilibre fragile en économie de survie, entre ressources et besoins. Dans les classes inférieures, quand domine le salaire à l'ancienne, c'est la situation familiale et le nombre réduit d'enfants qui permettent l'épargne et une aisance précaire. On peut lire ici l'amorce d'un changement de comportement.

Dans les campagnes, et pour simplifier quelque peu, observons que trois ou quatre types l'emportent. Dans la France du nord règnent les familles simplement conjugales. Au rythme de la mortalité du temps on y trouve peu de grands-parents, ils meurent trop vite : au moment du mariage, vers 1700, la probabilité de voir présent un parent est de 1 sur 4 ; la pyramide des âges de quelques villages donne moins de 10 % de la population dépassant soixante ans d'âge. Les survivants font figure de phénomènes et de héros à la Greuze, quand tout change avec le XIXe siècle. Quant aux enfants qu'on imagine grouillants autour de l'âtre, ils sont en réalité fort peu nombreux car ils meurent en trop grand nombre et trop tôt. A Auneuil-en-Bray, Thomas Alepée, manouvrier, et sa femme Antoinette Rublin ont eu, entre 1667 et 1699, 22 enfants, dont moins du tiers a survécu ; à Saint-Genis-Laval, les Renard-Mortier ont eu 7 enfants de 1694 à 1777, 3 survivent à cette date. Enfin, rares sont les époux qui peuvent calculer au bout de vingt ans d'union le bilan de leur descendance : ils meurent, l'un ou l'autre, en route. La réalité du *nucleus* ancien est faite de cet équilibre précaire entre la vie et la mort. Les petites gens n'ont que de petites familles, et ce sont souvent des familles complexes, avec des enfants de plusieurs lits, car les nécessités de la vie et du travail imposent le remariage rapide. En même temps, l'aide des enfants pour le labeur, souvent invoquée, ne peut être qu'aléatoire et tardive, car entre les survivants les écarts d'âge sont considérables : en attendant qu'un garçon travailleur, une fille vigoureuse puissent aider aux champs ou à la vigne, ce sont surtout des bouches à nourrir, et moins une aide qu'une relève possible. Pour les enfants eux-mêmes, le vécu est à l'image de la fragilité de la vie et de sa violence, les frères et sœurs disparaissent, les mères passent. La famille est une confraternité disloquée par la mort (G. Durand), qu'on vit moins dans l'insouciance que dans la responsabilité et l'isolement ; chacun est engagé très tôt dans le rôle à tenir et l'appui à donner aux parents, aux puînés, aux champs et à la maison.

Dans les pays d'oc, des Alpes du sud à l'Atlantique, des Pyrénées au Limousin, la famille correspond à une « maison », et les façons de vivre changent, car s'interpénètrent les générations consanguines. Les règles successorales associent indivision du patrimoine, autorité de l'aîné et liberté de tester, le tout se confondant avec une propriété de fait, alors qu'au nord la complexité des coutumes et leur évolution favorisent moins l'idée de perpétuation patrimoniale et davantage le souci du bien-être de ses membres, encourageant l'égalité et l'individuation. Au sud de la France, on trouve six personnes, et parfois plus, par feu ; le père règne en maître et en propriétaire ; l'aîné, l'héritier présomptif, travaille pour rien en attendant la succession ; les filles sont dotées si elles se marient et les autres garçons, recevant moins, peuvent rester ou s'en aller à leur gré. En Gascogne, en Auvergne, dans le pays d'Ussel, en Limousin, en Languedoc pyrénéen, en haute Provence, en Ubaye, avec des nuances, on retrouve ce modèle où les rapports familiaux comme les rapports sociaux sont dictés par une vieille tradition des droits romain et écrit. La « maison » abrite plusieurs couples, elle a plus de valeur symbolique que les individus eux-mêmes qui, dans la vie courante, portent leur nom de baptême suivi de celui de la maison. C'est l'oustau de Montaillou. La famille met ici en valeur une très forte solidarité du groupe, mais il est difficile de mesurer le poids du modèle ; les comptages donnent des pourcentages de 10 à 40 % selon les communautés et les régions. En d'autres termes la famille conjugale est partout majoritaire. Mais n'est-ce point de bon sens, puisque la famille large à héritier unique ne peut exister que dans les milieux de propriétaires. Pour les autres, dont la descendance n'a pas grand-chose à attendre, les relations nucléaires l'emportent et la famille est en miettes.

Ailleurs encore on trouve d'autres combinaisons. Dans le Centre, quelques cantons bien étudiés à La Courtine, dans l'Ouest, en Poitou, dans quelques bailliages d'Anjou et de Bretagne, on voit des groupes familiaux abondants et complexes avec parents, enfants mariés, un ou deux collatéraux mariés ou non, enfants célibataires : c'est la *famille souche*, quand avec la dot apportée par brus et gendres on dédommage les frères et que tout le monde est tenu de vivre ensemble ; la maisonnée est alors unifiée et l'exploitation, jamais petite, est bien conduite par le travail de tous, car une seule paire de bras ne pourrait suffire. Parfois l'association s'élargit encore, et se constituent *frérèches* et *communautés taisibles*, bien connues en Nivernais, Bourbonnais, Auvergne et Limousin. Les affaires s'y compliquent et la vie se fait communautaire pour une exploitation de grande taille et un destin commun sous le même toit, garanti par contrat sous l'autorité d'un « maître et chef ». Contraintes et libertés des individus et des couples s'accommodent tant soit peu. Bien sûr, dans les mêmes provinces, subsistent les familles banales. Au total, s'il n'est pas question de discuter les démarches qui aboutissent à ces typologies recherchant des regroupements territoriaux cohérents dans le lacis des régimes successoraux et des manières de vivre en famille, voire même, certains n'hésitent pas à le faire, à y dénicher l'explication des options politiques actuelles, il sera préférable d'adopter une vision contrastée, comme le veut le bon sens et comme l'implique la nécessité empirique. C'est elle qui creuse les écarts entre règles et pratiques et inspire les façons de contourner les us et coutumes. Pour le reste, la réalité se joue sur le théâtre des relations conjugales, entre mari et femme, et il faut revenir aux rôles et à l'affectivité.

CATHERINE DE LA GUETTE
OU
UNE FEMME A CHEVAL AU XVIIe SIÈCLE

Durant deux cents ans, du bon roi Henri le Quatrième au pauvre Louis le Seizième, environ cent millions de Françaises sont nées et ont vécu dans les frontières changeantes du royaume. Elles n'y ont jamais eu le pouvoir — le vrai, politique et économique —, à quelque temps de régence et de régente près, à quelques exemples de femmes fortes et de tête, chichement comptées. Elles n'en composaient pas moins la moitié d'une humanité villageoise et urbaine, dont l'autre fraction avait pris parti de rire et de les moquer complaisamment au travers de blagues innombrables, machistes, misogynes, sans pour autant pouvoir jamais s'en passer, car la peuplade est maîtrisée par les femmes, dont les attributs et les tâches symbolisent un partage culturel des rôles sociaux et familiaux, ancestral et toujours retransmis. Par millions, elles ont appris de leur mère les douceurs de la vie, et ses heurts et ses malheurs ; elles ont aimé plus ou moins leurs galants, moins ou plus leur mari ; elles ont mis au monde des dizaines de millions d'enfants, dont moins de la moitié survivait ; elles ont quelquefois préféré le célibat à la famille, et Dieu aux maigres joies de la vie ordinaire ; s'il le fallait, un père, un tuteur quelque peu autoritaire pouvaient les y contraindre. A elles de régner sur la table, le jardin, la basse-cour et l'office, le foyer et les berceaux, les tissus et le vêtement ; à elles aussi l'éducation mesurée et l'écriture et la lecture rares, mais à elles encore le dit et le conte, la langue bien pendue et le bavardage du clos et des veillées — une sagesse.

Choisir entre ces millions de destins un exemple chargé d'incarner une spécificité et une diversité n'est pas chose facile. Les femmes écrivaient peu de Mémoires, journaux et autobiographies qui permettent de les mieux connaître, et celles qui écrivaient, pauvrement ou en abondance, sont pour la plupart connues et reconnues, de Louise Labbé à Manon Roland, de Françoise d'Aubigné à Germaine de Staël, de Mme de Sévigné à Mme Favart. Entre la littérature, la galanterie, la vie quotidienne et la distinction, l'historien, surtout quand il est homme, ne peut que tergiverser. Peut-être alors vaut-il mieux, plutôt que de privilégier un personnage, mettre en valeur une tradition, un milieu. Mme de La Guette s'y prête.

Elle a rédigé des *Mémoires* qu'on peut lire avec plaisir et intérêt parce que Moetjens d'Amsterdam les a sauvés de l'oubli en 1681. Son *Avis au lecteur* mérite d'être cité car il éclaire l'ambiguïté d'une publication dont on a largement contesté l'authenticité : « Ce n'est pas sans raison qu'on peut assurer le lecteur qu'il trouvera dans ce livre de quoi contenter sa curiosité dans la diversité des rencontres et des événements qui y sont contenus avec toutes leurs circonstances. Comme Mme de La Guette est connue en ce pays-ci aussi bien qu'en France, je ne doute pas qu'on prenne plaisir à lire ses *Mémoires*, qu'on trouvera non seulement très véritables, mais encore assez bien tournés et bien écrits pour une femme qui ne s'est jamais mêlée de composer des histoires (je l'appelle femme, bien qu'elle ait une humeur entièrement opposée à celle de son sexe, puisque je lui ai ouï dire plusieurs fois que qui pourrait voir son cœur à nu le trouverait tout viril et y remarquerait une générosité qui n'est pas ordinaire aux femmes). Elle a infiniment d'esprit, et elle est capable de plusieurs choses ; ceux qui la connaissent à fond ne contrediront pas ce que j'avance ; car ils savent ce qu'elle vaut. Pour moi, je me contenterai de l'admirer et de donner lieu au public de l'admirer aussi... »

En un mot, de la difficulté d'être femme et d'hériter des goûts et des qualités du sexe fort quand chacun doit rester à sa place, et, en même temps, de la difficulté d'être soi-même. Les *Mémoires* de Mme de La Guette illustrent l'existence des provinciales de la noblesse. C'est une « laboureuse de bonne foi », comme elle dit joliment d'elle-même, bien différente des brillantes dames de la cour et des précieuses de Paris. Sa vie évoque le rôle de ces intermédiaires entre les sexes, entre les groupes, entre les âges, qui régentent avec finesse et désintéressement manoirs et seigneuries, tablées d'enfants et de domestiques, apothicaireries et fabriques. L. Febvre en avait vu l'importance fondamentale pour la diffusion du protestantisme et des réflexions religieuses, mais l'on attend encore le travail, qu'il suggérait, capable de prendre en charge leur labeur quotidien, et, en leur rendant justice, qui les doterait d'une vraie personnalité historique. En effet, l'Ancien Régime a bénéficié peut-être plus qu'aucune autre période de notre histoire de l'influence civilisatrice profonde et durable de la société féminine, et cette chance historique se joue ailleurs que dans les salons et les ruelles de la ville, ou affrontée aux feux des théâtres de la cour. Mme de La Guette permet d'entrevoir la complexité des situations féminines quand les rôles peuvent se confondre, quand l'amour, pour un mari, pour des enfants, s'avère possible, quand une femme peut faire de la politique et, même sans illusion, en plein temps de Fronde, choisir son camp.

Catherine de Mendrac est née, le 20 février 1613, d'une famille d'ancienne noblesse normande par son père ; d'un solide clan de parlementaires parisiens, les Daviet, par sa mère. Tout ce monde est possessionné au nord-ouest du Gâtinais, entre Seine et Yerres, autour de Grosbois et de Mandres. Catherine a une sœur dont on ne sait rien sinon qu'elle a épousé le sieur de Vibrac, capitaine du château de Grosbois, qui appartenait au duc d'Angoulême, époux de Charlotte de Montmorency. Ainsi, personne dans cette famille n'a les pieds dans un seul sabot, et les Mendrac touchent à la cour, à la meilleure gentilhommerie d'Ile-de-France, au parlement. Ce n'est pas un mauvais départ dans l'existence. Catherine doit à ses atouts divers une éducation exemplaire. Elle dit de sa mère : « Très honnête et habile femme, puisque par ses soins et par son économie elle a laissé en mourant sa maison assez opulente... [elle] eut assez de charité et de bon naturel pour me vouloir nourrir elle-même, quoique cela ne soit pas ordinaire en France aux gens qui ne sont pas du commun... Elle m'éleva donc, cette bonne mère ; et sitôt que je fus hors de l'enfance, elle commença à me donner de petits soins dans sa maison, et me faisant toujours rendre compte de ce qu'elle m'avait commandé. Il n'y a rien qui ouvre tant les esprits des jeunes filles que de les faire agir de bonne heure... » A douze ans, elle est envoyée par ses parents à Paris, chez son oncle Daviet, afin de la décrasser de son air rustique. Avec de bons maîtres, dont on ignore tout, elle y gagne le goût de l'étude, la façon de faire des vers, des relations et des usages, et sans doute une solide formation religieuse. Par sa famille, par ses relations, Catherine est liée à la meilleure robe parisienne, où l'action et la réflexion sont à ce moment tournées vers la réformation spirituelle. Les liens acquis dans les années vingt et trente ne seront jamais oubliés, quand, plus tard, Mme de La Guette s'installera à Sucy-en-Brie sur les terres de son mari ; elle y fréquentera ces mêmes familles qui ont là leur château et font à la belle saison d'agréables retraites champêtres. « Toutes celles que je nomme passaient là tous les étés à leurs belles maisons de campagne, et me faisaient la grâce de m'aimer, si bien qu'il ne se passait de jour que nous ne fussions ensemble pour nous divertir agréablement », écrira-t-elle dans ses *Mémoires* évoquant Jeanne Molé, fille d'un premier président, un temps garde des Sceaux, mariée à un président de la Chambre des enquêtes ; Mme de Masparault dont l'époux est conseiller du Grand Conseil ; Mme de Coulanges dont le mari Philippe, maître des Comptes, est le tuteur de la jeune Marie de Rabutin-Chantal, qui vient avec eux chaque printemps et qu'on va marier au marquis de Sévigné ; Mme Tronson encore née de Masparault. Guitare, chants, promenades, collations et bains, dans l'Yerre et dans la Seine, composent le loisir des jeunes et des moins jeunes, les belles voisines de Quinsi et les gentilshommes. Jusqu'ici, rien ne caractérise particulièrement l'enfance et la formation mondaine de Catherine de Mendrac. Deux traits vont brusquement la tirer hors du commun.

D'abord, la jeune adolescente qui pouvait composer un quatrain à la demande et jouer la romance avec ses amies obtient de son père les leçons d'un maître d'armes. Catherine devient une rude bretteuse, tirant les armes et maniant le pistolet comme n'importe quel jeune officier ; elle monte à cheval sans crainte et avec belle humeur. Elle chasse à courre avec les hôtes de Grosbois. « Je n'en quittais pas ma part, parce que ç'a été une de mes passions dominantes. Au retour de la prise du cerf, il y avait un extrême plaisir d'en voir faire la curée et d'entendre sonner un grand nombre de cors pour animer les chiens, qui faisaient un clabaudis le plus grand du monde dans le chenil. » Bref en un temps où les précieuses discutent de l'égalité des chances entre les hommes et les femmes, et quand l'abbé de Pure fait l'éloge des Amazones, Catherine de Mendrac prouve qu'on peut être écuyère, chasseresse, guerrière, chevaucheuse de plein bois et de lande sans perdre un pouce de féminité. Après son mariage, on la verra affirmer de belliqueux penchants : « J'ai toujours été, avoue-t-elle, d'une humeur plus portée à la guerre qu'aux exercices tranquilles de mettre les poules à couver et de filer la quenouille, quoiqu'on dise qu'une femme ne doit savoir que cela... » Pendant la Fronde des princes, la voilà engagée pour son compte et pour le roi, la reine mère et le cardinal, dans une partie qui l'oppose à son époux et à son fils, tous deux partisans des Condés : « Mon mari fut assez malheureux d'être au nombre de ceux qui les suivirent. Je dis malheureux encore une fois car l'on ne doit pas quitter le service de son roi quoi qu'il advienne et sous quelque prétexte que ce puisse être. » Elle réussit à tromper le prince de Condé, après le combat du faubourg Saint-Antoine, et à le détourner de poursuivre Turenne qui était alors en mauvaise posture : « Paris à dos, la Seine à boire et 18 000 Lorrains en tête. » La cour alors l'utilise pour gagner, en Guyenne, M. de Marsin, qui commande les frondeurs. Elle traverse la moitié de la France, en carrosse, à cheval, échappe aux embûches, trompe son monde, se déguise (on la prend pour un grand seigneur dissimulé sous des habits de femme), retrouve son mari et son fils, qui servent auprès de M. de Marsin, négocie le rapprochement, revient à grandes journées ayant contribué à sa manière, et peut-être pour revoir plus vite son mari, à accommoder les princes révoltés et la cour. Elle n'en tira ni honneur ni richesse, car M. de La Guette, fidèle à son patron, M. de Marsin, accompagna celui-ci dans son exil volontaire au service de l'Espagne. « Cela fut cause que je n'osais plus paraître à la cour et que tous les services que j'avais rendus demeurèrent ensevelis, ce qui ne m'empêchait pas d'avoir la plus grande satisfaction du monde en moi-même puisque j'étais cause que tant de gens avaient reconnu leur erreur et étaient rentrés dans leur devoir. » Elle reprit alors à Sucy une vie de châtelaine active, en imposant aux bandes qui hantent alors la région parisienne, maraudant et grivelant. Elle administre, gère, dirige paysans et travailleurs ; elle règle les différends entre laboureurs du voisinage et même gentilshommes. En bref, elle agit comme un homme, seigneur de village, patriarche autoritaire, bienfaisant et actif, fidèle à la fois à la double image de l'épouse qui conserve le patrimoine et permet à la maison de tenir son train (elle y est aidée par le fait même qu'elle ne participe pas à la vie de cour), et en même temps elle règne et dirige comme l'avait fait son mari, lequel guerroie sur les champs de bataille de Louis le Quatorzième. Ainsi, elle a sa part dans le brillant et le solide d'une société dominante qui se polit et se civilise par en haut.

Mais à tout prendre, qu'est-ce qui faisait courir Catherine de Mendrac ? Ce n'est pas être trop simple de dire qu'elle répondait en vivant ainsi à ses penchants belliqueux, actifs, masculins, mais c'est oublier que son exemple prouve aussi la possibilité de l'amour conjugal et maternel, forces qu'on est bien obligé en son cas de ranger parmi les moteurs actifs des destins individuels.

Je verrais moins dans l'amour extraordinaire qu'elle a toujours porté à son mari, homme de guerre, violent, emporté, l'expression de la sensibilité féminine de tous les âges, que la manière dont elle a vécu avec hardiesse et hauteur d'âme le sentiment, historiquement précisé, qui unissait d'affection raisonnée les conjoints des temps de Louis XIII. Elle a nourri cet amour, des fiançailles à la séparation ultime, avec une chaleur dont on a d'autres exemples — songeons à Mme de Sévigné. M. de La Guette et Catherine ont galopé sur les chemins d'une vraie et durable passion depuis qu'ils se sont vus un jour au château de Grosbois, à travers les conflits qui opposent Catherine à son père, adversaire résolu d'un mariage qu'il n'avait pas combiné, et qui contraignit les fiancés à la fuite et à un mariage secret, rendu possible grâce à la protection du duc d'Angoulême. En dépit des séparations, M. et Mme de La Guette ont eu leur part de bonheur. Catherine prouve encore cette possibilité de l'amour quand dans un geste d'une grande et baroque beauté elle souhaite arracher à la mort son mari : « Je me levai doucement pour aller prendre le corps de mon cher mari, avec dessein de le cacher dans mon lit. Comme je le chargeais sur mes épaules, à quoi j'eus beaucoup de peine, parce qu'il était déjà froid, je fis un peu de bruit [...], ce fut là que je perdis la raison et que je m'emportai avec violence, considérant que je ne verrais plus mon pauvre mari que j'avais tant aimé... »

Catherine de La Guette avait des sentiments analogues pour ses enfants, pour ses fils dont elle parle longuement, plus peut-être que pour ses filles qu'elle décrit peu. Elle a eu dix enfants, en trente ans de vie conjugale (quand son mari meurt en 1665, elle a cinquante-deux ans), cinq garçons, cinq filles ; six meurent tôt en conformité avec les dures lois démographiques de l'époque ; quatre survivent quand elle rédige ses *Mémoires* : une fille est religieuse, l'autre établie à La Haye, un garçon, le cadet, est au service des princes d'Orange, l'aîné est tué à la bataille de Maestricht, et les dernières pages lui sont presque entièrement consacrées. On ne les lit pas sans être quelque peu impressionné. On sent là l'expression authentique d'un sentiment maternel et c'est une des richesses de son témoignage, parmi d'autres. Catherine de La Guette peut séduire enfin par son franc-parler, par sa hardiesse, par ses qualités de cœur. Sa vie la fait échapper aux clichés.

Mémoires de Mme de La Guette, préface et notes par M. Moreau, Paris, 1856, et P. Viguié, Paris, 1929.

Le « Débat pour la culotte ». Dans le couple, l'autorité maritale qu'imposent la loi et la coutume cède parfois la place à l'image non moins traditionnelle de la revendication ou de la tyrannie féminine (gravure de Guérard).

Autorités et affrontements

Morale domestique et habitus conjugaux imposent l'autorité des maris, ce qui correspond au modèle patriarcal et monarchique, et se traduit dans les rituels folkloriques du mariage, la sagesse des proverbes et les présages. Cette autorité maritale est l'objet de la surveillance des bachelleries et confréries de jeunesse, car le gouvernement de tous les ménages est l'affaire de la communauté entière. Ainsi se perpétue une solide tradition d'antiféminisme, maintenue sans beaucoup de contestation, plusieurs siècles, et dans tous les milieux, manifestée dans les écrits des doctes, diffusée par les livrets bleus du colportage — (*Le Miroir des femmes, L'Alphabet de l'imperfection et malice des femmes*) — ou les estampes populaires — *La Forge du grand Lustucru, Le Monde à l'envers* et au XIXe siècle *La grande querelle des ménages* dans l'imagerie d'Épinal. Les fantasmes masculins se nourrissent pour l'essentiel d'une double représentation de la féminité, maléfique : autoritaire, geignarde, diabolique, femme harpie, femme chipie ; bénéfique : travailleuse, entreprenante, vertueuse, bonne mère, bonne épouse.

Nul doute que les enfants d'autrefois n'apprennent très tôt à entendre les comportements familiaux, à intérioriser ces façons de voir et de faire. L'Église y contribue avec les élucubrations de saint Paul et sa méfiance envers les descendantes d'Ève, la croqueuse de pomme. D'austères directeurs de conscience en font justice. Toutefois dans la réalité rurale et citadine il faut se garder d'une lecture trop conforme à une hiérarchie sociale et culturelle qui interprète en termes de dévaluation ce qui est partage des tâches et coresponsabilité. La considération envers les femmes — si l'on excepte les franges de l'élite, où s'agitent précieuses et femmes savantes, matrones dévotes et courtisanes libérées — dépend de l'efficacité de leur travail et de la manière dont elles se conforment aux règles de l'« honneur du foyer ». Selon les régions, les fonctions sociales de la femme sont plus ou moins subalternes ; le Midi les maintient à une place discrète, voire les enferme quelque peu, le Nord leur reconnaît une part aux affaires et des positions fortes en tout ce qui regarde la communauté et l'économique. Partout existent des nuances entre ces deux tendances, mais le droit romain affirme l'autorité des hommes et l'Église conforte la puissance maritale : « Le mariage, Agnès, n'est pas un badinage, à d'austères devoirs le rang de femme engage » (Molière).

Pour le peuple citadin et rural, pour une majorité dominante des bourgeoisies et des noblesses, l'heure n'est pas sonnée pour la libération de la femme, même si le thème se fait spéculation d'écrivains, à vrai dire peu nombreux (mais non des moindres) au XVIIIe siècle, Diderot, Marivaux, Beaumarchais et Condorcet.

Dans le débat sur l'autorité et les affrontements ordinaires, c'est de la possibilité de l'équilibre entre raison et sexualité qu'il s'agit toujours. Plusieurs forces sont au travail, qui changent progressivement les données de la vieille querelle. Au sommet, une étroite prise de conscience se fait jour : l'égalité et la liberté de l'homme sont aussi celles de la femme. A la base, l'exaltation de la maternité, la montée de l'idéal du couple chrétien et la réhabilitation du mariage, les dévotions envers la Sainte Famille, saint Joseph, les excès mêmes de la répression des pulsions — certains confesseurs vont jusqu'à admettre le refus du devoir conjugal —, composent ainsi quelque peu avec les schémas autoritaires. Le rapprochement entre l'inclination au plaisir et la vie conjugale n'est plus possible. Peut-être même que l'exigence nouvelle du contrôle de soi y contribue aussi. C'est un apprentissage du corps, mais la réciproque n'est pas invraisemblable. En ville en tout cas, à la répression chrétienne du plaisir s'oppose la légitimité du sexe avant et pendant le mariage, malgré la contradiction qui existe entre la libération progressive des mœurs et le maintien des coutumes, entre le rigorisme plus ou moins virulent des Églises et l'épicurisme tranquille des uns et des autres.

TRAVAIL ET LOISIR

Un ménage paysan, c'est aussi une exploitation ; du lopin de terre des brassiers et des manouvriers aux fermes des gros laboureurs, cela suppose une réalité de travail. Un ménage citadin, c'est moins souvent une boutique et un atelier, plus souvent les aléas du salariat des compagnons, domestiques et manouvriers, portefaix et gagne-deniers qui encombrent le marché du labeur en ville ; c'est bien souvent aussi l'irrégularité des petits métiers de la rue, donc là encore la vie ordinaire du travail pour gagner le pain quotidien. Pour une majorité de citadins et de ruraux, c'est pendant des siècles une condition précaire et dépendante, une question de survie, où la santé, l'intelligence de chaque jour, la chance, sont les seules assurances.

Travailler pour vivre, vivre pour travailler

L'histoire du travail, son étude anthropologique n'ont pas grande avance en France par rapport à celles des catégories affectives ou psychologiques. Deux raisons expliquent en partie cela. La première est documentaire : les textes ne sont pas abondants sur l'ordinaire du labeur, surtout celui des humbles ; on vit son travail et l'on n'en parle pas. La réalité est de prise indirecte, comme vue de l'extérieur, à travers les règlements de l'organisation ou les documents de la surveillance urbaine. Dans les campagnes, on saisit la réalité du travail en lisant les livres d'agronomes et les *ménagers des champs*, les propos rustiques de quelques observateurs futés, mais souvent venus de la ville, et dans le déchiffrage laborieux des *livres de raison*, des comptes qui calculent les journées et les tâches, dans le palimpseste des inventaires, qui éclaire par la description des terres, des bâtiments, des objets le bricolage du quotidien. L'autre cause du retard est de méthode. L'histoire du travail n'a été tout d'abord qu'une dépendance imprécise de l'histoire économique et sociale, l'éclairage indispensable par les rigueurs et les hasards des travaux et des jours d'une structure de production rurale et citadine. Bref on attend encore une description de l'histoire du travail manuel, mais pourquoi pas aussi du travail intellectuel, car en ce domaine il ne faut pas se presser de tracer trop vite une frontière rigide. L'affaire en tout cas est entamée sur ses marges, d'abord celle, fondamentale, d'une histoire du temps, qui révèle une organisation traditionnelle du calendrier, des occupations des mois, de la vie même ; ensuite celle de la fête. Depuis 1968 on a beaucoup écrit sur la fête et sur toutes espèces de festif, comme pour célébrer les retrouvailles de notre époque, frustrée par un siècle à peine de mise au ban de la spontanéité, avec la joie d'une fracture dans le quotidien. La fête des civilisations sans écriture et la fête politique ont inspiré des recherches historiques où l'on retrouve les préoccupations d'une analyse sociale et culturelle. Dans la dérive festive, qu'en est-il de la participation de tous et quel est le poids du contrôle des autorités ? quelle part faire au spectacle organisé en vue d'une politique sociale, et à la transe des individus, libérés quelques heures ou quelques jours ? où placer la frontière entre la mise en ordre et le détournement ? Bref, à travers les ruptures régulières ou occasionnelles du quotidien, on retrouve la mise en place des rôles sociaux, la diversité des actes de culture.

Dans la société contemporaine, temps libre et temps du travail s'opposent : le loisir suppose d'autres lieux, d'autres vêtements, d'autres gestes que le labeur, avec des rituels nouveaux (le week-end) et des inversions curieuses (le bricolage et le jardinage du dimanche). Nous pouvons même nous payer le luxe de haïr les dimanches. Autrefois, il n'en allait pas de même. Avec d'autres rythmes et d'autres partages, la continuité l'emportait parmi les comportements. Dans la société paysanne, point de rupture ; à la maison et aux champs, avec les mêmes personnes de la famille et de la communauté villageoise, le repos et le travail ne sont pas brutalement séparés, il y a toujours un travail manuel à faire durant le loisir. Les veillées nocturnes sont le lieu de multiples tâches : casser les noix, faire des paniers, réparer les harnais, filer, coudre, tandis que l'on conte les nouvelles et que l'on dit les contes. Au rythme des saisons s'organise la besogne, avec les coups de collier des labours, des tailles vigneronnes ou arboricoles, des récoltes et des vendanges, avec les temps morts et leur célébration des froidures et des pluies. Les vieux calendriers et le compost des bergers, imprimé depuis 1491, rappellent à tous les occupations des mois, les dates des fêtes et des foires, dans les éditions locales. Le déplacement des biens se plie à ces impératifs : les baux se font à date traditionnelle, à l'Annonciation, à la Saint-Jean, la Saint-Michel, la Saint-Martin. Les déplacements des hommes suivent ces rythmes, avec les louées d'ouvriers et de domestiques, les mouvements de vente et d'échange. La vie se déroule immuable et répétitive, sauf quelques interruptions, le repos du dimanche quand c'est possible, les cérémonies familiales et communautaires.

Mais il ne faut pas exagérer immobilité et permanence. La conjoncture modifie tous ces rythmes ; crises, guerres, épidémies sont cause d'innombrables dérangements dont témoignent les curés. L'étude des calamités, naturelles ou autres, inondations, incendies de village, devrait un jour être entreprise. De surcroît, l'évolution lente des technologies rurales, les changements de la structure foncière entraînent des conséquences importantes sur les rythmes et les pratiques du travail. L'accroissement des besoins urbains, l'introduction de plantes nouvelles, les développements des essarts, des élevages, des cultures spéculatives, la montée des activités annexes — filage et tissage, travail du bois ou du fer, charbonnage —, le recul par endroits des pratiques communautaires, tout cela modifie les habitudes et mobilise différemment les hommes. Manouvriers ruraux et gagne-deniers urbains ne survivent que par un surtravail de toute la famille. Turnep, pois, naviaux, maïs dans le Sud-Ouest, raccourcissent les jachères mais exigent un gros travail supplémentaire ; la cadence de l'existence de tous s'accélère. La phase de croissance des villes crée des appels de main-d'œuvre et la concentration des journaliers qui se disputent de l'aube au crépuscule des tâches minuscules dans une mobilité de tout instant.

Travail des femmes, tâches des hommes

Dans la vie habituelle des campagnes et des villes, le travail suppose une répartition des tâches. S'il le faut, l'appel à la parenté élargie permet de faire face à l'alourdissement passager. En temps normal, femmes et hommes gouvernent des travaux et des espaces séparés et complémentaires. A l'épouse, le monde de l'eau et du feu, puiser, conserver, évacuer, aller au lavoir et au puits, lessiver et laver. A elle

Décembre et ses longues veillées. On y travaille, on y badine, on y danse. C'est le temps des contes et des commérages. Les nouvelles s'y colportent. On y lit rarement (gravure de Mariette).

aussi la préparation des repas, la cuisson des soupes et du pain, la confection des bouillies et des très rares plats de viande. Les cuisines festives heureusement sont quelquefois plus plantureuses. A elle encore, l'entretien de la maison et des vêtements, la couture, le tricot, quand se communiquent aux petites filles les gestes, les conduites, la conscience des rôles féminins (Y. Verdier). A elle enfin, les herbes et les plantes, les expériences minutieuses mais importantes des jardins et des clos potagers (J. Meuvret). Dans le monde des femmes, véritable microcosme de la société villageoise, s'élaborent et se transmettent une morale, une culture. Parlerie et bavardage ininterrompus, nourrissant la confiance ou le soupçon, affirment la nécessité de l'occupation intensive, la responsabilité solidaire de l'exploitation et de sa gestion.

Aux hommes en revanche, les activités productives, l'échange extérieur, l'espace des champs et des herbages, du bois et de la lande, du chemin et de la route. A eux, les gros labours et les travaux de force, le gouvernement du bétail, la bêche, le pic, la houe, la herse, la charrue, la charrette. Aux hommes, ainsi, la morale de la force et de la vigueur du corps, et une violence fondamentale et rustique que dicte la rudesse des travaux et des jours. On ne saurait toutefois accentuer ce processus de répartition des tâches ; il peut varier régionalement et changer avec l'âge ; et surtout la vie agricole exige la coopération (M. Segalen). Les femmes, toutes les femmes participent aux récoltes, les hommes, tous les hommes s'activent à la maison. C'est affaire de hiérarchie sociale et d'âge : Rétif de La Bretonne, le futur capitaine Coignet, en donnent témoignage de la basse Bourgogne à la Brie meldoise.

En ville, avec des transitions, des caractères spécifiques apparaissent. L'organisation en métiers, jurandes, corporations dictant les rythmes quotidiens selon les saisons, dans l'atelier et la boutique, coopération et partage existent entre hommes et femmes. Jacques-Louis Ménétra en raconte la complexité : veuves habiles et maîtresses femmes savent souvent faire marcher les hommes, c'est une frontière d'affrontement sur laquelle se détérioreront ses sentiments conjugaux, car son épouse voudra, un peu trop, battre monnaie, porter culotte et contrôler ses initiatives et sa liberté. Reste, il est vrai, qu'au cœur des cités existe un vaste secteur inorganisé, livré à la tyrannie des employeurs qui peuvent puiser dans la masse toujours renouvelée des migrants. La domesticité, abondante dans les demeures aristocratiques, réduite au foyer de la petite et moyenne bourgeoisie, épouse les rythmes des uns et des autres. L'organisation, les cadences, les mouvements du travail correspondent à une hiérarchie où s'entrelacent les capacités, la qualification, le jeu de l'offre et de la demande, qui permet l'emploi ou le chômage, le statut professionnel et social — le bourgeois artisan et le salarié compagnon n'étant jamais très éloignés l'un de l'autre. Tout cela compose une image du monde des travailleurs, brouillonne, agitée, libertaire, insubordonnée et rebelle, aux yeux de la police et des patrons. Pendant longtemps coexistent la volonté de contrôler temps et rythmes du labeur chez les uns, le refus de la discipline et la fidélité à une conception libre, sinon relâchée, de la vie, l'attachement à la mobilité primordiale dans une culture d'expédients, la négligence à l'égard du temps qui passe, chez les autres. L'effort de l'Église n'est pas à négliger ici, qui vise à discipliner autrement en présentant le travail dans la nécessité du rachat, et le bon ouvrier — sage et constant — dans l'optique de la récompense des œuvres. Pendant longtemps et à leur manière les compagnonnages ont été la réponse à la « pointe », à la vérification, à la surveillance, un moyen de garantir, pour un temps — ils rassemblent les jeunes hommes —, et dans une clandestinité de plus en plus « publique », une sphère de liberté et de sociabilité fraternelle. C'est en même temps une autre discipline — celle des échanges acceptés et contrôlés par les compagnons —, un autre gaspillage de l'argent et du temps. On travaille pour vivre et s'amuser et on ne vit pas pour travailler.

C'est sur la gestion du temps que, dans une perspective longue, se distinguent villes et campagnes. Entre le Moyen Age finissant et l'aube des temps industriels, s'est joué le passage du temps perçu selon les cadences de la nature au temps rythmé et organisé par les horloges et les montres (J. Le Goff). Le premier, contrôlé par l'Église, fonde le calendrier de tous sur l'année liturgique, la succession des dimanches et des fêtes chômées, les cadences campanaires, voire même la séparation des activités, l'*opus dei* de la prière et de l'intellectuel, le labeur des manuels, l'*otium* de la paresse et de la richesse. Le second, avec l'essor urbain médiéval et moderne, laïcise la mesure du temps pour les besoins de la vie citadine, de l'économie marchande et artisanale. Le rythme des horloges mécaniques, d'abord grossières puis de plus en plus subtiles, scande les activités des métiers et les mouvements quotidiens des hommes : le temps du travail, mieux mesuré, bientôt mieux découpé, va devenir enjeu des luttes sociales. « Observateur de la loi de Dieu, respecte le droit royal, la machine qui divise avec tant de justice les douze heures du jour, nous avertit d'observer la justice et d'obéir aux lois... », proclame dès le XIVe siècle la devise de l'horloge installée à l'hôtel de ville de Paris. Les mêmes scansions aident à l'émergence du concept de travail autonome, car toute une activité tertiaire se joue sur la maîtrise du temps, pour l'intérêt marchand, pour le profit de la science (les médecins en propagent la leçon), et pour le juste moment du verbe. Le droit canon et la réflexion humaniste en proclament la justification et la valeur, les économistes en interrogent l'ambiguïté et le statut, car c'est un temps qui ne produit rien. Aujourd'hui encore, on en discute les privilèges de libération.

Ce qu'il faut bien voir, c'est que longtemps coexistent les deux perceptions. D'une part le temps cyclique, où chacun se retrouve, où les tâches sont mesurées à la journée et les mesures de longueur à la durée du travail ou du trajet, c'est celui de la fatalité et de la soumission ; on le gaspille à vie d'homme, on l'utilise au gré des besoins, en allongeant la journée au gré de la besogne à faire et sans rechigner. D'autre part le temps des montres, plus rigoureux et plus difficile à comprendre dans son découpage raisonné, quasi mathématique, qui triomphe, peu à peu intériorisé : il s'installe au XVIIIe siècle chez les élites et dans le peuple urbain d'abord ; à Paris on trouve des montres dans les trois quarts des inventaires après décès : c'est fonction de prestige puis de nécessité. Le balancier, le ressort, le régulateur feront le succès de l'horlogerie anglaise et suisse, ouvrant l'âge de la précision et de la ponctualité. L'homme des villages et des villes a pris possession du temps et le dispute à Dieu pour une autre mise en valeur. *Times is money :* toute une conception du monde, du labeur, du loisir, de la fête, quitte la scène ; une autre discipline et une autre morale prennent la place.

Le temps des loisirs

Quand on a un ministère du Temps libre, c'est que les loisirs font problème. Pendant des siècles, chacun savait s'organiser et rythmer l'année, seul et avec les autres, dans le repos et la fête collective. Dès la fin du Moyen Age, l'offensive antifestive est lancée par l'Église et les autorités séculières ; les réformations protestante et catholique ne font qu'amplifier la censure d'un temps libre spontané. Plaintes des curés, procès de seigneurs (mais pas toujours), avis des procureurs fiscaux, requête des procureurs généraux des cours, écrits de docteurs — on peut relire Jean-Baptiste Thiers là-dessus —, tout témoigne de la volonté de contrôle et de restriction. Il s'agit d'abord de moraliser le calendrier et de reconquérir les moments forts du cycle des réjouissances collectives traditionnelles, entre carnaval et carême, entre Fête-Dieu et Saint-Jean. Ensuite, préceptes et recommandations invitent à discipliner les corps, à faire rentrer dans l'ordre la décence, la mesure, tout ce qui était du domaine des réjouissances débridées et de l'exaltation du corporel ; ainsi la danse qui porte à l'impudicité et les masques qui autorisent les licences anonymes sont mis à l'écart. Par l'interdit ou le compromis, l'Église modifie les conduites, mais pas plus qu'en d'autres domaines il n'y a d'éradication complète. Les conduites de transfert et de contournement l'emportent et les « spectacles grossiers » du peuple des campagnes et des cités se maintiennent, pour commémorer le passage du temps.

En ville, la police des fêtes remporte ses succès dès la fin du XVIe siècle. L'ancien système festif, sous l'action des municipalités christianisées, cède la place à des spectacles plus solennels, les organisations populaires, porteuses traditionnelles de fête, abbayes de jeunesse, confréries, s'effacent ; la place de la fête dans la cité se réduit, et surtout la réjouissance octroyée devient la règle commune : « Alors qu'au XVIe siècle le peuple artisan offrait aux grands le spectacle des chevauchées de l'âne, au XVIIIe siècle, ce sont les autorités qui offrent au populaire leurs feux d'artifice. » Désormais la fête urbaine traduit et justifie un ordre de la séparation, bien que parfois se maintiennent quelques processions paniques ou quelques célébrations exotiques : à Marseille et à Aix l'inventivité populaire se continue dans les cérémoniaux des « jeux de la Fête-Dieu » (M. Vovelle). Mais dans la « fête octroyée » ou tolérée, la distance entre les horizons culturels de l'élite et du populaire s'élargit progressivement (R. Chartier).

Dans les villages aussi, les dominants critiquent l'excessif chômage paysan, tout à fait spectaculaire : avec les dimanches, il faut compter sans doute une centaine de jours chômés par an au XVIIe siècle, soit un jour de repos sur trois ; à Paris, dans les statuts synodaux d'Étienne Poncher en 1515, 46 jours de fêtes fixes et mobiles ; en 1666, au temps d'Hardouin de Péréfixe, 36 seulement, 88 jours chômés dans le diocèse jusqu'à la Révolution. Pour la police champêtre tout se joue autour du dimanche qu'on doit sanctifier sans travailler aux champs et dans une active piété qui s'accommode de quelques tolérances : besoins agricoles obligent. C'est dans la lutte contre d'autres démons antidominicaux que tonnent surtout les prédicateurs : le cabaret et la guinguette, la danse et les fêtes balladoires. Il ne semble pas — l'étude des fêtes en Provence le montre — que le but ait été partout atteint, sauf, et pour quelque temps parfois, dans les diocèses jansénistes les plus tristes. Les fonctions mêmes des fêtes imposent leur permanence, car si l'on célèbre peu ou prou les décrochages calendaires, on ne saurait manquer en tout cas fêtes patronales et bachelleries, qui sont pour la jeunesse affirmation de puissance et contrôle du terroir. Ce sont toujours des compétitions mêlant la violence et la danse, luttes, courses à cheval ou parade à pied, exercices de force, « casser les pots » ou « fesser le mouton », tout cérémonial mettant en jeu rituel de fécondité et symbolique de l'unité. Ces réjouissances expriment souvent l'union des seigneurs et des paysans, car les premiers défendent les seconds devant les curés et les robins ; il y va de leurs droits et de leurs privilèges honorifiques. Il n'empêche que dans l'offensive antifestive des années 1770-1780 se joue encore l'écart entre temps du travail et temps de loisir, la culture des lettrés et celle des peuples. Mais jamais sans doute on n'a tant dansé dans les innombrables assemblées de campagne, ducasses, vogues, frairies, fêtes votives et balladoires, en dépit des condamnations, qu'à la veille de 1789 (N. Pellegrin). Philosophes rêvant de transparence festive, et révolutionnaires imaginant des commémorations unifiantes pourront alors proposer aux gens de peu d'autres gestes du loisir et de la fête, un ordre politique du temps nouveau, une autre innocence.

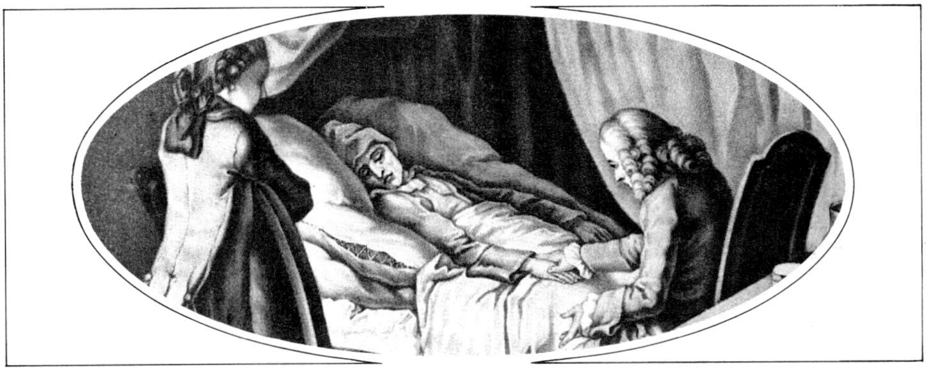

6
Mourir

Les hommes de l'Ancien Régime vivent en familiarité avec la mort. C'est ce qu'il faut comprendre, et ce n'est pas facile pour nous qui l'occultons, en un temps où tout se passe dans la cité comme si personne ne mourrait jamais, sauf sans doute quand il s'agit de parents et de proches ; sauf dans les campagnes, où l'on sait encore quelque peu être solidaires un moment. En fait, de quoi parlons-nous ? de la mort toute seule, nue et sale, d'un vécu diversement perçu, quotidien et quasi anonyme, ou des « attitudes de l'homme devant la mort », c'est-à-dire d'un fonds commun d'expressions, de comportements, de pensées, qui permet de restituer les infléchissements principaux d'un rapport que les hommes entretiennent avec la mort, leur mort, celle des autres. La vérité quotidienne d'autrefois se situe sans doute à la rencontre de l'un ou de l'autre point d'observation : entre la dramaturgie sociale, les conventions, les cérémonies rituelles, les façons d'agir qui aident à être, et la pensée, la conscience assurées de notre seule certitude : « Tout notre fondement craque » (Pascal).

La cité des historiens écrit, médite, bavarde sur les morts passées ; elle s'est armée pour cela. D'abord en travaillant sur la mortalité et en traduisant la mort en chiffres. En ce domaine, l'historien, sans trop d'illusion, est assuré de deux ou trois choses. Les plus certaines proviennent des registres paroissiaux, où les curés depuis longtemps avaient l'obligation d'inscrire les « ensépultures ». Dès le XVIe siècle, les évêques y invitent le clergé avec ténacité ; à la fin du XVIIe siècle, l'État prend l'affaire en main et la législation royale à partir de 1667 enjoint la tenue régulière et complète des listes. Mais les curés agissent longtemps encore selon leur humeur,

Enterrement au cimetière des Innocents, au cœur de Paris. Il confirme la présence traditionnelle familière de la mort dans la cité que l'on trouvera jusqu'au XVIIIe *siècle (anonyme de la fin du* XVIe *siècle, musée Carnavalet, Paris).*

mentionnant les uns, les adultes — les communiants —, souvent les enfants de plus de cinq ans, et rappelant l'essentiel : « Chacun a reçu les sacrements de la Sainte Église », mais oubliant pendant longtemps les autres, la masse des petits enfants voués à l'anonymat du silence. En quatre ou cinq lignes le destin de chacun est résumé. Au XVIIIe siècle toutefois, les actes s'étoffent, quelques curés prolixes accumulant les détails. Avec cela on peut réfléchir sur la manière dont la mort est subie, et comment elle impose ses formes et sa présence, ce qui ne relève pas que de la démographie, car c'est peut-être le fond symbolique de toutes les représentations et de toutes les attitudes.

Pour les représentations de la mort, l'enquête a constitué son matériau en faisant feu de tout bois : on étudie ainsi l'archéologie des cimetières, l'iconographie des monuments funéraires, des tableaux et des gravures, on analyse *livres de raison*, traités spirituels, recueils de sermons et de cantiques, *Ars moriendi*, témoignages des grands et des petits écrivains ; et surtout, avec Michel Vovelle et P. Chaunu, on prend en compte des milliers de testaments où, par l'intermédiaire des notaires, parlent les dernières volontés des mourants d'autrefois. On connaît mieux tout cela quand il s'agit des villes, plus alphabétisées et plus riches, que des campagnes ; on est mieux informé pour le XVIIIe siècle que pour le XVIIe siècle, qui écrit toujours moins et moins bien. Mais au total, avec quelques précautions à l'égard de l'interprétation des textes ou des images, qui témoignent d'abord de leurs auteurs et des inflexions nouvelles que l'Église réformée voulait donner à la mort comme à la vie, on peut suivre le trajet social de la mort, des formes insidieuses et brutales de sa présence quotidienne aux chemins du ciel qu'elle inspire à travers les discours des clercs et des laïcs, sans oublier de marquer une péripétie décisive quand, au siècle des Lumières, s'implantent de nouveaux espoirs dans la vie.

LA VIE DANS LA PRÉSENCE DE LA MORT

On ne meurt pas moins aujourd'hui, on meurt moins vite. Autrefois les rencontres quotidiennes avec la mort étaient vraisemblablement plus fréquentes, car les stratégies sociales le permettaient et organisaient un vécu différent du nôtre, une autre partie de cache-cache subtile entre les vivants (un voir mourir) et les morts (une mortalité). Sur le poids du prélèvement, le taux renseigne : en année normale, à supposer qu'une telle année existe pour l'entier royaume, on admet en gros, du milieu du XVIIe siècle au milieu du XVIIIe siècle, un taux de mortalité entre 280 et 380 ⁰/₀₀, par conséquent le triple du taux actuel, taux toujours dépassé en période de crise ou dans les régions particulièrement mortifères, comme la Sologne. Cette forte mortalité démographique a toutefois plusieurs visages, quotidiens et permanents, accidentels et passagers.

Les statistiques de la mort

Les rencontres quotidiennes avec la mort sont d'abord celles des morts enfantines — on l'a vu, répétitives et majoritaires au premier âge —, qu'aggravent encore la mise en nourrice dans les villes, et l'abandon. Dans leur inégalité territoriale, les taux de mortalité d'une paroisse à l'autre de l'Anjou varient de 6 à 10 (F. Lebrun) ; dans leur inégalité sociale, les écarts de ces taux entre les classes sociales calculés avec précision à Genève sont de 1 à 2,7 (A. Perrenoud). C'est pour tous l'affirmation constante de l'incertitude de la vie. Le vrai problème est là : qu'éprouvaient et que pensaient paysans et citadins du XVIIe et du XVIIIe siècle de ce massacre massif d'innocents ? Ni le silence des témoins, ni le caractère succinct des témoignages, rares, livrés par l'élan du cœur d'un père un peu plus tendre, ni la répétition de conceptions hasardeuses ne permettent de parler d'inconscience ou de résignation indifférente. D'abord on ne peut rien prouver, ensuite les bilans familiaux, peu diserts quand ils le permettent, laissent à penser qu'une notation, si brève soit-elle, est une ébauche de réflexion. Enfin, on ne peut faire l'économie de la conscience christianisée. C'est elle qui permettait — à tort ou à raison, là n'est pas la question — de se rassurer face à l'inévitable. On a rappelé l'habitude de conduire le plus vite possible à l'église les enfants ondoyés pour les faire baptiser (F. Lebrun), on a souligné l'insolite espoir du répit (J. Gélis) et affirmé l'impossibilité de dire que la mort des enfants en bas âge glisse sans souffrance sur les parents malgré les apparences (P. Chaunu). La religion permet le fatalisme et rassure, quand on songe qu'au ciel le petit ange baptisé à temps priait pour tous. Les difficultés de l'existence peuvent alors justifier un fait que le ciel a voulu, puisque être chargé d'enfants comme le père du Petit Poucet ou le bûcheron de La Fontaine est alors un bien lourd fardeau. Une vision du monde tout imprégnée de sacré et de magie autorise le fait qu'on rangeait la mort des petits enfants parmi les phénomènes en quelque sorte naturels, gouvernés par Dieu comme tous les cycles de la vie. L'absence des parents à l'enterrement des enfants ne signifie pas insensibilité mais correcte instruction : on ne prie pas pour un ange ; leur présence, attestée après 1770 en Anjou, en Provence, en Lyonnais, témoigne d'une valorisation nouvelle de la petite enfance terrestre.

Mais la massivité de la mort emprunte bien d'autres formes. Celle des adultes, qu'on connaît bien, et qui frappe en toutes saisons, mais plutôt l'été et l'hiver. Pour les hommes de l'ancien temps la mort de la mère et celle de l'épouse restent un déchirement majeur, d'autant plus peut-être qu'elles surviennent après celle d'un nouveau-né en un temps où l'accouchement reste une épreuve redoutable. Dans le Paris des Lumières, Jacques-Louis Ménétra évoquera la disparition successive de sa mère, emportée quand il a deux ans, au moment de la naissance d'un quatrième enfant et dont il ne conserve qu'une image conforme à son rôle (vertueuse et bonne reproductrice) ; puis la disparition de sa belle-mère qu'il pleurera et regrettera car c'était une « bonne mère »; celle enfin de sa « bonne grand-mère », personnage essentiel de sa vie affective, mère de la mère ravie trop tôt et qu'elle remplace pour la tendresse et l'affection. Entre vingt et trente ans les femmes meurent un peu plus souvent que les hommes, à cause des maternités répétées ; entre quarante et cinquante ans, les hommes meurent bien plus souvent que les femmes, à cause du travail et de ses accidents. Partout les vieillards sont rares avant le XVIIIe siècle, et parmi quelques septuagénaires ou octogénaires chenus (les centenaires se comptent sur les doigts des deux mains : 42 à Lyon au XVIIIe siècle si les curés ne se sont pas trompés, et à Paris, n'oublions pas Fontenelle), les femmes sont majoritaires. On a donc assez peu d'occasions de voir un bon vieillard quitter une bonne vie comme le veut le mythe des ancêtres.

Au siècle des Lumières cependant, le vieillissement de la population est une donnée neuve, si bref que soit alors le gain accompli sur l'espérance de vie et l'allongement de l'existence. La baisse de la mortalité se traduit d'abord à tous âges, et la composition de la population n'en est pas modifiée. Mais l'allongement de la vie peut être aussi différentiel et accuser l'écart entre riches et pauvres, entre villes et campagnes, entre régions et pays. Le recul de la mort et les progrès de la vie affectent ici le vécu et les attitudes différemment, selon qu'ils sont obtenus par le rajeunissement ou par une baisse de la mortalité des gens âgés et des adultes. Dans le premier cas, c'est ce qu'on observe à Genève dans les classes populaires (et il n'est pas impossible que le phénomène soit plus général dans la France prérévolutionnaire), où le recul de la mort entre 5 ans et 30 ans entraîne l'alourdissement du marché du travail, la fermentation de troubles et de tensions politiques. A l'inverse, si à l'autre extrémité de l'échelle sociale les classes privilégiées accroissent leur avance dans la force ou au déclin de l'âge, elles entrent en procès de vieillissement. « Du barbon ridicule au vieillard respectable le regard que la société porte sur l'âge mûr est bien le reflet d'une évolution démographique et aussi le fait d'une réalité sociale » (A. Perrenoud). Dans la vie ordinaire, il est sûr qu'on est à un changement de cap, quand on voit mourir des vieillards comme chez Greuze ou dans les éloges académiques. Le terme de l'existence, l'échelle des âges et la symbolique de la mort familiale se transforment.

Les vieux sont rares dans la société d'autrefois et, si l'on peut dire, on y est vieux plus jeune.
(La mère du peintre Joseph Roques, musée des Augustins, Toulouse).

L'incertitude de la mort

En des rythmes saisonniers, il existait aussi des variations énormes de la mortalité et c'est la *soudaineté* de la mort qui rompt la carapace d'habitudes et de résignation. S'il n'y avait pas eu ces irruptions spectaculaires, l'espérance de vie, une fois passé le cap de l'enfance, après 20 ans, n'aurait pas été si éloignée de la nôtre. Certaines années, le fossoyeur n'arrête pas de creuser les tombes avant de disparaître à son tour. Il y a la maladie, les *contagions*, les épidémies pesteuses, pestifères, les *mortalités* qui multiplient par cinq le niveau moyen annuel des décès. « Tout Beauvoisin (presque certainement tout Français) parvenu à l'âge d'homme avait été le témoin de plusieurs "mortalités", c'est le mot de l'époque, il avait vu décimer autour de lui ses parents, ses amis, ses voisins. Les grandes vagues où la mort paraissait tenir le premier rôle ont lourdement pesé sur l'histoire de notre Ancien Régime, sur son histoire politique, comme sur son histoire économique, sociale et morale. La terreur à l'approche de la saison des morts, la joie bruyante d'avoir survécu, le silence concerté des "notables" sur la "mortalité passée" sont des traits de mentalité qu'on doit tenir pour essentiels. » Ce qu'évoque P. Goubert en Beauvaisis au temps du Grand Roi, F. Lebrun le retrouve en Anjou, E. Le Roy Ladurie en Languedoc, A. Croix en Bretagne, J. Jacquart en Ile-de-France, G. Cabourdin en Lorraine, P. Deyon à Amiens, M. Garden à Lyon, et cent études partout ailleurs.

La peste surtout contribue à façonner le mental collectif, « le mal qui répand la terreur », venu d'Orient par les vaisseaux et les caravanes, anéantit au rythme de centaines de décès quotidiens 30 à 40 % de la population. En France entre 1600 et 1670, quand elle s'achève, elle a tué entre 3 400 000 hommes et 2 200 000, soit entre 5 et 8 % de la mortalité totale (J.-H.Biraben). Urbaine essentiellement, c'est là qu'elle frappe le mieux, elle n'épargne pas les campagnes en de brutales saisons assassines. A Marseille en 1720-1722 la dernière grande peste française fera 50 000 victimes en ville, plus d'un millier de décès par jour lors de son paroxysme. On conçoit que le royaume et l'Europe entière en soient restés glacés d'épouvante ; la terreur est d'autant plus grande que le mal se répand vite et frappe des espaces restreints où les malades concentrés n'ont que l'espoir de mourir vite, devant le spectacle de terribles souffrances. Alors le seuil de l'intolérable est atteint, la mort cesse d'être spectacle ou éventualité, elle devient menace immédiate et personnelle, un climat de terreur s'installe et d'égoïsme viscéral (F. Lebrun). Les villes offrent un visage de désolation et de panique, la flamme des bûchers, l'héroïsme de certains, le fatalisme des autres, la fuite des riches, le courage de quelques poignées de notables, les fosses communes hâtivement comblées composent le fond d'un tableau dont Boccace puis Daniel De Foe imaginent l'immortel reportage archétypal.

Si la peste disparaît au XVIIIe siècle, c'est une victoire de la monarchie et de la centralisation qui généralise le cordon sanitaire et l'isolement. D'autres contagions perdureront, dont on suit les ravages épouvantables à travers paroisses et provinces selon de curieuses trajectoires que rien ne peut infléchir : fièvres pernicieuses, sueurs abondantes, dévoiements continus en sont les symptômes habituels, où l'historien identifie mal les grippes infectieuses, les typhoïdes, les scalartines, voire le typhus. « Il est plus frappant, après avoir effectué le décompte des victimes, de se représenter les conditions dans lesquelles se produisaient tous ces décès, les déjections, les

Éclairage de nuit. Toulouse, ancien hôtel Besson (XVIIe), aujourd'hui musée Paul Dupuy.

Le Garçon apothicaire, *par Rivala, musée des Augustins, Toulouse.*

souillures, les puissantes odeurs de l'agonie et de la mort massive » (P. Goubert). Si l'on ajoute les famines qui assombrissent encore un peu plus les années noires (de 1600 à 1789, avec un ralentissement marqué après 1730-1740, on en recense une bonne douzaine d'importance et d'intensité plus ou moins fortes, dont la crise de 1660, celle de 1693 et celle de 1709, qui ont laissé sans conteste le souvenir le plus tragique) ; si l'on ajoute encore guerres et révoltes, dont les *miseris* frappent régulièrement certaines régions jusqu'au XVIIIe siècle, qui les ignorera fort heureusement ; si l'on comptabilise les victimes et si l'on interroge les témoins, on voit que le théâtre de la vie s'orne des sombres couleurs de la mort familière.

De la mort des autres à la mort de soi

La mort familière engendre l'indifférence et la passivité, l'endurcissement d'une société, ce qui n'est pas tout à fait une insensibilité. Mais elle fait aussi la précarité des joies, donc leur valeur, car arrachées à l'insoutenable et traversant l'existence tels des éclairs lumineux qui zèbrent la nuit. Elle dessine un monde d'obsessions et de hantises où se complaît une société dans l'évocation macabre des trépas passés, présents et à venir. On peut y lire d'ailleurs moins la peur de la mort et de l'au-delà, liée au malaise croissant des crises, que la conscience tragique d'un amour passionné de la vie et du monde, donc de la conscience implicite pour les uns, explicite pour les autres, de l'échec de toute existence. La complaisance est alors manière de régler un vieux compte, façon de mettre à distance en familiarisant, moins recherche d'un réalisme que moyen d'une discipline. Si l'on rapproche le fait qu'au même moment se produit la flambée macabre tant dans les gestes que dans l'expression littéraire et artistique, sacrée et profane, qu'au même moment se formule le premier discours de la mort vaincue par la gloire et le génie ou par l'exaltation de la *virtù*, qu'au même moment enfin se fait jour parfois la contestation radicale de l'espérance du salut, P. Ariès a sans doute raison de placer à l'aube des Temps Modernes le début de la « mort ensauvagée ». C'est une première mise à distance et un premier reflux, au temps même où les réformes des Églises, surtout la catholique, mettent la mort au cœur de leur pédagogie de christianisation. Pour l'homme ordinaire rien n'est changé, la vie est tissée de la mort, la mort est toujours aussi sale et aussi proche. La magie l'aide quelquefois à faire face : on en apprend les recettes dans le *Petit* ou dans le *Grand Albert*, on s'aide de quelques rites immémoriaux, le repas funéraire, les offrandes apportées au tombeau des défunts ; les évêques rigoristes tonneront contre ces pratiques superstitieuses. Plus souvent, c'est dans le discours de l'Église, dans le rituel funéraire, dans l'aide des proches qu'on trouve secours. Entre l'âge des réformes et l'Ancien Régime il y a continuité dans la trame des faits. Tout dans la vision des hommes a été mis en place, tout le vocabulaire du *grand cérémonial* de la mort baroque et classique est déjà mobilisé, mais en même temps que s'élaborent une exaspération dans la pastorale des clercs et une inquiétude dans l'esprit des fidèles, un certain nombre de traits nouveaux transparaissent, une dévaluation insensible des attitudes anciennes. L'eschatologie savante et populaire s'accommode des vieilles et des nouvelles croyances, peu ou prou : l'important est de bien mourir.

LES CHEMINS DU CIEL

Pour la majorité des ruraux et des citadins, bien mourir c'est pendant longtemps une affaire simple et vite faite. On ne s'y dérobe pas. On s'y prépare, à l'instar du vieux paysan de La Fontaine adoptant d'emblée le comportement séculaire : « Un riche laboureur sentant sa mort prochaine fit venir ses enfants... » et ...« Mes chers enfants, dit-il, je vais où sont nos pères, Adieu promettez-moi de vivre comme frères. Il prend à tous les mains. Il meurt... » Pour les pauvres défunts, la mort est un passage ; ayant reçu tous les sacrements, ils sont mis tout nus, habituellement lavés, dans un linceul qu'on porte sans trop de cérémonie à la fosse ouverte au cimetière. Le fossoyeur recouvre le tout après la bénédiction à laquelle assiste un groupe clairsemé de parents et de voisins. Les riches ont droit à un cercueil et à une foule plus importante. En ville, pour la quasi-totalité de la population, il en va de même, avec une présence cléricale toujours plus assurée, et un rituel plus anonyme encore : enterrement dans les grands charniers collectifs ou sépulture à peine individualisée. Autour de la police des cimetières s'est livré dès le XVIIe siècle un combat pour la discipline et la rigueur, gagné par les clercs et les autorités. On y reviendra.

Le cérémonial de la mort ancienne et les arts de mourir

Cet infléchissement fait partie d'une transformation des pratiques, qu'inspirent le « grand frisson » baroque du temps et le tragique peu commun du premier XVIIe siècle (M. Vovelle). Dans la pastorale catholique mais également dans la pratique des réformés, qui ont eu au XVIe siècle à mener sur ce front une contestation vive des idées papistes, la mort tient une place considérable, contribuant beaucoup à la tonalité doloriste de l'époque. Une façon de mourir s'impose à tous à travers une pédagogie fondée sur le livre, l'image et le geste.

Ces nouvelles habitudes concernent les lettrés, mais aussi les illettrés, grâce à la pratique de la lecture commune (à l'office paroissial, à la confrérie, dans la famille lors de la prière du soir, rassemblant en principe — c'est du moins le conseil des clercs — parents, enfants, domestiques). A l'origine, il y a le grand texte de l'*Ars moriendi*, qui se répand en version longue ou courte, en édition soignée et coûteuse pour l'élite dévote, et en édition xylographiée, d'impression bâclée et de diffusion large. L'accent y est mis par l'Église sur la récupération éducative des derniers instants. Pour apprendre à mourir, il faut méditer les six moments de l'*hora mortis* : recommandations, tentations, questions, prières du mourant, prières de l'assistance. L'*Ars*, qui a circulé en version copiée à la main avant d'être divulgué par les presses, doit une part de son efficacité à l'image gravée sur bois qui accompagne le texte. Il représente 3 à 4 % de la production du livre religieux au début du XVIe siècle, celle-ci recouvrant 30 à 50 % de la production totale des livres. Relayé par d'innombrables images volantes (c'est peut-être 14 % des gravures alors éditées qui abordent le thème de la mort), l'*Ars moriendi* du XVIe siècle, avec les *livres d'heures*, eux aussi illustrés, impose l'idée de l'importance de la « bonne mort », l'eschatologie du jugement immédiat et du jugement de l'âme, le rôle du clerc au lit du mou-

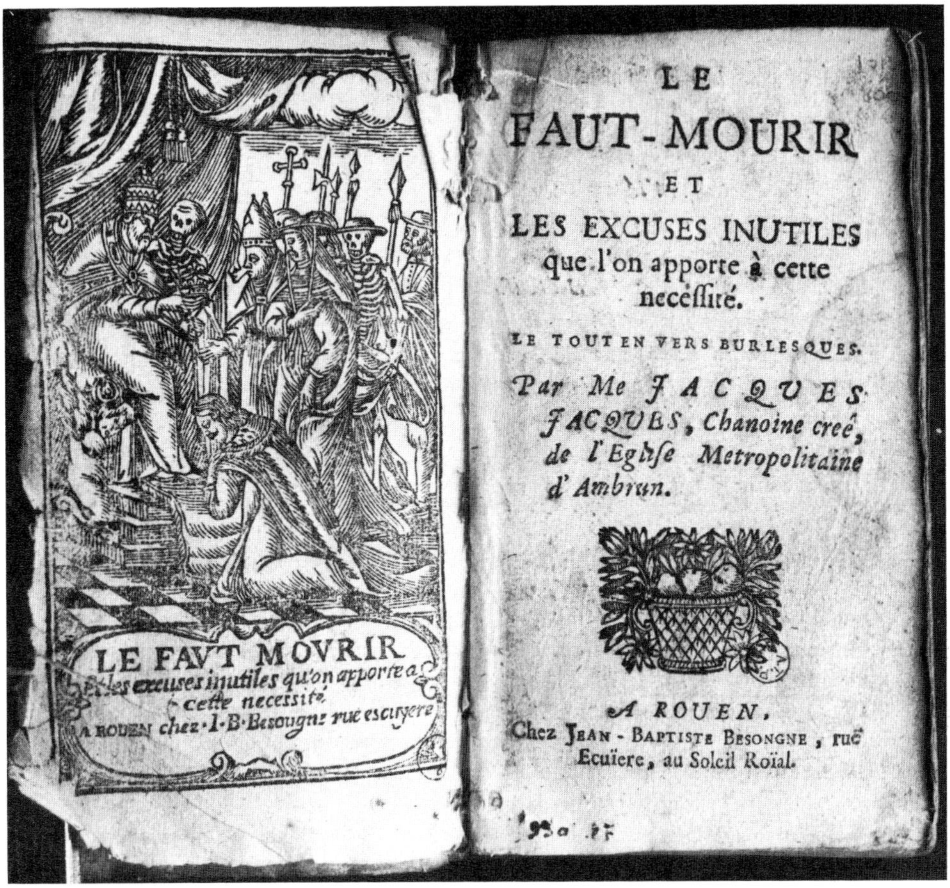

Le Faut-Mourir *a été trois siècles durant l'un des textes importants de la pastorale de la mort (musée des Arts et Traditions populaires).*

rant, et le recours au Christ en agonie. Tout s'y joue comme un combat entre forces du ciel et de l'enfer, et le libre arbitre du gisant angoissé. Du XVIe au XVIIIe siècle, les différents modèles de l'*Ars* continueront de circuler, inspirant des éditions de plus en plus populaires, tels les livrets de mission, *Miroir de l'âme, Miroir du pécheur, Combats de l'âme et du démon,* réservant cette pastorale tragique aux masses rurales et citadines, creusant un écart grandissant entre les dévotions à la bonne mort des lettrés et des dévots, et celles des autres. En Bretagne, où la préoccupation de la mort est bien antérieure aux efforts des prédicateurs catholiques qui la rencontrent et l'exploitent durablement, A. Croix montre comment les épigones de l'*Ars* s'intègrent parfaitement, missionnaires aidant, à d'archaïques leçons de ténèbres.

Aux temps baroques et classiques, un autre art de mourir apparaît, né avec le *De praeparatione* d'Érasme vers 1534, diffusé en trois siècles par une soixantaine d'éditions en latin et en vulgaire, et développé dans le discours des spirituels, l'hagiographie courante : relisons l'*Introduction à la vie dévote* (chapitre XIII), et le récit de la mort exemplaire et lucide de François de Sales, rapportée par les témoins. Dès lors les grands succès médiévaux et renaissants sont balayés des librairies par la nouvelle vague des *Préparations à la mort*. Ce sont des textes neufs, où sont représentées quelques vedettes de la Contre-Réforme, Bellarmin, Scupoli, Richeome, mais surtout les mandants des congrégations nouvelles et activistes, jésuites en tête, avec les best-sellers du P. Crasset, du P. Coret *(L'Ange conducteur)*, de Jérémie Drexel *(L'Avant-coureur de l'éternité)*, du P. de Barry (le *Faut mourir*). De 1600 à 1800, 236 titres et sans doute une production calculée à partir des quelque huit cents éditions probables qui ne ralentissent pas au XVIIIe siècle, de l'ordre de 1 million d'exemplaires diffusés ; à tenir compte des possibilités du marché des lecteurs, c'est sans doute la quasi-certitude d'un exemplaire par foyer. Par la lecture à haute voix, une majorité de Français aura entendu et pratiqué les exercices du nouvel art de mourir. Si l'on ajoute à cette imprégnation massive celle qu'assurent les images — les seules collections du cabinet des estampes de la Bibliothèque nationale permettent une évaluation basse de l'ordre de 150 000 images entre 1600 et 1790 ; à Paris, un foyer sur deux accroche une image à ses murs —, la prédication à la mort est un succès. Notons deux traits particuliers : dans les *arts de mourir* triomphent les mots ; c'est un renversement pédagogique capital par rapport à l'*Ars* médiéval ; dans les images du mourir et de la souffrance l'emportent assurément les tonalités doloristes, voire terroristes, du discours mettant en valeur la peur du Jugement (J. Delumeau).

Comment alors s'exorcisent les terreurs du passage et se préparent les assurances solides pour l'au-delà ? Comment mourions-nous et pensions-nous mourir ? Le discours sur la mort n'est plus un texte unique centré sur l'agonie, il remonte le cours du temps et tente d'imposer aux hommes une vie dans la pensée permanente de la mort, la « mémoire de la mort », qui doit triompher de la pente naturelle qui est de n'y point songer. Du XVIe siècle à la moitié du XVIIe siècle (mais tout s'est mis en place avant 1650-1660), on constate une inversion totale dans l'importance accordée au cérémonial de la fin et du passage, au profit de la préparation lointaine le long des chemins de la vie. Fin XVIIe siècle, l'équilibre du discours calculé sur toutes les préparations à la mort conservées s'établit ainsi : 40 % sont consacrées à la vie, 25 % à la maladie, 35 % à l'agonie, qui occupait dans l'*Ars moriendi* 90 % du texte. L'idéal de la vie dans la pensée de la mort est partout, dans les correspondances des spirituels, dans les sermons de Bossuet à Massillon, dans les exercices de retraite, dans les exhortations missionnaires du père Yvan, de Grignon de Montfort, du père Bridaine, brandissant aux yeux des foules un crâne pathétique. « Quand vous marchez, dit le père Scupoli, prenez garde qu'à chaque pas que vous faites vous vous approchez de la mort. Le vol d'un oiseau, le cours d'un fleuve impétueux vous avertit que vos jours s'écoulent encore plus vite... » Jamais sans doute une civilisation n'avait été conviée avec autant d'intensité et de constance, en toutes ses instances religieuses et temporelles, à se placer sous le signe des fins dernières, dans la tessiture du langage, les seules failles qui apparaissent ne se perçoivent pas avant le midi du XVIIIe siècle. Fuite du temps social pour une spiritualisation intime de la durée, la préparation met en valeur la cléricalisation de la mort comme celle de la vie, sa privatisation au for familial, dont les structures et les continuités sont reconstituées et consolidées dans le modèle de la « bonne mort », préparée, attendue, assistée. Si la mort n'a jamais pu se laisser prendre au piège des mots, jamais une prise aussi considérable sur les comportements n'avait, avec autant de succès, domestiqué l'inacceptable, sauf peut-être dans les civilisations sans écriture.

RÉCITS DE LA MORT

La mort sainte

Sur les cinq heures du soir, les médecins jugèrent et résolurent de se servir des remèdes extrêmes : c'est pourquoy, ayant des-jà appliqué un emplâtre de cantharides à la teste ils luy enfoncèrent par deux fois le bouton de fer ardent sur la nuque, ce qu'il *[François de Sales]* endura très patiemment, jettant toutesfois force larmes, et en eslevant tant soit peu les espaules, ne proféra autre chose que les sacrez noms de Jésus et Marie. Et certes par de tels remèdes, et dans une telle chaircuterie de chyrurgiens, la mort luy estoit bien infaillible. Mais on luy fist bien davantage : car à fin de luy mettre pour la troisième fois le fer ardent sur le crâne, on luy arracha l'emplastre, qui luy enleva la première peau et l'escorcha tout depuis la nuque jusques au front ; et ainsi luy enfonça-on le fer si avant dans la tête qu'une grosse fumée en sortit, et que le crâne se trouva brûlé.

Un père Feuillens l'interrogea, s'il n'avait point peur des efforts du diable ; à quoy il respondit : « Jay ma confiance en Dieu. » Et comme un autre luy remonstra qu'entre les douze apostres, il s'en estoit bien trouvé qui avoit manqué par la tentation du diable, il respondit : « Celuy qui a commencé achèvera, achèvera », et par plusieurs fois redit jusques à perte d'haleine : « achèvera, achèvera », et enfin, ayant adjousté « Jésus », il ne parla plus, mais à toutes les parolles que le Père provincial des Feuillens luy proféra il levoit les yeux au ciel. Enfin, comme il estoit aux abbois le mesme Père, ayant prié les assistants de se mettre à genoux, récita les litanies que l'Église ordonne en telle occasion ; et comme il fust venu à l'invocation des saincts Innocens (parce que c'étoit le jour de leur feste) ayant dict par trois fois : *Omnes sancti Innocentes, ora pro eo,* à la troisième le sainct Évesque rendit doucement et tranquillement sa très-innocente âme à Dieu, à huict heures du soir, le vingt-huictiesme jour du mois de décembre.

Cité dans *Mourir autrefois* de Michel Vovelle.

La mort libertine

J'ai appris d'ailleurs qu'au lieu de s'affliger à la vûë de la mort, Mossieur de Saint Evremond avoit reservé toute sa gaieté pour ces derniers momens. Plus enjoüé et plus badin qu'à l'ordinaire, il plaisantoit agréablement sur sa fin prochaine. Il dit un jour qu'il avoit grande envie de se reconcilier, et comme on interpretoit ces paroles dans un sens devot, il s'expliqua en ajoutant que c'étoit avec l'appetit. Je retrouve avec plaisir dans cette saillie, le veritable caractére d'un vieillard voluptueux. [...]

Le Comte de Grammont n'étoit pas fort éloigné de cette espèce de mépris... Le Roi prévenu de son irreligion et instruit en même temps qu'il étoit dangereusement malade, lui envoia le Marquis de Dangeau, pour l'exciter à mourir en bon Chrétien. Chaque âge a son gout et ses maximes. Monsieur de Grammont qui étoit presque agonisant, se tourna alors du côté de la Comtesse sa femme qui avoit toujours été fort dévote, et lui dit : Comtesse si vous n'y prenez garde, Dangeau vous escamotera ma conversion. Cette saillie paroissoit si heureuse à Monsieur de Saint Evremond, qu'il l'auroit achetée aux dépens de sa vie : des esprits forts ne sont pas toujours ceux qui meurent avec le plus de hardiesse. Que ne doit-on pas craindre du derangement de notre machine ?

Cité dans *Mourir autrefois* de Michel Vovelle.

Les pratiques funéraires et les actes testamentaires

En témoignent tous les gestes et leur théâtralisation, privée et publique ; en témoigne aussi l'ordonnance des testaments, dans lesquels des milliers de chrétiens ont réglé le gouvernement posthume de leurs affaires d'ici-bas et d'au-delà. Le cérémonial de la mort socialisée apparaît dans le récit de la mort des grands, car on ne peut plus mourir en secret, le dos au mur. La sensibilité dramatique nouvelle impose son style et ses règles dans l'organisation des derniers instants et dans les tribulations du corps. De ces moments de grande tension collective dépend une éternité heureuse ou malheureuse. Entre l'exercice spirituel modéré des uns et le déploiement ostentatoire des autres, c'est toujours le même enjeu. F. Lebrun et M. Vovelle ont longuement décrit ces moments et leur rituel, qui accompagnent et exorcisent la mort : agonie publique exemplaire d'Anne d'Autriche, exhortation au cercle familial à la manière d'Antoine Pasquier, liturgies plus intimes du peuple d'Anjou ou de Marseille ; Rétif de La Bretonne raconte comment vers 1780 il suivit dans la rue, et le long des escaliers raides d'un immeuble populaire de Paris, un prêtre porteur du viatique pour assister à la mort d'un pauvre bougre dans son galetas. Les pompes funèbres parlent un semblable langage, modulé selon l'« estat et la condition » : exposition du corps, longue procession derrière le convoi, prières des pénitents spécialistes du passage dans l'au-delà, présence des pauvres orphelins, bleus,

« Billet d'enterrement » ou faire-part de décès au XVII*e siècle (Bibliothèque nationale).*

*Dans la nouvelle spiritualité, le Christ mort n'est plus porté par sa mère comme au Moyen Age, mais simplement appuyé contre ses genoux : la mort se dissocie du geste maternel ; sa représentation exclut tout apaisement (*La Vierge de pitié, *1723, Nicolas Coustou, Notre-Dame de Paris).*

rouges, ou bruns, bousculade des séculiers de paroisse, chapelains, obitiers, bedeaux empressés aux quêtes, désordre des mendiants, tohu-bohu des réguliers, cierges, illuminations, tentures, monuments de bois et de carton couverts d'étoffes noires parsemées de larmes, la nébuleuse des parents, du public, des voisins, des curieux. Tout ce théâtre prouve le poids des investissements : au sens propre, il faut payer les pompes, et au sens figuré celles-ci traduisent un engagement spirituel figé dans un instant social que le mort et sa famille (à elle de régler les comptes) ont voulu fournir pour se concilier à l'avance les bonnes grâces divines. Échappent à cela les réformés, partisans d'une simplicité conforme à l'idéal austère du calvinisme, les jansénistes rigoristes, et en général ceux qui recherchent dans une affirmation d'humilité et dans un refus de la pratique générale du deuil une autre distinction. Pour tous les autres, dans les larmes et les cris qu'on ne doit pas économiser, en fidélité avec les vieilles pratiques, c'est une obligation. L'ordonnance de la mort exige le nombre et le tumulte, c'est la manière dont s'exprime l'intercession des vivants, car l'assistance apporte plus qu'un réconfort mondain mais le secours de ses prières ; c'est pourquoi l'on souhaite par-dessus tout autour de soi la présence des pauvres, images du

Christ. En Aquitaine et en Provence, les repas funèbres où sont conviés parents, voisins, mais aussi les déshérités, peuvent regrouper des centaines de personnes. Ces coutumes disparaissent vite, ou se replient sur la famille, dans l'élite, dans les villes, chez les riches ménagers, car elles mêlent un peu trop la leçon temporelle aux visions d'édification que le clergé réformé diffuse dans les formes nouvelles du contrôle. La spontanéité cède le pas à la ritualisation, mais on est en droit d'admettre qu'entre la vision de la mort idéale et de la mort réelle, qu'entre le drame personnel et le discours apologétique d'édification, il a pu exister de constants passages (R. Taveneaux).

Les notaires d'autrefois permettent de comprendre ces communications et d'en suivre les cheminements : c'est la mesure des gestes, pesée dans l'acte testamentaire, en Provence, par M. Vovelle, à Paris par P. Chaunu, et ailleurs à Rouen, à Nevers, en Alsace. Le testament obéit bien sûr au formulaire notarial, il enregistre l'évolution de la formation juridique et religieuse des tabellions avec un décalage d'une trentaine d'années dans les limites d'une mémoire d'homme ordinaire ; mais derrière les notaires on découvre le mourant, tous les mourants. Socialement, le recours au notaire c'est avant tout une pratique de gens aisés et de citadins, encouragée d'ailleurs par la pastorale tridentine — c'est un moyen essentiel des œuvres de salut — et généralisée par la transformation culturelle. A la fin du XVIIe siècle, en Provence, c'est une pratique majoritaire, 500 000 actes pour l'entier XVIIIe siècle ; à Paris c'est un geste commun dès le XVIe siècle ; toutes les classes sociales sont alors représentées pour une préoccupation qui reste fondamentalement religieuse. Le texte testamentaire est coulé dans un moule analogue à Paris et en Provence : un *préambule* — le « Considérant... » des notaires parisiens — rappelle l'incertitude de la mort et la nécessité d'organiser le passage ; l'*invocation* place l'acte notarial sous la recommandation des intercesseurs célestes, Dieu, le Christ, la Trinité, la Vierge ; les *torts faits*, dont la formule se maintient en Provence au XVIIIe siècle, mais disparaît à Paris ; les *dons rituels* ; les *clauses mortuaires* qui règlent l'ordre de la cérémonie et élisent la sépulture ; les *demandes de messes* et les fondations par dons et legs. Dans l'infléchissement de ce discours du XVIe au XVIIIe siècle se lit l'évolution d'un dialogue entre l'en deçà du monde et l'au-delà des fins dernières.

Le XVIIe siècle voit triompher, avec l'exubérance de la mise en scène des pompes, l'inflation des demandes, des legs, des dons, des services pour le salut de l'âme : au XVIe siècle, cette stratégie du don existait, mais de façon modeste ; la fondation de messe était encore privilège de riches, au moins à Paris ; entre 1600 et 1680, s'installent en revanche l'abondance et la généralisation du geste de demande, du simple trentenaire des manouvriers de village ou des journaliers des faubourgs, jusqu'à la démesure des dix mille ou vingt mille messes des nobles et des négociants. A Paris vers 1650, la moyenne des demandes coûte aux testataires 1 000 livres : un peu plus de 10 000 kg de froment soit 4 à 5 ans de travail du salarié manuel. En Provence vers 1700, c'est de la ville au plat pays 300 à 400 messes, 500 à 600 livres. Le prix de l'intercession laisse entendre le succès d'une prédication valorisant d'abord la messe chantée, le corps présent, la prière collective pour l'indulgence du jugement, et de plus en plus la messe à l'intention de l'âme du défunt, ou encore le moyen de faire reculer, voire même d'empêcher, l'épreuve du purgatoire ; l'aide mobilisée est celle des clercs spécialistes de la prière qui mécanisent et extériorisent l'intercession en renfonçant leur puissance au temporel et au spirituel. C'est un tournant décisif, car, avec les messes, les prières, les œuvres, les legs aux hôpitaux, aux couvents, aux églises et aux paroisses, aux orphelinats et aux charités de tous ordres, on voit s'amplifier à l'extrême les leçons de la théologie de l'*ex opere operato* ; les notaires deviennent les greffiers comptables du salut.

Déchristianisation ou inflexion des gestes ?

C'est la logique d'un mouvement qui voit triompher tout à la fois les solidarités devant la mort — les confréries accumulent pour leurs morts le trésor des indulgences — et le contrôle des clercs dans une stratégie du don fondée sur l'angoisse devant la mort et la peur du jugement. Il s'y mêle sans doute aussi une part d'ostentation publique et publicitaire, à tous les niveaux sociaux, et l'accumulation obéirait alors à une sorte de « potlatch » *ad vitam aeternam*, qui enracinerait aussi bien le modèle économique du gaspillage distingué de l'aristocratie que celui d'une partie des couches laborieuses indifférentes au lendemain, faute de moyens dans le présent, bref, un pari sur une économie plus sûre, celle des fins dernières. Les inflexions de l'appel aux intercesseurs obéiraient alors aux mêmes voies souterraines. Au XVIe siècle, le mourant recommande son âme à toute la cour céleste, à Dieu, Père et Fils, bien entendu, mais aussi à la Vierge et à tous les saints du calendrier sur un pied d'égalité avec le Père éternel. Le paradis auquel tous aspirent avec ses anges, ses bienheureux, sa hiérarchie complexe, est un peu à l'image de cette cour terrestre des Valois et des premiers Bourbons, traversant en de magnifiques et spectaculaires chevauchées les provinces du royaume, un tohu-bohu familier comme celui des grandes entrées urbaines. Avec le XVIIe et le XVIIIe siècle, la Vierge et les saints perdent en autorité ce que Dieu en gagne ; autrefois intercesseurs efficaces, ils sont désormais à l'ombre du souverain, modestes avocats. Au premier plan le Christ en croix, seul capable de sauver l'âme humaine et de la préserver du purgatoire, tout-puissant, comme Louis XIV à Versailles. « Ce processus christique et divinisateur, royaliste, culmine en 1685, à l'heure où la France bourbonnienne, en un maximum de ferveur catholique, expulse les huguenots frappés par la révocation de l'Édit de Nantes » (E. Le Roy Ladurie). Soixante ans plus tard, vers 1750-1770, un peu plus tôt à Paris, un peu après en Provence, tout cela bascule : le testament simplifie ses formules, les demandes de messes s'écroulent, les intercessions sont délaissées, et les questions spirituelles cèdent la place aux intérêts temporels, propriétés, successions, partages. L'interprétation du changement peut se faire dans deux voies qui ne sont pas contradictoires.

Pour une part la reculade des chiffres et des courbes traduit l'effondrement des gestes, soit une déchristianisation, par désaffection d'une pratique. Les testateurs du XVIIIe siècle choisissent le bonheur terrestre, c'est un nouveau pari, et le détachement commence par le haut : Paris d'abord, les notables ensuite. L'appauvrissement des formules pieuses, le refus de donner, qui se retrouve dans la crise des œuvres de charité et des hôpitaux, arrivent au terme d'un paroxysme de la pastorale terroriste et après un ample mouvement qui avait transféré l'espérance de salut exclusivement sur l'âme revêtue de tous les caractères de la personnalité. C'est la seconde eschatologie de P. Chaunu. Le corps prend sa revanche comme en témoignent de nouvelles hantises : l'horreur nouvelle des autopsies, ces « charcuteries sacrées » qui ravissaient les dévots du XVIIe siècle, la crainte d'être enterré vif, le refus de l'exposition publique. A la hantise du jugement se substitue celle du non-être (P. Ariès).

En même temps, ce balancement peut être directement rattaché au progrès de la famille et à une affectivité neuve. La recherche de la simplicité, d'abord signe de dévotion, devient affirmation d'un désintéressement quant au sort de la dépouille terrestre, chacun s'en rapportant à sa descendance ou à l'amitié d'un légataire ; progressivement on passe de la volonté de dépouillement — la modestie chrétienne — à un témoignage de confiance. Un partage laïc l'emporte, dans l'unanimité maintenue des gestes, et le repli place la religion moins dans le domaine du public que dans la sphère du privé. Le silence progressif des testaments est une pudeur, une incertitude, certainement une moindre certitude lentement élaborée à l'extérieur et à l'intérieur même du système tridentin.

A l'extérieur, il faut rappeler la présence permanente et insidieuse d'une contestation athée, peu entendue, provocante chez certains libertins de mœurs comme le Grand Condé, intellectuelle chez les héritiers du grand matérialisme renaissant et les libertins d'idées. La sagesse de l'honnête homme et le stoïcisme tranquille de tel ou tel de nos grands classiques. La Rochefoucauld, La Fontaine avant sa conversion, Saint-Évremond évoquent la permanence de la force d'esprit sans prouver l'accroissement du nombre des esprits forts. En plein XVIIIe siècle, quand on continue de s'accommoder fort bien de la mort des autres, on commence à s'inquiéter dans la méditation ou la révolte de sa propre mort : « Je meurs et j'enrage », dira Voltaire. Tous parlent de la vie désormais, mais avec le soleil noir de leur fin dans les yeux. Le nouveau style revendique le droit aux pleurs humains et civiques, dans le roman, au théâtre, voire même dans les éloges académiques, qui anticipent sur tout ; après avoir affecté tant de fois de mettre des pompons à la mort, on en donne de plus en plus une image laïcisée et utilitaire. Dans un rituel qui, aujourd'hui encore, marque le passage de la mort implicite des talents à l'immortalité conférée par l'entrée dans la société des esprits, la pratique de l'hommage funèbre, rendant acte d'un trépas, pèse les travaux et les mœurs, installe au cœur de la cité une nouvelle hagiographie, et lave dans l'excès de l'éloge le péché qu'exprimait le désir d'être reconnu à son tour, donc d'occuper une place encore chaude. Par l'affirmation d'une survie spirituelle, l'éloge compense la coupure tragique du groupe, les larmes s'y mêlent toujours à la joie, elles naturalisent la négation du scandale de la mort quand celle-ci change de face. L'élite alors meurt vite et sans réalisme macabre. C'est une vision profane installée quand le siècle dérive lentement vers un autre imaginaire (R. Favre).

Le message chrétien a joué sur deux éléments clés ; la valorisation de la vie dans la pensée de la mort, le terrorisme des angoisses dans l'attente du jugement. Au siècle des Lumières, il perd sur les deux tableaux ; une distance à l'égard de la mort s'installe dans la dévaluation de *l'hora mortis*, la mortalité la remplace, diluant la conscience dans le temps entier de la vie ; la pédagogie de la terreur devant la manifestation d'un Dieu cruel et incompréhensible cède du terrain ; de bons esprits, fort religieux, vont jusqu'à douter de la réalité des peines de l'enfer. La classe de loisirs ne veut plus penser à la mort, le monde des gens de peu commence à penser à la vie. Mais un discours crépusculaire, plein de tombeaux, de saules pleureurs, de sombres angoisses romanesques et de fastidieuses cruautés sadiennes, prouve jusqu'aux romantiques l'inquiétude d'une liberté pour une autre survie des hommes.

LES ESPOIRS DE LA VIE

La pression de la « mort subie » cède quelque peu au XVIIIe siècle. La vie l'emporte, car les grandes poussées de mortalité s'affaiblissent en nombre et en intensité, sans disparaître pour autant. Elles font un peu moins de ravages qu'auparavant, surtout dans la France du nord et de l'est, du centre aussi, et dans les provinces, des Pyrénées au Languedoc. Elles se maintiennent dans l'Ouest, de la Bretagne à la Normandie et de l'Anjou à la Saintonge, en Provence également. La population des villes s'accroît en chiffres absolus et relatifs ; en 1725, 23 450 000 Français, un peu moins de 3 750 000 citadins, soit 16 % ; en 1789, 28 000 000 d'habitants dans le royaume ; 5 400 000 dans les villes, un peu moins de 20 %. Depuis le premier XVIIe siècle, on peut admettre un doublement du chiffre des citadins. Quelque chose a changé qui accélère la mobilité d'hommes plus nombreux, qui permet quelques transformations culturelles en ouvrant la route à des consommations plus massives, à la constitution d'un marché. Lentement dans la mémoire des hommes s'efface le souvenir des grandes mortalités de jadis. L'image de la mort change spectaculairement, bien qu'il ne soit pas possible de relier de façon évidente la transformation des sensibilités et celle de la mortalité. Pour tous, la mort reste la compagne familière d'antan même si, suivant les milieux sociaux, les attitudes évoluent et surtout s'individualisent : il n'y a plus un art de mourir mais des modes diverses du mourir et des façons nouvelles de croire dans la vie. On en a vu l'une des manifestations les plus caractéristiques au moment de la naissance ; il faut rassembler les traits principaux de ces attitudes, car l'idée que l'homme peut par ses propres moyens lutter contre un châtiment mérité et inéluctable naît alors, avant même qu'on ne dispose des armes efficaces qui contribueront pour une part à fermer les portes de la nuit : la maladie, la fatalité. Reste la mort à laquelle personne n'échappe, mais que certains rêves de l'homme osent défier.

Le temps de la maladie

Au temps où la pédagogie des clercs s'efforce d'apprendre à vivre dans la pensée de la mort, la maladie commence à prendre une signification nouvelle. C'est un temps de lutte dont Dieu dispose pour mesurer la fermeté des hommes quand cèdent le corps et ses forces. C'est un moment d'espoirs déçus ou réalisés, où se joue au chevet des mourants le ballet des responsables : le clerc, bien sûr, mais aussi le médecin, dont la présence, d'abord discrète, se fait plus insidieuse et plus précise. Au début du XVIIIe siècle, Mgr de Noailles, à Paris, se plaint que certains médecins viennent à manquer à leurs devoirs les plus sacrés : certifier l'imminence de la mort et prévenir leurs patients qu'ils aient à se préparer, l'heure venue. D'auxiliaires des clercs, certains médecins ont songé alors à devenir peu ou prou indépendants, afin de prolonger les moribonds et de leur faciliter le passage autrement que par l'extrême-onction. C'est là une spécificité qu'ils ont gagnée dans d'autres domaines, ainsi dans la lutte pour désigner la sorcellerie ou dans la surveillance des miracles, avec l'accord des clergés. C'est aux praticiens locaux, chirurgiens de bourg et de

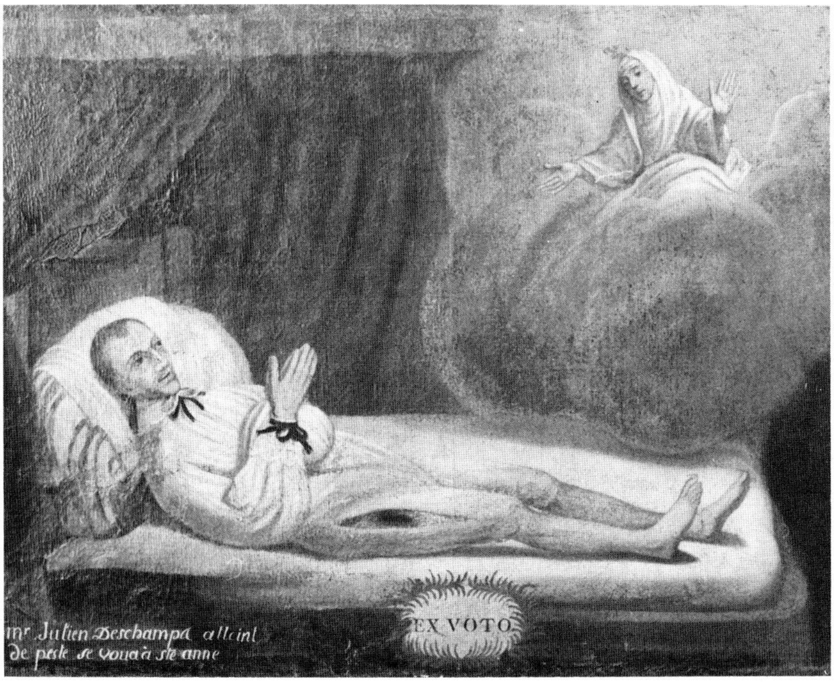

Jusqu'au XVIII*e siècle, la peste dans son évolution inexorable, soulignée ici par la disproportion du bubon sur la cuisse, dictait le recours traditionnel aux saints, comme en témoigne cet ex-voto du sanctuaire de Sainte-Anne d'Auray.*

village, médecins de petite ville, que l'on fait appel pour constater les signes de vie relevés dans les sanctuaires à répit. Dans quelques rares cas, ils semblent être systématiquement présents, mais pour quelques-uns c'est l'occasion d'une prise de conscience analogue à celle qui s'est jouée au chevet des agonisants. Le médecin éclairé ne peut plus se contenter d'un rôle auxiliaire, il a mission de tenter le sauvetage des malades et des nouveau-nés. « Si l'on s'interroge tant sur les signes de la vie et de la mort, c'est désormais pour que triomphe la vie » (J. Gélis). Après des siècles de fatalisme, la maladie devient un fait de nature qu'on doit connaître et combattre avec des armes humaines. C'est une désacralisation dont il faut envisager les cheminements anciens et nouveaux, occasion encore de voir comment s'articulent les conduites de l'élite éclairée et les comportements des classes populaires.

La sagesse de tous, relative à la santé, s'exprime dans les proverbes que les lettrés recueillent et publient, Estienne au XVIe siècle, Oudin et Lagniet au XVIIe siècle, Panckouke au XVIIIe siècle, tandis que les sages de village les transmettent oralement. F. Loux et P. Richard, qui ont rassemblé adages et proverbes sur la maladie et la santé, en notent moins de 200 sur un millier au total consacrés aux attitudes envers le corps, dont 400 concernent la maladie et les déviances, et 350 les procédés thérapeutiques et les moyens de guérison. Trois traits marquent cette médecine spontanée : la maladie est le mal suprême : « Mieux vaut corps que biens. » Dieu et les intercesseurs sacrés en conservent les clés : « Dieu qui donne la place donne le remède », « Saint qui ne guérit pas n'a guère de pèlerins. » Mieux vaut les soins de

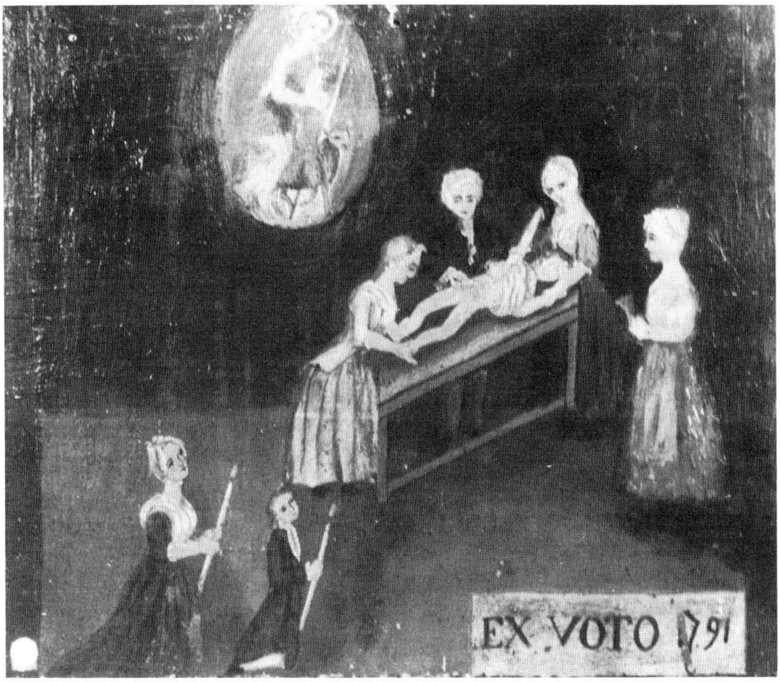

Sur cet ex-voto provençal de Saint-Jean de Garguier en revanche, un chirurgien opère un enfant que maintiennent deux femmes. Dans sa brutalité, cette scène de la fin du XVIIIe *traduit la réalité désormais présente de l'expérience médicale.*

la nature que ceux de la culture : « Bon médecin qui se guérit soi-même », « Médecins et maréchaux font mourir souvent gens et chevaux. » La maladie est un malheur et l'on ne peut lutter avec efficace qu'avec les armes de la foi.

L'Église et la médecine ne contredisent pas dans leurs discours plus savants cette opinion collective, car « même quand il y a dissonances, celles-ci se situent à l'intérieur d'une même conception du monde » (F. Lebrun). Dans la pédagogie du catéchisme, dans celle des *Arts de mourir*, une même pensée attribue la maladie à Dieu ; c'est en fait la marque du châtiment de nos péchés et le test de notre capacité à la conversion. Tout chrétien doit vivre comme Job sur le « fumier de ses maux ». Les grands fléaux collectifs rappellent à tout moment la colère du Seigneur devant nos révoltes et nos infidélités. « Ce sont pour ainsi dire les vapeurs de nos crimes qui ont répandu dans l'air la malignité dont nous nous plaignons... C'est pour tâcher de calmer le Tout-Puissant que nous vous exhortons à redoubler vos prières, à ranimer votre ferveur, à vous purifier de vos péchés que vous devez regarder comme la source de vos malheurs... », affirme dans un mandement l'évêque d'Angers, affronté à l'épidémie de dysenterie qui ravage la province en 1707. La maladie, l'épidémie sont signes de la certitude du Jugement. Il en résulte deux conséquences ; pour les rigoristes l'ascèse extrémiste et le refus du corps, territoire de mortifications probatoires et sanctifiantes ; pour la majorité des clercs, l'exclusion des recours surnaturels et magiques et la méfiance à l'égard de la « médecine de précaution », qui enlève à Dieu la maîtrise de la mort et de la vie — c'est le fond du débat sur l'inoculation au

XVIIIe siècle. Pour le reste, il faut se soigner « par tous les moyens licites », mais les médecins doivent savoir à temps céder la place au confesseur. Ils sont sans illusions quant à leur possibilité d'agir sur les causes premières, mais il leur reste à discuter des causes secondes et à agir comme ils peuvent.

Diversité de l'art de guérir

Ni la théorie médicale dominante, ni la formation des praticiens, ni les querelles qui divisent le corps médical quant à ses moyens et opposent les artistes lettrés de la médecine interne, médecins doctorifiés, aux artisans s'occupant des maladies externes, chirurgiens-barbiers et barbiers-chirurgiens tenant boutique, ni la pharmacologie surveillée par des apothicaires pendant longtemps encore mêlés aux épiciers, aux droguistes et aux botanistes ne leur permettent une grande efficacité. Molière et son *Malade imaginaire* en ont laissé l'inoubliable image, sans toutefois leur rendre une justice équitable. La médecine d'Ancien Régime, héritée de Galien et Hippocrate, s'insère dans une conception du monde qui ne sera pas remise en question avant la fin du XVIIe siècle. L'unité du macrocosme et du microcosme articule l'équilibre des éléments dans le corps humain comme dans l'univers selon leur qualité respective. Au médecin d'en lire les signes et d'intervenir comme faire se peut dans le combat des humeurs : ainsi l'atrabilaire mélancolique — c'est le cas du *Misanthrope* — doit sous le signe de la Terre sèche et froide, gouvernée par Saturne, purger une rate obstruée d'humeurs corrompues. Deux médecines s'opposent quant à l'action possible ; « agissante », elle supprime brutalement les engorgements et les obstructions ; « expectante », elle encourage la nature, qui reste, si Dieu veut, la « grande guérisseuse », avec discrétion. Tout est correspondance pour choisir un mode d'intervention, et les progrès vont se mesurer à la manière dont les autorités savantes sauront se déprendre de cette vieille et prégnante vision des choses et de l'homme. Ces progrès passent par un changement, d'abord propres à une petite élite, vis-à-vis du recours ; par un progrès du savoir et des institutions médicales ; par une évolution d'attitude des médecins à l'égard de la mort et de la vie.

L'art de guérir a ses frontières sociales ; dans l'ancienne société, il n'est pas permis à tous de faire appel au médecin ou au chirurgien, c'est une question de moyens car les services médicaux se paient : une livre en ville pour une visite banale vers 1780, trois à quatre fois plus si elle a lieu en campagne. Les praticiens sont au service de la minorité urbaine, de l'aisance et de la culture. L'enquête réalisée par le pouvoir royal en 1786 comptabilise dans le royaume 2 500 médecins et 25 000 chirurgiens ; la moitié de ce corps médical soigne moins de 20 % de la population, à l'autre moitié reviennent (surtout aux chirurgiens) les 80 % qui restent. Au total, un médecin et 10 chirurgiens pour 10 000 habitants, sauf à Paris qui en a trois fois plus, et à Versailles, où le premier médecin du roi dirige une cinquantaine de personnes qui ont la responsabilité de la santé du roi et des grands, public exigeant qui « veut absolument que les médecins soient des guérisseurs ». La clientèle urbaine de notables, nobles, curés, robins, bourgeois est plus accommodante. En campagne, on se satisfait de moins encore et la frontière reste incertaine entre le chirurgien de village à la formation bâclée et le barbier rebouteux tireur de feu et connaisseur de simples.

Dans les savoirs comme dans les pratiques, la distinction entre médecine savante et médecine traditionnelle et populaire n'est pas facile à tracer, les usages « sont communs à tous ceux qui se mêlent de guérir » (F. Lebrun). Dans les livrets de grande diffusion, *Médecins charitables, Médecin et chirurgien des pauvres, Recueil de remèdes faciles et domestiques,* les procédés de la vieille médecine des humeurs (ils triomphent dans le recueil des aphorismes de l'*École de Salerne*, continuellement réédité et diffusé par les colporteurs) coexistent avec des substances et des conseils venus presque immédiatement des facultés, avec les ingrédients communs, les tisanes, les cataplasmes empiriques et magiques des pauvres privés d'autre secours. Il n'y a qu'un art de soigner, où ne s'opposent pas une médecine savante compétente et un charlatanisme populaire, dangereux et inefficace. C'est seulement dans le discours des hommes de science de la fin du XVIIIe siècle que fonctionne clairement ce partage anachronique. Auparavant, pour le malade, règne une même impuissance devant la mort et le mal, qui explique le recours magique et superstitieux aux soins des rebouteux, voire des sorciers. Le roi, les grands, le bourgeois de province et le paysan ont une démarche identique ; s'il le faut, selon le cas ou l'occasion, ils s'adressent successivement ou en même temps au médecin, au chirurgien, au guérisseur ambulant, aux empiriques de village qui sont les « médecins du peuple », aux conjureurs et aux sorciers. Les conjurations de Casanova pour guérir la marquise d'Urfé et le baquet de Mesmer sont les manifestations, socialement distinctives, d'une croyance en la possibilité des guérisons miraculeuses, faute de guérison ordinaire. On n'est guère regardant : l'important est d'être délivré du malheur.

Progrès des savoirs, progrès des espoirs

A la fin du XVIIIe siècle, le paysage change quelque peu. Le savoir et l'art de guérir progressent sur plusieurs fronts, surtout théoriques ; les manières se modifient par le recours à l'expérience clinique, qu'on commence à pratiquer dans les hôpitaux de façon sporadique. A partir de 1776, les médecins et les chirurgiens, rassemblés à l'instigation du pouvoir royal au sein de la Société royale de Médecine, élaborent dans un esprit de réforme des enquêtes sur les maladies, des projets de transformation de l'enseignement et de l'implantation géographique des praticiens. Vicq d'Azir, dans ses éloges académiques, donne le ton au nouveau rôle civique et utilitaire de la médecine. Des améliorations se dessinent dans l'intervention contre les épidémies, la formation des sages-femmes, les recommandations hygiéniques. Dans les villes, les médecins s'arment de *Topographies médicales*, qui recensent les conditions géographiques et sociales de la maladie, interprètent plus rigoureusement les faits et proposent des remèdes efficaces. Un urbanisme médicalisé apparaît, qui traite la ville comme un espace pathologique, qu'il entend nettoyer, purifier, qui rêve de la meubler de « machines à guérir ». L'air, élément favorisé du néohippocratisme médical, doit chasser les miasmes, grâce à une circulation améliorée dans les rues et dans les maisons ; l'eau devient la clé d'une nouvelle maîtrise de la ville, elle doit couler en abondance pour assainir le pavé et permettre une meilleure propreté des individus. Celle-ci s'amorce chez les grands avec bidets et salles de bains, chez les plus modestes avec pot de chambre et cuvette. Une nouvelle lutte est engagée contre les ordures et les boues, pour la réfection des cloaques. Une muta-

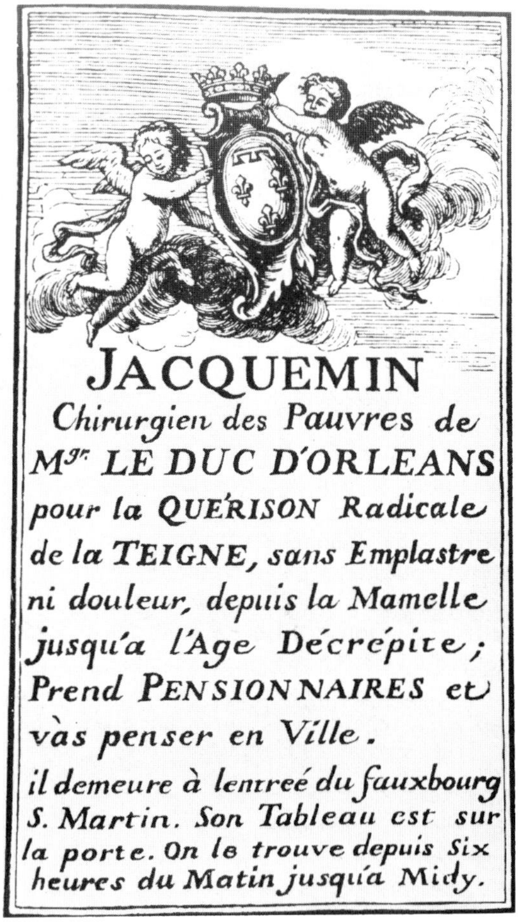

tion de sensibilité olfactive rend insupportables des remugles autrefois familiers (A. Corbin). Deux lieux mobilisent particulièrement, après 1760, administrateurs et élites médicales et savantes : l'hôpital et le cimetière, soit, dans l'espace, deux points forts où s'articulent la vie et la mort.

JACQUEMIN
Chirurgien des Pauvres de
Mgr LE DUC D'ORLEANS
pour la QUERISON Radicale
de la TEIGNE, sans Emplastre
ni douleur, depuis la Mamelle
jusqu'a l'Age Décrépite;
Prend PENSIONNAIRES et
vas penser en Ville.
il demeure à lentreé du fauxbourg
S. Martin. Son Tableau est sur
la porte. On le trouve depuis Six
heures du Matin jusqu'a Midy.

La dénonciation de l'insalubrité des sépultures collectives urbaines, comme sources de corruptions et de miasmes méphitiques, mobilise l'élite académique et médicale — Maret, Navier, Thouret, Lavoisier, Vicq d'Azir —, le parlement, le Conseil du roi : c'est un succès. En dépit des protestations, celles des curés et des fabriques qui lient le maintien du cimetière intra-muros et de la sépulture dans les églises à la prière envers leurs morts, les morts quittent peu à peu la ville. Un nouveau style de funérailles et une nouvelle piété découlent de cette séparation. Les malades, eux, restent dans la cité, malgré les projets nombreux pour les envoyer respirer le bon air des banlieues encore campagnardes. Mais c'est faute de moyens, non d'imagination, car les enquêtes et les réflexions se multiplient pour remédier aux foyers d'infection hospitaliers : celles de Tenon en 1786 laissent par exemple un témoignage dramatique de la situation parisienne et provinciale. C'est le monde de la pauvreté et de la détresse, dans l'entassement et la promiscuité, l'atmosphère de pestilence où les maladies les plus simples se compliquent. Image de notre modernité à venir, un tiers de la population parisienne y meurt déjà, correctif appréciable à l'idée partout répandue de la chaleur affective du mourir ancien. « J'irai à l'hôpital, s'écrie le pauvre parisien, mon père y est mort, j'y mourrai aussi. Et le voilà à moitié consolé » (S. Mercier). On en doute, à lire avec quelles précautions Ménétra tente d'éviter à son père ce destin commun. Bref, partout l'hôpital attend sa réforme. Au total, la médicalisation urbaine, si imparfaite soit-elle, modifie le comportement de tous — populaire compris, si l'on suit la leçon des inventaires après décès, où l'on voit monter l'endettement envers les médecins et les apothicaires. Cela est sans commune mesure avec la situation archaïque et isolée des campagnes.

L'important désormais, c'est que les médecins se comportent en hommes de science et renoncent au fatalisme. Soutenus et encouragés par les philosophes, engagés dans les sociétés de culture dont ils composent partout le quart environ du recrutement, ils écrivent et enseignent la conviction que l'homme peut beaucoup et pourra toujours davantage, que la médecine est susceptible d'armer les hommes, y compris les pauvres, et de les aider à entamer le front de la mort (F. Lebrun). Dans les limites incertaines qui définissent le vivant et le mort, les médecins, par leurs pratiques — embaumements, dissections, collections anatomiques, médecine légale, ouverture des corps encore vivants, alors qu'on les croit morts, autopsies —, bref, par toutes les manipulations du corps, conduisent à une relecture des vieux gestes : les rituels funéraires sont l'expression de la peur d'une mort apparente. Ils induisent alors l'abandon des vieilles défenses qui entouraient l'angoisse de la mort — et au même moment le tabou du sexe. La nature reflue dans l'homme (P. Ariès). Pour la première fois, le silence va tenter d'exorciser la mort hors de l'espérance d'un salut, dans l'obsession de la « part maudite ». Inspiré par les fragiles succès qu'il remporte contre la mort, le médecin des Lumières, instruit par le regard clinique, croit à un monde de la diversité. Dieu s'éloigne et la maladie n'exprime plus que la vie, autrement dit la contingence (J.-P. Peter). Une activité immense justifie cette espérance laïcisée. La variole recule comme ont disparu les pestes. La découverte de la misère rurale entraîne un souci de réforme dont le ressort est politique : santé, vertu, bonheur vont ensemble. Aussi les médecins des Lumières perçoivent-ils le monde des pauvres dans les villes et dans les campagnes comme le lieu d'un désordre auquel il faut remédier. Le rêve d'un pouvoir médical fondateur d'un ordre parcourt les textes qui dénoncent les écarts du corps. Le mal et la mort neutralisés, reste la vie dans la pensée des choses et de soi-même.

Au verso

Saint Jérôme, G. de La Tour, musée du Louvre, Paris.

Troisième partie

SAVOIR, VOIR ET ENTENDRE

Saint Yves entre le riche et le pauvre (La Roche-Maurice, Finistère).

Le fil conducteur suivi jusqu'ici permet de voir comment le projet acculturant des Églises, unifié dans les pratiques au-delà des divergences théologiques, est rendu plus pesant encore à tous par la nécessité de l'unité de foi et par la conception inhérente à l'absolutisme gallican que diffusent laïcs et clercs partisans d'une religion administrative. Ce projet, d'autre part, est débordé de tous côtés par l'exubérance socioculturelle des peuples et des élites. Ni le domaine de la vie ni celui de la mort n'ont jamais été totalement dominés par les ecclésiastiques soucieux de mise en ordre ; des gestes et des savoirs séculaires se cachent ou se transforment dans un baptême de compromis. Surtout, les frontières un peu trop sûres et fermées qu'on avait voulu tracer entre la culture des notables et celle des illettrés du peuple nous paraissent poreuses et fragiles. A tous les niveaux du corps social, on peut rencontrer le témoignage de pratiques que les prêtres et les moines réformés qualifieront de superstitieuses et les hommes de science et de raison d'irrationnelles. La critique des supercheries qui trompent les peuples, l'analyse de leur crédulité sont communes aux libertins d'idée, aux philosophes et aux clercs ; mais ils n'en tirent pas les mêmes conclusions quant aux fins dernières. La vision critique des médecins dans les villages rejoint celle des prêtres éclairés, et toutes deux débouchent sur une remise en cause politique, mais elles peuvent s'accommoder de conceptions différentes du monde jusqu'au XVIIIe siècle.

Là réside la difficulté, car il ne s'agit pas seulement de barrières et de niveaux culturels, mais de la manière dont peuvent s'imbriquer, par-delà les niveaux et les barrières, des manières générales d'appréhender le devenir de l'homme. C'est en ce sens que le déchiffrage d'un rituel de funérailles ou d'un repas de carnaval à Paris au XVIIe siècle, s'il est déjà aussi difficile à interpréter que celui d'un combat de coqs à Ceylan au XXe siècle, peut se conduire d'une manière identique. La culture s'énonce dans les discours et les conduites les moins culturelles, et l'articulation du social et du culturel est à la fois de l'ordre de l'imaginaire et du réel des faits. La difficulté, qui n'est pas propre à l'étude de l'Ancien Régime, est de faire la part à l'un et aux autres sans sacrifier la diversité du social.

La cohérence des représentations ne coïncide pas toujours avec celle des possessions et des biens culturels. Aborder l'étude des modes de transmission des savoirs et des pensées n'est qu'une option parmi d'autres ; on pourrait suivre le chemin traditionnel de l'histoire des idées et des formes ; on pourrait imaginer une histoire encore à écrire des appropriations sociales créatrices, où les représentations, et leur théâtre, sont totalement constitutives du social (R. Chartier). Plus modestement, nous esquisserons un bilan des acquis assurés en tentant d'esquiver le piège des oppositions irréductibles, entre le haut et le bas, le lettré et l'illettré, la structure et la superstructure, le miroir et son reflet.

Les chemins et les sens de la culture sont divers ; entre la fin du XVIe et la fin du XVIIIe siècle ils se modifient sensiblement. De l'économie de ce passage, seule la notion de réseau peut clairement rendre compte : le réseau s'adapte en effet à la diversité des situations — il traverse l'espace géographique et la topographie sociale —, le réseau permet de comprendre comment circulent des informations, ou comment elles se figent au passage, et celles-ci sont des modèles de pensée et d'agir, des matériaux d'idée, des façons de voir et de sentir. Informer, c'est former. De l'acquisition et la transmission d'élémentaires savoirs à la circulation des réflexions les plus élaborées, de l'attachement à l'archaïsme et à la tradition jusqu'à leur critique et à la diffusion de l'innovation, cette règle permet d'articuler des espaces : Paris, la province, la ville, le village, la famille, l'atelier, l'école, le collège, l'université, la société savante, le salon, le théâtre, le cabaret, la place publique, le palais, le cabinet, avec des moyens d'expression et des manières de dire ou de faire et des objets qui sont consommations sociales. Objets : l'écrit manuscrit et imprimé qui enregistre lettres, chiffres, écritures et discours, messages complexes et élémentaires, savoirs et moyens de savoir, le billet, la lettre, le placard, la chanson, le livre et le journal. Objets : les images et les sémiophores des arts essentiels dans une société où lisants et écrivants sont encore peu nombreux, où la connaissance sensible compte autant sinon plus que la conceptualisation et l'abstraction. Moyens : la pédagogie orale des maîtres et des clercs, le monitoire et le mandement, le discours du chrétien et l'éloge de l'académicien, la communication, le rapport, le compte rendu, l'audition et la lecture, car l'une ou l'autre voie est toujours possible entre l'oral et l'écrit. Moyens encore : le geste de l'artiste et de l'amateur, la création et la perception de « l'icône », quand la représentation et sa lecture proposent, avec d'autres moyens, un « mince alphabet optique » (F. Dagognet), une stratégie de la production-reproduction de l'univers. Bref, c'est insister toujours sur les valeurs du commerce social, sur les usages et les rôles, car il n'en est point qui ne corresponde à un lieu, à un médium, à une mise en scène.

Mais prendre séparément ces éléments c'est, il faut en avoir conscience, brutaliser la réalité ordinaire. Dans le commun des jours, tout est tissé ensemble, et les formes et les fonds. Vieille querelle que retrouve l'opposition du signifiant et du signifié. Dans l'*Ars moriendi*, la rhétorique de l'image et celle du texte se prolongent et se complètent. Dans le discours de l'orateur ou le sermon du prédicateur, la voix suppose la présence de soi aux autres et une communauté, le sens et son support coïncident pleinement, au point que l'on ne saurait les séparer ; ils s'envolent ou s'effacent ensemble, *verba et scripta volant, verba et scripta manant*. Jean-Jacques Rousseau théorisera cela en plaçant écriture et graphie aux origines de l'inégalité. De plus, l'écrit peut cacher l'auteur, alors que la voix et la gestuelle, inséparables dans l'expression, sont plus immédiatement transparentes. Jusqu'au XVIIIe siècle, la société croit aux apparences et le geste continue à remplir une triple fonction : c'est un moyen de communication, c'est une manière d'exprimer des sentiments, c'est un signe d'appartenance sociale. Il est d'autant plus important que le temps est à l'expression du cœur, l'exagération des embrassades et des mimiques, l'afflux spontané ou provoqué des larmes : c'est l'atmosphère même de la cité, c'est le rituel de la vie comme de la mort. Apprendre les bons gestes est un moyen de distinction, c'est l'objet des *civilités*.

Au centre des dispositifs sociaux, une transformation sociale et psychologique dicte du XVIIe au XVIIIe siècle des possibilités nouvelles pour classer les hommes selon leurs capacités à maîtriser ces dispositifs et ces normes. C'est le procès de « la civilisation de la cour », qui depuis Norbert Elias est un moyen de lire autrement les articulations existant entre les modifications de sensibilité et de comportement et la différenciation sociale née avec l'élaboration de l'État absolutiste. La société de cour, laboratoire des codes où s'apprend la régulation des pulsions, devient la figure initiale de l'action acculturante de l'État, démarche insidieuse et tranquille qui opère en accord avec celle de l'Église, mais n'aboutit pas aux mêmes résultats. L'État mobilise comme l'Église toutes les forces sociales et tous les moyens, l'école et la famille, l'oral et l'écrit, l'emblématique et le texte, le sensible et le raisonné ; il incarne dans l'honnête homme et ses comportements le sens même de son progrès ; il repose sur le triomphe du roi, de ses légistes et de ses commissaires. Maître de l'impôt de mieux en mieux perçu, le roi a la possibilité de rétribuer ses fidèles et ses serviteurs en argent et non plus en terre ; l'État de justice cède place à l'État de finance, le chancelier au contrôleur général, les traitants et les financiers sont les démiurges d'un jeu social qui repose sur la redistribution et le contrôle de la rente. Seigneur unique de la guerre et de la violence, le roi est le seul garant de la paix et de la justice. Le développement d'une culture — celle de la France classique — dépend de cette unité de domination sur l'espace national, où aucune concurrence ne s'exerce plus ; il dépend aussi de la manière dont s'instaure un équilibre entre les groupes sociaux dominants ; au contrôle par la coutume et l'entente familière dans le *sanior pars* de la mobilité sociale vers le haut, la seule qui compte aux yeux des hommes, succède celui de l'anoblissement vérifié par le monarque et authentifié à prix d'argent. De là le rôle central de la robe, intermédiaire social et culturel entre l'aristocratie et les bourgeoisies ; de là la fonction principale du couple de la cour et de la ville, comme instruments de domestication et de distinction affrontés. Le courage cède la place à l'art du déguisement, l'héroïsme au contrôle de soi, la spontanéité des gestes et des mœurs à l'observation psychologique. Loin d'assurer la prépondérance de la noblesse, la « civilisation de cour » en prépare la ruine par l'acceptation de la monarchie administrative et centralisée. « La cour est alors l'instrument de décomposition d'une classe dirigeante, soit que sous un roi autoritaire elle vive sa servitude apprivoisée à l'aide d'une littérature de nostalgie, soit que, sous un roi faible, elle devienne le lieu de conflits sans arbitre et sans issue » (F. Furet). C'est à l'extérieur que la monarchie tentera alors d'opposer un autre équilibre à l'instabilité des tensions sociales, au temps de l'« absolutisme éclairé » et du compromis intellectuel développé dans les sociétés de pensée et les académies. Dans l'échec ou la réussite d'un projet culturel peut se lire ceux d'une politique, l'avenir de la société d'Ancien Régime : c'est la culture de la France des Lumières.

La fonction historique du modèle absolutiste est dans le domaine de la culture situé sur deux plans. D'une part, il sépare l'homme de cour et de culture du vulgaire par l'étiquette de la politesse, chacun se distinguant des autres, chacun et tous ensemble s'administrant la preuve de la valeur absolue de leur existence (Norbert Elias). C'est le ressort de toute la sociabilité culturelle. D'autre part, le modèle de la cour et de ses mœurs devient l'enjeu des luttes de concurrence pour toutes les autres fractions de la population. C'est le moteur de la circulation des normes, des valeurs, des conduites du haut vers le bas, dans un processus d'imitation et de distinction où les groupes luttent pour combler ou maintenir l'écart qui justifie et authentifie supériorité et infériorité des uns et des autres. La ville imite la cour, la province imite la ville, les bourgeoisies singent les noblesses et le bon peuple se laisse peu à peu gagner par des façons qui ne sont pas les siennes, dans les cités d'abord, domestiques en tête. Ces déplacements sont reproductions des hiérarchies sociales puisqu'ils perpétuent par translation les différences d'être et de paraître, mais en même temps ils sont intégrateurs dans un espace culturel plus vaste puisque la personnalité des groupes sociaux s'unifie (P. Bourdieu). Du haut en bas de la hiérarchie sociale et culturelle de l'Ancien Régime se joue ce mouvement qui construit progressivement

Le geste reste dans la société d'Ancien Régime un moyen d'expression beaucoup plus fort qu'aujourd'hui. Au XVIIe *siècle, dans la rencontre de Saint-Germain, l'emphase souligne l'importance de la réconciliation.*

les gestes et les pensées qui font la culture. L'aliénation des humbles n'est alors qu'une des manières de lire un processus qui est peut-être d'abord libérateur. Le « dressage » prématuré du peuple par l'Église et la « police des mœurs » conduit à la remise en cause du pacte social qui unifiait le roi et ses sujets. La montée de l'instruction, la généralisation de la politesse, bien au-delà des initiés courtisans et des imitateurs bourgeois, donnent à un plus grand nombre la maîtrise d'une technique de communication dans une manière de vivre en commun. C'est la possibilité d'une nouvelle conscience politique pour les humbles. C'est ce que Fléchier notait déjà lors des Grands Jours d'Auvergne : « On remarquera dans la poursuite de cette affaire que les paysans étaient fort hardis, et qu'ils déposaient volontiers contre les nobles lorsqu'ils n'étaient point retenus par la crainte. » Le peuple, comme la bourgeoisie, se politise bien avant de jouer un rôle politique : c'est une autre culture populaire.

Au XVIIIe *siècle,* L'Offrande à Vénus *de Trinquesse (musée des Beaux-Arts, Dijon) paraphrase la nouvelle sentimentalité.*

7
L'entrée dans la culture

Aujourd'hui tout le monde va à l'école et l'emprise de la scolarisation gagne tous les jours ; recyclage, formation permanente, formation continue, qui doivent résoudre nos maux et adapter chacun aux besoins de l'industrie ou du bureau, sont en passe de faire de nous des élèves de 5 à 60 ans, voire au-delà, avec l'université du troisième âge. En même temps, jamais le métier de professeur ou la fonction d'instituteur n'ont été aussi décriés et critiqués, comme si toute société n'avait pas les enseignants qu'elle mérite. Autrefois, plus encore au XVIIe siècle qu'au XVIIIe siècle, peu d'enfants allaient à l'école, au collège, à l'université, et les adultes auraient cru s'abaisser s'ils étaient allés entendre des leçons avec de la barbe au menton. Ainsi, les académiciens refusent d'être des écoliers ; s'ils se vouent à l'étude des sciences et des belles-lettres en un loisir studieux, ce n'est point pour enseigner mais pour échanger des lumières susceptibles de porter les arts à la perfection. Dans la bonne société d'abord, les relations ne sont pas celles de maîtres à élèves, d'enseignés à pédagogues, mais d'égaux à égaux dans le savoir et la capacité à en faire reculer les limites. Ailleurs, si l'on accepte les leçons du curé, du seigneur, du bourgeois, c'est que les nécessités de la vie sociale l'imposent, mais on n'en pense pas moins.

L'Ancien Régime voit se manifester une grande transformation, selon un double processus. D'une part, l'éducation sans l'école, plus ou moins longue et développée selon les milieux sociaux, dont le lieu est principalement la famille et le groupe d'âge, devient l'éducation hors l'école ; en même temps, la scolarisation gagne partout, ce qui est une manière dont se sont affirmés la spécificité de la famille et le sentiment de l'enfance (P. Ariès). A long terme, de l'institution scolaire au cercle familial se jouera le partage entre sphère privée et espace public, quand celui-ci ne sera plus réglé par l'adhésion collective aux représentations extérieures du pouvoir et à ses signes, quand celle-là se sera émancipée en promouvant les valeurs d'intimité et la liberté de la représentation de soi-même par la personne (J. Habermas). Tout au fond du débat apparaît le rôle nouveau de l'État, dont La Chalotais exprimera hautement l'intention éducative dans son *Plan d'éducation* : « Je prétends revendiquer pour la Nation une éducation qui ne dépend que de l'État, parce qu'elle lui appartient essentiellement, parce que toute Nation a un droit inaliénable et imprescriptible d'instruire ses enfants, parce qu'enfin les enfants de l'État doivent être élevés par des membres de l'État. » C'est proprement, comme l'indique le sous-titre, un *Essai d'éducation nationale*. En même temps, et c'est le second processus annoncé, on mesure à terme le recul des façons anciennes d'apprendre, la fin des transmissions du savoir par voir, faire et ouï-dire. Tout doit être réglé, un monde nouveau croit à la pédagogie, clé de la libération humaine pour les philosophes. Tous les hommes sont par nature capables de penser, mais ils ont été pervertis par les prêtres et les rois ; l'éducation les libérera d'un esclavage séculaire. C'est à la fois un mouvement de conquête des processus intellectuels (le livre scolaire pour les écoliers naît alors), le recul des procédés par imitation et mémoire (l'enseignement technique naît au même moment), c'est enfin le passage d'une éducation réservée à une frange étroite de la société, pour une fonction de reconduction sociale et de gestion, à une éducation traduisant l'aspiration générale à une conquête de mobilité sociale et de liberté spirituelle. L'école est le lieu des luttes entre l'Église et l'État, la nation et la famille ; elle doit (aujourd'hui encore) choisir de fabriquer des écoliers perpétuels ou produire des citoyens, choisir entre la reproduction ou la libération. L'entrée ou non dans la culture se fait selon la diversité sociale, elle entraîne des effets de clivages distinctifs qu'on peut cartographier et mesurer, elle joue d'un rapport irrégulier des populations à l'instruction, du bas vers le haut.

DE L'ÉDUCATION SANS ÉCOLE A L'INSTRUCTION DANS L'ÉCOLE

A l'âge crucial de sept ans, « âge de discrétion », dit plus tard « de raison », le sens de la vie enfantine change. C'est la *pueritia* dans l'ancienne échelle des âges. Pour l'Église, c'est le moment où l'enfant, capable de discerner le bien et le mal, doit commencer à suivre le catéchisme, « car dès lors les premières alarmes du diable, du monde, de la chair s'élèvent contre l'homme », précisent les statuts synodaux de 1650 à 1700 (M. Vénard). Pour tous les petits Français et Françaises, c'est désormais la seule forme d'enseignement obligatoire, universel et identique pendant deux siècles ; il est oral, par demande et réponse, et c'est une pratique du dimanche le plus souvent. Pour les clercs réformateurs, cet enseignement ne porte de fruits assurés qu'au terme d'une collaboration avec la famille, qui reste le lieu principal d'acquisition des gestes et des savoirs indispensables à la vie.

*L'enfance du Christ permet au peintre d'illustrer la présence des pères auprès des enfants et leur rôle essentiel dans la pédagogie du travail (*Saint Joseph charpentier*, G. de La Tour, musée des Beaux-Arts de Besançon).*

Poids du milieu, part des familles

C'est à sept ans qu'on revêt le costume d'adulte : chemises de toile, de chanvre ou de lin, hauts et bas-de-chausses, plus tard la première culotte, plus rarement le pantalon pour les garçons, « corps » et jupes superposées pour les filles sans rien dessous ; parfois des sabots, mais pas toujours au XVIIe siècle, des souliers en ville et chez les aisés ; un chapeau, un bonnet contre la pluie et le soleil, un vieux manteau : c'est l'uniforme des gamins et des gamines des villages et des villes que l'on retrouve dans la peinture de Le Nain, Watteau, Hubert Robert. Ce sont des vêtements sombres, noirs, bruns et gris, couleur de terre et de temps, solides et faits pour durer, simples et rudes, retaillés et réajustés dans les vieux habits des aînés. Au XVIIIe siècle, la vêture s'égaye et se diversifie, dans les villes et dans tous les milieux sociaux, à la campagne, chez les plus riches. Les modèles du goût des aisés, la couleur (des rouges, des bleus, des jaunes, des verts), la souplesse des tissus, gagnent du terrain. Or le vêtement est au cœur du système d'apprentissage de la société des apparences : c'est lui qui enseigne la distance sociale et confirme la représentation. Un changement de manière vestimentaire dès le jeune âge marque l'entrée dans un autre monde, celui des consommations transitoires et celui des hiérarchies perturbées, d'abord dans les cités, puis dans les provinces.

C'est par le travail que sont inculqués par les « bons parents les bons principes » : à costume d'adulte, travail d'adulte. Les filles suppléent les mères à la cuisine et au ménage, dans la surveillance et le « mignotage » des petits, elles aident aux poulaillers et aux jardins, et plus encore à la quenouille, au dévidoir, au rouet et à la couture. De fil en aiguille se transmettent les rôles et les petits secrets, le gouvernement de la maison, la manière en définitive de « porter la culotte ». L'éducation des filles est très surveillée et très séparée, l'entourage des sœurs et des voisines veillant à l'honneur des gamines et des petites cousines, qui ne voient les garçons autres que leurs frères que d'assez loin, au catéchisme, à la messe, aux offices et aux fêtes. Deux sociétés s'observent derrière les haies et les croisées, dans les escaliers et les ruelles des villes avant de se rencontrer furtivement durant l'adolescence.

Pour les garçons, l'autorité du père l'emporte et une plus grande liberté. Ils aident aux champs et à la vigne, dans l'atelier et la boutique, faisant ordinairement de multiples tâches qui enseignent le métier et le tour de main, au fur et à mesure des besoins. Aux garçons, le curage du bétail, le pansage des chevaux et la surveillance du tas de fumier familial ; aux garçons la serpette, la binette et la houe, en attendant la bêche et la charrue qu'ils accompagnent durant les labours pour activer et surveiller les bêtes ; aux garçons encore, la conduite du bétail et le boisillage légal ou clandestin, voire de menus braconnages. Le jeune Jamerey Duval, fils d'un brassier-charron d'Arthenay en Bourgogne, est successivement gardien de moutons et de dindons après avoir fui sa famille et la misère pour l'errance (c'est la campagne et la crise de 1709). Le jeune Ménétra, à Paris, vers 1750, balaie la boutique, ramasse les clous, prépare le mastic à vitrer, porte les châssis, accommode le casse-croûte de son père et des compagnons. C'est la ville et une modeste aisance. Partout ces mises au travail précoces ont leurs conséquences sanitaires — car trop souvent fardeaux pesants et efforts prématurés déforment les corps —, et leurs séquelles morales, car le climat du travail rural et urbain est rude et violent. Il enseigne la force et le sens de l'autorité.

En ville et en campagne, les galopins forment des bandes et vivent leurs jeux. En campagne, point de ségrégation, le fils du notaire et celui du rentier de village partagent le loisir de ceux des métayers, des journaliers et des tisserands ; si l'on astreignait plus tôt les premiers à l'étude, on craindrait de les retrancher de la communauté rurale dans laquelle ils vont vivre (Y. Castan). Ainsi se constitue la société rurale des gamins joueurs, chapardeurs, dénicheurs ; entre la cueillette et les jeux se transmettent les règles de la sociabilité élémentaire. Dans les villes, et à Paris un peu moins qu'ailleurs peut-être, la ségrégation sociale est plus forte, les conditions de vie séparant trop tôt les enfants des classes riches, qui suivront des études, et les autres, qui iront en apprentissage. Ils ne se rencontrent que pour se battre comme aux portes de Paris les petits citadins et les fils de paysans. Dans la cité, sur la base d'un territoire, d'un quartier ou d'une rue, voire d'une paroisse, se forment des bandes enfantines bruyantes et turbulentes. Le lacis des rues et des ruelles, les quais de la « Rivière » abritent leurs audaces et leurs galopades, les premières fugues nocturnes volontaires ou forcées, les parties de cache-cache avec les parents, les voisins et la police. Comme dans les campagnes, les complicités essentielles de la classe d'âge et de l'amitié s'y nouent, chaleureuses et prometteuses. L'adolescence pubertaire y brûle ses premiers feux. C'est toutefois une enfance fort éloignée de celle des enfants perdus qui errent dans les villes et peuplent les maisons du renfermement.

L'horizon quotidien de tous est le travail et ses lois acquises au petit bonheur et par un accès successif à des responsabilités plus lourdes dans les travaux des champs ou dans l'apprentissage citadin. La formation au métier se fait le plus souvent chez les artisans et les boutiquiers des villes, au sein même de la famille. Succéder à son père et apprendre avec lui est la règle dans cette microbourgeoisie solide, mais la demande de main-d'œuvre appelle d'autres apprentis que les fils de maîtres. Les parents passent alors contrat souvent oralement, quelquefois devant notaire, pour garantir et cautionner une mince carrière : on paie pour apprendre pendant un nombre d'années variable selon la technicité des métiers ou leur place dans la hiérarchie des corps et des arts ; soit pendant une durée de un à sept ans. L'apprenti, souvent d'origine rurale, se forme sur le tas, et tout métier nouveau s'apprend hors de la famille. L'idéal de l'apprentissage ?, Jacques Savary le détaille dans son *Parfait Négociant* : les apprentis doivent le respect à leurs maîtres, comme « s'ils étaient leurs pères » ; ils doivent encore le secret sur les affaires, la bonne intelligence avec les compagnons, propreté, modestie. Ces préceptes mettent en valeur la formation morale : « Le patron est l'éducateur professionnel et spirituel qui fabrique une économie encore patriarcale » (E. Labrousse). La réalité est plus contrastée ; on y acquiert surtout l'alliance de l'outil et de la main, l'acuité de l'œil et la promptitude du geste efficace, le sens des réalités de l'existence, enseignées à coups de pied au cul et de corde par les pères ou les patrons, le génie de l'adaptabilité qui confère sa dimension principale aux existences populaires. L'apprenti peut alors sortir de la coquille familiale et paroissiale, peut aller d'atelier en atelier « courir les maîtres ».

C'est le temps de la jeunesse. Dans les campagnes, vers onze ou treize ans, la communion fait entrer les enfants, chrétiens complets et contribuables, dans les registres de l'Église et de l'État. Ils travaillent tous comme père et mère, sauf ceux qui vont au collège, et ils entrent dans les groupements de jeunesse dont on ne sort que par le mariage et le premier enfant — l'établissement définitif dans la vie : *bachellerie, abbayes, jeunesses, liesses, vogues,* ce sont là des groupes chargés d'organiser les fêtes. Mais ces groupes assurent aussi la défense des intérêts de la communauté, notamment en matière matrimoniale et sexuelle ; ils socialisent la préparation amoureuse de tous en permettant la lecture de la carte du tendre villageoise ou citadine en de multiples occasions de rencontres : bals, vogues, fêtes, foires, veillées. La « jeunesse » est donc à la fois la mémoire et l'avenir de la société rurale ; quand on la quitte, tout recommence. En ville, ces groupements, vivants jusqu'au XVIe siècle, ont été très réprimés par la moralisation tridentine. Ils assumaient une fonction de cohésion sociale interclasse qui tend à perdre du terrain quand s'inscrit dans la topographie sociale la séparation des dominés et des dominants ; alors recule le rôle des abbayes et des confréries joyeuses. A leur façon, organisant fêtes et bravades, constituant une solidarité efficace dans le réseau des auberges initiées, les compagnonnages entretiennent jusqu'à la Révolution cette sociabilité des jeunes hommes célibataires, centrée sur le métier, sa liberté et la prestation agonistique d'échange et de compétition. Le passage de la jeunesse rurale et urbaine à l'âge des responsabilités familiales est à la fois rupture morale et conversion économique.

Écoles et écoliers

Jusque-là, instruction et éducation ont été de pair. Toute une socialité passe par la religion, le catéchisme, la prédication, la confession, et pour les plus chanceux par l'école de paroisse ; à l'heure du mariage, la puissance sociale et symbolique des clergés paroissiaux est amplement confirmée ; les magisters de tout poil sont chargés d'inculquer connaissance, façon de faire, savoir penser, savoir vivre, politesse, souplesse, patience ; les familles, pères et mères, parents et voisins, ont recours les uns aux autres pour renforcer leur commandement, inculquer le sens du travail bien fait, dispenser l'affection commune, pour donner enfin une formation élémentaire à l'enseignement de ce « lire seulement », encouragé par l'Église et dispensé par les parents, les mères surtout, parfois par les domestiques. C'est dans les écarts que tolère la société et que permet le caractère individuel que se situe la liberté des enfants et des adolescents, c'est dans les zones obscures de ces trois instances disciplinaires : école, Église, famille, que se transmettent les capacités inventives du peuple et les possibilités de manipuler les normes, « l'art de faire flèche de tout bois ». Ceux qui passent par les collèges ont d'autres possibilités.

Les pédagogies populaires et l'école ont été très tôt l'enjeu des luttes religieuses. Pour l'Église catholique, l'écolomanie protestante impose une conscience de péril et de reconquête ; pour l'État catholique, l'aspiration scolaire des clergés rencontre certaines aspirations des populations (les cahiers de 1614 montrent celles des municipalités urbaines), la volonté de mise en ordre et de discipline des peuples, voire les besoins de la monarchie en personnel de tous ordres, civils et militaires. Durant tout l'Ancien Régime le débat perdurera ; il révèle l'hésitation de la société entre deux conceptions, celle de la transformation liée à la mobilité des talents et celle de la reproduction inégalitaire. Inculquer la foi par l'école pousse à l'universalisation de l'instruction ; l'école tire profit de la rivalité des Églises ; pour les pouvoirs civils, point d'opposition au départ ; ouvrir une école c'est travailler à l'unité de foi et fermer une prison, mais c'est aussi contribuer à déstabiliser le corps social, remplir « enfin la France de chicaneurs plus propres à ruiner les familles et troubler le repos

L'expérience transmise ou l'éducation sans école.
Sculptures de l'Allée de l'Été, parc du château de Versailles.

L'étude, réservée à une élite.
Tableau, boiseries, appliques et commode Louis XV, château de Breteuil (Yvelines).

public qu'à procurer aucun bien aux États », dira Richelieu ; c'est enlever des bras à l'agriculture et à l'industrie, créer des intellectuels parasites inutiles à l'activité productrice, laisser fermenter l'esprit de révolte et de critique : « Un paysan qui sait lire et écrire est plus malaisé à opprimer qu'un autre », écrira Diderot. Dans cette querelle ininterrompue, c'est la demande qui tranche et l'attitude des populations citadines et rurales qui permet de rendre compte de l'inégalité d'une instruction qui échappe toujours pour une part à l'école. Entre ville et campagne l'écart très tôt constaté dans les équipements et les traditions scolaires s'élargit ; dans les campagnes l'absence de moyens et les résistances de la culture populaire aux formes de progrès et d'acculturation freinent la scolarisation.

Dans ce domaine les villes gèrent un patrimoine ancien et les nouvelles institutions alourdissent leurs privilèges. A l'ombre des cathédrales, les écoles capitulaires forment des clergeons et les manécanteries des enfants de chœur. Avoir une maîtrise imposante est une gloire pour les chapitres, une chance pour les enfants un peu doués. Les petites écoles paysannes instruisent les enfants des paroisses sous la surveillance des grands chantres, qui attribuent aux maîtres les « lettres de commission » et veillent au bon déroulement de l'enseignement et à la moralité des maîtres et des maîtresses. Enfin, les maîtres écrivains et arithméticiens, organisés en jurandes (ils sont 100 à Paris, 70 à Rouen), enseignent à écrire et à compter. A ce niveau, interviennent le droit d'« écolage », le coût de la leçon des maîtres jurés, les frais pour vêtir et chausser décemment l'écolier, la possibilité aussi de pouvoir s'en passer à la maison ou à l'atelier, toutes les dépenses qui tracent la frontière de la scolarisation, mais aussi les mœurs qui tiennent les filles plus longtemps au foyer.

A ce réseau partout installé dès le XVIe siècle, les réformes ajoutent les *écoles charitables* plus ou moins gratuites, que fondent les humanistes, les dévots, la compagnie du Saint Sacrement, les municipalités éclairées. Elles accueillent les enfants pauvres qui n'allaient guère jusque-là en classe et donnaient dans les rues le spectacle de l'oisiveté et de la sauvagerie. Avec Jean-Baptiste de La Salle, dans les années 1680-1700, la France urbaine se couvre d'implantations nombreuses, plus de 500 écoles et 35 000 élèves en 1790, qui bénéficient d'une pédagogie heureusement accueillie : les frères doivent triompher de l'hostilité des autorités urbaines et des maîtres écrivains ; ils réussissent dans la France du nord, dans le Sud-Est et le Languedoc ; selon les villes ils scolarisent entre 15 et 40 % des garçons.

Dans les villages, l'école est plus encore portée par la christianisation, et son implantation suit l'effort des clergés : « Laïcité en moins, mitre et crosse en plus, l'épiscopat fait office d'inspection primaire » (E. Le Roy Ladurie). Dès le XVIe siècle, le réseau scolaire est très dense dans la France du nord, jusqu'à la Loire ; dans certaines régions comme la Champagne on considère presque l'école comme un droit ; dans la France du Midi, le réseau est beaucoup plus lâche ; le seuil de 1 500-2 000 habitants, soit les dimensions de la petite ville ou du gros bourg urbanisé d'alors, doit être franchi pour trouver l'école en suffisance et en permanence. Au départ, l'école est en général un avantage des campagnes par rapport aux villes, où la population scolarisable était proportionnellement plus forte ; à l'arrivée, après deux siècles d'implantation d'écoles gratuites, la situation est moins favorable aux paysans. Cela dépend en fait de l'intensité de la lutte religieuse (les fronts de catholicité sont toujours fortement scolarisés) ; cela dépend aussi de la géographie de la circulation et de l'économie (les hautes terres sont souvent vides d'écoles) ; enfin de l'habitat :

Le Maître d'école *d'Abraham Bosse restitue l'atmosphère de l'éducation d'Ancien Régime : individualisation de la leçon, séparation des pédagogies féminine et masculine, ordre et discipline.*

la concentration favorise la scolarisation, la dispersion la défavorise. Mais surtout, c'est la capacité de mobilisation des communautés qui peut résoudre les problèmes scolaires ; recrutement plus ou moins régulier des maîtres, financement des pédagogues et des locaux. La charge scolaire est réservée aux habitants : si le curé assume convenablement l'enseignement du catéchisme, les parents peuvent se dispenser d'un *magister* coûteux. Quand la rénovation catholique aura chassé les curés fantaisistes ou scandaleux, la montée des exigences s'accompagnera de celle de l'école, seule capable d'avoir un effet durable contre l'hérésie, l'impiété et les mauvaises mœurs. Les cahiers de doléances de 1789 en réclament en tout cas le service...

Les enfants viennent à l'école comme ils peuvent, si la saison et les chemins le permettent, après les vendanges et jusqu'à Pâques ou jusqu'aux grands travaux d'été, les foires et les blés. Ils y entendent la leçon de maîtres qui sont rien moins que des spécialistes, sauf ceux qui descendaient se louer en bande et la plume au chapeau, de l'Ubaye et de la haute Durance, bricoleurs, sacristains, sonneurs de cloches, rebouteux, un peu jardiniers, un peu menuisiers, pour le curé et pour eux-mêmes. Ces maîtres dépendent des parents qui versent quelques sols chaque mois, procurent quelques œufs, quelques fagots ; ils dépendent aussi de l'Église, qui surveille leur foi et leurs mœurs plus que leur science. Le maître d'école est un de ces intermédiaires de culture qui travaillent à sortir les villages de leur isolement, car au XVIIIe siècle il s'améliore quelque peu. Au total, les petits paysans s'instruisent, les petites filles moins que les petits garçons, les petits citadins aussi, plus que les petits ruraux, Parisiens et Parisiennes en tête. A la fin du XVIIIe siècle, l'instabilité traditionnelle du réseau scolaire se réduit ; en ville, les écoles pour les deux sexes se sont

multipliées ; à Paris en tout cas les petites filles commencent à rejoindre leurs frères, même si elles vont encore moins nombreuses et moins longtemps sur les bancs de l'école (M. Sonnet).

On mesure dans ces différentes acceptions de l'école l'écho social obtenu par les pédagogies élémentaires. L'histoire de ces pratiques, qui a été renouvelée depuis peu (R. Chartier, M. Compère, D. Julia), traduit une double finalité. Dans l'ordre des contenus, la petite école vise à former de bons chrétiens et à enraciner la croyance sur une pratique. Le catéchisme, l'abécédaire pieux, le latin, l'image dévote, le cantique font jusqu'aux innovations timides des maîtres de Port-Royal puis des Frères des Écoles chrétiennes le fonds commun de l'apprentissage scolaire. On apprend à lire chacun son tour, dans l'ABC, dans quelques histoires saintes, en épelant les lettres, puis en ânonnant les mots et les phrases. Les enfants apprennennt à compter avec l'écriture, s'ils ont le temps, si les parents peuvent payer quelques sols supplémentaires. En général, tous savent calculer avec leurs doigts, des bâtons, des jetons, des encoches sur les bâtons (les tailles). C'est écrire qui fait la vraie différence, car cela exige matériel et forte technicité : c'est déjà une discipline du corps, inséparable de la finalité profonde de l'ordre scolaire ancien.

Il s'agit là d'éducation plus que d'instruction, car les petits enfants qui fréquentent l'école sont placés dans les conditions d'un contrôle idéal : contrôle du temps, qui ne doit pas contenir de plage vide, où les leçons s'enchaînent ; contrôle des procédures d'acquisition dans l'échelle des savoirs qui est proportionnée à l'état social de chacun ; contrôle de l'espace hiérarchisé où sont distingués et séparés les pauvres et les riches, les bons et les mauvais élèves. Ces principes idéaux, que formulent dès 1654 l'*Eschole paroissiale*, et au XVIIIe siècle la conduite des *Escholes chrétiennes* de J.-B. de La Salle, rejoignent les préceptes des civilités : surveiller et polir. Un code des usages est ainsi diffusé pour l'école et la famille, afin de dominer l'impulsivité, d'intérioriser les comportements, de brider la nature. Les refoulements des fonctions naturelles progressent d'ailleurs d'édition en édition, du vieux texte érasmien aux épigones salésiens du XVIIIe siècle ; les frontières de la pudeur et de la décence, établies dès le XVIe siècle chez les aristocrates et les riches, descendent jusqu'aux pauvres : mettre ses doigts dans son nez en public, péter et roter bruyamment, montrer son cul et sa « nature » sont désormais interdits. De l'idéal des textes à la réalité de leur lecteur et de leur application, on peut imaginer bien des décalages, mais la régularité des gestes s'impose dans les pratiques de la vie comme dans celles de la religion. L'école a pu garder dans les profondeurs de la France rurale quelque chose de son ancien désordre, elle n'en a pas moins diffusé largement, par le livre et dans la relation pédagogique, les normes d'une *civilisation des mœurs*. Quand la finalité religieuse se perdra, elles continueront de justifier la finalité de l'ordre scolaire laïcisé et un peu moins inégal. Pendant deux siècles l'école, en préparant le bonheur futur de ceux qui l'ignoreront toujours ici-bas, consolide les inégalités et sauvegarde les droits acquis, le maintien d'un ordre providentiel. De surcroît, elle donne une mince liberté, insuffisante mais nécessaire.

Aspect mondain du catéchisme au temps des Lumières (Baudouin, Bibliothèque nationale).

PIERRE-IGNACE, VALENTIN, JACQUES-LOUIS ET LES AUTRES...

Les enfants du peuple ont de plus en plus accès au savoir, ils lisent et ils écrivent, mais marginalisés par rapport aux circuits établis de la culture officielle ils se font rarement entendre. C'est aux historiens de les découvrir. Entre la fin du XVIIe siècle et les années qui précédent la Révolution, ils en connaissent trois ou quatre : Pierre-Ignace Chavatte, de Lille, Valentin Jamerey-Duval, d'Arthonnay en Bourgogne, Jacques-Louis Ménétra, de Paris. C'est peu pour témoigner des faits et gestes de la multitude, c'est beaucoup pour des âges d'immobilité où les choses changent peu et où la volonté d'écrire exige une force intérieure peu commune dans les milieux où ce n'est pas dans les habitudes. C'est peu aussi par rapport au XIXe siècle, quand la révolution industrielle transforme les manières de vivre traditionnelles et que la chaudière politique bouillonne. Alors les *récits de vie* écrits par les compagnons — Agricol Perdiguier — et les écrivains ouvriers fleurissent de toute part. Ici on s'interrogera moins sur les nécessités qui ont poussé Pierre-Ignace, Valentin, Jacques-Louis et les autres à prendre la plume, moins encore sur le témoignage qu'ils livrent, avec des nuances, sur les cultures des peuples, que sur la variété des itinéraires vécus et retracés par un effort hors du commun.

Pierre-Ignace Chavatte dans sa chronique lilloise, tenue entre 1657 et 1693, évoque le milieu des très médiocres artisans des grandes cités textiles du temps de Louis XIV. Il est né vers 1633, fils d'un maître *sayetteur*, il est lui-même maître sayetteur, il épouse une fille de maître *bourgeteur*. C'est un cas représentatif des petits métiers urbains à un mauvais moment pour la draperie lilloise, quand la production s'écroule et que les maîtres ouvriers se prolétarisent, dépendants de plus en plus des maîtres fabricants et négociants. On ne sait pas comment il a appris à lire et écrire, ses parents ne savent pas signer ; il est probable qu'il a fréquenté l'école ouverte pour les pauvres le dimanche dès la fin du XVIe siècle, gratuite pour les enfants des gueux et qui peu à peu habitue les uns et les autres à l'alphabétisation. C'est une nécessité religieuse et ce n'est pas inutile pour le métier. La mentalité de Chavatte est profondément marquée à la fois par son appartenance à un corps de métier respectable — « il vit et pense en homme de métier » (Alain Lottin) —, et son ouverture aux curiosités du monde que lui a donnée l'accès à la culture élémentaire. Il peut exprimer une véritable conscience de son état, une fierté, malgré la médiocrité de sa situation, d'être membre d'un corps et fidèle à une tradition. C'est l'ouvrier typique de l'« état stationnaire », quand les maîtres prêtent serment de « maintenir le métier tel qu'ils l'ont trouvé », quand l'innovation est découragée et les entrepreneurs découragés. C'est l'homme d'un monde qui n'a pas besoin du changement.

Valentin Jamerey-Duval est un petit paysan. Il est né en 1695 dans l'élection de Tonnerre, fils d'un charron de village, mort cinq années après la naissance de son garçon, à quarante ans. La famille vit alors dans la plus complète misère, et quand la mère se remarie avec un ouvrier agricole d'Arthonnay il s'enfuit lassé des mauvais traitements que lui inflige son parâtre. Dès lors c'est un enfant semi-sauvage, errant, sans feu, ni lieu, souffrant de la faim et du froid sur les routes. Gardien de moutons et de dindons, aide-meunier, conducteur de troupeaux, berger, il n'a pas quinze ans qu'il a vécu tous les malheurs de la vie paysanne. Ce sont des années difficiles et le grand hiver de 1709 : avec la petite vérole et la faim, la mort et la solitude et la dépendance totale dans la totale indépendance de celui qui n'est plus d'aucune communauté. Sa chance est faite de rencontres et de charités, un curé à triple menton, un fermier sans morgue, des compagnons bergers. C'est alors qu'il apprend à lire et à écrire quelque peu en déchiffrant et apprenant par cœur les livres de colportage de la Bibliothèque bleue de Troyes, *Richard sans peur, Robert le diable, Valentin et Orson, Les quatre fils Aymon, Pierre de Provence,* et *Mélusine*. Des ermites vénérables parachevèrent cette éducation sur le tas, et c'est comme domestique vers 1712 qu'il apprend définitivement à écrire. Avec ce mince bagage le voilà lancé sur les sentiers de la réflexion individualisée. Le hasard en fait un intellectuel au service des grands : il est remarqué, protégé, poussé par le duc Léopold de Lorraine. Bachelier en philosophie, sous-bibliothécaire, professeur à Lunéville, il suit ses maîtres en exil à Florence et à Vienne. Il devient un cosmopolite parcourant le monde, c'est-à-dire l'Europe des cours, des bibliothèques et des académies. Il meurt à Vienne le 3 novembre 1775 au terme d'un destin d'exception. C'est l'homme d'un monde où la mobilité est d'abord intérieure, conquête de soi. Écrire devient alors moyen de marquer le chemin parcouru, nécessité d'exprimer comment « je suis devenu ce que je suis, moi ». Chez Jamerey-Duval, l'écriture revendique la modestie des origines et les obstacles franchis, la dure acquisition par le seul mérite de la lecture, de l'écriture, de la science des livres, de la situation d'intellectuel à part entière, qui rend supérieur ou égal aux nobles courtisans hautains et méprisants (J.-M. Goulemot). Valentin Jamerey-Duval se dévoile, tel qu'il est, non sans quelques silences, surtout si on le compare à Rousseau qui, peu après lui, franchira une distance comparable, parce qu'il est dans une situation de rupture avec le monde social de la stabilité où chacun trouve sa place, et avec lui-même. C'est un homme de l'entre-deux culturel, qui sans doute écrit pour un public auquel il ne livrera jamais son texte. Écrivain sorti du peuple, il n'en est plus, mais il est en droit de penser que son témoignage pouvait changer le regard qu'une classe porte sur le monde et sur les humbles. Les *Mémoires* de Jamerey-Duval, à la différence des *Chroniques* de Chavatte, sont écrits contre ceux qui trahissent l'expérience vécue du malheur et parce que la route parcourue d'Arthonnay à Vienne donne au témoin le droit de parler. « Mais on n'échappe pas impunément à sa condition, on ne revêt pas sans risque le manteau de la culture. A l'aliénation de la misère succède cette aliénation nouvelle, purement culturelle, car le savoir n'a pas libéré Jamerey-Duval comme il le prétend » (J.-M. Goulemot).

Jacques-Louis Ménétra est d'une autre dimension encore. Homme de peu lui aussi, mais de Paris, ce qui n'est pas rien, fils d'artisan et de maître vitrier, compagnon puis maître à son tour, il est né en 1738 sur la paroisse de Saint-Germain-l'Auxerrois, il mourra à l'aube du XIXe siècle après avoir vécu la Révolution et ses ruptures collectives et individuelles. C'est l'homme d'une capitale de l'intelligence où l'on a l'impression que personne ne peut être épargné par les transformations qui s'y sont jouées durant le siècle des Lumières. C'est l'enfant de la suralphabétisation des petites écoles de Paris, où tout le monde ou presque apprend à lire. Comme tous les petits Parisiens il a bénéficié de cette éducation mobilisatrice qu'on recevait dans la famille, à l'atelier, à la manécanterie, à l'école de paroisse. Dès quinze ans, Ménétra a dans sa giberne un quadruple bagage : lire, écrire, compter, chanter, et il aurait pu aller au-delà de ce premier cursus scolaire si son père n'avait choisi comme lui-même le fera pour son fils d'en faire un maître vitrier. Comme Chavatte, il est fils de l'« état stationnaire » du monde, mais plus que lui il va se glisser dans les fractures qui annoncent les transformations de ce monde. Il est vitrier comme son père, mais c'est que la force de la transmission du métier et la nécessité de rassembler efforts et ressources pour la famille militent pour cela. Lui-même sera un homme libre, individualiste, homme de l'avenir qui n'a pas besoin d'afficher ses origines ou de les nier pour être lui-même et se vouloir égal à tous. Ménétra illustre bien comment s'est effectué le passage du temps des ordres à celui des classes dans les milieux inférieurs de la société urbaine, dans une prise de conscience progressive d'une indépendance égalitaire. Sa vision du social est immédiatement rousseauiste, il aspire à une égalité d'estime et de sympathie entre tous les milieux sociaux que n'aurait pu envisager Chavatte, que ne concevait pas Duval dans l'inégalité de sa condition domestique et supérieure à la fois. Mais cette égalité est toujours contredite par l'inégalité forcée des rangs et des richesses et par le privilège. L'autobiographie a été alors pour lui moins l'occasion de noter un monde inchangé ou d'écrire pour mesurer le chemin parcouru que d'affirmer une conscience claire de la différence, une revendication d'originalité culturelle et sociale par rapport aux gens de mérite et de lettres. Son écriture est libertaire. Il s'agit pour lui de souligner la fatalité de l'immobilité et peut-être le déchirement des manières populaires confrontées au changement de l'histoire. Écrire son histoire c'est un moyen d'affirmer la capacité d'être soi-même en dépit du reste et du temps. Il est possible que Ménétra ait lu Rousseau, qu'il a connu pour son travail quand l'écrivain s'est installé rue Platrières près de la grande poste. Son exemple l'a inspiré pour une œuvre bricolée et incertaine, qui privilégie la sincérité et le droit au bonheur. Le vitrier parisien a parcouru la France, vécu des instants peu glorieux et des moments privilégiés, rencontré les grands, observé le théâtre, celui du monde et celui de l'imaginaire. Ce qu'il affirme c'est une volonté de comprendre.

Face à l'essentiel, la différence entre ces trois témoins mérite un dernier regard. Chavatte est l'homme d'un temps d'affirmation et d'ostentation du sacré. C'est un catholique dévot, attentif aux gestes solennels d'une religion publique et officielle que la politique d'intégration gallicane rend particulièrement sensible aux habitants de Lille fraîchement centrée dans le royaume. C'est un paroissien, un confrère, un fidèle édifié et édifiant, respectant les consignes, témoin précieux des nouvelles dévotions et du succès des gestes de la réformation catholique. La Vierge et le saint sacrement, saint Roch, saint Charles Borromée, saint Joseph et les saints anges ; saint Paulin et saint Piat sont des intercesseurs familiers. Le surnaturel est son monde. Tout ici-bas est dans la main de Dieu, c'est une évidence mentale. L'important est le salut éternel.

Pour le Parisien Ménétra, cinquante ans plus tard, la question est moins évidente. Élevé dans la religion, pratiquant d'occasion, il commence à prendre ses distances vis-à-vis des commandements de Dieu et de l'Église. Une première lecture du *Journal de ma vie* montre la naissance d'un anticléricalisme populaire d'autant plus fort qu'il s'enracine dans une pratique janséniste et dans la déception de l'enfance crédule. L'emprise de la religion dans la vie reste incontestable, mais la volonté de ne plus être dupe ne l'est pas moins. Il sait concilier le conformisme et la déviance. Mais en même temps c'est une seconde lecture ; on peut voir naître une pensée libre. Elle rassemble tous les arguments de la tolérance contre l'intolérance, des hétérodoxies contre les orthodoxies, des déismes contre les révélations. Ménétra a su s'approprier les éléments qui lui convenaient dans une culture étrangère, celle de la critique radicale, voire même de l'athéisme, pour se composer son *Credo*. C'est celui d'une morale épicurienne et sensible qui trouve sa justification dans le fatalisme populaire, la croyance au signe du destin et à l'intervention d'une providence bienfaisante, c'est celui d'une éthique de la famille et d'une religion sans mystère. L'important est le bonheur ici-bas et la fidélité à soi-même et aux siens.

Valentin Jamerey-Duval a beaucoup plus lu que Ménétra et sans doute pratiqué comme Chavatte en son enfance, fréquentant curés, moines et ermites. Devenu grand, il en croque quelque peu, mais il n'est pas pour cela du côté des superstitions du peuple, qu'il méprise comme un « univers de fables et de folies aliénantes ». C'est un homme des Lumières, partisan d'une religion éclairée, sans fanatisme, ralliée à la « théologie naturelle » et au « bon sens ». Bref il s'agit d'exposer clairement au populaire, « simplement et avec toute la dignité convenable à un sujet si intéressant ». « En luy dévoilant tout ce que l'on sait des mystères de la nature, on lui apprendrait à révérer ceux de la religion. » L'important sans doute est d'être un chrétien philosophe ou un philosophe chrétien.

A travers trois destins du peuple, c'est toute la prodigieuse transformation de tous que l'on peut lire entre le temps des villes et des villages quasi immobiles et celui des croissances inégales et de l'aspiration au changement. A leur façon, ce sont trois prises de parole politique car c'est la vie entière de la cité qui est bouleversée, louée ou critiquée par ces écrits majeurs.

LES FRONTIÈRES CULTURELLES

De l'éducation sans l'école à l'instruction par l'école s'inscrivent dans l'espace géographique et dans la topographie sociale les manifestations concrètes du partage culturel ; deux barrières, l'écriture courante et le latin, parquent les Français en trois groupes dont les conflits divisent profondément le royaume. La presque séculaire enquête Maggiolo, oubliée, puis redécouverte et passablement réexploitée, y compris avec l'ordinateur (F. Furet et J. Ozouf), conserve largement sa valeur pour distinguer le premier clivage ; le passage au collège et quelquefois à l'université crée le second, et depuis une décennie les travaux de valeur en ont précisé toutes les modalités (D. Julia).

Bâtons, chiffres et lettres : la France alphabétisée

La méthode pour évaluer le degré d'instruction est connue et peu contestable, elle consiste à étudier et à dénombrer les signatures des nouveaux époux apposées dans les actes paroissiaux ; d'autres documents ont pu d'ailleurs être également utilisés (contrats de mariage notariés, inventaires, testaments). Le débat est fixé sur la signification de l'indicateur signature. Mais la signature est-elle degré zéro de la culture, indépendante de toute maîtrise de la lecture ou de l'écriture ? Est-elle domination de la lecture enseignée avant l'écriture ? Enfin est-elle preuve d'une aptitude à écrire, comme l'a prouvé dans la France du XIXe siècle l'analyse factorielle des déclarations de conscrits ? Donc est-elle révélatrice d'une alphabétisation totale et d'une culture élémentaire ? On perçoit là des niveaux de compétence, selon la qualité de la signature : de l'illettré total, à qui on a tenu la main, à l'instruit sachant écrire, lire, compter, composer. Ce qui est sûr, c'est que la signature se trouve liée au progrès du système d'enseignement renforcé de 1600 à 1790, et cette corrélation, qui n'est pas la seule, rend compte de son ambiguïté principale : signer est un acte que dictent les contraintes sociales, c'est une affirmation d'identité. L'inconvénient de la méthode est qu'elle ne permet pas de distinguer clairement ceux qui sont libérés pleinement par la maîtrise de l'écriture, et les hésitants, les maladroits, les incultes.

C'est entre ces deux niveaux que se joue le passage réel de la culture orale à la culture écrite, un autre monde où ce qui compte est le maniement des choses, ouvert par la manipulation des signes : listes, comptes, textes, notes, manuscrits ou imprimés permettent par leur manipulation l'accumulation des connaissances, l'organisation modifiable des savoirs, les conditions amplifiées de la mémoire. Au niveau le plus élémentaire ce caractère s'inscrit dans la surveillance de l'écriture des filles : leur liberté et plus particulièrement l'amour en est l'enjeu dangereux. Nul n'est plus censé ignorer l'écrit, c'est le fondement de la loi, mais ce peut être la raison de la décadence et de malheurs innombrables. C'est ce que pense Rousseau dans l'*Essai sur l'origine des langues*, car le reste, l'« école », l'« académie », l'« aliénation », ne manquent pas de suivre. Mais ce peut être l'instrument d'une libération : dominer l'écriture et la lecture, c'est réconcilier trois univers : les choses, les sons qui les désignent, les lettres qui les rappellent, puisqu'elles les doublent (J. Dagognet).

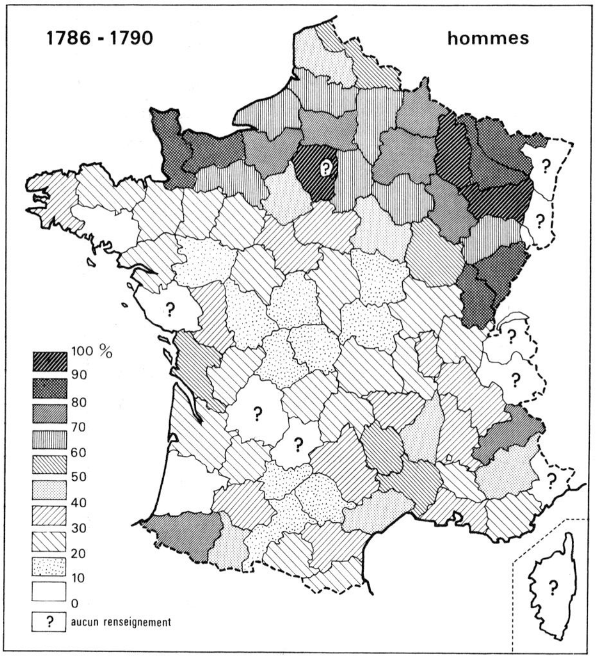

LIRE ET ÉCRIRE A LA VEILLE DE LA RÉVOLUTION FRANÇAISE.

Carte établie d'après le nombre de conjoints masculins capables de signer leur acte de mariage. La supériorité du Nord et de l'Est y apparaît nettement (F. Furet et J. Ozouf, Lire et écrire*).*

La ligne Maggiolo et ses variations

Les cartes de l'alphabétisation et les résultats qu'elles figurent sont désormais bien connus : les quatre cinquièmes des Français sont parfaitement analphabètes vers 1680-1700, les femmes étant beaucoup plus ignares que les hommes : 86 % d'analphabètes chez les épouses, 71 % chez les époux, ce qui aide à ratifier l'opinion banale, celle de Chrysale. Un siècle avant, jugée sur une collecte un peu mince, la situation n'était pas tellement différente, même si entre 1600 et 1700 toutes les frontières se déplacent et surtout celles de l'exclusion féminine (M. Vénard).

Un premier partage apparaît entre la France du nord et celle du midi, de l'ouest et du centre, beaucoup plus défavorisée, à l'exception des régions protestantes, le Sud-Est étant sensiblement moins analphabète que le Sud-Ouest : au nord de la ligne Saint-Malo-Genève, 20 % d'alphabétisés ; au sud, toujours moins. Ce que disent les cartes, en creux, c'est la civilisation de l'oral, c'est aussi un refus d'écrire ou la confiance maintenue dans les vieux langages vulgaires, l'Occitanie occidentale en témoigne. Aucun progrès ne viendra pendant longtemps effacer ce clivage où se lisent les imbrications de l'économique, du social, du culturel. Une seconde frontière passe partout entre villes et campagnes. La ville est instruite depuis longtemps, et plus peut-être par une éducation spontanée que provoquent les besoins liés à la complexité de la vie urbaine que par l'école elle-même, qu'elle suscite ensuite.

Dès le XVIe siècle, les cités sont en avance par rapport à leur plat pays, et à la fin du XVIIe siècle les données Maggiolo confirment l'écart maintenu entre la ville et le village : à Paris, sous Louis XIV, le taux d'alphabétisation atteint déjà 75 % ; à Rouen les hommes signent à 57 %, mais le paysan normand seulement à 44 % ; en Provence, l'écart entre ville et campagne se situe entre 15 et 20 %. Ce trait souligne l'importance du troisième partage, qui est social et professionnel. Les sommets de la société urbaine et rurale sont alphabétisés très tôt, les femmes toujours moins que les hommes ; clergés, hommes de lois, praticiens, nobles — mais au XVIIe siècle la noblesse a encore ses analphabètes —, bourgeois, rentiers, propriétaires, tous signent, c'est la moindre des choses. A la base, le peuple complètement analphabète des journaliers et des manouvriers, travailleurs des villes et des champs, que rien ne pousse à l'instruction. Entre les deux, la hiérarchie des signatures recoupe celles de la qualification professionnelle, du rapport à la clientèle, de la richesse et de l'entregent : le petit boutiquier et l'artisan aux franges de l'indépendance ne peuvent se passer des rudiments, le gros laboureur et les ménagers ruraux de la France du Midi sont déjà nombreux à devoir signer. Au total, dans la France du XVIIe siècle, le contour social de l'alphabétisation correspond bien à la délimitation des groupes dominants, avec un important retard des femmes et des campagnes. Le XVIIIe siècle va brouiller quelque peu les cartes.

Dans l'ensemble, entre 1700 et 1790, la proportion des époux incapables de signer est passée de 79 % à 63 %. Aucune des oppositions majeures n'a disparu : la France du nord conserve son avance, celle du sud amorce un rattrapage qui est beau-

Niveaux inégaux et progrès inégaux de l'alphabétisation en milieu urbain : Lyon, XVIIIe siècle

	% d'analphabètes en		
Métiers	1728-1730	1749-1751	1786-1789
« Menu peuple » hommes	70	66	58
« Menu peuple » femmes	82	78	76
Ouvriers chapeliers	68	57	50
Menuisiers	52	30	23
Maçons	75	66	72
Cordonniers	36	32	30
Femmes de cordonniers	69	72	71
Boulangers	35	28	25
Femmes de boulangers	38	39	24
Ouvriers en soie	29	28	26
Femmes d'ouvriers en soie	57	59	62

Statistiques données par M. GARDEN, *Lyon et les Lyonnais au XVIIIe siècle.*

coup plus marqué à l'est qu'à l'ouest ; entre Bretagne, Auvergne et Pays Basque, se dessine une France du retard où les taux sont toujours les plus bas : c'est le triangle de la stagnation du royaume atlantique et central. Le dimorphisme sexuel n'a pas disparu, mais dans les zones très alphabétisées du Nord et de l'Est, les femmes progressent plus rapidement que les hommes, dans le Midi tout autant, ce qui fait une plus forte croissance relative. Les villes maintiennent leur avance mais toujours dans le même sens que les régions où elles puisent leurs forces démographiques et avec une croissance qui n'est pas partout linéaire ni partout régie par des lois identiques : ainsi, l'avance des natifs est battue quelquefois en brèche par l'arrivée de migrants plus instruits : c'est le cas en Provence et à Caen ; ainsi, le progrès des citadines peut être freiné par l'arrivée massive de paysannes analphabètes venues exercer les métiers difficiles et pénibles : c'est le modèle lyonnais des ouvrières en soie et des travailleuses de la fabrique. Tous les clivages sociaux s'atténuent sans disparaître ; la frontière est descendue en deçà des notabilités de la terre, chez les manouvriers de la France du nord, mais non chez leurs épouses. Elle s'est plus solidement installée entre ménagers riches et travailleurs de la terre du Midi.

Des analphabètes aux lettrés

Dans les villes les contrastes s'atténuent ; à Paris, Louis XVI régnant, la population stabilisée par le mariage et le métier est alphabétisée à 90 %, les femmes ont presque rattrapé leurs maris ; ailleurs, les taux sont moins glorieux, mais la ville fait partout de bons scores ; son rôle administratif, religieux, judiciaire l'impose très tôt ; son développement économique le dicte entre 1700 et 1790 : elle a besoin de main-d'œuvre qualifiée et alphabétisée ; c'est le cas à Nantes. Mais que la croissance s'accélère, et avec elle l'arrivée de nouveaux venus plus frustes ; alors la montée de l'alphabétisation cesse en dépit du progrès des structures scolaires d'accueil : on le constate à Rouen, à Nantes encore et dans les villes du Nord. L'ignorance totale reste très fortement partagée dans les catégories inférieures des campagnes, les métiers plus ou moins nomades et périphériques, les professions de force non qualifiées : 10 % des journaliers des villes de l'Ouest, étudiées par J. Quéniart, savent lire et écrire sous le règne de Louis XIV ; ils sont moins de 20 %, Louis XVI régnant. Deux leçons s'imposent finalement. A la veille de 1789, les deux tiers des Français ne savent pas lire, ni a fortiori écrire, et les chances sont inégalement réparties entre les provinces, les villes, les classes et les milieux. En second lieu, les résultats obtenus l'ont été par l'école catholique, mais pas seulement par elle. Les spécialistes pensent que 20 % de l'alphabétisation lui échappent et incombent à la famille, donc aux particularismes culturels dont témoignent les montagnards alpins et pyrénéens par exemple, qui lisent et écrivent sans école. L'essentiel c'est la pérennité et la régularité de l'école, qui témoigne de la rencontre de l'offre — l'Église, ses besoins, ses congrégations, ses maîtres —, et de la demande, paysans et citadins mobilisés pour une meilleure piété et une mince libération intellectuelle. Les nantis gardent leur avance et peaufinent leurs héritages, mais les possibilités de l'instruction et son pouvoir de promotion sociale sont inscrits dans le destin de multiples aventures individualisées. Celle du compagnon de l'artisanat, pour qui s'instruire est une nécessité : Jacques-Louis Ménétra en illustre amplement le mécanisme ; celle du soldat, en

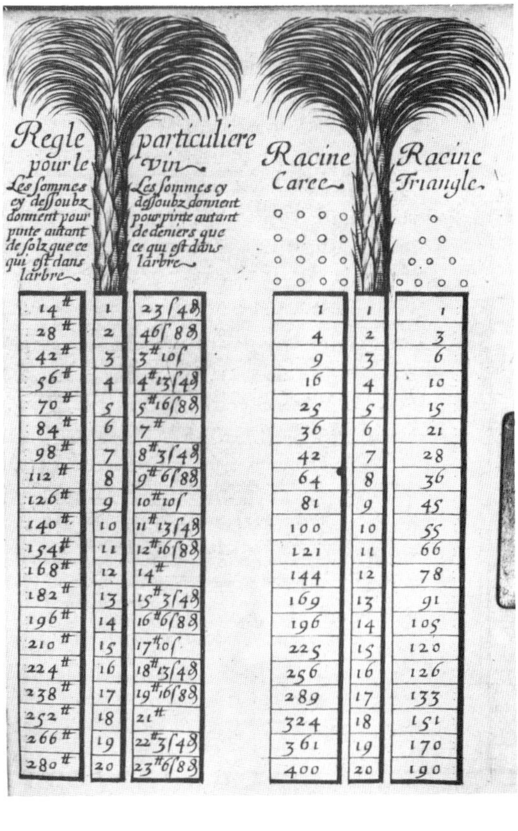

Regle particuliere pour le vin

Les sommes cy dessoubz donnent pour pinte autant de solz que ce qui est dans larbre

Les sommes cy dessoubz donnent pour pinte autant de deniers que ce qui est dans larbre

Racine Caree

Racine Triangle

14#	1	23ſ 4d	1	1	1
28#	2	46ſ 8d	4	2	3
42#	3	3# 10ſ	9	3	6
56#	4	4# 13ſ 4d	16	4	10
70#	5	5# 16ſ 8d	25	5	15
84#	6	7#	36	6	21
98#	7	8# 3ſ 4d	42	7	28
112#	8	9# 6ſ 8d	64	8	36
126#	9	10# 10ſ	81	9	45
140#	10	11# 13ſ 4d	100	10	55
154#	11	12# 16ſ 8d	121	11	66
168#	12	14#	144	12	78
182#	13	15# 3ſ 4d	169	13	91
196#	14	16# 6ſ 8d	196	14	105
210#	15	17# 10ſ	225	15	120
224#	16	18# 13ſ 4d	256	16	126
238#	17	19# 16ſ 8d	289	17	133
252#	18	21#	324	18	151
266#	19	22# 3ſ 4d	361	19	170
280#	20	23# 6ſ 8d	400	20	190

Dans les villes (ci-dessus), commerçants et artisans ont un accès plus rapide à la culture écrite et au calcul (A. Bosse, Chez le pâtissier, *musée Carnavalet, Paris). A droite, premières tables pour un calcul pratique et rapide dans* Arithmétique au miroir, *de Jean Alexandre, 1636.*

moyenne plus instruit que le reste de la population au XVIIIe siècle, celle des domestiques dont l'habileté et le salaire se jugent à la capacité à écrire ; celle des employés, des gabelous, des commis, des innombrables agents qui peuplent déjà les administrations, maîtres de l'écriture et héritiers de l'avenir.

Ainsi se distinguent quatre milieux que tout oppose et que tout réunit. Les analphabètes que tout désigne pour être la proie des malins alphabétisés, le patron, le bailleur de terre, le prêteur, le décimateur, l'agent du seigneur et parfois le curé. Même méfiants, il leur faudra signer ce qu'on voudra leur faire signer, et de plus en plus il leur faudra compter et manier les papiers du fisc, de l'Église, de la police. Leur force, c'est la solidarité, le recours au conseil de ceux qui savent sans être encore éloignés d'eux par leur culture. Leur puissance, c'est une certaine capacité de résistance puisée dans la vie même et ses expédients, comme dans la tradition léguée oralement par l'intermédiaire d'un conteur ou d'un lecteur qui puise lui-même son savoir dans la légende locale ou dans la littérature de grande diffusion, comme la *Bibliothèque bleue*, à la fois stable et renouvelée. Ni totalement aliénés de l'extérieur, ni intégralement libérés de l'intérieur, c'est à leur niveau que se joue le combat de l'école et de l'Église, le rôle ambigu de l'État, pour une mise en condition plus rude ou pour une libération. A l'horizon des campagnes, la libération ne peut souvent se jouer qu'à l'arrivée en ville.

Un entre-deux culturel rural et urbain rassemble ceux qui savent lire, écrire, compter : le patron d'atelier, le bourgeois de boutique, le maître maçon, la maîtresse vitrière, le fermier de seigneurie et les laboureurs avides de gros marchés. Nécessité journalière mais non pratique incessante. Ils doivent pouvoir vérifier un bail, une commande, un mémoire, écrire une lettre, voire un devis, tenir des comptes. Leur écriture est difficile, leur lecture laborieuse, mais leurs calculs moins inexacts que bien d'autres. Ces instruments de travail qu'ils ne dominent qu'avec peine ne modifient guère leur mentalité sociale. Les gros fermiers participent de celle des campagnes, les urbains sont influencés par les *« Lumières de la ville »*, qui multiplient consommation et culture. Certains, comme Jacques-Louis Ménétra, peuvent mobiliser leur mince savoir pour se découvrir écrivain sauvage et témoigner pour tous. C'est de cette fermentation que la ville tire de 1789 à 1795 son privilège d'action politique.

Au-dessus encore, le « parfait négociant » n'a que faire du latin mais il a besoin d'écriture, homme de profit et d'affaires, homme d'action et de bilan, il n'a guère besoin d'Horace et de Virgile. Une bonne arithmétique, quelques *Comptes faits*, un *Barème*, une ou deux tables de conversion lui suffisent pendant longtemps. La correspondance commerciale courante est une nécessité quotidienne. En d'autres domaines, la pratique de certains juges locaux, des petits praticiens, des petits et moyens bourgeois-rentiers ne requiert pas, hors les circonstances du métier et du commerce social, un usage de l'écriture et du livre intensifié. C'est, avec le négoce, un milieu où l'étude du livre révélera une transformation lente entre XVIIe et XVIIIe siècle. Au sommet enfin, c'est le cercle des lettrés, maîtrisant le latin et le français, assurés d'eux-mêmes et des autres, après décrassage au collège. Là se déploie le théâtre social du pouvoir et du savoir. On les retrouvera.

Langue de tous et langue du roi, la vie bilingue

Sur cette première géographie culturelle, sur cette topographie sociale complexe, deux autres frontières se dessinent : celle de la pratique du vulgaire, celle de l'opposition Paris-province. La géographie linguistique joue à la fois pour expliquer certains retards de l'alphabétisation élémentaire et l'écart culturel entre les régions et les individus. Il peut paraître étrange d'apprendre que Louis XIV se faisait haranguer en picard, à 50 km de Paris, et que les deux tiers des Français parlaient couramment autre chose que le français. Une historiographie habituée à justifier l'unification et l'impérialisme de la langue dominante, la vive réaction des défenseurs des langues et littératures régionales ne simplifient pas la tâche, qui est de comprendre une politique d'assimilation linguistique et d'étudier comment on vivait réellement dans la diversité. Les philologues ont pesé les forces en présence en 1780-1789 : langue d'oïl, plus ou moins 16 millions de parleurs dans la France du nord, mais dont certaines jargonnent picard, normand, bourguignon ; 7 à 8 millions de Français de langue d'oc, divisés en Provençaux, Gascons, Limousins, Auvergnats ; le reste entend le flamand, le breton, l'alsacien, le basque et le catalan.

La géographie de ces parlers est nuancée à l'infini ; ce qui compte c'est que jusqu'au XVIe siècle, et par endroits encore par la suite, elle concrétisait l'existence de foyers culturels provinciaux riches d'écrivains et d'une véritable littérature. Une littérature patoisante existe par exemple dans le Nord, elle est souvent œuvre de lettrés, jouant des ressources de la thématique populaire : la pastorale, la gauloiserie, la satire. En Languedoc, par-delà la variété dialectale, il existe une culture militante, dont la « Renaissance du Sud » fut l'ultime et flamboyante révélation, avec ces Gascons baroques comme Auger Gaillard de Rabastens, ces Provençaux déchirés, ainsi Bellaud de la Bellaudière, ces Toulousains poètes et chanteurs aux antiques Jeux floraux qu'illustre Godolin. Il y a là des permanences qui fonctionnent dans le domaine du parler plus que dans celui de l'écrit, et que dicte le triomphe des processus unificateurs de la politique absolutiste et de la « civilisation des mœurs ». Les censures qui s'ensuivent contaminent en profondeur les structures des langues dialectales et les contraignent à se maintenir dans des domaines jugés mineurs, du point de vue des fins lettrés et des « gros messieurs de Paris » : le religieux, le théâtre de plein vent, le parodique et le burlesque. A la fin du XVIIIe siècle, un *revival* animera un peu partout, surtout en terre d'oc, ces vieilles manières de penser et d'exprimer. Le monde des doctes s'interrogera sur les dialectes, mais dans une vision conforme à la supériorité linguistique du français parisien et à son affirmation sociale : les patois sont la langue et le parler des paysans et des peuples, dont l'impureté menace la pureté de Paris.

C'est le résultat de la conquête, depuis longtemps lancée, du français que tout vulgarise : c'est la langue du roi et des cours (l'édit de Villers-Cotterêts en 1539 déloge de leur position administrative et judiciaire le latin et les dialectes) ; c'est la langue de l'imprimerie, massivement après 1650, c'est la langue des dominants, moins par contrainte que par complicité de sentiment. L'habileté de la monarchie centralisatrice est d'avoir accepté de confirmer et de maintenir chartes, us et coutumes des provinces, et de rallier ainsi les élites provinciales. Le francien triomphe par l'adhésion à l'écriture que l'imprimerie fixe et que la littérature illustre, à Paris. Le Gascon Montaigne et le Provençal Malherbe écriront tous deux dans la langue de distinction dominante. Aux XVIIe et XVIIIe siècles, la pratique quotidienne élargira la francisation dans les affaires publiques d'abord, mais dès qu'il y a écrit le français gagnera même en privé ; l'amélioration des routes et l'accélération de la transmission des nouvelles feront encore perdre du terrain aux dialectes. L'abbé Grégoire, dans son enquête vers 1793, distingue trois types de villageois : ceux qui circulent longtemps et reviennent ne parlant que français (soldats, domestiques surtout) ; ceux qui partent régulièrement et ont un entretien familier avec le français ; et les autres, campagnards permanents, parlant mal ou peu la langue officielle. L'école s'accommode du patois comme du latin, mais, passé 1750, l'apprentissage en français de la lecture et de l'écriture fait son chemin. Le retard à l'alphabétisation est alors nettement imputable au patois, en Bretagne où le phénomène retrouve un sous-encadrement religieux (C. Langlois), dans certains cantons du Languedoc (mais pas en haute Provence), en Lorraine (mais ni dans les Flandres ni en Alsace qui parle encore un dialecte germanique). C'est partout moins le bilinguisme que le retard économique et le cloisonnement régional, l'oralité dominante et l'absence des cultures écrites populaires et vivantes qui font l'échec du rudiment ; plus rarement c'est le refus pur et simple d'assimilation, comme chez les Basques. De la fin du XVIe au XVIIIe siècle les Français apprennent peu à peu leur langue sous la pression des circonstances et sans contrainte autre que les pesanteurs de la culture dominante. C'est la Révolution qui aura, et léguera au XIXe siècle, une « politique de la langue ».

Jusque-là tout le monde vit dans le bilinguisme, ou presque tout le monde, les rapports de langue variant selon la sphère des échanges dans laquelle on se situe. L'altérité du *nous* parlant français et des *autres* souvent campagnards recouvre alors l'opposition entre une uniformité gratifiante et une diversité contestable. Dans la pratique religieuse, l'Église hésite entre ces choix, tolérant longtemps cantiques, sermons, théâtre sacré en breton ou en languedocien. Chez le notaire, le Midi s'accommode d'un occitan francisé, véritable mixte, où le vocabulaire est franchement d'oc, et l'écriture française (P. Cayla). Au tribunal, les procédures sont rédigées en français, mais les interrogatoires sont conduits avec un interprète et traduits — les injures mises à part — comme en Bretagne ou à Toulouse. Dès qu'on touche à un commerce familial, amoureux ou social, le français l'emporte non sans gasconismes et erreurs. Le vulgaire reste pour tous la langue de familiarité maternelle, on le parle avant de parler français et c'est un recours nécessaire chez les dominants pour les choses communes. La minorité instruite des deux langues accroît ses bénéfices, elle englobe tous les médiateurs et tous les ralliés. C'est l'une des forces de l'académisme provincial : permettre aux élites de combler un retard et de maîtriser le français épuré de la cour et de la ville. C'est en tout cas ce dont témoigne l'épanouissement méridional du phénomène, de Toulouse à Marseille et de Nîmes à Pau. Mais, sans trop de difficulté, chacun parle plus ou moins français, plus ou moins bien vulgaire. « La langue d'oc est le langage du peuple et même celui des honnêtes gens élevés dans cette province, c'est le premier qui se présente à l'esprit et qu'ils emploient plus volontiers lorsque libres des égards que l'on doit à un supérieur, ou de la gêne qu'on cause à un étranger, ils ont à traiter avec un ami ou à s'entretenir familièrement de leur domestique. Le français, qu'ils ne trouvent guère de mise que dans le sérieux, devient pour eux une langue étrangère, et pour ainsi dire de cérémonie, ils forcent la nature lorsqu'ils y ont recours... », écrit en 1755 Boissier de Sauvages. La francisation révolutionnaire et la folklorisation accroîtront la mauvaise conscience. Ainsi se fabriquent les provinciaux chagrins.

Paris, province

Le processus a commencé dans la France du XVIIe siècle, quand le couple culturel Paris-province s'est imposé dans l'idéologie et les valeurs sociales, pour déprécier celle-là et louer celle-ci. L'« air de province » dont parle Furetière renvoie à cet écart manifesté dans les manières, le parler, l'accent, c'est toujours un ridicule. Le provincial n'a pas le ton, comme le parvenu, et la cour peut mépriser la ville, qui peut mépriser à son tour la province. L'inverse pouvait également se produire, quand le roi, ses administrateurs, ses ramasseurs d'impôts étaient raillés, chansonnés, discutés en patois, quand les émotions et les révoltes soulevaient les provinces. Après Louis XIV, ce n'est plus possible, même si l'on considère qu'« il y a des qualités estimables aux champs et dans les provinces », comme à la *ville* et à la *cour*. On ne peut plus se vouloir provincial même si l'on reste profondément attaché à ce fédéralisme naturel que permettent la constitution du royaume et le rôle des intelligentsias locales, férues d'un patriotisme amplement justifié dans leurs travaux historiques et érudits. La distance s'est creusée avec la naissance du complexe d'infériorité des provinciaux et sa fabrication à coups de stéréotypes pseudo-ethniques et de motifs romanesques et littéraires. Par sa manière d'organiser le réel, le stéréotype fonctionne par amplification, répétition, affirmation intemporelles, et sans souffrir que soit contredite une idée dont il importe peu qu'elle soit fausse ou juste. Il établit une norme qui met en valeur une relation de classe par rapport à la couche dominante, une codification du commerce social qui justifie par une image fantasmée une domination politique. « Les traits, les caractères, l'âme » font alors la race ; et ce sont eux que traquent les voyageurs, M. de Bonnecase, seigneur de Sainte-Croix, dans son *Tableau des Provinces* (1664), les administrateurs, M. de Robbe, ingénieur du roi, avec sa *Méthode pour apprendre la géographie* (1678), plus tard les curieux d'usages exotiques, les érudits, les folkloristes, les préfets celtisants ou méridionalisés qui, entre le souci administratif de l'enquête et l'observation authentique, mettent au jour les différences et les écarts.

Aucun doute, le Picard est vaillant, franc, courtois, comme le Breton est ivrogne, brutal, querelleur, mystique, le Gascon simple, grossier, hâbleur, le Provençal sobre, vaillant, spirituel plus qu'en aucune contrée. C'est un code politique où l'intérêt se mesure par rapport à celui d'un prince utilisant aux mieux le caractère de ses sujets pour le bien de l'État, de ses armes, de la religion, de l'économie. C'est aussi un code social où l'on juge de l'acquisition des mœurs policées et des qualités de sociabilité mobilisables pour l'unification culturelle. Avec d'autres ressorts, ces thèmes jouent dans des œuvres plus élaborées : dans les romans, de Scarron et son *Roman comique* à Rétif et son *Ménage parisien* ; la province y sert toujours à identifier une action loin de la mode, le provincial à incarner des types romanesques, grotesques dont les mœurs retardent. Au théâtre, la satire provinciale utilise le double registre de la critique du *jargon*, qui prouve une corruption et un écart social, et de la critique des mœurs, que malmènent paysans et valets de comédie, voire même gentilshommes de bocage, ainsi M. de Pourceaugnac et Dandin de la Dandinière. C'est toujours, et ce n'est pas pour rien, après 1660 et la Fronde, que le *topoï* l'emporte quand s'installe l'apologie de la cour et de Paris et que se déroule le procès du reste du royaume. Le XVIIIe siècle infléchira quelque peu, s'il le faut en

« Madame de Bouvillon, pressée par sa passion pour le Destin, voulant la satisfaire, se fait une bosse au front. » Le portraitiste Jean-Baptiste Coulom, illustrant le Roman comique *de Scarron, ridiculise à plaisir, comme l'écrivain, la bourgeoisie provinciale du Mans où ce dernier a situé l'action (musée de Tessé, Le Mans).*

l'inversant, le thème, par le jeu de l'opposition ville-campagne, culture et nature. Il n'enlèvera rien au préjugé que justifie l'écart linguistique (c'est la question des idiotismes et des accents) et l'éloignement de la capitale, toujours maîtresse du jeu culturel. La conscience provinciale se vit alors entre l'indignité (la province ne peut donner que ce qu'elle a) et l'orgueil (la province, lieu du bonheur paisible, fière de son passé comme de ses gloires présentes). Dans ce jeu des définitions, complexes d'infériorité ou de supériorité, se manifestent les « pulsions définitrices » (A. Dupront), qui classent les hommes. Pour la majorité, elles ratifient une situation d'infériorité et de soumission aux autorités, pour les autres elles confirment une supériorité et un héritage qui est privilège.

LES PRIVILÉGIÉS DE LA CULTURE

Les agents du processus d'unification et de réformation des mœurs et des pratiques passent tous par le collège ; le passage à l'université intéresse alors moins de monde et pose d'autres problèmes : c'est un changement de cursus qui garantit l'accès à un état. L'Ancien Régime conserve ainsi la voie universitaire étroite, héritée du Moyen Age, pour former des clercs, des juristes et des médecins, voie doublée d'un temps préparatoire qui devient distinctif et essentiel dans la formation de l'élite. Les processus éducatifs se sont amplifiés dans la phase de réformation des Églises et de la construction de l'État moderne ; on en a vu les manifestations vers le bas, avec l'expansion des petites écoles, mais c'est un même mouvement qui pousse au développement de l'ensemble du réseau scolaire, dont les phases sont cependant décalées : du XVIe siècle à la première moitié du XVIIIe siècle, montée de la scolarisation supérieure et secondaire, stabilisée ensuite et rééquilibrée par de nouvelles expériences ; de la seconde moitié du XVIIe siècle à la Révolution, acculturation ample des masses urbaines et rurales par l'école élémentaire, qu'implante partout l'Église, mais que peut encourager la demande des communautés rurales ou des municipalités urbaines. Les deux phénomènes ne se recoupent pas totalement, ils n'ont pas le même rythme, ni la même ampleur sociale ; la rencontre des deux phases après 1750 ouvre un temps de discussions et de difficultés scolaires : c'est celui de l'« impossible réforme » (D. Julia).

Collèges et collégiens

Pour les élites, tout s'est joué entre XVe et XVIe siècle, car c'est alors que fut mis au point le modèle de cette institution scolaire d'avenir : le collège. La formule est élaborée entre Deventer aux Pays-Bas et Paris, dans les écoles et les milieux d'où sortiront les meilleurs des humanistes. Il s'agit de donner aux fils de famille et aux candidats plus modestes à l'entrée des universités les rudiments de latin indispensables pour être *Grammaticus*, ce qu'on obtient dans les trop rares collèges des Facultés des Arts. La pédagogie humaniste résout trois problèmes : elle donne la formation indispensable des langues anciennes, elle permet aux élèves d'étudier près de leur famille dans une institution urbaine pourvue d'une discipline appropriée à leur âge, elle retire au collège médiéval son caractère de propédeutique à la fabrique spécialisée de futurs curés, médecins et juristes. C'est la découverte simultanée de l'adolescence — passage entre l'enfance et l'âge adulte —, de la culture générale, nécessaire à la formation de tous les hommes, et du collège, qui assure pour plusieurs siècles le succès de la nouvelle formule éducative. Au départ, à l'initiative des échevinages et des milieux sociaux dirigeants des cités, elle se bricole à partir de ce qui existe : collèges universitaires des Arts, écoles nouvelles des Frères de la vie commune, écoles municipales de Grammaire.

Très vite les institutions scolaires modernisées deviennent l'enjeu de luttes entre catholiques et protestants, s'efforçant de créer ou de contrôler des collèges à leur dévotion. « Tout le bien de la chrétienté et de la société entière dépend d'une

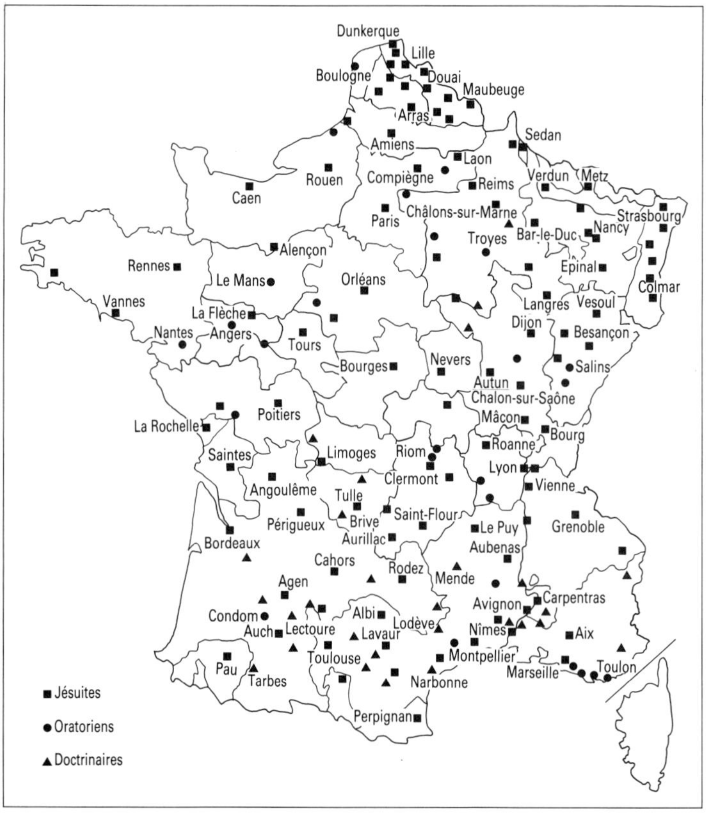

LES PRINCIPAUX COLLÈGES AU MILIEU DU XVIIIe SIÈCLE.

bonne éducation de la jeunesse », dira Ignace de Loyola, élève lui-même du *Modus parisiensis*, qui incarne les nouveautés pédagogiques ; Jean Sturm, à Strasbourg, modifie les pratiques des jésuites pour les besoins de la cause protestante, « de peur qu'ils ne passent pour travailler avec plus de zèle et former plus de savants et de lettrés que nous ». La cause est entendue : les nouveaux ordres et communautés religieuses du XVIe et du XVIIe siècle auront vocation enseignante, jésuites, oratoriens, doctrinaires en tête ; les protestants défendront leurs académies et leurs collèges municipaux jusqu'à la Révocation. Entre les deux confessions, il y a divergences et convergences. Divergences, dans l'accent mis chez les protestants sur le rôle essentiel de la Bible, l'importance du français, l'enseignement des trois langues sacrées — hébreu, grec, latin —, la liberté de conscience, capitale chez les huguenots où l'école est très intégrée à la vie des communautés. Convergences, dans les exercices, disputes, déclamations, amplifications, thèmes d'imitation, dans les manuels qui sont partout au départ le *Despautère* et les *Colloques d'Érasme*, dans la pédagogie de l'émulation comme moteur de l'activité scolaire, la tension pour une récompense, le rôle de l'Antiquité, une même difficulté à choisir entre l'idéal de l'internat et la réalité de l'externat, une même tendance jusqu'au XVIIe siècle à recruter les professeurs dans l'Europe entière. Au total, un commun souci d'humanisme religieux et de reconquête profane des élites anime protestants et catholiques ; c'est la reconquête catholique entre 1580 et 1685 qui les sépare (A. Blanchard et J. Fouilheron). Le système scolaire de l'Ancien Régime se construit sur le double échec de la laïcisation tentée en de nombreuses cités pour l'organisation de collèges municipaux — que récupéreront les congrégations — et de l'unité pédagogique brisée. La carte des établissements est une carte de l'affrontement et de la reconquête, où jésuites, oratoriens, doctrinaires ont chacun leur politique.

Avant 1650, le réseau principal est en place : 70 % des collèges de plein exercice de la Compagnie de Jésus sont fondés avant cette date, ainsi que 60 % des grands établissements de l'Oratoire ; ce réseau est implanté dans les grandes villes du royaume, celles qui dépassent 10 000 habitants. Par la suite, les mailles du filet se resserrent : il y a création d'établissements de moindre importance jusque dans les cités de petite taille. Les trois quarts des collèges du XVIIIe siècle sont situés dans des villes de plus de 5 000 habitants. Ils y ont été implantés par le jeu des initiatives locales — celles des évêques, des bailliages, des parlements, des états provinciaux et des échevinages — et par la réponse des congrégations qui ont eu chacune leur stratégie de fondation. Les jésuites, avec plus de 100 collèges sur environ 350 fonctionnant vers 1760, sont partout ; les pères de l'Oratoire aussi, mais surtout dans le Nord, l'Ouest, où les jésuites ont passé la main, en Champagne et en Bourgogne ; en Ile-de-France, ils n'ont que deux maisons, dont la plus célèbre, Juilly, a un

Le duc de Chartres, en visite au célèbre collège de Juilly, chasse. Les élèves, massés devant le jardin avec leurs maîtres, regardent (peinture naïve du XVIIIe siècle ornant encore actuellement la salle à manger du collège).

rayonnement national ; les doctrinaires, eux, sont installés surtout dans le Midi et le Sud-Ouest. Ailleurs, bénédictins, carmes, dominicains, eudistes contrôlent un petit patrimoine scolaire. La dispersion au XVIIIe siècle en de petits établissements disséminés jusqu'aux plus petites cités traduit le succès de la formule que généralise en plus le vœu des familles : les humanités pour un plus grand nombre et plus près de chez soi.

C'est qu'entre les collèges et la société se sont nouées des relations privilégiées. Vers 1650, ils accueillent peut-être 60 000 élèves ; en 1789, un peu moins de 50 000, car d'autres établissements, grands et petits séminaires, pensions, absorbent, avec les classes techniques des frères des Écoles chrétiennes, une partie de la population scolarisable : c'est donc 1 garçon sur 50 à peu près qui peut accéder au collège. Selon la taille des cités, le taux de scolarisation varie : il est à Gisors de 14 % et à Avallon de 20 %, c'est une chance pour cinq ou six des seuls enfants scolarisables de la cité. A la fin de l'Ancien Régime, les effectifs des grands collèges sont moins élevés qu'au temps de Louis XIV, parce qu'il y a eu multiplication des petits établissements et modification de la circulation scolaire. Chaque collège gère une zone d'attraction s'étendant sur 25 à 40 km, qui s'élargit quand le réseau scolaire est de faible densité et se rétrécit si celle-ci s'étoffe. Les 25 % ou 70 % d'élèves forains sont liés à la disponibilité des parents (leur nombre diminue en période de crise) et dépendent du prestige des établissements. Certains collèges recrutent bien au-delà des frontières provinciales. La progression scolaire des élèves peut se jouer à l'intérieur du réseau, mais elle met clairement au jour les inégalités sociales.

Les catalogues d'inscription, qui ont été étudiés maintenant en nombre suffisant, permettent quelques conclusions assurées. Sauf quelques très grands établissements de prestige, La Flèche, Clermont à Paris ou Juilly, le collège n'est pas accaparé par les classes dominantes, mais il est le lieu principal de la conversion éducative des noblesses d'une part et de l'attraction du modèle pédagogique de l'élite sur les classes moyennes d'autre part. Au XVIIe siècle s'est placée cette révolution scolaire : la noblesse d'épée renonce à l'ignorance, la robe accentue par l'instruction sa montée dans les administrations ; toutes deux mettent au second plan — mais sans jamais y renoncer, car c'est un privilège de cumuler les filières éducatives — les processus non scolaires, le préceptorat privé, l'académie d'équitation. Les plus riches disposent de tout et simultanément, traînant derrière eux au collège domestiques et abbés complices ou surveillants sévères, fréquentant les manèges et les salles d'escrime. Il est désormais honteux de n'avoir point été au collège avant de faire carrière. Les autres catégories sociales peuplent les classes, avec les représentants des bonnes bourgeoisies urbaines, officières et marchandes, auxquels se joignent les aisés de la boutique et de l'artisanat, et les surdoués de la paysannerie riche. Les différences se traduisent de deux manières : les privilégiés et les riches mettent plusieurs garçons au collège et les y laissent de la 6e aux « humanités » ; les moins riches et les quelques pauvres protégés par les bons pères entrent généralement plus tard et sortent plus tôt, sauf exception. L'élite donne entre deux tiers et trois quarts des élèves qui sautent tous les barrages ; du côté des éliminés on trouve souvent les bons élèves, qui n'ont pas redoublé, mais qui ne peuvent poursuivre au-delà de la troisième généralement. « La volonté têtue de l'intériorisation des règles de la culture scolaire ne peut rien contre les nécessités économiques... Rien, sinon produire une minorité d'élèves capables de franchir les obstacles et par là de justifier les pouvoirs du talent et les mérites de l'institution qui a su le reconnaître » (D. Julia).

L'élève et son précepteur (aquarelle de J.J. de Boissieu, musée Carnavalet, Paris).

Universités et besoins de l'Église et de l'État

C'est la finalité du système éducatif qui dicte ce procès inégalitaire, car il s'agit dans un premier temps de pourvoir aux besoins de l'Église, des Églises, les protestants obéissant au même motif, donc de former des clercs ; c'est le destin souvent des fils d'artisans et de laboureurs. C'est le but que l'on fixe aux régences latines et aux petits établissements multipliés après 1700. En même temps, il faut répondre aux besoins des bureaucraties, qui recrutent de plus en plus de lettrés et de gradués. Entre universités et collèges, aucune coupure à ce moment-là : les effectifs dégraissés par la sélection sociale se déversent des uns dans les autres : 24 universités avant le rattachement de celle de Cahors à Toulouse pourvoient à la délivrance des grades en théologie, en droit, en médecine, sous le contrôle renforcé de l'autorité royale et des parlements : leur recrutement est sans doute à son apogée dans la seconde moitié du XVIe et la première moitié du XVIIe siècle, avant que ne s'accroissent partout collèges et séminaires, et que restent chez eux les étudiants gyrovagues faisant leur *peregrinatio* académique. L'élan qui ouvrait la société entière à la mobilité se ralentit, le

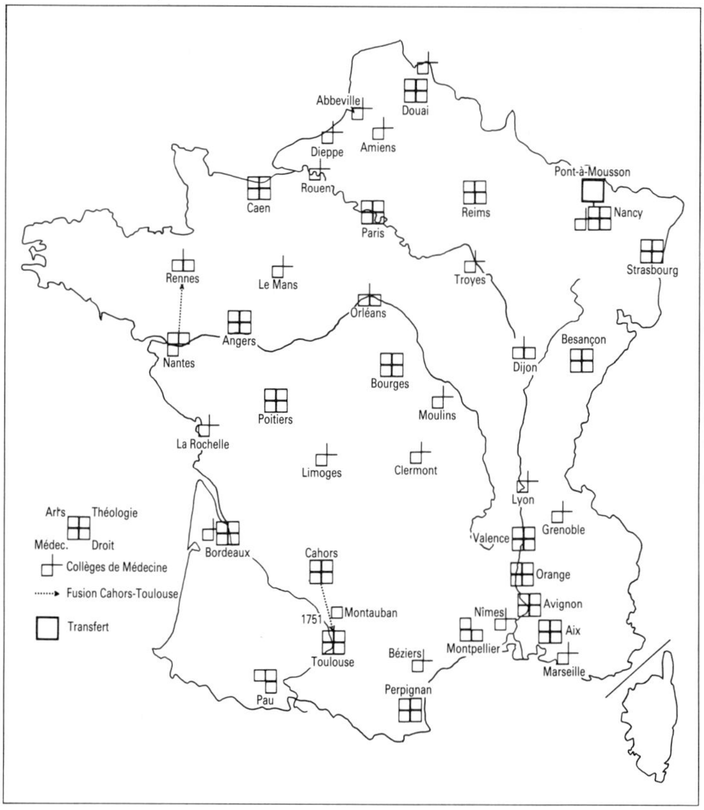

UNIVERSITÉS ET COLLÈGES DE MÉDECINE AU XVIIIe SIÈCLE.

marché des charges va se stabiliser, les enfants des familles de bourgeoisie moyenne sont écartés des universités au profit des vrais héritiers. Les effectifs vont rester identiques jusqu'à la fin de l'Ancien Régime, ou presque : entre 12 000 et 15 000, avec des transferts — les classes de philosophie absorbent une partie des anciens « artistes » des collèges de l'université (ils sont 5 000 élèves en 1789, soit 40 % des effectifs étudiants) —, avec des rythmes qui varient selon les enseignements. Stables plus ou moins, les courbes des théologiens — le marché des bénéfices a atteint ses limites ; en hausse, les courbes chez les juristes, quand les gradués en droit canon obtiennent après 1657 l'accès aux carrières d'avocat et l'introduction en 1679 du droit civil dans le cursus. Alors le recrutement monte : la faculté de droit produit bon an mal an jusqu'en 1789 de 100 à 200 licenciés. En médecine, la formation professionnelle l'emporte et après un XVIIe siècle stable le XVIIIe siècle produit de plus en plus de médecins : 30 à 40 vers 1600, une cinquantaine vers 1700, presque une centaine en 1790, pour la seule faculté de Montpellier. C'est toutefois au total, pour toutes les facultés, une médiocre croissance au XVIIIe siècle : les grosses universités quelquefois se renforcent, ainsi Paris, Montpellier, Toulouse et Avignon, qui est hors du royaume ; les transfuges du sanctuaire de Dieu peuplent les classes d'Esculape et de Thémis ; moins d'un garçon sur cent arrive aux études supérieures, qui se cantonnent dans des fonctions de reproduction professionnelle. Paris, déjà, draine l'élite provinciale vers la Sorbonne, où se font les évêques, et vers les cours de droit où se forment les tribuns de la robe parlementaire, bientôt ceux des assemblées révolutionnaires. La pyramide sociale des étudiants inverse celle de la société entière ; les fils des privilèges et de l'office dominent partout, même si une très légère démocratisation laisse passer quelques métèques sociaux. Les fils peuvent succéder aux pères, quelques talents se distinguer : comme au collège, ils servent de caution.

Cette formation donne indifféremment les pédants et les vrais intellectuels, Trissotin et Diderot. Elle maintient plus souvent qu'elle ne promeut. Elle ignore presque totalement les filles, qui bénéficient de la sollicitude des bonnes sœurs, visitandines et ursulines, Dames de Saint-Maur, ou sont le grand souci des dévotes, Mme de Maintenon étant la plus connue pour avoir, de la ruelle érotique de Scarron à « l'Allée du Roi », gagné le droit de régenter l'instruction et l'éducation des demoiselles de Saint-Cyr. Pour toutes les éducatrices : « Vive les dindonnières ! » et les bonnes épouses un peu décrassées, toujours excellentes chrétiennes. Le reflux de l'esprit dévot tempérera au XVIIIe siècle l'*École des filles* vers une plus grande liberté, mais toujours pour une juste utilité. A quelques bas bleus près, Mme Roland toujours citée, et les grandes salonnières, on ne sort pas de la vieille conception qui fait de la femme la sujette de l'homme. L'éducation égalitaire avec celle des hommes n'est réclamée que par quelques féministes, entre autres Condorcet.

L'impossible réforme et les expériences des Lumières

Ce qu'on a appris au collège fait la force du sexe fort et celle d'une société. Dans la clôture idéale d'une pédagogie portée par le latin, qui n'est pas tout à fait une langue morte (on le parle ordinairement), ni une langue vivante (on l'enseigne et il ne se transmet pas structuralement par l'usage), on apprend à penser son siècle, les choses et soi-même, en regardant le passé et les Anciens, la tradition chrétienne et les païens christianisés des explications de textes. Le collège forme des orateurs pour exercer le magistrat de la parole au tribunal, à l'église, au conseil. Le collège forme des maîtres du discours et des gardiens des normes. La part des sciences y est minime, puisque réservée à la fin du cursus, donc à une minorité qui peut bénéficier des curiosités remarquables des physiciens jésuites ou des savants de l'Oratoire. Les lumières scientifiques ne leur échapperont pas complètement. Enfin et surtout, au collège, on apprend à être ce qu'on est, ce qu'on doit être. La surveillance du corps, les exercices modérés, l'apprentissage de la danse, le théâtre scolaire enseignent le bon usage des gestes et de la voix. Les pièces transmettent une morale collective à la destination des élèves auteurs et du public, parents, amis, citadins, spectateurs, où chacun joue son rôle. C'est une leçon de bienséance, de maintien et de politique qui donne à lire à chacun son destin et celui du royaume dans le jeu baroque des emblèmes et des allégories.

L'idéal éducatif de l'Ancien Régime n'est point de promotion. Si le collège rassemble parmi les élites divisées quelques défavorisés, c'est pour les faire passer dans le moule commun. C'est un processus d'unification culturelle que des débats tardifs remettent en question après 1750. De la critique des collèges et du latin par les philosophes aux initiatives qu'inspirent les réformateurs, modification des cursus, ouverture de l'enseignement aux sciences, aux langues étrangères, à la géographie (c'est le privilège des tentatives faites dans les écoles militaires), généralisation d'une éducation à la fois plus mondaine et plus affective (c'est l'enjeu des pensionnats en vogue), se manifestent clairement les préoccupations réformatrices des hommes des Lumières. Organiser raisonnablement une éducation plus nationale, former des citoyens — l'histoire y trouve son compte — devient quelque temps la préoccupation des auteurs de *plans d'éducation*, graves magistrats, académiciens mondains, notables actifs des corps de ville, évêques, administrateurs ; mais, sans qu'un consensus nouveau s'impose : *l'Encyclopédie* ne réussit pas à l'emporter sur les humanités. A la veille de la Révolution, on voit dans le paysage varié de la pédagogie française s'opposer les forteresses de l'immobilisme, les universités, les collèges que déchirent novation et tradition, et d'innombrables institutions porteuses de modernité, écoles militaires et techniques, écoles de dessin, pensions, cours publics des sociétés savantes, « musées », lycées, écoles privées assurant une formation commerciale ou technique. Ce foisonnement explique la diminution des effectifs des collèges, il révèle les nouvelles attentes et les nouvelles stratégies éducatives des familles, insatisfaites par les anciennes institutions. Ce mouvement enregistre le lent déplacement du front des privilèges éducatifs que dicte progressivement la montée de l'instruction élémentaire. Dans une France plus alphabétisée, ce mouvement place l'école au centre de la lutte philosophique et politique et fait apparaître des figures d'avenir, liberté, égalité, démocratie, laïcité. Le nouvel idéal utilitaire et laïcisé ne tranche pas : l'ignorance freine la croissance et entretient les préjugés, l'instruction menace l'ordre traditionnel et la répartition des tâches dans la société. Entre l'une et l'autre positions, philosophes et antiphilosophes ne choisissent pas toujours comme on l'attend. Dans la brèche pourra s'engouffrer l'intervention de l'État bourgeois. « Il me paraît essentiel qu'il y ait des gueux ignorants », disait Voltaire. L'imaginaire social des doctes joue avec les harmoniques du thème de l'« intellectuel aliéné », qui menace l'ordre éternel des choses.

8

Lectures et sociabilités

Le livre est une marchandise, le livre est un ferment. Pour l'historien de la société et de la culture, ces deux aspects ne se séparent pas : les best-sellers font les bonnes affaires, qui permettent les moins bonnes depuis que grincent les presses. Évaluer la production et ses conditions de développement permet de mettre au jour d'autres réseaux qui se tissent sur l'espace français de l'ancien temps et qui assurent la circulation des idées et des savoirs. C'est le moyen de montrer que le livre n'est plus seulement l'arme privilégiée du combat novateur, des humanistes ou des Lumières, mais tout autant le miroir des archaïsmes d'une époque. Compter les livres n'est pas le geste dérisoire d'historiens maniaques, étroitement épris de statistiques, mais une mise en ordre indispensable. C'est la démarche qui en vingt années, avec H.-J. Martin, a permis de passer de l'étude isolée des significations portées par les œuvres littéraires à l'appréhension du jeu des cultures entre elles, quand l'accès à un média les sépare ou les rapproche. Le dénombrement reste légitime pour inventorier les textes et les images produits par la société d'Ancien Régime et, ainsi, mettre en perspective l'étude de son outillage mental. Les lectures de la tradition sont ainsi remises en valeur, car rétablies par rapport aux statuts des textes dans le marché général de la production, dans les circuits de circulation et de consommation. Si cela oblige l'historien du livre à considérer tous les textes sur un pied d'égalité — véritable révolution culturelle que beaucoup ne peuvent encore admettre —, ce n'est pas pour dévaluer les grandes pensées, ni refuser l'idée que seules des lectures plurielles donnent un sens à un texte, c'est pour dresser la carte d'un territoire et reconnaître dans la topographie sociale les ensembles différents qui la composent, où se jouent l'inégal partage des biens culturels et la recherche des effets de distinction liés à leur possession, sinon à leur usage : à aucun moment, l'historien n'est assuré que le livre produit, dont il recherche et retrouve les traces, a été lu comme il le voudrait.

Ainsi, dans la France d'Ancien Régime, à l'opposition fondamentale et mouvante entre analphabètes et alphabétisés, le livre superpose une autre limite qui englobe la minorité des lecteurs et des usagers ; par ailleurs à l'intérieur de ce monde restreint, l'inventaire des attirances est une première clef pour opérer des différenciations socio-culturelles pertinentes entre les groupes. Les hiérarchies sociales ne peuvent plus se penser seulement en termes de dignité ou de niveau économique : leur classement suppose la prise en compte des usages du livre, comme des pratiques éducatives ou des formes de sociabilité. Certaines de celles-ci, l'académie, la société de pensée, font du livre et de l'écrit imprimé leur patrimoine quasi exclusif. L'accès au livre et à son maniement ordinaire suppose une conversion d'habitudes, et Rousseau dans l'*Émile* fait commencer l'apprentissage de la lecture à l'âge où justement la majorité des petits Français quittent l'école élémentaire pour aller au travail (D. Julia). « A peine à douze ans, Émile savait-il ce qu'est un livre ? Il faut qu'il sache lire quand la lecture lui est utile... » Émile est déjà un privilégié, et l'effet qu'aura le livre sur son éducation prend rang parmi les modifications que l'impact de la lecture a produit sur la société tout entière.

De ce point de vue, on ne distingue entre le XVIe et le début du XIXe siècle aucun changement dû à la technologie. C'est « l'Ancien Régime typographique » (R. Chartier). L'écrit manuscrit a déjà bouleversé le passage de la civilisation orale à la civilisation de la représentation. Les lettres et les livres écrits à la main glissent depuis longtemps entre les hommes, et un lent passage a préparé au Moyen Age les matériaux et les formes dont les imprimeurs ne feront qu'hériter. Avec l'imprimerie se marque une rupture décisive : l'écrit manuscrit, de par la lenteur de son élaboration, ne menaçait pas l'échange oral et gestuel : bien au contraire il les favorisait. A la première organisation rationnelle du matériau écrit, marquée par le passage du *volumen* au *codex*, les presses de Gutenberg ajoutent autre chose : elles mécanisent le travail, accélèrent la reproduction, chassent les singularités scribales et unifient les textes. L'écart se creuse entre lire et dire, le texte ne s'adresse plus qu'à un seul sens : le visuel. La communication s'amplifie, mais au détriment de la richesse polyphonique sensorielle qui régnait jusque-là ; la relation qui enrichissait le chœur et l'assemblée s'atténue, car le livre devient le seul moyen d'une participation (F. Dagognet). Du XVIe au XVIIIe siècle, les Français vivent dans un régime mixte, certains ne connaissent que l'échange de la voix et du geste, d'autres sont déjà dans la « galaxie Gutenberg », c'est-à-dire la culture linéaire, fragmentaire et associative, dont le triomphe postule la transformation de l'homme, car le livre favorise le dessein de l'État et celui de l'école : Jean-Jacques Rousseau ne s'y est pas trompé. Écrire et lire — *qui scribit bis legit* — sont les instruments de la maîtrise du monde et de soi-même depuis longtemps. Le livre imprimé accélère le rythme dans un contexte technique qui ne changera pratiquement pas du règne de Henri IV à celui de Louis XVI, ce qui permet une mesure à l'identique des effets induits. Ainsi se fonde la modernité. « La science s'étend, la foi s'anéantit... commence la religion des prêtres », la nature recule devant la culture. Si l'imprimerie contribue largement par

L'imprimerie royale. Sa représentation, quelque peu idéalisée, rassemble toutefois les principales opérations de la fabrication du livre. Noter entre autres les feuilles qui sèchent sur des fils tendus en travers de la pièce (musée du Louvre, Cabinet des dessins).

cette première mécanisation qu'est la typographie à diffuser des nouvelles procédures de pensée, un nouvel outillage mental, donc à accélérer les mutations intellectuelles qui font notre esprit moderne, elle collabore aussi dans la fixation et le partage des manières d'appropriation culturelles. Producteurs, censeurs, auteurs et lecteurs sont pour longtemps les figures de son commerce social. La lecture en étend l'influence, et de multiples sociabilités en généralisent encore l'écho. Au terme du parcours, l'art de la conversation et les prestiges de la voix font le train de la vie des livres et quelquefois leur succès.

LIBRAIRIES ET LIVRES

A l'échelle du royaume, l'espace du livre souligne la prépondérance des libraires de Paris, artisans et bénéficiaires du changement. Les gens du livre qui peuplent la rue Saint-Jacques et les ruelles voisines du « Pays latin » ont assis leur fortune au lendemain des guerres religieuses sur l'impression des grands succès de la Contre-Réforme, le triomphe du français (vers 1650, 25 % des livres imprimés sont en latin ; dans les années 1660, ce n'est plus le cas que d'un livre sur dix), la maîtrise du marché national et de solides positions sur les marchés européens, surtout vers le monde méditerranéen et ibérique. Vers 1660, l'heure d'un repli a sonné, car le marché international se modifie, les Anversois et les Hollandais ne font plus de cadeau aux Français : les Cramoisy, rois de la rue Saint-Jacques, suspendent leurs paiements (1658). Les imprimeurs-libraires parisiens se reconvertissent, ils exploitent à fond le marché des nouveautés littéraires, savent parler aux auteurs qui vont devenir les grands classiques, font feu de tout bois en servant Dieu et le roi ; c'est l'âge des Ribou, des Barbin, des Lepetit — imprimeur de l'Académie —, qui préparent la reconversion.

Librairie de Paris, librairie de province

Avec Colbert et ses successeurs, cette reconversion est entamée vivement et chèrement payée. Elle assure la promotion et le monopole parisien que l'on peut déjà voir dans la limitation du nombre des ateliers et des boutiques et dans la concentration chez les plus actifs et les plus chanceux des *privilèges d'édition*. Peu à peu elle provoque l'anémie provinciale. Les exigences de la centralisation s'y trouvent à la croisée de la récession économique, qu'on lit dans les courbes d'H.J. Martin, de la construction d'un service culturel de la monarchie, de l'espoir d'une meilleure police du livre.

La comparaison des enquêtes menées par le chancelier et la direction de la Librairie, qui trouve avec l'abbé Bignon ses habitudes et ses rythmes autour de 1700, atteste la réduction du nombre total des imprimeries entre 1701 et 1777 : à Paris, le nombre des officines passe de 51 à 36, il était de 79 en 1666 ; à Lyon de 30 à 12, à Rouen de 28 à 10. L'*État général des imprimeurs* en 1777 permet de saisir la géographie de l'imprimerie, la dernière qu'on possède pour l'Ancien Régime et le terme de l'évolution entamée Louis XIV régnant. Le semis des ateliers est très dense dans la France du nord et dans les généralités de Provence et de Languedoc : un atelier pour 80 000 habitants, voire un pour 50 000 dans les zones à forte clientèle potentielle. Entre ces deux régions de forte densité, la France moins imprimante dessine un triangle, de la Bretagne au Bourbonnais, des monts d'Auvergne aux Pyrénées : 1 officine pour 90 000 à 120 000 habitants. C'est retrouver la carte de l'urbanisation : toutes les villes de plus de 10 000 habitants ont leur imprimeur, et les métropoles provinciales, Lyon, Rouen, Toulouse, Nancy, Strasbourg, Lille, Bordeaux, Rennes et Nantes, avec de 5 à 12 ateliers, sont les plus touchées dans leur combat contre Paris. Ce sont elles qui ont perdu le plus d'ateliers depuis 1700 ; la

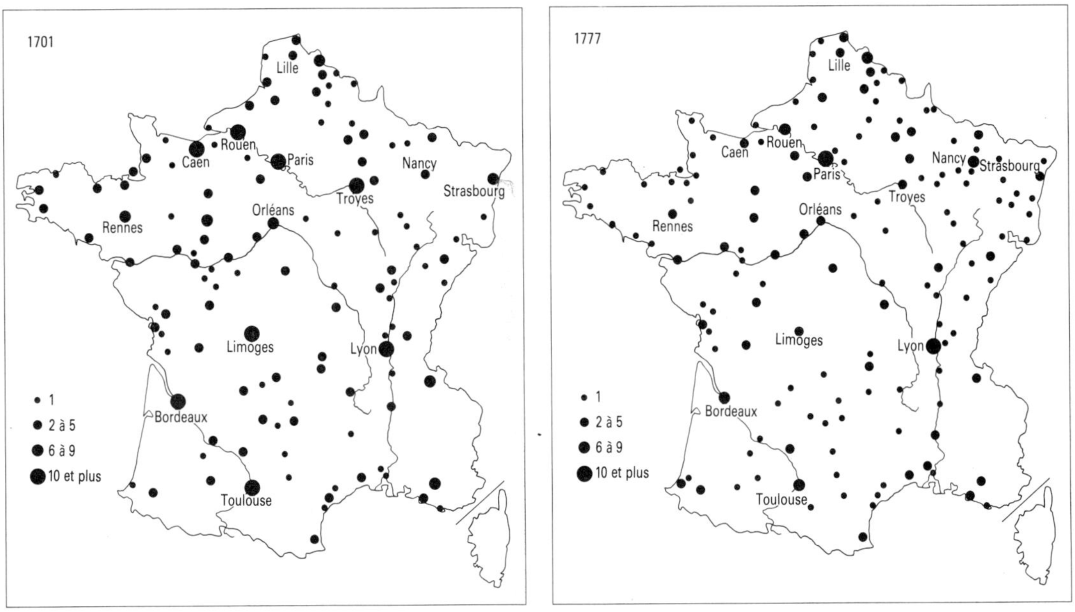

ÉVOLUTION DU NOMBRE D'ATELIERS D'IMPRIMERIE AU XVIIIe SIÈCLE.

petite cité, à un ou deux imprimeurs, résiste mieux car moins menacée par la concurrence. La carte de l'équipement révèle deux choses : d'abord les ateliers répondent à un besoin social et politique où l'activité éditoriale n'est que marginale, les travaux de ville (affiches, thèses, formulaires, avis) l'emportant sur les livres ; ensuite, la géographie des imprimeries, fixée dès 1701, se moule clairement sur celle de l'alphabétisation, la médiation ville-campagne permettant de comprendre l'écart entre lisant et signant, et la géographie culturelle des élites confirmant l'enracinement de l'imprimerie là où les gens lisent, signent, là où naissent les auteurs et où s'implantent les sociétés savantes. C'est la France dont les libraires parisiens et quelques dynasties provinciales fortement implantées à Rouen, comme les Besongue et les Machuel, à Lyon comme les Bruysset et les Périsse, à Avignon comme les Delorme, se disputent la clientèle, à coup d'ouvrages originaux, en majorité édités à Paris, de contrefaçons — largement imprimées en province —, et d'ouvrages réédités, surtout après 1777. A la fin de l'Ancien Régime, l'équilibre Paris-province n'est qu'en partie modifié en faveur des provinciaux, qui bénéficient des arrêts du Conseil autorisant les rééditions et la circulation des livres privilégiés. Paris l'emporte toujours, et ses grands imprimeurs, les Houry, imprimeurs du roi et détenteurs de l'*Almanach royal*, les Lebreton qui lancent l'*Encyclopédie* avec Briasson et Durand, les Duchesne et bientôt Panckoucke, venu de Lille prendre sa part du gâteau. La province conserve une production massive, liée à l'école et à l'État, de « livres-marchandises » accordés aux besoins d'un monde qu'entament à peine les fermentations parisiennes et les réflexions prudentes des notables. Le système suppose un partage des tâches où la librairie française doit tenir compte depuis longtemps de la concurrence étrangère ; c'est le domaine où triomphe l'impression clandestine, encore qu'un libraire français de premier rang n'en ait jamais écarté totalement la tentation. Certains à Paris et en province s'en font une spécialité : ils ne se font pas toujours saisir.

Livres clandestins, livres contrefaits

La distinction s'impose entre livres contrefaits et livres interdits, même si la saisie policière est leur lot commun. La contrefaçon est une défense économique contre le monopole parisien, elle ne fait que reprendre les succès autorisés, à l'usage des provinciaux et des étrangers : c'est une manière de défendre le libéralisme. Le livre prohibé, lui, met en cause la sûreté de la société, il en enfreint les tabous et il en conteste les visions. Depuis les origines, c'est un instrument de combat. Son commerce met en valeur les librairies périphériques qui ne se privent d'ailleurs pas des bénéfices de la contrefaçon, objet de fructueuses et périlleuses alliances. Abritées hors des frontières, souvent dans de petits États indépendants, Liège, Bouillon, Maestricht, Cologne, Neuchâtel, Genève, Avignon, elles gagnent sur tout : point de copie à payer, une main-d'œuvre moins chère que celle protégée par les règlements de la corporation parisienne, et plus mobile ; peu de risques, car il s'agit d'imprimer des œuvres au succès assuré, au public élargi, qu'on peut toucher en vendant à prix moins élevé le texte des quartos et octavos parisiens, imprimés en petit format et sur un moins bon papier sans luxe typographique. Des Provinces-Unies à la Suisse, c'est un réseau complexe et serré d'affaires et d'hommes d'affaires, flibustiers du livre et aventuriers de toutes les audaces, capables de rafler un bon coup au bon moment et de faire grimper les profits. Notons que depuis le XVIIe siècle, ces libraires avisés spéculent sur l'intelligence ; au XVIIIe siècle, et surtout dans les années 1760-1790, ils entretiennent l'agitation intellectuelle dans la mesure même où les idées nouvelles sont sources de juteux bénéfices. R. Darnton a tracé dans son œuvre les portraits divers de ces commerçants du clandestin, qu'activent les Lumières françaises.

Les hommes de la Société typographique de Neuchâtel sont de ceux-là, Bertrand et Fauche, protestants tranquilles, lettrés, cultivés, notables reconnus, amateurs de petit fendant et de bon gibier, roublards d'allure honorable, qui se démènent pour pressurer leurs compagnons et duper des associés qui leur rendent la pareille. Les archives exceptionnelles et sans équivalent dans le royaume (correspondance commerciale et familière, livres de comptes, traités et contrats) permettent de tout connaître sur eux-mêmes et leurs activités. Dans leur asile helvétique, à l'abri des censures et des policiers français, ils impriment en toute sécurité les œuvres les plus audacieuses du temps — l'*Encyclopédie, De l'Esprit, Thérèse philosophe* —, qu'ils introduisent comme leurs confrères de Hollande ou de Bouillon, grâce à un efficace réseau de contrebande, sous le manteau, dans le royaume et jusqu'à Paris. Partout libraires et amateurs se disputent les best-sellers clandestins. Ils s'appuient sur tous les requins de la profession, tel le Lyonnais Duplain, formidable figure d'escroc, imprimeur de mauvais livres, champion de la contrefaçon, contrebandier à ses heures, tel le Messin Guerlache, relieur de livres, colporteur, passeur de produits prohibés, directeur d'un cabinet littéraire, assoiffé de reconnaissance et de profits, ou Bruzard de Mauvelin à Troyes. Tous font passer des nuits blanches aux gens de Neuchâtel et d'ailleurs, qu'ils tentent toujours de rouler en cessant leurs paiements ou en truquant leurs comptes. La « guerre des Encyclopédies », autour des rééditions du dictionnaire de Diderot, est faite de ces escarmouches et de ces ruses. L'ampleur des sommes engagées justifie la brutalité des moyens de ce capitalisme éditorial, qui fait paraître bien timide la réflexion des économistes de l'*Encyclopédie*. La richesse

Le livre. Détail de La Madeleine à la veilleuse *de Georges de La Tour, musée du Louvre.*

L'écrit, le plus sûr indice pour l'historien de la culture.
Dame cachetant une lettre, *d'après Jean-Baptiste Chardin, musée du Louvre.*

du marché à conquérir a déclenché dès l'aube des Lumières l'avidité des luttes et excité l'habileté des éditeurs, des imprimeurs clandestins, de leurs agents de diffusion. Elle se donne toutes les excuses car seul compte le profit, et l'argent brûle les doigts de ces spéculateurs du livre, tiraillés entre leur fidélité à la société ancienne — ils rêvent tous de vivre bucoliquement de leurs rentes sur des terres honnêtement gagnées — et leur comportement progressiste et conquérant.

Censure et police du livre

Mais leur combat n'oppose pas deux systèmes de librairie, l'un installé, protégé, licite, l'autre marginal, pourchassé, clandestin. C'est en réalité les deux faces d'un même ensemble qu'impose l'organisation même du marché et de sa surveillance, en bref l'État et ses censeurs. Libraires officiels et illicites peuvent se trouver tour à tour d'un côté ou de l'autre : ainsi Lebreton ou Panckoucke. La thèse de la police du temps, qui lie spéculation sur les *livres philosophiques* et instabilité sociale, marginalité professionnelle et sociale et diffusion des mauvais ouvrages par des pratiques scandaleuses, n'est qu'en partie vraie. Les affaires louches existent chez tous les libraires-imprimeurs établis, mais les plus gros ne se font pas prendre et jouissent de solides appuis dans les cercles gouvernementaux : qu'auraient pu faire en effet Lebreton et Diderot sans la protection de M. de Malesherbes, directeur de la Librairie et responsable des poursuites, qui cache dans son hôtel les exemplaires du dictionnaire interdit ? ou plus tard Panckoucke, *Atlas de la Librairie française*, protégé et couvert par Vergennes et Lenoir ? Les éditeurs nantis de Paris et de province n'ont pas toujours mis sous les presses les brûlots des philosophes, mais ils ont fait place aux aventuriers, Duchesne, Robin, Merlin, l'« enchanteur » dont parle Voltaire, qui connaissent les petites portes des grandes maisons, qui s'immiscent jusqu'à la Chancellerie, s'imposent en intermédiaires dans toutes les affaires compromettantes (H.J. Martin). Le pouvoir les ménage, pensent-ils, pour les mieux contrôler, et, grâce à lui, ils s'emparent de la chambre syndicale. Les arrêts de 1777, qui affaiblissent le monopole parisien, précipitent un mouvement qu'anime l'opposition Paris-province, librairie du royaume et librairie périphérique. Étudiées sur l'entière période 1660-1790, les archives de la répression — papiers de la police et documents de la chambre syndicale — montrent qu'il y a imbrication des affaires ; tout le monde « marronne » quelque peu, certains deviennent par nécessité ou esprit d'aventure des virtuoses de l'impression ou du commerce clandestins, dont ils acceptent les risques souvent par esprit de spéculation, toujours par manière de s'opposer au monopole parisien. L'insécurité, quelquefois le militantisme — janséniste ou philosophique — font les pauvres diables et les aventuriers du livre, récidivistes de l'embastillement ou délateurs de police. Un monde majoritaire de libraires et d'imprimeurs imprime et vend de bons livres et quelques mauvais ouvrages sans se faire pincer, ce sont des menus délits qu'exige la clientèle, et on ne risque le plus souvent qu'une admonestation de l'Inspection du livre. Une minorité d'arrivistes tombés entre les mains de la police impriment et vendent de mauvais livres et quelquefois de bons ouvrages. Mais à trop jouer avec le feu (ils en prennent le risque plusieurs fois, et souvent les fils remplacent les pères à la Bastille), ils se font prendre et sont sévèrement punis, d'autant plus facilement qu'il y a rupture de solidarité dans

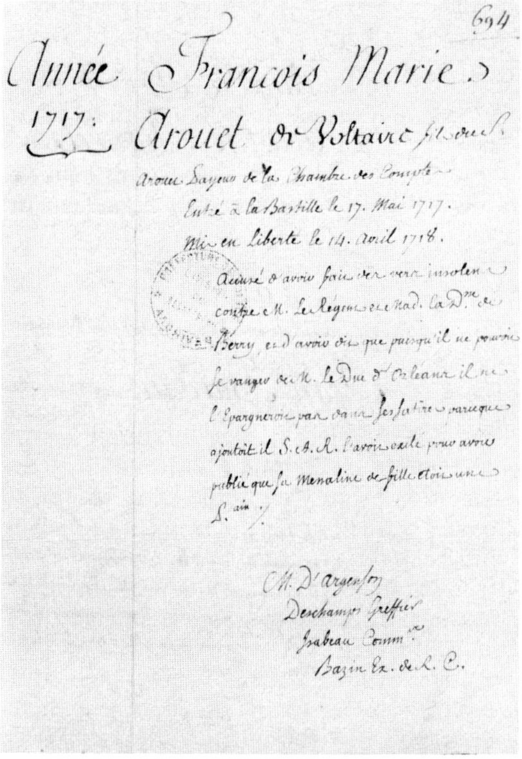
694
Année 1717. François Marie Arouet de Voltaire fils du S. Arouet Payeur de la Chambre des Comptes
Entré à la Bastille le 17. Mai 1717.
Mis en liberté le 14. avril 1718.
Accusé d'avoir fait des vers insolens contre M. le Regent et Mad. la Dme de Berry et d'avoir dit que puisqu'il ne pouvoit se vanger de M. le Duc d'Orleans il ne l'Epargneroit pas dans ses satires parceque ajoutoit il S.A.R. l'avoit exilé pour avoir publié que sa Menaline de fille etoit une P.ain
M. D'argenson
Deschamps Greffier
Isabeau Comm.re
Bazin Ex. de R. C.

L'écrou de Voltaire. Presque un an de Bastille pour « avoir fait des verr insolens contre M. le Régent et Mad. la Dsse de Berry... *[et d'avoir dit qu'il était exilé pour avoir]* publié que sa Messaline de fille étoit une p... » *(musée de la Police, Paris).*

le milieu, et que parfois on les dénonce. Le monde des grands flibustiers, au sommet, ne risque rien ; protégés, à Paris, à l'abri, ou hors des frontières, ils ne se font pas prendre, mais laissent prendre les petits marginaux et les diffuseurs. La frontière de l'illicite traverse en tous sens le monde des gens du livre et pas seulement de haut en bas. Des franchissements trop répétés sont sanctionnés durement, même si le système de contrôle admet une forte marge de tolérance.

Le contrôle est mis en place avec l'absolutisme qui triomphe. C'est un élément de la surveillance de la société classique : l'ordre et l'unité imposent d'« empêcher la composition, l'impression, le débit des libelles et des écrits scandaleux contre la religion, le roi, les mœurs ». Dieu, le monarque, le sexe, tels sont les trois tabous fondamentaux à ne pas enfreindre. Leur défense c'est le travail du chancelier d'abord, qui supplante pour la censure le contrôle de l'Église ; entre le XVIe siècle et le XVIIe siècle à son midi, la sécularisation de l'examen est acquise avec l'appui des parlements, qui sont à leur tour évincés. Ni le clergé ni la robe n'accepteront cette défaite, qui est inhérente au passage de l'*État de justice*, s'accommodant des concurrences, à l'*État de finance*, qui centralise pour son progrès tout le mouvement social. La création définitive de la censure coïncide avec l'affirmation du monopole parisien, elle est l'expression idéologique d'une offensive économique (H. de Beaumont). Car que font les nouveaux censeurs ? Lecteurs de tous les textes depuis les années 1650-1660, et non seulement comme auparavant des publications religieuses, ils autorisent (ou refusent) l'impression publique, au profit d'un libraire, le plus souvent de Paris ; en d'autres termes ils confèrent un privilège économique, puisqu'ils garantissent la permanence et la sûreté d'une possession, sous couvert de

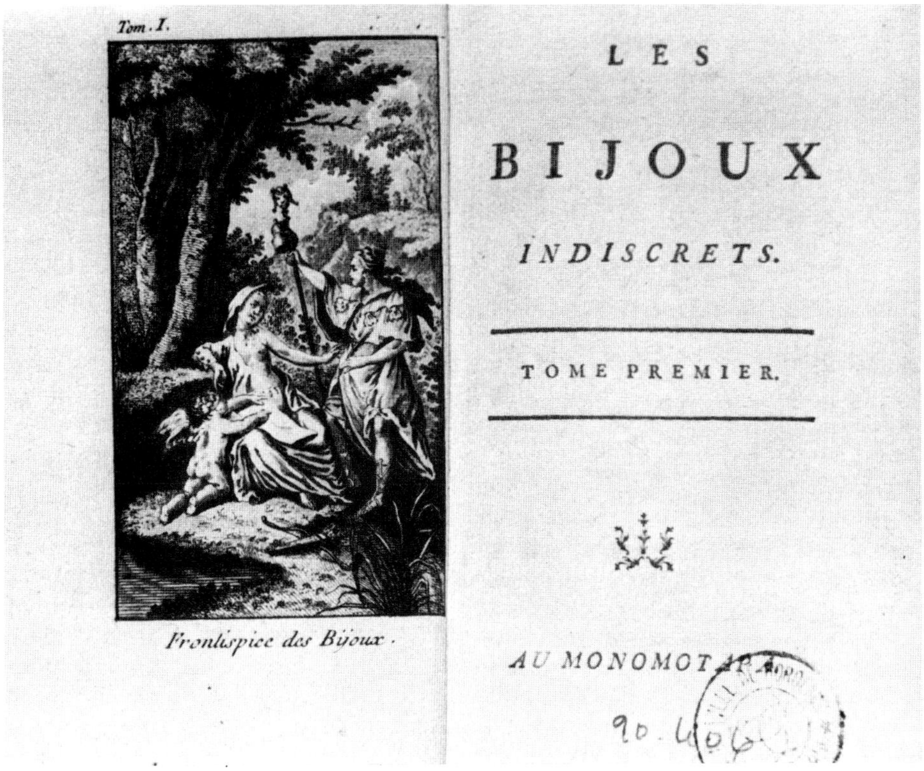
Tom. I.

Frontispice des Bijoux.

LES

BIJOUX

INDISCRETS.

TOME PREMIER.

AU MONOMOTAPA

LA

PHILOSOPHIE

DE

L'HISTOIRE,

Par feu Mr. l'Abbé BAZIN.

A AMSTERDAM,

Chez CHANGUION.

M. DCC. LXV.

Pratiques clandestines de la librairie et humour des Lumières : ci-dessus, Les Bijoux indiscrets *de Diderot, publié dans un lieu totalement imaginaire — le Monomotapa — sans nom d'auteur (en fait en 1748 à Paris) ; ci-contre,* La Philosophie de l'histoire *de Voltaire, publié en 1745 à Amsterdam par… « feu l'Abbé Bazin » (Bibliothèque municipale de Bordeaux).*

contrôle idéologique. L'imbrication des rôles — dispense d'un bien et surveillance — se justifie comme réponse à la crise des libraires parisiens vers 1660-1680. Le privilège est l'une des armes de la concentration, et l'administration de la librairie arbitre le combat pour l'obtention des autorisations qui sauveront et protégeront les presses de Paris. Se donner les moyens de contrôler le jeu du commerce, c'est aussi surveiller et empêcher la diffusion de l'erreur. La politique de la monarchie en ce domaine est d'une prodigieuse adaptabilité, les privilèges sont coûteux et entraînent les contrefaçons : les *permissions de sceau* sont créées et elles deviendront majoritaires après 1760 ; les permissions laissent perdurer les éditions contrefaites et surtout les œuvres clandestines des officines étrangères et des contrebandiers : les *permissions tacites* et les *autorisations officieuses* rétabliront les chances des libraires régnicoles, moins audacieux. De Pontchartrain à Lamoignon, de Bignon à Malesherbes, avec des inflexions dictées par la conjoncture, le mouvement est le même. La censure est un exercice périlleux où s'équilibrent la tolérance et la rigueur, la liberté et le protectionnisme. Cette politique permet de suivre les pressions de la société civile et, s'il le faut, de faire face ; elle n'est ni trop incohérente ni trop efficace, elle dépend des hommes qui l'exécutent et des moments. Quelques affaires ont fait assez de bruit pour faire oublier l'essentiel, c'est-à-dire qu'on ferme plus souvent les yeux qu'on ne les ouvre : l'affaire *De l'Esprit*, l'interdiction de l'*Encyclopédie*, la condamnation des écrits de Rousseau. Ces crises prouvent par leur rareté qu'il faut se déprendre de l'image du censeur persécuteur, léguée par la Révolution et qu'illustrent maintes anecdotes centrées sur sa bêtise proverbiale. En réalité, le recours à la censure est le fait de tous, philosophes et antiphilosophes, Voltaire et Fréron, car la liberté totale n'est souhaitée par personne, même pas par Diderot ; l'intervention censoriale est une figure de la récupération de l'illicite dans la société inégalitaire.

Les censeurs, qui se recrutent dans le monde de la République des Lettres et des académies, sont avant tout des négociateurs qui s'adaptent comme ils le peuvent aux inflexions de la frontière du licite et de l'interdit. Aucune règle n'a jamais su orienter des conduites contradictoires ; en fin de compte, en ce domaine, « la monarchie est sous boussole » (J.C. Perrot) ; le déguisement sert le prince comme le hors-la-loi. Est-ce à dire qu'il n'y a pas eu répression ? Certes non ! Les archives de la Bastille en témoignent : 941 libraires, imprimeurs, diffuseurs, colporteurs, compagnons ont été jugés et maintenus par décision « à l'extraordinaire » dans les cachots du roi ; c'est moins du quart des 5 279 embastillés, de 1660 à 1790. Mais c'est presque toujours le résultat d'une activation temporaire de la police du livre, qui frappe plus durement les petits que les gros, les ouvriers que les maîtres, les gens du livre que les auteurs. Le travail des censeurs et l'activité policière créent une frontière dans la production comme dans la diffusion ; frontière incertaine, car on voit clairement comment l'on glisse — au cours d'une vie de libraire, dans le temps de l'histoire d'un livre — de l'autorisé au toléré, du permis officieusement à l'illicite et au poursuivi ; mais les mécanismes mêmes du contrôle animent tout le circuit. Le privilège entraîne la contrefaçon, le refus, la clandestinité et la publicité, qui est la récompense des livres poursuivis. Diderot l'a bien vu.

Entre auteurs, libraires, censeurs et policiers, c'est une guérilla où les fronts sont mêlés. L'application, durant les vingt dernières années de l'Ancien Régime, d'une série d'édits pour réprimer le commerce clandestin, réussit quelque peu à gêner les contrebandiers et à ralentir l'activité des presses périphériques : le contrôle parisien était encore renforcé puisque tous les livres devaient passer, avant d'être vendus, par la capitale. L'autoritarisme intervenait trop tard pour gêner l'expression libre des penseurs, et la spéculation sur les idées nouvelles n'a pu se poursuivre sans la tolérance, voire même la protection du pouvoir. Avec Panckoucke et quelques autres, on voit comment le progressisme des idées a pu faire son nid dans le monopole et a pu jouer sur tous les tableaux, puisqu'il emprunte aussi les filières libres et plus proches du capitalisme du commerce prohibé. L'abolition des privilèges déstabilisera tout un milieu laissé sans protection ni garantie. Les grosses affaires sont du côté de la modération, et les derniers encyclopédistes applaudiront à Thermidor quand les gros libraires réclameront à nouveau réglementation et contrôle pour un temps abolis.

L'essor de la presse : de Renaudot à Panckoucke

Peut-on dire alors que les livres n'ont pas fait la Révolution ? Certainement pas, mais il faut toutefois élargir la question et mettre à l'honneur, à côté du livre, tous les imprimés qui le débordent largement et contribuent à faire du peuple lisant l'arbitre et parfois l'acteur des luttes politiques : canards, libelles occasionnels et surtout journaux. L'essor de la presse, après les tentatives de Renaudot, est lié à l'économie du livre et joue par rapport à elle un rôle prospectif : 200 titres au XVIIe siècle, près de 900 au XVIIIe siècle. Les journaux sont monopoles monarchiques dès 1631, puisque Louis XIII a placé la *Gazette de France* sous le contrôle du gouvernement et lui a conféré le privilège des nouvelles et de l'information. Tous les journaux postérieurement créés lui paient redevance, et leurs rédactions sont surveillées par les services de la Librairie. Ces périodiques officiels servent à filtrer l'information, à soutenir la politique royale, à créer une opinion (S. Tucoo Chala). Toutefois les journalistes s'émancipent, d'abord dans le combat philosophique littéraire et savant où s'affrontent les rédacteurs du *Journal de Trévoux*, du *Journal des Savants*, du *Mercure de France*, ou de l'*Année littéraire* avec Fréron, ensuite dans la réflexion politique et religieuse avec les *Nouvelles ecclésiastiques*, organe clandestin des jansénistes qu'aucun policier n'arrivera à saisir, le *Journal encyclopédique de Bouillon*, le *Journal de Verdun*. La fin du siècle voit se multiplier les périodiques spécialisés, les affiches de Paris et de province, la presse féminine. En moins d'un siècle, le journal est passé du cercle étroit des diplomates, des hommes de gouvernement et des érudits au grand public. Cafés, salles de lecture, abonnements qui multiplient les possibilités de diffusion permettent à un bon nombre de lecteurs, urbains essentiellement, d'y avoir accès. C'est un objet de consommation pour une élite, mais qui par de nombreux relais atteint le peuple. Panckoucke le voit bien, qui abaisse le prix de ses journaux pour « la classe la plus nombreuse et celle dont on s'occupe le moins ». A la fin du XVIIIe siècle c'est une pièce essentielle dans la constitution de l'opinion publique. Culturelle, la presse relaie le livre ; informative, elle en assure la consommation par la publicité (J. Sgard) ; c'est un enjeu pour les libraires-éditeurs. Ce sont les périodiques qui assurent l'empire de Panckoucke, ce sont eux qui sont porteurs de la campagne pour les libertés. Bref, ils marchent du même pas que la production du livre. Mais c'est la croissance de cette production, avec sa conjoncture propre, qui a modifié fondamentalement les équilibres traditionnels des valeurs et infléchi les cheminements de la culture. Retenons les conclusions certaines qui ouvrent le paysage de la lecture et dessinent l'imaginaire « librairie du royaume », de Henri IV à Louis XVI. Le livre religieux en constitue l'assiette fondamentale, mais le centre de gravité se déplace au rythme de la réformation catholique. L'invasion mystique du premier XVIIe siècle se nourrit d'une littérature d'oraisons et de spiritualité, d'abord méditerranéenne et régulière, plus largement française ensuite. Ce n'est cependant qu'après les années 1660 que le livre de religion croît jusqu'à fournir près de la moitié de la production parisienne.

Religions, sciences et arts

Ce haut niveau traduit, à la fin du siècle, la diffusion en profondeur du fait tridentin, et, jusqu'au premier XVIIIe siècle, il s'accompagne d'une véritable invasion dévote des villes vers les campagnes, terres de mission. Le triomphe du petit format en langue vulgaire assure la promotion d'un type nouveau de communication au sacré, que maintient la littérature de dévotion, à forte imprégnation janséniste des débuts du XVIIIe siècle. La crise de la conscience reste sans grands effets sur la production catholique de masse (plus du tiers de l'édition française vers 1720-1730) ; tout à l'inverse, le temps long de la réforme religieuse s'annexe l'aube des Lumières. Le recul vient plus tard, lent mais régulier : encore un quart de la production vers 1750, moins de 10 % avant 1789. Diminution sensible, et qui s'accorde avec d'autres infléchissements des pratiques. Le recul du religieux dans la production du livre doit être nuancé, si l'on regarde les éditions provinciales relancées après la libération du monopole des privilèges parisiens vers 1777-1780 : elles lancent sur le marché par dizaines de titres et milliers d'exemplaires les œuvres de la tradition religieuse tridentine. L'important ici est le non-renouvellement du stock et l'archaïsme des auteurs, confrontés avec un maximum de vulgarisation ; on l'a démontré avec l'évolution des *Arts de mourir*, et c'est là le triomphe de la pédagogie de l'Église : faire du neuf avec du vieux. La production se laïcise quand la croissance l'emporte, après 1720-1730, et que la librairie parisienne surmonte la récession des années 1660-1700 : quelque 300 titres par an au dernier quart du XVIIe siècle, plus de 500 après 1730, et entre 1 500 et 4 000 de 1750 à 1790.

En même temps, le XVIIIe siècle voit la croissance des sciences et des arts, catégories aux multiples curiosités, unifiées par le rapport de l'homme au monde naturel et social. Le niveau en était resté étale, dans la mesure où la grande révolution scientifique du XVIIe siècle ne s'était point incarnée dans une poussée de l'édition orientée vers la vulgarisation de l'expérience scientifique et du calcul. Ici le chiffre parle clair : impuissant à rendre compte de l'invention et de la rupture (presque toujours marginales et minoritaires), il nous renseigne avec sûreté sur la novation acceptée et diffusée. C'est en ce sens que la courbe du XVIIIe siècle est pertinente : elle prouve l'accroissement de toutes les composantes de l'ambition encyclopédique tendue vers l'inventaire classifiant et la domination d'un univers désacralisé. A côté de ce grand mouvement d'échange, il est des permanences : le droit, l'histoire, les belles-lettres ; ces permanences recouvrent des transformations de formes et de contenus qui rejoignent le grand infléchissement de la production imprimée. Le livre est l'instrument privilégié d'une histoire nationale qui se cherche dans l'étude de l'érudition mauriste, dans la propagande monarchique, à travers les nostalgies nobiliaires ou les anticipations provinciales. En même temps, il soutient les triomphes de l'esthétique classique. Seul l'abri des permissions tacites permet au roman de s'émanciper et de peupler les bibliothèques.

En s'enfonçant dans la forêt des titres, l'historien du livre n'entend pas renoncer aux leçons de l'histoire de la littérature, de la philosophie ou des sciences, mais il pense pouvoir pondérer plus justement au niveau des diffusions les dominantes culturelles. Placé au cœur du rapport entre la création intellectuelle et les possibilités de sa vulgarisation, il mesure mieux qu'un autre les résistances, et peut dater les abandons et les changements. L'évolution rencontrée est surtout parisienne, mais l'on a vu que le colbertisme avait accentué le retard de la province en matière éditoriale. La liberté des années de l'ère prérévolutionnaire montre que les libraires provinciaux en souffrent encore, et qu'ils confinent leur production dans l'archaïsme dévotieux et les publications utilitaires urbaines. Mais cette liberté plus grande peut assurer le démarrage d'une firme, ainsi à Strasbourg les Berger-Levrault, qui consolideront leur fortune avec les proclamations des armées révolutionnaires.

Les mauvais livres

L'édition et le commerce clandestin montrent comment se combinent les frontières mouvantes de l'interdit et la pression de la demande. Les fichiers de la police du livre sont bien tenus depuis 1678, ils enregistrent les variables de la surveillance, puisqu'ils rendent compte de saisies faites, soit parce que l'ouvrage était dès le départ voué au clandestin, l'auteur et l'éditeur ne s'étant pas risqués à affronter les censures ; soit parce qu'il a essuyé un refus dont l'éditeur n'a pas tenu compte ; soit enfin parce qu'approuvé, privilégié ou autorisé, un durcissement de l'autorité le fait basculer dans l'interdit (c'est le cas de *De l'Esprit* et de l'*Encyclopédie* mais aussi du *Télémaque*). Ce catalogue montre ainsi qu'à la fin du XVIIe siècle et jusqu'au dernier tiers du XVIIIe siècle, dominent dans la circulation clandestine les impressions religieuses, réformées et audacieuses, jansénistes et contestataires, protestantes et hérétiques aux yeux des lois : 62 % des ouvrages saisis à Paris entre 1678 et 1701 sont des livres doctrinaux ou de controverse ; 18 % sont des livres de littérature, tels que le théâtre italien de Gherardi, qui avait mécontenté Mme de Maintenon avec la *Fausse Prude*, ou des poésies érotiques ; 12 % sont des libelles ou des livres politiques ; 6 % des ouvrages d'histoire dont la portée est le plus souvent politique. Ce que saisit la police, à Paris comme en province, c'est surtout ce qui remet en cause l'unité de foi, à un moindre titre l'autorité et les mœurs.

Après 1750, les caractères du livre prohibé changent de façon frappante. Les 1 579 titres du *Répertoire des livres clandestins*, tenu à la Chancellerie, de 1696 à 1773, les procès-verbaux des commissaires parisiens et des inspecteurs provinciaux, rédigés à l'occasion de leur descente dans les officines, les lettres des correspondants de la société typographique de Neuchâtel et leurs carnets de commande, montrent le glissement des transgressions. Le religieux et le philosophique remettant en cause l'ordre divin occupent moins du tiers du fichier policier, les autres « mauvais livres » s'en prennent au roi par le biais des pamphlets politico-érotiques, et aux mœurs

Lettre de Noel Gilles, colporteur ou « marchand foirain libraire roulant pour la France », à la Société typographique de Neuchâtel en Suisse,

Monsieur,

jeresus lhoneur de la votre an dat du courant je vous suit tres oblige de voux ofe de credit que vous aves biens voulut me faire mais entansions nesont pons dajete des marchandise acredit pour an peier des jroenteres jeme baucoup mieux a jete aucontans pour le peu que jajete contant onmefai la remis de 12 à 15 pour sant de fasons que jevoi monbien [efris de dime ?] sit vous voulet trete avecmoi vous pouve manvoier votre cathalo surtout les livre filo [biffé] philosophique duquelle je poures vous faires un debis au condisions que vous meranderrer les marchandise fran de porre jusqualion vocit monnadres est ches monsieur pier tairalions roulier faubour de resse a lions a la quelle persone vous pouve anvoier mes balle etire anranbourcemans il vous an refuse rapons pour voux surte vous pouve luiecrire citvous voulet manvoier dans la premier balle les

3 dernier volume des ares emetiers 4 11 s 12 de monsieur dagesaut [d'Aguesseau]
6 lette a un genit [Lettres à Eugénie contre les préjugés]
4 euvre de freret
4 alvecus complait [Helvétius]
4 philosophique delanatur 4°
2 evangille du jourre
4 citemme delanaturre
6 bibes de volterre [Bibles]
4 quequn sur la encyclopedie [Questions]
6 dieu eles hommes
4 enfaires detrui [Enfer détruit]
4 polotique naturelle
6 telogi portatife
4 militerre & philos
6 gatier curasier [Gazetier cuirassé]
4 academit des dames 11 vo
4 teraise philosf
4 donbe portier des chatreu
4 margot laravodeuse
4 fille de joit
4 lett philosofi
2 heuvre de janjacle rousau 8°

sitvous juje aprepau de mespedier mademan je vous cert aublije demandonet avis evous oservere que cest au contant cit vous ne trouve pas la comodite a tire avu sur le roulier vous pouve tire aus sur moi au je vous anverret une lette de chanje sur paris vous obligeres monsieur celui qui a lhoneur destre tres parfetmans votre serviteur noel gilles

demontargis le 30 juillet 1779

vous manverret voux propetus dant la bale

Bibliothèque de la ville de Neuchâtel, communiqué par Robert Darnton.

dans le message littéraire ou poétique. C'est le triomphe d'un libertinage de mœurs et d'idées tout à la fois, celui de la mobilisation sur les affaires du temps et de la contestation sociale. Sous le même titre de *livres philosophiques* circulent les combats de la raison et les voluptés de l'imaginaire, la *Religieuse en chemise* et *Thérèse philosophe* ainsi que le *Contrat social* et le *Système de la Nature.* La vraie nouveauté, c'est que tout cela, qui sape directement les fondements mêmes de la société d'Ancien Régime, est diffusé partout, dans les balles des colporteurs, dans les voitures des libraires forains, dans les arrière-boutiques des libraires de petites villes, à la portée de tous. Un régime qui soumet à la même censure la philosophie la plus haute du temps et la pornographie la plus basse se sape de lui-même, entretient ses propres réseaux clandestins, encourage le débat d'idées et permet que ces idées dégénèrent en libelles. La tardive victoire obtenue par Vergennes sur les librairies périphériques ne peut plus rien changer : le clandestin est au cœur de la cité, les interdits donnent naissance à une autre culture.

LECTURES ET LECTEURS

Mieux connaître la société des lecteurs où vont se diffuser les productions de la librairie n'est plus impossible désormais, tant en ce qui concerne la ville qu'en ce qui concerne les champs. Mais pour ne point laisser échapper la spécificité du temps, deux précautions sont nécessaires : d'abord ne pas réduire la lecture à celle du livre, car si sa circulation s'étend et s'accélère, c'est encore un produit inaccessible pour beaucoup, et sa consommation ne progresse que parce que la route est frayée et accompagnée par quantité d'autres imprimés, par une généralisation du maniement de l'écrit ; les villes en sont très tôt le laboratoire. Ensuite, il ne faut pas réduire le livre lu à l'appropriation privée de ce livre, voire à sa possession. Entre le XVIIe et le XVIIIe siècle, l'accès à la lecture ne se limite pas à l'achat et à la propriété individuelle du livre, car partout se mettent en place des institutions permettant un usage solitaire et momentané (la lecture y reste affaire d'un seul), rendu possible par une circulation plus collective : le cabinet de lecture, la bibliothèque publique. En même temps, surtout pour les plus humbles, lire n'est pas forcément lire un livre mais aussi déchiffrer, seul ou avec l'aide d'autrui, tous les matériaux imprimés, religieux et profanes, qui circulent en grand nombre. La tension entre espace privé et espace public accompagne partout la lecture, puisqu'elle peut être, successivement, voire simultanément, le fait d'un individu ou la pratique d'un groupe : la famille, la compagnie lettrée, la rencontre organisée ou spontanée de la rue.

Les pratiques de lecture

La lecture devient pour tous un acte intériorisé, requérant l'intimité. Seuls les rois et les riches, ou le pauvre Vauvenargues devenu aveugle, ont des lecteurs leur permettant d'autres occupations tandis qu'on leur fait la lecture. En tout cas les peintres affectionnent les scènes de lecture féminines : Fragonard, Beaudouin, Jeaurat expriment la commodité et le confort, l'abandon et la complaisance de leurs belles liseuses. Pour les hommes, en d'autres mises en scène, le livre est compagnon d'une solitude studieuse, instrument de travail, attribut d'un statut, support d'une méditation : ainsi dans le portrait du marquis de Mirabeau par Aved. Le livre est lié à la retraite, à la spiritualité, il exige la clôture, un décor, un mobilier, que l'art des ébénistes du XVIIIe siècle raffine à l'infini, de la moelleuse bergère aux pupitres austères. Le style traditionnel de la lecture se modifie avec le temps, quand on passe d'un usage ancien, confrontant le lecteur à un petit nombre de livres (c'est un modèle protestant et religieux), à des pratiques nouvelles, plus désinvoltes et plus frivoles : c'est le modèle aristocratique contre lequel réagit Rousseau, pour qui la lecture doit être chose sérieuse.

Dans le même contexte, d'innombrables intermédiaires assurent la lecture pour les autres, illettrés ou mal lettrés : elle devient « parole médiatrice » (R. Chartier) du père de famille ; Rétif l'évoque dans la *Vie de mon père*, Greuze l'illustre

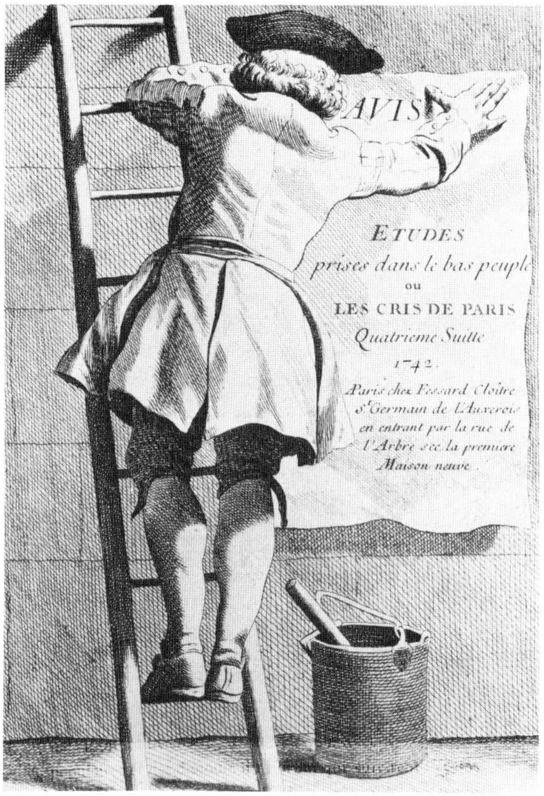

Différents types de diffusion de la lecture : ci-dessus, l'affiche, objet d'un déchiffrement collectif et populaire dans la rue (L'Afficheur royal, *1742, d'après un dessin de Bouchardon).*

dans plusieurs tableaux ; les témoignages en font un geste caractéristique de la maisonnée rurale. C'est un acte d'autorité, la voix du patriarche ou celle des enfants qu'il fait lire, cimente la communauté. C'est sans doute un cliché évocateur, nostalgique de la nature perdue, qui retrouve la transparence de la voix. En ville toutefois, domestiques attentifs, compagnons dégourdis, étudiants avancés peuvent accepter ce rôle pour autrui : c'est une pédagogie spontanée du groupe d'âge, Rétif l'évoque encore, et Ménétra.

Dans la rue, les occasions de lire se font nombreuses et tumultueuses ; c'est le chanteur et ses toiles peintes installé sur les ponts, les carrefours et les boulevards ; c'est aussi l'affiche qui véhicule quantité de messages. Émanant des autorités, publiées à son de trompe et de tambour, ce qui permet d'entendre une première lecture, elle est collée aux murs où son déchiffrement est souvent collectif. Avec l'enseigne c'est un des moyens d'information essentiels à la vie urbaine. Mais la fin du XVIIIe siècle verra la fin des enseignes bariolées et le triomphe de l'affiche moins illustrée, imprimée en caractères de civilité ou en bas de casse. En temps de crise, le

A l'opposé, les bibliothèques conventuelles s'ouvrent à tous les lettrés et resteront souvent jusqu'à la Révolution des foyers d'intellectualité (1717, Bibliothèque nationale).

placard se fait instrument de sédition, il exprime la protestation des peuples dans les émotions pour le pain, les conflits religieux, l'action citoyenne. Manuscrits ou imprimés grossièrement, les placards mobilisent les ressorts d'une lecture collective faite par les plus empressés aux moins habiles. Dans les ateliers et les garnis, sur les ports, dans les rues, le peuple urbain accède collectivement à l'imprimé déchiffré en commun. Il possède des images qu'accompagnent des textes, des *canards* et des *occasionnels* où le texte commente souvent l'image. Il utilise les complaintes et les cantiques imprimés par milliers, les prières et les exercices de confrérie. Le travail et le loisir, l'exercice spirituel à l'église ou au pèlerinage, accompagnent et encadrent la diffusion des manières de lire urbaines. L'imprimé a conquis sa place dans l'intimité populaire comme dans ses actions communes, mais le livre y joue un moindre rôle que dans les milieux façonnés par les pratiques de l'école et du collège.

La hiérarchie des liseurs : du peuple à la noblesse

Depuis le XVIe siècle, on voit la frontière de la possession et des usages du livre descendre dans la population. L'inventaire après décès a été l'instrument permettant aux historiens de mesurer cette diffusion, et cela malgré ses défauts évidents : il ne touche pas tout le monde de la même façon car le notaire tient compte des ouvrages reliés d'un bon prix et néglige brochures ou petits livres. Le livre possédé parle-t-il enfin d'un choix personnel ou enregistre-t-il un héritage ? Est-il lu, si possession fait acte ? En tout cas, le document notarial autorise la restitution d'une hiérarchie d'usages du livre, même s'il est clair que tous les livres lus ne sont point des livres possédés. Il est présent au début du XVIIIe siècle dans plus du tiers des inventaires étudiés dans neuf villes de l'Ouest (Angers, Brest, Caen, Le Mans, Nantes, Quimper, Rennes, Rouen, Saint-Malo), dans 35 % à Besançon et dans moins du quart à Paris. Dans cette ville la pratique notariale est plus négligente et la consommation plus familière, et sans doute moins propice à la conservation. Cette présence du livre a progressé depuis la fin du XVIe siècle : à Amiens, à l'époque le livre figure dans un inventaire sur cinq, à Paris dans peut-être un sur dix ; et cette présence progresse encore à la fin du XVIIIe siècle, à Paris : 25 % des inventaires vers 1750, 30 % des actes populaires en 1790 ; dans l'Ouest, avec des hésitations et des décalages, la progression n'est pas linéaire et ne dépasse pas une limite sociale, gagnée, Louis XV régnant, dans une proportion de 30 à 40 %.

Inégale selon les époques et les villes, la présence du livre varie aussi avec les conditions de vie. Elle est bien perçue à Paris : entre 1660 et 1700, dans un échantillon de deux cents inventaires, les artisans marchands et bourgeois comptent pour 16,5 %, les officiers et gens de robe pour 32,5 %, les gentilshommes pour 26 %. C'est une image inversée de la société urbaine parisienne. Vers 1750, les mêmes groupes possèdent tous plus de 50 % d'inventaires pourvus de livres, mais à l'autre bout de l'échelle, marchands, maîtres artisans, domestiques, compagnons ont des inventaires où le livre se rencontre à moins de 25 %. Entre les groupes, les écarts varient : vers 1700 les domestiques ont déjà des livres (30 % de leurs inventaires), les salariés moitié moins (13 %) ; entre 1780 et 1790, la distance s'est réduite : 40 % des domestiques ont des livres, mais 35 % des compagnons et gagne-deniers également. Le petit peuple parisien a donc apprivoisé le livre, devenu moins rare et moins étrange à ses propres goûts. Deux règles sont ainsi mises en évidence, qu'on retrouve à Lyon, dans les neuf villes de l'Ouest, à Besançon et à Nevers. Plus la fortune moyenne d'une catégorie sociale est élevée, plus grand est le pourcentage des détenteurs de livres. A l'intérieur d'une même catégorie, la proportion des propriétaires de livres croît avec l'élévation du niveau de fortune. C'est ainsi l'état et la fortune qui font le nombre d'ouvrages possédés. A Paris, les salariés qui ont des fortunes supérieures à la moyenne possèdent trois fois plus de livres que les autres. A Lyon, les robins possèdent en moyenne 160 ouvrages, les ouvriers de la soie 16 (et 74 % d'entre eux sont alphabétisés). La culture élémentaire n'implique donc pas communément la propriété du livre alors que le métier exige l'écriture. Dans les villes de l'Ouest, la conquête du livre progresse au XVIIIe siècle en fonction des seuils de richesse, plus vite vers le haut, où la taille des collections s'accroît, que vers le bas, où les gains élargissent seulement la circulation livresque vers les milieux de l'artisanat et de la marchandise.

Dans tous les cas se jouent des rapports au livre qui mettent en valeur les mutations du temps et les traditions de lecture, et surtout diversifient les contenus et les titres, des lectures populaires aux collections aristocratiques. Partout les artisans, les boutiquiers, les compagnons et gens de métier apparaissent comme de piètres lecteurs. Nombreux parmi eux sont ceux qui n'ont aucun livre, et s'ils en possèdent, ils n'en ont guère qu'un seul. Très généralement ce livre unique est un livre de piété : vie de saint, bible, livre d'heures, *Imitation de Jésus-Christ.* A Lyon, le livre isolé est également une vie de saint couverte en basane et peu coûteuse. Dans les bibliothèques mieux fournies, le primat du religieux reste fort. A Paris, on lit la Bible et le Nouveau Testament et dans les minces bibliothèques du peuple le livre profane dépasse rarement 25 %. Sa lecture est un pari sur le temps. C'est pourquoi le livre religieux propose souvent une organisation chrétienne de la vie, dans des formules qui rejoignent celles de l'almanach : *Heures, Calendriers, Séminaires, Offices, Mois, Missels, Années..., Chrétiens* rassemblent extraits de la Bible, résumés des liturgies, moyens de célébrer les fêtes, bref permettent pratiques, exercices, conduites. La lecture populaire est conforme au grand mouvement de reconquête des sensibilités religieuses, mais celles-ci ne la représentent pas en son entier. Avec le XVIIIe siècle se multiplient les présences profanes les plus inattendues, les *Comptes faits* et la *Cuisinière bourgeoise*, le *Tarif* et le *Parfait Maréchal*, un *Art d'orner son esprit*, le *Médecin du pauvre, Gargantua.* Utilitarisme et écho lointain des modes distinguées orientent ces petites collections. Mais l'essentiel ici n'est pas perçu par le notaire et circule indifféremment de la ville à la campagne par les circuits de grande diffusion et la *Bibliothèque bleue.*

Les deux bourgeoisies, celle du talent et de la rente, celle du négoce et du profit, n'ont pas un profil culturel unique. A la fin du XVIIe siècle le contraste est grand entre elles ; avocats, médecins, robins ont tous des livres, en province et à Paris (entre les trois quarts et la moitié des inventaires), mais les hommes de commerce en ont peu. Le XVIIIe siècle voit la transformation des marchands : ils achètent des livres, ils en achètent toujours plus et certains d'entre eux deviennent bibliophiles. En même temps, cet élargissement se double d'une évolution thématique. Pour les bourgeois de robe les livres d'utilité professionnelle restent dominants (entre 50 % et 65 % dans les villes de l'Ouest de 1700 à 1790), mais ce tassement ajouté à un net recul du répertoire de l'érudition antique (qui passe de 30 % à 5 %) laisse place pour l'histoire et les curiosités littéraires, romans et pièces du répertoire en tête. Chez les négociants, à Rouen, à Nantes, à Lyon, à Marseille aussi, la lecture s'organise autour de l'utilité mais aussi de l'évasion. Les collections rassemblent alors manuels de commerce et de comptabilité, droit civil et naturel, dictionnaires, almanachs et atlas. Venus plus tard à la propriété du livre, ils accueillent aisément la novation : récits de voyages, histoire étrangère, nouveautés romanesques et dramatiques françaises et anglaises. Certains lisent Rousseau, comme Ranson à La Rochelle, et tous construisent leurs bibliothèques sans tenir compte des traditions humanistes et dévotes. En marge des sociétés savantes, mais de plain-pied dans les loges et les cercles, ils affirment dans leurs lectures comme dans leur sociabilité intellectuelle une même originalité aux frontières des valeurs classiques des noblesses et des clergés.

La tradition de lecture du clergé citadin est très homogène, du XVIIe au XVIIIe siècle, mais elle met en valeur des oppositions sociales à l'intérieur du premier ordre et accusent le contraste Paris-province. Dans les cités de l'Ouest, les bibliothè-

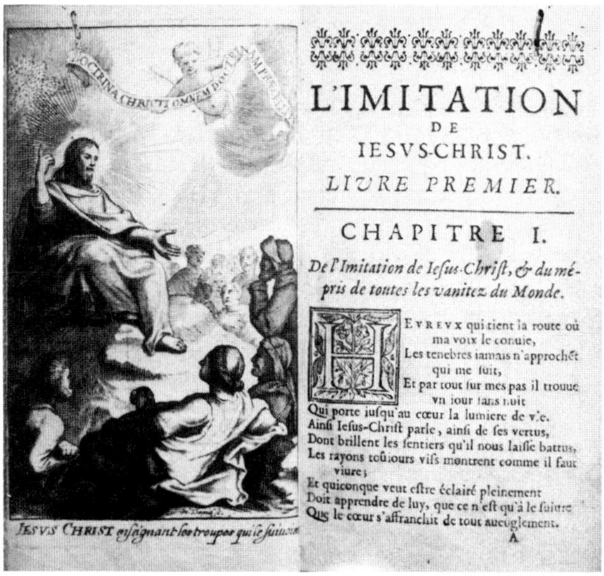

L'Imitation de Jésus-Christ, *à gauche, est le livre religieux le plus souvent retrouvé dans les héritages des bons milieux. Les livrets populaires (page de droite), de grande diffusion, en revanche,*

ques sont religieuses et théologiques (80 % en 1700, 65 % en 1790) ; à Paris, elles sont plus profanes, chanoines, abbés mondains et curés ayant une ouverture directe au monde : 38 % de théologie vers 1710, 29 % après 1765. Le clergé provincial est conservateur dans ses lectures, il achète les manuels de la réforme catholique, et d'autant plus qu'il doit se tenir au courant et que les collections s'alourdissent en vue d'une meilleure instruction. Cet élargissement et cette homogénéisation progressent avec l'action des évêques et des autorités. La bibliothèque cléricale accueille les livres proposés dans les listes synodales par l'imprimeur diocésain : *statuts, mandements, conférences, catéchismes,* vendus à des prix accessibles. L'écart entre les générations, entre la ville et la campagne s'atténue en un siècle. Mais ne sortent de ce ghetto ecclésiastique tridentin que les érudits et les amateurs parmi le clergé. A Paris, ces derniers lisent l'histoire autant que la théologie, ils lisent davantage en français qu'en latin, à la différence du curé de province, ils s'abonnent à la *Gazette* et au *Journal de Trévoux.* Dans ces catégories supérieures, le clergé ne constitue pas un isolat culturel fermé à toute novation mais il participe d'une culture qui est celle des élites citadines.

Les lectures sont un des privilèges de la noblesse, elle en jouit à la campagne et à la ville. Si quelquefois les inventaires, après décès, du second ordre ne contiennent pas de livres, c'est qu'ils sont bien souvent légués et que leur faible valeur par rapport à d'autres biens les fait négliger quelque peu : vers 1750 à Paris et à Lyon, 56 % des inventaires nobles sont sans livres, 50 % dans l'Ouest breton, mais un quart seulement dans le réseau des villes occidentales. Mais une part importante des noblesses n'a pas de livres du tout : veuves, cadets de famille, vieux oncles, militaires en retraite, nobles relativement pauvres ou appauvris, qui ont d'ailleurs un accès

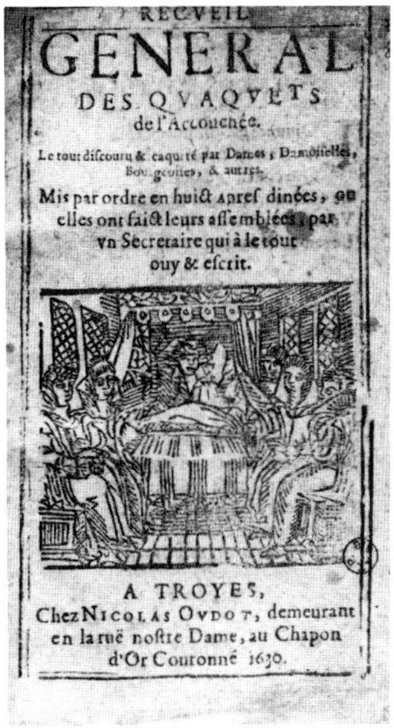

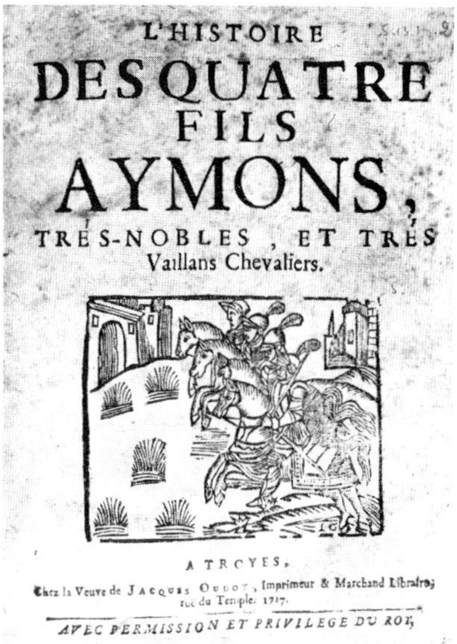

pénètrent les couches plus modestes, mais sont très rarement retrouvés en raison de leur fragilité (musée des Arts et Traditions populaires).

aisé aux collections de leurs parents et de leurs amis, de protecteurs ou d'administrations, ce qui peut dispenser de constituer une bibliothèque personnelle. Quelques livres familiers suffisent, qui tiennent dans le portemanteau, la sacoche de selle ou la valise du militaire et du marin.

Aucune surprise à découvrir partout la bibliothèque des robins dominant en nombre l'univers de la lecture nobiliaire. Leur conversion à la lecture est ancienne, et les livres se sont accumulés dans leurs hôtels et leurs châteaux, malgré les partages. En 1789, la moitié des bibliothèques de la robe des villes de l'Ouest ont plus de 300 volumes ; ce n'est le cas que du quart des bibliothèques des nobles titrés. L'Ancien Régime a vu ici se manifester deux mouvements : par le premier, toutes les noblesses sont entrées dans la classe lisante, et ceci à travers l'accès aux livres religieux (dans l'Ouest la progression s'arrête vers 1730-1740) ; par le second, l'ordre nobiliaire se déprend de tous les livres de traditions, fidélités religieuses, érudition latine et histoire antique, droit classique et littérature. Cet abandon accompagne la montée des nouvelles formules pédagogiques nobiliaires (grands pensionnats, écoles militaires) et permet la substitution non des sciences et arts, mais essentiellement des belles-lettres. Celles-ci l'emportent en pourcentage sur l'histoire, signe incontestable du succès des genres nouveaux parmi les élites du privilège. Avec le journal, c'est une culture de mode et de frivolité qui s'installe au temps heureux de la « douceur de vivre ».

Mais à regarder les noblesses parisiennes et provinciales, il faut distinguer des traits communs et des accents spécifiques. Traits communs : la part durable de l'histoire avoisinant toujours plus du quart et du tiers des livres possédés. C'est une lecture qui s'enracine dans la justification aristocratique, le passé des dynasties, le rôle des corps intermédiaires. Traits divergents : le droit et l'érudition classique, apanage de la grande robe héritière des humanismes du XVIe siècle ; les sciences et les arts, qui grandissent d'abord dans les bibliothèques des nobles financiers et des aristocrates ; et la littérature la plus neuve, que lancent les Parisiens, les fermiers généraux, les gens de cour, ducs et pairs en tête, avant de gagner les provinciaux. Trait commun encore, le recul du religieux : autour de 10 % des collections, partout en 1789. Ainsi avec décalages et écarts les lectures des noblesses urbaines évoluent de la même façon, qu'elles soient de province ou de Paris. Les différences de fonction suggèrent des différences de contenu, mais la « robe » et l'« épée » se sont en quelque sorte rapprochées dans un commun rejet des traditions, pour un style de lecture politique et divertissante qui s'accommode de multitudes d'usages.

Des châteaux de province aux casernements des citadelles, le militaire emmène quelques livres, une table de conversion, un *Belidor*, un ouvrage d'attaque de fortifications ou de manœuvres. A son retour de campagne, il range ses livres dans la bibliothèque de famille. Aux antipodes de ce premier exemple, la bibliothèque d'un grand administrateur comme Turgot comprend 5 000 titres : 500 pour le religieux, 700 pour le droit et les matières administratives, 1 200 pour l'histoire, et le reste pour la littérature. Les principales curiosités de l'homme d'État, de l'économiste et du linguiste, le bon goût et l'éclectisme font de cette collection le modèle des ensembles novateurs. Le mécénat et la bibliophilie fournissent un dernier type. En 1692, Blégny dénombre plus d'une centaine de collections à Paris ; vers 1790, Thierry en visite deux fois plus. C'est un geste de puissance où le livre est promu fétiche social et instrument de la curiosité et du loisir de l'homme de bon ton, toujours prêt à ouvrir son cabinet où les livres s'entassent par milliers aux érudits et aux savants. Pour tous, décorateurs et ébénistes composent des ensembles choisis, lieux de retraite, de travail et de méditation.

Lectures collectives, usages des bibliothèques

En dehors de ce cercle restreint, mais qui s'élargit au XVIIIe siècle, progressent les moyens collectifs de la lecture. Le prêt est aussi ancien que le livre lui-même, il permet l'échange des œuvres rares, il accélère le commerce ordinaire entre amis, relations de voisinage, paroissiens. Les villes se dotent de bibliothèques publiques, que gèrent corps littéraires, civils, ecclésiastiques, religieux. Paris en compte une vingtaine, avec la Bibliothèque du roi, plus accessible au XVIIIe siècle qu'aujourd'hui. Les abbayes — Saint-Victor, Saint-Germain, Sainte-Geneviève —, les congrégations, les avocats, l'université ouvrent leur porte aux personnes connues ou recommandées. *La France littéraire* compte en 1784 seize villes importantes dotées de bibliothèques publiques où dominent les collections monastiques ou capitulaires ainsi que celles des académies. La lecture progresse par une généralisation de l'ouverture aux lecteurs privés des grandes collections religieuses et laïques ; dès 1644, Mazarin donne l'exemple ; vers 1780 l'*Arsenal* et les livres du marquis de Paulmy impressionnent les gens de lettres. Enfin, le legs de particuliers incite les villes à encourager la lecture : ainsi à Lyon la bibliothèque Adamoli, que le Consulat installe à l'hôtel de ville, et à Grenoble où la société littéraire sauve la bibliothèque Caulet. L'engouement pour la lecture et le coût encore élevé du livre encouragent le commerce à se joindre au mouvement. Les libraires ouvrent des cabinets de lecture dans leur arrière-boutique ; on y lit les gazettes et les nouveautés. Après 1770, ils créent des cabinets littéraires où l'on peut s'abonner pour lire sur place ou chez soi. Guerlache à Metz fournit aux clients romans, essais à la mode ainsi que tous les « mauvais livres ». Ce genre de créations sont en province de bons relais pour la littérature clandestine et le journal. Des chambres de lecture, surtout dans les villes négociantes et là où les réseaux publics ou semi-publics sont insuffisants, se constituent, alliant la cooptation académique et la pratique marchande. Tripots, cercles, chambrées assument des rôles multiples, abolissant la différence entre communication savante, libre conversation et lecture abonnée. Les loueurs de livres se multiplient, qui coupent les volumes en trois parts pour satisfaire la clientèle pour trois sous la journée. En ville, tout le monde lit ou peut lire, des privilégiés aux domestiques, des bourgeois aux gens de peu : tout y incite, y compris la publicité — les journaux s'en chargent —, et la répression, qui reste la meilleure des incitations ; sans oublier aussi la perception quotidienne qui exerce tout regard à la lecture : numérotage des maisons et nomination fixée des rues. C'est une consommation et une manière de vivre.

Aux champs, il n'en va pas de même, et au XVIIe siècle moins encore qu'au XVIIIe siècle : le livre y est rare. La campagne et la province sont de peu de ressources pour l'amateur de livres, hors trois sites particuliers, le château, l'abbaye et, on l'a vu, le presbytère. La lecture a sans doute gagné la noblesse rurale ; Mme de Sévigné aux Rochers, Bussy-Rabutin en Bourgogne, n'ont jamais pu se passer de lire, et, au fin fond de la basse Bretagne, les seigneurs de Landudec et de Guelgurfin ont vers 1780 une soixantaine de bons livres. Si l'on excepte les collections des grandes familles, à la fois parisiennes et provinciales, qui s'accumulent mais aussi se disposent au gré des héritages et des alliances, la bibliothèque du hobereau d'instruction moyenne — surtout en ce qui concerne les femmes — privilégie la tradition dévotieuse et l'usage utilitaire : la *Bible*, l'*Imitation*, le *Blason*, le *Parfait Maréchal*, la *Maison des champs* suffisent à tout, le monde temporel et l'au-delà. Au XVIIIe siècle, les gentilshommes de manoir, souvent convertis par le service à des habitudes nouvelles, ont d'autres besoins. Riches, ils s'abonnent aux périodiques ou au cabinet littéraire ; plus modestes, ils empruntent aux voisins. En Savoie, vers 1736, Rousseau peut lire chez M. de Conzié les philosophes et les savants, la géographie et l'histoire : « J'ai perdu ou dépareillé des multitudes de livres par l'habitude que j'avais d'en porter partout avec moi, au colombier, au jardin, au verger, à la vigne... » Il existe des châteaux érudits où les livres sont nécessaires à leurs habitants, qui sans eux périraient d'ennui (A. Sauvy). Stendhal, dont la famille bourgeoise se veut proche des façons nobiliaires, a raconté comment il fit son apprentissage livresque dans le cabinet du docteur Gagnon où trône le buste de Voltaire, avec ses abbés précepteurs, en traduisant Virgile et en « cherchant sans cesse des ridicules à cette pauvre Bible », dans la bibliothèque de son père détesté, dans les lieux d'aisances, où il cache les *Géorgiques*, pour gagner du temps à d'autres lectures, dans la bibliothèque de Claix, la maison de campagne paternelle où il lit Voltaire, *La Pucelle* et ses gravures, le *Don Quichotte*, *Molière* avec des estampes et le *Roland furieux*, prêté par son grand-père, sans oublier *La Nouvelle Héloïse* qu'aime son père et les « romans musqués » de son oncle, *Félicien* et *L'homme de qualité*. Pour les héritiers des bonnes familles entre la ville et la campagne les livres circulent aisément.

Les abbayes accumulent pour les moines et quelques lecteurs érudits — Voltaire fut l'un d'eux en Lorraine — manuscrits, incunables, et tous les livres de théologie, de l'Écriture aux controverses. En 1644, dans son *Traité des plus belles Bibliothèques*, le père Jacob signale Saint-Benoît-sur-Loire, Fontevrault, Cîteaux, Chézal-Benoît, la Baumette, près d'Angers, Notre-Dame d'Igny, dans le diocèse de Reims, la chartreuse de Bon-Pas en Provence et celles du Dauphiné. Accumulés depuis des siècles, les volumes y sont en grand nombre, 5 000 au Mont-Saint-Michel, 8 000 à Domeuvre. Les abbayes entretiennent au XVIIIe siècle un mouvement d'érudition et de recherche qui s'insère dans d'autres réseaux : congrégations érudites ou clandestinité janséniste, et pour quelques-unes correspondances académiques. Dans les campagnes, elles constituent un horizon ancien de la circulation et de la lecture du livre, dont le renouvellement est lié à la présence d'intellectuels représentatifs de l'histoire ou de la spiritualité.

Les lectures populaires

Pour le commun peuple, qui n'a guère d'accès à ces richesses ecclésiastiques, nobiliaires ou bourgeoises, l'histoire doit avouer pour une part son ignorance. L'inventaire paysan ignore le livre, il a d'autres chats à fouetter. C'est le monde des livres rarissimes, souvent un livre unique ou occasionnel, *calendrier* ou *almanach* de peu de valeur, plus fréquent chez le riche laboureur que chez le manouvrier. Deux circonstances unifient ici les pratiques de lecture : l'expansion liée à l'école et à l'action du clergé prêteur d'ouvrages (la bibliothèque rurale est une bibliothèque religieuse) ; la familiarisation avec l'imprimé, liée aux pratiques de l'imprimerie de grande diffusion et au colportage.

C'est en effet à partir des villes que se sont répandues vers les champs la *Bibliothèque bleue* de Troyes et ses émules normande ou orléanaise. La formule en est simple, il s'agit de reprendre sous une forme vulgarisée, quelquefois avec un grand retard, souvent presque immédiatement, sur un mauvais papier, broché sans soin, mal imprimé, des textes divers, venus des horizons les plus éloignés, comme les romans médiévaux — *Les Quatre Fils Aymon, Oger le Danois, Mélusine* —, ou plus proches, comme les calendriers, les ouvrages utilitaires, ainsi *Le Médecin des pauvres, Le Cuisinier français, Le Parfait Maréchal.* C'est le « melting pot » des besoins qui fait la *Bibliothèque bleue* ; tout le monde la lit d'ailleurs et pas seulement le peuple. Elle donne réponse à tout, à l'angoisse du Jugement, aux nécessités de la vie, aux besoins d'évasion par le rêve, l'imaginaire, le rire, à la crainte des brigands et des gueux, par laquelle commence la sagesse. Elle est très adaptée à de multiples situations de lecture, individuelles ou collectives, à l'église, à la veillée, en famille. Les mêmes textes sont alors lus, relus, mémorisés, entendus par ceux qui ne lisent pas, copiés souvent par ceux qui écrivent. Ils acquièrent une valeur magique et un prestige inversement proportionnel au mépris dans lequel les tiennent les notables lettrés, curés, médecins, bourgeois, pour lesquels il y a les lectures légitimes et celles de corruption, par les mauvais livres, entendons ici les *contes bleus* et les *almanachs.* Déclassés pour les élites, les écrits de colportage conservent dans le peuple tout leur prestige, qui est moins d'aliénation que d'évasion et de liberté. Pour chacun, accepter de lire est une conquête qu'on partage souvent avec les autres : conquête sur les

La lecture est apportée au village par le colporteur, parmi bien d'autres merceries (Étude de colporteur au chapeau, *dessin de Watteau, musée Bonnat, Bayonne).*

conditions physiques, l'éclairage, le bruit, la promiscuité, sur des modes de vie sociale et des loisirs différents, sur les modestes possibilités d'économiser quelques sols. Les livrets que portent à domicile les innombrables colporteurs, surveillés par la maréchaussée, jouent un rôle marginal dans la soi-disant déculturation des pauvres : leur appropriation libère au contraire les individus et prépare la route à d'autres lectures. Partout le processus de diffusion de l'imprimé brouille les cartes. Ce n'est plus un bien rare, la lecture devient consommation, encore rarement paysanne, mais déjà massivement citadine ; de là des effets recherchés pour se distinguer dans une lecture plus valorisante, dans l'isolement ou le sérieux. La circulation du livre n'étouffe pas la multiplicité des « figures de lecteur » (M. de Certeau), pas plus qu'elle ne se contente d'inculquer la discipline de la religion et des mœurs. Elle autorise ainsi un désenclavement des esprits, qui par l'information ou la fiction peuvent échapper aux répétitions obligées d'un quotidien étroit (R. Chartier).

SOCIABILITÉS ET LECTURES

La culture est portée aussi par la rencontre : c'est la sociabilité. Le XVIIIe siècle en a vu le mouvement s'accélérer : partout s'installent académies, loges, sociétés littéraires, cercles, musées, sociétés de pensée, qui démentent l'idée qu'entre l'État et l'opinion prise en main par les philosophes il n'y a rien d'autre que le vide, comme le pensait Tocqueville. Le XVIIe siècle n'a certes pas ignoré la sociabilité, mais il l'a connue sous d'autres formes, et l'un des aspects de la transformation culturelle entre les deux siècles consiste en ce passage d'un mode spontané et privé de sociabilité à une manière officialisée, reconnue et publique. Ainsi s'accentue encore l'écart entre Paris et la province, la distance sociale. Mais son observation est troublée par le fait qu'il existe, durant tout l'Ancien Régime, deux dimensions au phénomène associatif. La première relève de la conception inégalitaire (holiste) de la société, qui admet les associations correspondant aux encadrements ancestraux : l'ordre, le corps, la communauté, la paroisse et ses confréries, la famille ; la tradition et le privilège les distinguent, elles sont licites. Mais des réunions clandestines et secrètes, rassemblant des individus hors des solidarités fondamentales, en dépit des origines sociales, mêlant ordres et classes, n'en existent pas moins et inquiètent toutes les autorités. Leur fonctionnement perturbe les mécanismes sociaux essentiels, car il postule l'égalité, même si l'égalité réelle n'est pas réalisée entre les associés. Il est porté par cette « aspiration commune des hommes à fréquenter agréablement leurs semblables ».

Associations licites, rencontres illicites

C'est dans le jeu entre ces deux modèles que se dessinent l'apparition d'un pouvoir culturel et la constitution d'une élite distinguée, avec son système de valeurs, sa conscience, ses moyens d'action sur le réel.

Le phénomène associatif joue à la ville et aux champs, mais son développement met surtout en valeur les harmoniques citadines. L'apprentissage de ses conduites se module autour de l'âge, d'une volonté de reconnaissance et d'une fonction sociale. Les associations de jeunesse, les *abbayes*, les *bachelleries*, les *jeunesses*, les *basoches* ou les *devoirs*, ont regroupé les jeunes célibataires ; ce sont des institutions reconnues et licites, associant tout un chacun, sans distinction sociale, ou sélectionnant, ce qui suggère des tensions. Les autorités religieuses et civiles les surveillent car leur rôle est essentiel à la cité. Le cercle des hommes mûrs et des plus jeunes, la *chambrée*, suppose une rencontre plus informelle, qu'organise un pacte d'association pour le jeu, la lecture, la discussion des politiques de la ville ou du royaume. Aux temps révolutionnaires, ces sociétés se transformeront souvent en *clubs*. Par rapport aux pratiques des cercles réservés de l'élite, elles constituent un vivier de recrutement ; c'est là qu'on se découvre mutuellement et que l'on s'apprécie, c'est là qu'on constitue une contre-académie juvénile dans l'impatience de ne pas pouvoir entrer trop tôt dans la société renommée. L'académie est une société d'hommes arrivés à l'âge mûr mais qui n'exclut pas les jeunes ; elle sait lire l'avenir et déceler le génie : un quart des académiciens seront élus avant d'avoir trente ans, l'âge de l'entrée dans la vie publique pour la plupart des « officiers ». L'appartenance aux sociétés prend rang dans les signes qui organisent le théâtre social des cités ; l'adhésion et l'élection classent dans la hiérarchie des pouvoirs urbains.

Ainsi peut se relire le conflit engagé autour des confréries dès le XVIIe siècle. Remplissant dans les villes et les paroisses des fonctions publiques, regroupant les individus sans distinction d'origine, elles sont vite un lieu à réformer et à contrôler pour les évêques, les curés, voire les autorités municipales. C'est que leur rencontre associe aux gestes de la piété et de la vie publique des pratiques mondaines — banquets et fêtes — dont l'excès chagrine les esprits réformés. Les confréries se démocratisent, accueillantes partout aux petites gens, aux patrons artisans et boutiquiers ; les notables les fuient vers d'autres lieux, disqualifiant ainsi des pratiques d'un autre temps, soit par christianisme épuré, soit par voltairianisme hostile aux fanatismes. A Toulon, à Fréjus, à Grasse, les autorités urbaines tenteront d'en limiter le nombre. Dans la Normandie des *Charitons*, les tensions de la cité traversent aussi à leur manière les réunions des confréries. La visée religieuse qui dictait le commerce social s'épure et impose d'autres distinctions.

La fuite des notables vers les loges — M. Agulhon l'a mise en valeur en Provence — illustre bien l'enjeu du phénomène associatif. Entrer dans la maçonnerie, « recevoir la lumière », c'était trouver un terrain intellectuel et éthique de rencontre, une morale laïcisée où le déisme s'accommode des tentations de l'*Aufklärung* chrétienne ; d'autre part, dans une identique volonté de puissance où vertus et talents sont présentés comme les seules clés de la notoriété reconnue, l'initiation revêt l'ampleur d'une intégration sociale dans la sphère des *être marquants*. Le rêve d'une société des élites se réalise dans les loges et l'on conçoit que la franc-maçonnerie, d'abord interdite, soit devenue l'un des « ordres reconnus de l'État ». Sa modernité ne s'identifie pas avec la diffusion de l'incrédulité et la critique de la monarchie, elle est de désigner dans la sphère publique les *hommes distingués* que rassemblent l'intérêt commun, le principe d'égalité et le commerce social fraternel. Le système des valeurs maçonniques se caractérise moins par l'harmonie que par la socialisation de l'harmonie ; le vocabulaire qui exprime ces valeurs est suffisamment vague pour se satisfaire de plusieurs interprétations : l'apolitisme maçonnique est éminemment

Le café, né à la fin du XVIIe *siècle et développé au* XVIIIe *siècle, reçoit une clientèle urbaine et plus choisie* (Vue du café du Palais-Royal, XVIIIe *siècle, musée Carnavalet, Paris).*

politique, puisqu'il établit un consensus entre la pratique démocratique et égalitaire, le ralliement à la société holiste, et la fidélité à la monarchie que tout proclame. Le secret des maçons est un secret de Polichinelle, tout le monde le connaît, l'interdiction de la maçonnerie, sa meilleure publicité : tout le monde souhaite y adhérer. De 1727 à 1790, c'est devenu un fait national : un millier de loges civiles, près de 300 ateliers militaires, sans doute quelque 50 000 initiés par toutes les obédiences, du Grand Orient aristocratique et dominant à la Grande Loge, plus populaire mais mal connue. Les cartes du réseau maçon prouvent son efficace ; elles mettent en valeur le rôle de la circulation, des relations négociantes (le mouvement a progressé des périphéries maritimes au centre, de la capitale aux provinces), elles soulignent l'importance des manœuvres des militaires et des marins. Elles prouvent la généralisation d'un mode de vie urbanisée qui est déjà attitude politique : toutes les villes de plus de 5 000 habitants ont une loge (R. Halévy).

La rencontre sociale peut se faire aussi en d'autres lieux. Au cabaret tout le monde se rassemble sans distinction de rang, mais là comme ailleurs la frontière des fréquentations se précise. Auberges, tavernes, cabarets, guinguettes, au long des routes, à la périphérie des cités, dans le tissu de la rue urbaine, sont des endroits accueillants à tous les commerces. A la ville comme à la campagne, on s'y détend à l'ordinaire quand le travail est achevé. C'est là qu'on vient manger un morceau entre deux clients. A Paris quelque 4 300 débits de boisson — 1 pour 200 habitants —, à Lyon près de 1 500 établissements — 1 pour 700 personnes — pourvoient aux besoins de la population citadine. Passé les barrières fiscales urbaines et les octrois, les guinguettes se déploient partout, accueillant populaire et bourgeois, aristocrates en mal de distraction — relisez Mme de Genlis — et voyageurs curieux. On ne peut pas identifier le cabaret et la taverne à la marginalité ; si le crime, la violence, la prostitution y font leurs affaires, que mettent en évidence les descentes de police, c'est aussi le théâtre familier de la vie quotidienne, pour le métier, pour la famille. On y boit, on y mange, on y négocie, on s'y dispute, on s'y réconcilie. C'est un monde grouillant de petites et de grandes affaires, c'est le temple de Mercure et de l'information. Ce n'est pas pour rien que se maintient dans les villes du Nord et de l'Est l'assemblée cabaretière des hommes, où l'on parle, où l'on chante, où l'on poétise en des coteries bachiques qu'organisent l'âge, l'appartenance sociale, l'amitié. Les sociétés littéraires elles-mêmes peuvent fréquenter la taverne, c'est à l'*Aucat roustit* et à l'*Escargot* que se réunissent coteries savantes et littéraires de Bordeaux vers 1700. La gastronomie et les muses font encore bon ménage.

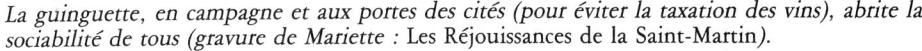

Mais les choses changent et la société urbaine donne sa chance au *café*. A Paris, très tôt, avec la mode lancée fin XVIIe siècle du noir breuvage d'Arabie ; en province, dans les métropoles d'abord, s'ouvrent des établissements nouveaux plus élégants et mieux fréquentés, où les *limonadiers* accueillent gens aisés et intellectuels. Au décor bousculé du cabaret, à son atmosphère de désordre et de presse, s'oppose le calme des cafés plus huppés. Un sol carrelé, des murs réchauffés de boiseries raffinées et de

La guinguette, en campagne et aux portes des cités (pour éviter la taxation des vins), abrite la sociabilité de tous (gravure de Mariette : Les Réjouissances de la Saint-Martin*).*

glaces réfléchissant la lumière, des guéridons policés, des flambeaux à girandoles éclairant largement, le poêle central, les journaux, le papier à lettres, l'encre, les plumes, les jeux savants : c'est un espace ordonné, civilisé, transparent, qui exclut la sociabilité du peuple ; c'est celui de l'information réglée, du commentaire des gazettes, de la circulation des nouvelles et de la conversation. A Paris, on passe insensiblement d'un type d'établissement à l'autre, Ménétra peut rencontrer Rousseau au café de la Régence et Rameau le neveu, bohème, jouer aux échecs avec d'autres oisifs dans les cafés du Palais-Royal. En province s'opposent plus hardiment les coteries et les classes : on est de l'une ou de l'autre, du café du premier président ou de celui des consuls et des négociants. De l'un à l'autre, on s'observe. C'est la familiarité de la vie, où l'on note les manières et le jeu des représentations sociales. On ne peut s'y tromper : l'Église, la police, les économistes critiquent guinguettes et cabarets au nom de la religion, des mœurs, du travail, contre l'irrévérence, la débauche, la paresse. C'est le combat de la taverne contre le tabernacle. Michelet en sera dupe, qui fera l'éloge du café et de son breuvage stimulant pour les facultés intellectuelles, et dénoncera le « hideux cabaret ». C'est qu'il distingue deux mondes sociaux, l'un populaire où les apparences sont brouillées, société chaude et conviviale, l'autre élitiste où les hiérarchies sont transparentes et où dominent intellectualité et civilité, société froide et séparée.

Salons et auteurs : les réputations et la mode

Le salon participe des deux univers : il en est où l'on s'ennuie, il en est où la bonne société n'hésite pas à se divertir, et il y a toujours salon et salon, car la fréquentation de l'un ou de l'autre, voire de tous les salons à la fois, répond au principe qui définit la valeur d'une coterie plutôt par les gens que l'on exclut que par ceux que l'on rencontre ; c'est la loi sociologique de Swann. C'est pourquoi chacune de ces réunions mondaines dessine dans la société urbaine de Paris ou de province des cercles qui ne se recoupent qu'à moitié. On fréquente la ruelle de Mme de Sévigné, on ne va pas forcément chez Scarron, où trône la future Maintenon ; on suit les dîners de Mme Geoffrin, mais on n'est pas du thé de Mme du Deffand, on va discuter chez l'ennuyeuse Mme Necker, on ne souhaite pas forcément entendre discourir Mme Condorcet. Les clans mondains divisent partout le monde des élites provinciales, avec des regroupements éphémères, des rivalités, des alliances, tout un jeu de signes distinctifs que l'« entrée dans le monde » enseigne aux jeunes hommes (L. Bely). Il y a continuité du modèle, des ruelles précieuses aux grands salons philosophiques et politiques, dans un mouvement où les grandes salonnières se passent le relais pour arbitrer un art de vivre qui est celui du triomphe des apparences, du « masque et de la parole ».

La sociologie de la fréquentation des salons — qui reste à faire — n'a de sens qu'en rapport avec une analyse des pratiques. Là domine la rencontre des sexes — le rôle de présidence et d'animation est toujours confié à une femme, le salon et le boudoir étant les deux espaces où le sexe faible peut affirmer son originalité intellectuelle et manifester son pouvoir dans l'univers aristocratique. Là se produisent les rencontres entre groupes sociaux et milieux culturels divers : la cour, la ville, la robe, l'épée ; Paris, la province, le royaume, l'étranger, gens du monde et gens de lettres.

Le salon, ses conversations et ses gestes, à la croisée des gens du monde et des gens de Lettres (détail d'un tableau attribué à Elisabeth Vigée-Lebrun, collection particulière).

Le salon reçoit tout le monde autour de la table que permet la fortune et du jeu qui entretient le commerce social et le cosmopolitisme. Les étrangers s'y retrouvent et s'y laissent apprivoiser, ainsi Walpole et Grimm. Dans les salons s'affirme une puissance sociale à l'échelle de l'Europe et se forment une opinion et des choix politiques. L'« art de converser » qui les domine est régi selon un code qui exclut les sentiments spontanés, qui impose le contrôle et l'affectation. On y raffine les idées parce qu'on y force la préciosité de l'expression ; la conversation, le « besoin de causer », comme dit Germaine de Staël, anime toute la bonne société ; c'est une esthétique et une virtuosité — élégance du langage, bon ton — dont les émigrés ne cesseront d'éprouver la nostalgie. Ces caractères font la vacuité du langage mondain, qui évite les échanges intellectuels véritables. L'esprit qu'il faut montrer entraîne alors l'idée vers sa vulgarisation. La philosophie, l'économie se disputent dans les salons parisiens et provinciaux, mais selon des formules déjà stéréotypées qu'impose l'uniformisation des conventions. Le salon alors devient spectacle où il faut en imposer par les apparences.

Les salons ont-ils eu un rôle dans la formation de l'opinion et dans la transformation de la société ? Oui, sans doute, car leur réseau a permis la circulation de l'information et de la critique dans la rencontre des gens de lettres et des gens du monde. C'est dans une expression particulièrement libre et la discussion à cœur ouvert que se distingue la coterie d'Holbach car, comme l'écrit Diderot, « ce n'est pas assez pour trouver cette porte ouverte que d'être titré et savant : il faut encore être bon, c'est là que le commerce est sûr, c'est là qu'on s'estime assez pour se contredire... » L'homogénéité et l'influence d'un salon sont moins à chercher dans la cohérence sociale et idéologique, que dans l'unanimité sensible des uns, mondaine des autres : chez d'Holbach, Diderot côtoie le pâle Marmontel et l'audacieux Naigeon, les riches et les nantis s'installent à côté de pauvres diables, les savants et les littéraires reconnus y sont associés aux provinciaux qui ont encore à assurer leur réputation. L'unité se crée dans une pratique de la réussite sociale et dans l'accord sur une politique de réformes que conduiront les intellectuels et l'élite, double conscience qui fait qu'on vit dans le conformisme et que l'on pense dans l'audace : faire autrement c'est s'exclure et ne point accéder à la notoriété du temps.

Pour les auteurs, les salons offrent l'enjeu d'une partie qui a commencé avec la mise en place des institutions organisant l'espace social, marché du livre, censure, salons, académies, ou incorporant à l'imaginaire social les codes littéraires qui dictent hiérarchie des genres et pratiques d'écriture, horizon d'attente des publics : c'est le « champ littéraire » (E. Walter). Par rapport à l'Église, le milieu intellectuel se laïcise, par rapport à l'État, il hiérarchise son organisation et se politise, par rapport au marché, il permet de vivre de l'écriture ; le contrat fait de l'auteur un écrivain que la société civile légitime et sacralise, dans l'autonomie de l'*espace public*. Le dirigisme monarchique, qui de Richelieu à Colbert a récupéré le mouvement académique créé à partir de réunions privées, qui a fondé le pouvoir des académies de Paris (Académie française dès 1632, Académie des sciences vers 1666, Académie des inscriptions entre 1663 et 1709), après avoir mis au service de la gloire du roi le régiment des auteurs pensionnés, tolère la logique propre du champ littéraire. Le régime des permissions et les règlements de la Librairie reconnaissent l'activité autonome des auteurs entre 1718 et 1720. Leur population, recensée par A. Viala, s'élève dès 1650 à quelque 2 200 personnes, dont 550 écrivains « distingués », par les pensions et le succès. Paris triomphe à ce niveau sur les provinces et dans le recrutement des laïcs, alors que les clercs continuent de l'emporter dans la population indéterminée des *écrivants*. Une petite noblesse n'hésite pas à faire carrière dans les lettres, aux côtés des héritiers de la bourgeoisie. Le milieu trouve et conservera jusqu'en 1789 sa cohérence dans le cursus scolaire et l'usage du latin. Ce sont les vrais héritiers des collèges qui valorisent l'idéal de l'honnête homme, compromis entre doctes et mondains. L'anoblissement couronne les meilleurs. Tout le monde fait bouillir sa marmite en courant les sinécures, les charges, les pensions, les tâches de librairie et la vente des contrats. L'écrivain de l'âge classique subsiste à peine mieux qu'un régent de collège : 300 à 1 000 livres pour la piétaille. Les gros bénéficiers du système (un tiers à peine), ceux qui plaisent aux mécènes, monarques, princes du sang, financiers, vivent mieux et surtout sont protégés (Condé couvre ses libertins, Fouquet nourrit ses épicuriens, le duc de Richelieu protège Voltaire). Mais ils sont au service des patrons, dont le premier est l'État. Une place à l'Académie reconnaît les talents de plume comme les talents mondains. Le réseau des ruelles et des cercles leur donne l'occasion de vider leurs querelles, qui publiquement ne remettent en cause ni Dieu ni le roi. La carrière de Racine, de la vocation théâtrale au service de la monarchie, illustre les tentations diverses et le dessein du règne : inscrire dans les lettres l'imaginaire d'un pouvoir qui se veut sujet absolu de l'histoire (E. Walter).

Avec les Lumières, la conquête de l'autonomie du champ littéraire s'accélère comme la croissance des institutions spécifiques et celle de la divulgation des savoirs. Le marché potentiel des lecteurs s'élève à 500 000, et les lecteurs actifs qui font le succès à quelque 50 000. La vitalité des réseaux de sociabilité assure l'émergence du pouvoir intellectuel.

Les gens de lettres, les philosophes concurrencent le pouvoir d'Église, ils soutiennent ou abandonnent celui du roi. La crise des valeurs nobiliaires et absolutistes, entamée avant la Régence, est conduite à son terme au nom des valeurs du savoir et de l'utilité. L'« homme de lettres citoyen » va accéder au gouvernement de l'opinion (S. Mercier). En 1784, la France littéraire dénombre 1 737 auteurs, soit, calculé entre 1750 et 1790, sans doute près de 2 500. Le taux de croissance des auteurs reste inférieur à celui de la production du livre, même s'il faut ajouter à ce chiffre la masse du prolétariat littéraire, fournisseurs de titres pas toujours publiés et candidats à des postes insuffisants en nombre, proliférant de surcroît avec la montée de la littérature érotico-politique clandestine, les libelles et les brochures. En 1750, la police recensait les 500 auteurs qui comptaient pour elle, dans une relation soucieuse de démêler le statut de chacun, de conserver un signalement, reflet implicite des préjugés policiers — Voltaire est un « grand sec qui a l'air d'un satyre » —, de connaître les mœurs, de dégager les liaisons et les intrigues, bref de contrôler l'opinion dans ses sources. Ils sont 600 à donner une illustration aux académies de province. Ce sont des professionnels qui se recrutent dans les mêmes milieux qu'un siècle plus tôt, mêlant une élite nobiliaire ou possédante aux bataillons des clercs, des avocats, des médecins, dont peu vivent de leurs œuvres. Les carrières se sont diversifiées, l'Église sert souvent de tremplin, les grands patrons paient et protègent, le roi distribue emplois et pensions : 147 nantis en 1785, auxquels s'ajoutent les académiciens de Paris ; 500 personnes pour un siècle à l'Académie française, dont moins du tiers sont d'authentiques écrivains ; l'Académie des sciences et celle des inscriptions, socialement plus ouvertes, permettent à de véritables érudits et savants de tenir leur rang. Entre les riches et les pauvres — Marmontel et Suard jouissent d'un revenu de

1 FONDATIONS ACADEMIQUES 1650-1715

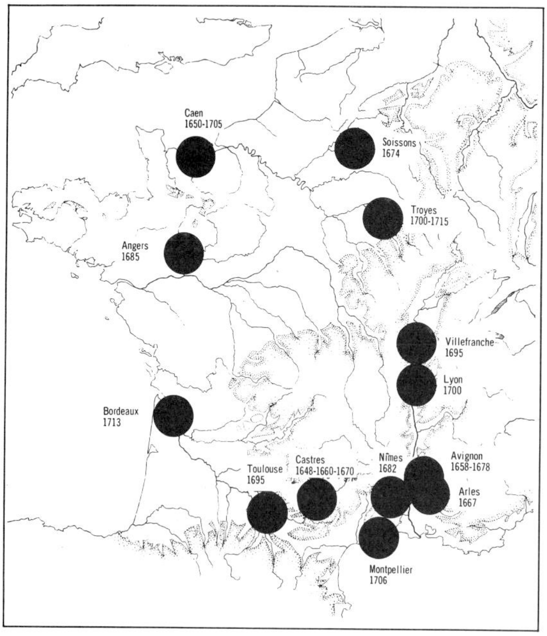

2 ACADEMIES DU PRE-ENCYCLOPEDISME 1720-1760

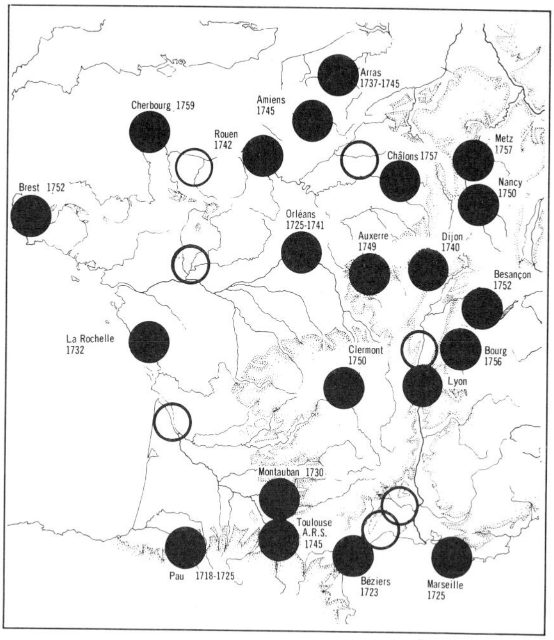

3 LES DERNIERES CREATIONS 1760-1789

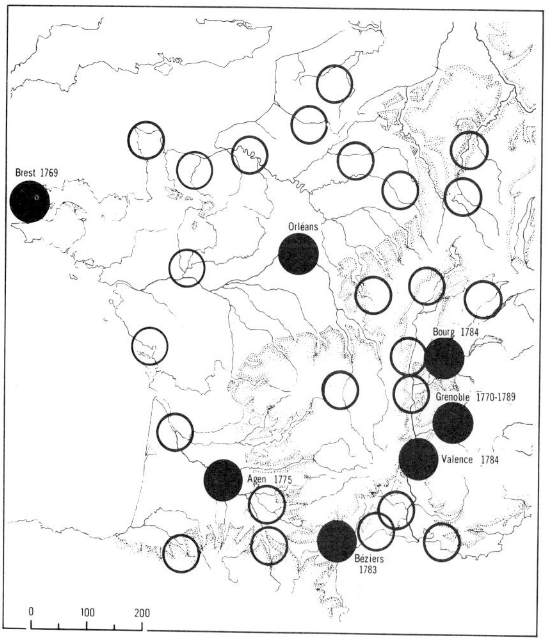

4 SOCIETES LITTERAIRES ET CHAMBRES DE LECTURE

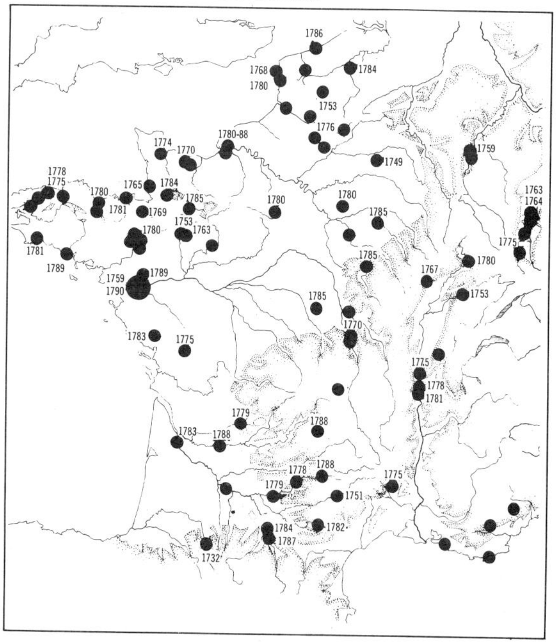

ACADÉMIES ET SOCIÉTÉS LITTÉRAIRES SOUS L'ANCIEN RÉGIME.

20 000 livres —, les « Rousseau du ruisseau » vivent d'expédients ; toute une frange intermédiaire a des situations variables ; Diderot ne gagne pas plus qu'un commis de ministère : 5 000 livres. C'est souvent dans cette frange que se jouent les libérations philosophiques les plus importantes : voyez Murat, Linguet, une partie de la coterie d'Holbach. L'*intelligentsia* s'est laïcisée (32 % de prêtres seulement dans les listes de la *France littéraire*) ; elle s'est ouverte (14 % de nobles contre 24 % vers 1650), elle a ses rois (Voltaire), ses martyrs vrais et imaginaires (Rousseau), ses philosophes (Diderot), elle accède au gouvernement de l'intelligence, mais entre celle-ci et le champ politique, point de vide, mais le foisonnement des sociétés de pensée et de culture...

Académies et francs-maçons

De 1600 à 1790, le mouvement académique a tissé sur la province son réseau de relations et de sociabilité, une quarantaine d'académies de province qui vivent une relation inégalitaire avec celles de Paris, mais qui veulent en généraliser les options et les valeurs : service de l'État, unification par la langue, multiplication du savoir. Avec plus ou moins de succès, elles mettent en route le jeu des pouvoirs locaux et s'implantent dans les trois quarts des villes de plus de 20 000 habitants ; la trame académique est celles des métropoles plurifonctionnelles, qui leur garantissent financement, aide sociale et culturelle de recrutement, public empressé : Bordeaux, Lyon, Marseille, Dijon, Besançon, Grenoble, Montpellier, Nancy, Toulouse, Nîmes, Montauban, Arras et Amiens, Châlons-sur-Marne..., ce sont des évêchés, des intendances, des sièges de cours souveraines, de collèges, d'universités, des villes de négoce et d'affaires, bien que ce ne soit pas là leur dimension principale. Là où la fonction juridique, politique, religieuse décroît, quand le ressort économique se réduit au local, l'académisme prend tardivement, ou ne réussit pas, malgré des tentatives précoces (Soissons, Villefranche, Cherbourg, Pau).

La force du mouvement est sociale : 6 000 personnes calculées sur trois ou quatre générations : 20 % de clercs, 37 % de nobles, 43 % de roturiers. Avec des nuances locales, avec une évolution qui est plus laïcisante qu'antinobiliaire, c'est le triomphe d'un modèle de fusion. Dans l'académie sont réconciliées toutes les noblesses, armée, magistrature, administration et Église, dans une affirmation d'opulence, de style de vie et de responsabilités sociales. A leurs côtés, les « bourgeoisies d'Ancien Régime », les trois robes noires du bas clergé, de la médecine et de l'office. La faible participation négociante s'explique (5 %) : une moindre notoriété locale, une tension jamais résolue entre *otium* et *negotium*, une moindre influence du collège. Mais l'exclusion ne signifie pas inculture, on le voit dans le rôle actif joué par le négoce dans le mouvement des *musées* (à Bordeaux, à Toulouse, à Metz et à Paris), dans la création des *sociétés littéraires* et de pensée qui, après 1770, concurrencent ou relaient les vieilles académies dans tout le royaume, avec pour clientèle tous ceux qui ne peuvent forcer les portes des cénacles les plus huppés. Avec les chambres de lecture, elles participent à la vulgarisation de l'art de converser et de lire ; avec les loges maçonniques, elles assurent la croissance des Lumières.

La maçonnerie reste par rapport à l'académie un lieu plus ouvert : moins de clercs, 4 % calculés sur 18 000 francs-maçons, parisiens et provinciaux ; moins de nobles, 19 % ; plus de bourgeois et surtout parmi eux la montée des négociants et des milieux modestes, artisans, boutiquiers, commis, employés, voire même quelques salariés. Là se joue un des enjeux du temps : académies et loges avaient jusqu'aux années 1760-1780 contrôlé leur recrutement avec souplesse. Dans les académies, l'affirmation des valeurs égalitaires se conciliait avec le jeu sélectif qui répartissait les membres entre trois catégories d'académiciens : *honoraires, ordinaires, associés* ou *correspondants*. L'ordre social était préservé dans l'organisation ludique de l'égalité — à huis clos. Dans la maçonnerie, l'exigence de culture, le paiement d'une cotisation, la surveillance sourcilleuse des mœurs, des qualités, des états, assuraient le même équilibre. Dans l'un et l'autre mouvement un même ordre de socialité ordonnée, épurée, réglait les comportements et les pratiques. Un même service du pouvoir qui s'incarne dans les œuvres de réflexion, le discours, le concours, la séance publique, les publications, réunit les académiciens. Un idéal moral, le dévouement à l'État, la conscience d'être « plus égaux » que le reste des mortels, rassemble les maçons. Dans les deux théâtres se diffuse la civilisation des mœurs portée par les élites.

Or la pédagogie du siècle modifie ce consensus. Les concours académiques multiplient les candidats à la reconnaissance sociale, le conflit entre le monde clos et l'universalité éclate. Le provignement des ateliers maçonniques, la montée de maçons attirés par la déviation mondaine (car venus de milieux sans culture ils ont toujours aux yeux des dominants les vices de leur classe), font jaillir les tensions. Alors les maçons de la notabilité refusent la démocratie car « si on livre cette institution aux classes trop peu relevées de la société, il arrivera infailliblement qu'elle finira par tomber dans les classes infimes et ces sociétés ne manqueront pas de se faire connaître un jour par quelque insigne polissonnerie... » (C'est un connaisseur qui parle, pénitent, franc-maçon, plus tard théoricien de la Contre-Révolution : Joseph de Maistre.) Académies et loges maçonniques ont socialisé les Lumières par leurs travaux et leurs discours, défendant l'idée qu'un ordre du savoir, de la morale et de la culture fonde une pensée gestionnaire qui garantit l'ordre politique : celui d'un absolutisme éclairé et d'un Ancien Régime dominé par les notables et les propriétaires. Elles généralisent un ordre laïcisé du monde et l'idée d'un compromis qui repose sur la mobilité sociale. Mais ni l'égalité académicienne ni la fraternité maçonnique ne détruisent l'ordre des privilèges. Le refus de l'ascension des talents, le piétinement de la volonté réformatrice, la dissolution des Lumières en voies multiples et contradictoires, font entrer la crise d'une société dans les cénacles réservés de l'élite. Reste le réseau où fonctionneront pour la société civile les pratiques de la société idéale et l'espoir d'un consensus. Restent les éliminés de la culture savante qui frappent à la porte, victimes du principe que toute vulgarisation mène à l'avilissement.

9
Voir et entendre

La culture de la place publique rassemble tout le monde et mobilise tous les sens. A la foire et au marché, devant les tréteaux de bateleurs et de saltimbanques, sur les ponts, aux carrefours, autour des chanteurs de rue, des montreurs d'images et d'animaux, se bousculent tous les publics. Dans les cortèges carnavalesques, les chevauchées rituelles, les concours et les courses de reynage, voire même dans les Entrées royales, les processions solennelles, chacun est tour à tour acteur et spectateur. Le contrôle des municipalités et les censures de l'Église entre le XVIe et le XVIIe siècle ordonnent ces anciennes manifestations, les coulent dans des moules plus administratifs, en tempèrent la liberté, les forcent à une plus grande décence. En 1691, le magistrat de Lille réitère l'interdiction des pratiques carnavalesques, « considérant que tous les ans quelque temps avant le carême il arrive beaucoup de désordres et inconvénients préjudiciables au salut des âmes et au bien de la chose publique par la licence que se donnent plusieurs personnes d'aller par la ville masquées ou autrement travesties ». Une double réorganisation marque alors le temps du spectacle et du divertissement ; elle en précise les espaces, qui se fixent et se disciplinent : c'est le triomphe du théâtre clos sur le théâtre de plein vent ; elle en organise les rôles, établissant entre les horizons culturels, surtout urbains, une distance à ne pas franchir. Dans la réalité, l'imbrication reste de règle ; chacun, s'il en a les moyens, va où il veut, mais la manière dont se vit la *hiérarchie des genres* n'est pas la même selon les milieux. Une histoire des pratiques culturelles conduit à celle de la mobilisation des sens : Lucien Febvre en avait rêvé. Mais elle s'avère difficile, car vouée à la restitution, à partir des écrits de l'élite dominante, des variations consacrées à la hiérarchisation de la vue, de l'ouïe, de l'odorat, du goût et du toucher. Dans le concret de la vie, les cinq sens ne sont jamais dissociés et mettent en jeu un subtil équilibre dont il faut comprendre les agencements. La dissociation ne se vit pas au même rythme à la ville et à la campagne : le citadin est incommodé par l'odeur de l'étable qui ne frappe pas le laboureur ; le fumier de cheval n'a jamais gêné le cavalier, il a toujours offusqué les précieuses narines. La mobilisation de la vue et du toucher n'est pas la même dans le spectacle de la rue, devant le tableau, l'image, selon qu'on est amateur ou inculte (voyez la visite au musée racontée par Zola). Tenter l'histoire de ces manières d'être suppose d'abord celle des matériaux, des media et des représentations qui les organisent. Le monde des ombres avec le théâtre, celui des images où vit la hiérarchie des arts, et celui des sons peuvent dans l'immédiat permettre de retrouver, dans le temps, les mouvements sociaux de l'appropriation et de la séparation. Il n'est pas indifférent que dans ces pratiques des muses on retrouve les mêmes acteurs au centre du changement, l'Église, l'État, et les mêmes hésitations entre le populaire et ce qui ne peut plus l'être.

LE MONDE DES OMBRES

Dans la société ancienne, le théâtre et la vie n'avaient pas de frontières précises. Les balbutiements des spectacles de foire, les grandes représentations religieuses, les cortèges expiatoires et propitiatoires, les entrées royales, voire les émotions et les révoltes mettaient en jeu une mise en marge de la réalité quotidienne et une esthétique, une répartition symbolique des rôles sociaux et une différenciation de l'espace déjà théâtralisée. Processions, mystères, mouvements de foule ont leurs scènes. Ce que précise l'époque classique, c'est la netteté du partage dans la définition de la participation individuelle ou collective et dans l'attribution des lieux. Paysans et citadins, bien sûr, ne vivent pas cette séparation au même rythme.

Spectacle ouvert, spectacle clos

Pour les premiers, les occasions de spectacle sont rares et toute fête religieuse ordinaire et extraordinaire peut garder sa part de magie et devenir cet « immense conclave » dont parle Mauss à propos des forces collectives du sorcier. On le voit bien dans les manifestations spectaculaires des missions ; plus souvent, le paysan ne connaît du théâtre que les survivances des mystères religieux, longtemps maintenues dans les montagnes dauphinoises, les pastorales de Noël, les dramaturgies religieuses qu'interprètent des troupes ambulantes et souvent en patois. Ces comédiens des champs ne sont que de passage ; des grands seigneurs, des gouverneurs de province — Conti en Languedoc —, des hobereaux, des nouveaux riches les attirent dans leur château, où ils peuvent faire leurs affaires mieux que dans les bourgades et les hameaux perdus. Pour le XVIIe siècle, G. Mongrédien en a dénombré plus de deux

Costume de ballet, aquarelle du XVIIIe siècle, collection particulière.

L'Opéra royal de Versailles par Gabriel :
une salle de spectacle éblouissante dotée à l'époque de moyens techniques d'avant-garde.

cents, et la liste n'est pas close : peut-être un millier de comédiens français, sans compter les étrangers, italiens ou anglais, les danseurs, les bateleurs, les chanteurs. Les troupes sont constituées en société temporaire, avec un directeur (Molière n'est que le plus célèbre), regroupant une dizaine de personnes, hommes et femmes qu'unissent la parenté et les relations amicales ; le théâtre est, comme la monarchie, affaire de dynastie. Ces acteurs errants jouent où ils peuvent, salles d'auberge, jeux de paume, granges, ou en plein air sur la place du village, enfin dans le salon du seigneur. L'instabilité et la précarité sont le sort des troupes errantes sans protecteur ; les autres sont pendant quelque temps mieux payées, bien vêtues, plus cohérentes, car disciplinées sous le service du mécène, à son château, l'été, à la campagne, à son hôtel en ville l'hiver. Pour les ruraux, le hasard fait le spectacle, ou le déplacement à la ville et à la foire, quand se rassemblent bateleurs et troupes ambulantes. De leurs impressions on ne sait rien.

C'est en ville et pour les citadins que se jouent vraiment le sort du théâtre et son avenir. On voit disparaître peu à peu l'esthétique vivante qui enracinait l'expérience théâtrale du Moyen Age — principalement le mystère de la Passion — dans des formes de participation collective et unanime visant à proclamer l'harmonie et la solidarité de toute une société, à l'initiative des notables mais avec le concours de tous. La conjuration de l'Église et des parlements, hostiles à l'extension progressive du spectacle et à son débordement (il attire les foules venues de loin et s'accompagne de spectacles populaires que les clercs dénoncent comme des occasions de débauche, nuisibles au respect de la religion), y met fin. Dans la mesure où le profane nuit à l'édification du sacré, voire même l'éclipse, dans la mesure où l'unité sociale et culturelle que supposaient la mise en scène et la mise en rôle — puisque clercs et laïcs se partageaient les interprétations — se rompent, les vieux mystères alors quittent le devant de la scène. La moralisation des peuples et l'évolution de la culture urbaine en sont responsables. L'arrêt du parlement de Paris qui interdit le jeu en 1548 ne fut pas toujours respecté. En 1597, Henri IV autorise encore la représentation des mystères et la cour renouvelle son interdiction en 1598 ; jusqu'au début du XVIIe siècle dans les grandes villes, et surtout dans les provinces reculées jusqu'au XVIIIe siècle, on a joué et on a imprimé des mystères épurés et surveillés qui ne favorisent plus « les rencontres et les activités scandaleuses et impudiques ». Ni le mélange des genres ni celui des publics ne conviennent à la cité classique.

La séparation qui s'instaure du XVIe au XVIIe siècle entre la culture des notables et celle de la place publique met en valeur deux espaces clos : celui des clercs et des collèges, celui du théâtre fermé où jouent les troupes fixées à Paris ou itinérantes en province. La réalité de l'exclusion du peuple s'y joue différemment. Dans la vie scolaire, on l'a déjà évoqué, le théâtre s'est imposé malgré la méfiance des jésuites : la *ratio studiorum* essaye d'en limiter la pratique en précisant que les représentations doivent être exceptionnelles, données en latin, et les rôles de femme prohibés. Dans les faits, le spectacle du collège est un succès et ces injonctions prudentes ne sont pas respectées. Toutes les congrégations enseignantes introduisent le théâtre dans leurs collèges, on en a rappelé la vertu pédagogique. C'est une des voies majeures de la pédagogie de l'émulation et pour les réformateurs scolaires, plus particulièrement pour la Compagnie de Jésus, un efficace moyen de séduction de l'élite sociale et culturelle des villes. La multiplication des spectacles, le choix de la date des représentations coïncidant avec celles des fêtes officielles de la cité, la constitution d'un répertoire adapté et la mobilisation du public des parents d'élèves et de la bonne

Arrivée d'une troupe de théâtre ambulant au Mans (ci-dessus). Leur représentation sur la scène improvisée d'une auberge (page de droite), illustrations par J.B. Coulom du Roman comique *de*

société, l'invitation des corps notables, municipalités, chapitres, cours, académies, en ont fait une arme remarquable de propagande et de conquête.

Dans les cours ou dans les *salles des actions* se pressent le monde des autorités, les représentants de la noblesse, les officiers et leurs épouses, les plus riches marchands, les *honnêtes gens*, les pères et mères des collégiens, qui recrutent dans tous les milieux, voire même des gens du menu peuple, aux portes, et parfois entassés dans des salles contiguës, tous attirés par l'éclat d'une manifestation à la gloire des personnages importants de la cité et à la célébration de la hiérarchie sociale porteuse de la victoire catholique, de l'affirmation de la Contre-Réforme, de l'ordre monarchique. Sous le voile de la fable, les allusions sont transparentes, ainsi dans les *Travaux d'Hercule* représentés à Louis-le-Grand en 1686, Hercule (Louis XIV) ruine la ville de Troie qui a violé sa parole envers les dieux (abat les temples protestants), aide Atlas à porter le Ciel (soutient la religion catholique), détruit l'Hydre (révoque l'édit de Nantes). Une vision politique se joue sur scène, une dramaturgie assure en permanence, là où il n'y a pas d'autres théâtres, la diffusion de processus unificateurs. De surcroît, le théâtre scolaire a souvent donné aux auteurs profanes des sujets et un esprit ; c'est à lui que le théâtre classique et ses spectateurs doivent le goût des spectacles historiques, politiques, idéologiques. C'est le répertoire collégial qui a habitué tout le monde à un cadre historique providentiel, où cependant se joue le drame du libre arbitre. C'est encore lui qui a préparé le triomphe de la tragédie classique et celui de l'affirmation des règles d'unité et de bienséance. A la fin du XVIIe et au XVIIIe siècle, c'est le théâtre de collège qui maintient le jeu des spectacles et des

Scarron (musée de Tessé, Le Mans). La place avec le donjon serait l'ancienne place des Halles, près de laquelle se trouvait effectivement l'hôtellerie de la Biche.

tragédies religieuses dans les provinces où les traditions pèsent plus que les préjugés du monde et de la ville, voire même que les objections des théologiens. La limite de ce théâtre c'est certes qu'il est resté trop longtemps fidèle au latin, mais, plus encore, c'est que, en s'identifiant à une doctrine, il se condamnait sur le plan esthétique.

Le deuxième lieu où s'est jouée la transformation du sens de la rencontre théâtrale est le *théâtre clos* : un type de scène dominé par une perspective illusionniste en profondeur, avec un public hiérarchisé, de la scène à l'amphithéâtre, de l'orchestre au parterre. Cette disposition et ce dispositif scénique s'imposent à la France sur le modèle italien en même temps qu'une doctrine de la représentation dramatique ; elle le fait en éliminant les autres expériences collectives ou en les déclassant. Désormais, entre les circuits des représentations d'orientation plus élitiste et celui des dramaturgies plus populaires, l'écart va grandissant, non sans rivalité ou osmose.

Les spectacles de Paris

C'est à Paris, capitale du théâtre, que s'est jouée la novation décisive. Dès le premier quart du XVIIe siècle, deux troupes s'implantent au temps où triomphe la « tragédie-comédie » (H. Carrington-Lancaster), celle des comédiens du roi, à l'hôtel de Bourgogne en 1628, celle du Marais, en 1630. Mais d'autres compagnies circulent, italiennes, anglaises, espagnoles. C'est la faveur du roi qui fait le triomphe des « grands comédiens », le prestige de Rotrou et la qualité de quelques grands acteurs, Montfleury et la Champmeslé, Beauchâteau et la Du Parc. Jusqu'à la fondation de la Comédie-Française, en 1680, ils gardent la vedette sur tous les concurrents qui passent ainsi au Palais-Royal, Molière dès 1658, et les Italiens de Scaramouche en 1660. A la mort de Molière, qui avait régné sur les fastes baroques du Versailles naissant, un regroupement s'opère par fusion de sa troupe avec le théâtre du Marais. En 1673, ainsi est fondé le théâtre Guénégaud, qu'aménage au jeu de paume de la Bouteille le marquis de Sourdis ; puis par ordre du roi, le théâtre Guénégaud fusionne avec l'hôtel de Bourgogne. Pour un siècle, avec l'Opéra qui mêle tous les spectacles, la Comédie-Française a le monopole de la scène, qu'elle étend en 1697, avec l'expulsion des Italiens, et qu'elle défend, à prix coûtant, contre toutes les autres initiatives, et avec succès jusqu'en 1762. Alors seulement, les théâtres privés de la foire et du boulevard auront enfin acquis le droit de jouer et de se développer.

Au cours du XVIIe siècle, le public s'est transformé ; le changement du répertoire, le prix des places sont à la fois les raisons et les indices de cette mutation. Le « peuple » n'a pas été totalement chassé du théâtre. Il compose une partie de ce public qui constitue, à la fin du XVIIe siècle, les 100 000 ou 200 000 entrées annuelles de la Comédie, ce qui, compte tenu des entrées multipliées, indique une minorité recrutée à la ville et à la cour. En moyenne, le nombre de spectateurs ne dépasse pas 400 par représentation. Ils se répartissent entre les loges et les sièges sur la scène, réservés à une élite du rang et de la fortune, et le parterre, où la clientèle doit rester debout. Beaucoup d'habitués ne paient pas, malgré les protestations des comédiens, qui défendent la recette. Les autres acceptent de débourser vers 1715 d'une livre à une livre 16 sols, selon l'emplacement ; et les prix ne changent guère de 1716 à 1782. La place de parterre à un franc, c'est à peu près le revenu quotidien d'un ouvrier : le théâtre n'est plus fait pour le peuple des compagnons et des salariés ; il accueille essentiellement les riches, les bourgeois aisés et cultivés, mais il s'ouvre largement, les jours chômés et le dimanche, qui voient le parterre envahi par la foule des boutiquiers, des artisans, et la « populace » ; ces jours-là, la « bonne compagnie » ne vient pas.

Les salles et leur discipline se sont adaptées à ces nouveautés. L'effervescence est progressivement contrôlée, que suscitait le mélange des classes, des oisifs et des travailleurs, des habitués qui reviennent toujours et font le succès d'une troupe et des amateurs occasionnels, des valets, des pages, des mousquetaires, chevau-légers, compagnons chômeurs, maîtres des jurandes en balade, étudiants et collégiens, commis de boutique qui se faufilent dans l'affluence et parmi lesquels se mêlent coupe-bourses, tire-laine, filles de petite vertu. Ce public agité, plus intéressé par la farce que par la tragédie, s'interpellait, abreuvait les autres spectateurs de quolibets et bombardait les acteurs de trognons de chou, créant parfois de vrais bagarres auxquelles mettaient fin le guet et la garde: il fallait y mettre bon ordre. On riait au théâtre, et de tout, on y jouait aux cartes et aux dés, la rumeur et le bavardage étaient le fond sonore d'un spectacle qui se déroulait aussi bien dans la salle que sur la scène. Jusqu'à la fin de l'Ancien Régime, le théâtre parisien reste un lieu public bigarré et bruyant, mais il se discipline, les armes y sont interdites aux laquais, les chiens expulsés, les siffleurs patentés mis à la porte, enfin les spectateurs du parterre sont assis, et ainsi « plus difficiles à émouvoir ».

C'est l'accroissement de ce public qui fait la fièvre théâtrale de Paris au

La Champmeslé, tragédienne et interprète favorite de Racine (anonyme du XVIIe siècle, collection de la Comédie-Française, Paris).

XVIIIe siècle (Henri Lagrave évalue à 400 000 ou 500 000 le nombre des entrées annuelles vers 1750). Il justifie le retour des Italiens, redevenus en 1723 « comédiens ordinaires du roi », et parmi lesquels triomphent Luigi Ricoboni et Marivaux. Il sous-tend la montée décisive des théâtres, des foires et des boulevards, où va s'opérer une autre répartition des publics et s'élaborer des expériences dramatiques nouvelles. La hiérarchie des théâtres, imposée par la tradition et par l'autorité, correspond en gros à celle de la société ; l'Opéra, la Comédie sont moins bourgeois que les Italiens et il y a une distance entre les Halles et le faubourg. Paris est fou de théâtre, et la moyenne des affluences, calculée pour tous les spectacles, ne fait que croître entre le règne de Louis XIV et celui de Louis XVI. De l'affaire, les architectes songent à multiplier les projets et à imaginer de nouveaux dispositifs qu'inspirent les modèles italiens, puis les modèles antiques. L'incendie de l'Opéra en 1763 et 1781, la vétusté de la vieille Comédie-Française suscitent « les théâtres de papier » de nombreux architectes, puis les initiatives intéressantes quand la ville et la maison du roi s'entendront pour laisser créer de nouvelles salles, à l'instar de la province. La première salle nouvelle revient à l'initiative privée : c'est le théâtre construit en 1752 par Monnet pour l'Opéra-Comique de la foire Saint-Laurent. Après 1770, sont reconstruits, ou construits, l'Opéra, la nouvelle salle de la Comédie-Française, à l'Odéon, dans le façonnement d'un quartier expressif du nouvel urbanisme (D. Rabreau), puis la nouvelle Comédie-Italienne vers 1782 ; le théâtre est alors devenu monument de l'urbanité.

Apollon en province

En province, le cheminement suivi avec quelque retard est celui de Paris, mais l'entregent des élites provinciales leur confère au XVIIIe siècle un rôle novateur spécifique. Au départ il y a peu de théâtres implantés en permanence, et aucune salle affectée exclusivement au jeu des troupes de passage. Les comédiens utilisent les ressources locales mises à leur disposition par les autorités, toujours maîtresses d'accorder ou de refuser la liberté de jouer. A la fin du XVIIe siècle apparaissent les premiers théâtres construits pour l'opéra et ses machineries, après les succès parisiens de Lully et de ses successeurs : Rouen en 1682, Lille en 1702, Strasbourg en 1701-1702, Metz en 1703, se dotent des nouveaux équipements. L'itinéraire des troupes suit plutôt le réseau des protections et l'appel des amateurs citadins dont la fidélité entraîne les passages répétés des mêmes comédiens. En dépit de l'aventure fameuse de l'*Illustre Théâtre*, qui visite entre 1655 et 1657 Pézenas, Narbonne, Bordeaux, Agen, Lyon, la moitié nord de la France a été plus fréquentée que la moitié méridionale. Les troupes passent 72 fois à Dijon, 57 fois à Lyon, 53 fois à Rouen, à Nantes, 48 fois à Lille ; au sud de la Loire, 22 fois à Marseille, 21 à Bordeaux, 11 fois seulement à Toulouse. Trois raisons rendent compte de ce décalage : la trame urbaine et l'état du réseau routier, le progrès de l'alphabétisation et la constitution des élites culturelles, la géographie des patois et de l'extension du bilinguisme. Cependant la vie théâtrale méridionale connaît sans conteste son apogée avant 1650, avec un répertoire en langue d'oc, un public composite, rassemblant les bourgeois et le populaire, des auteurs de talent tels Bruey, Zerbin et Féau, des acteurs renommés qui itinéraient de jeu de paume en salle d'auberge, et souvent, un succès local centré

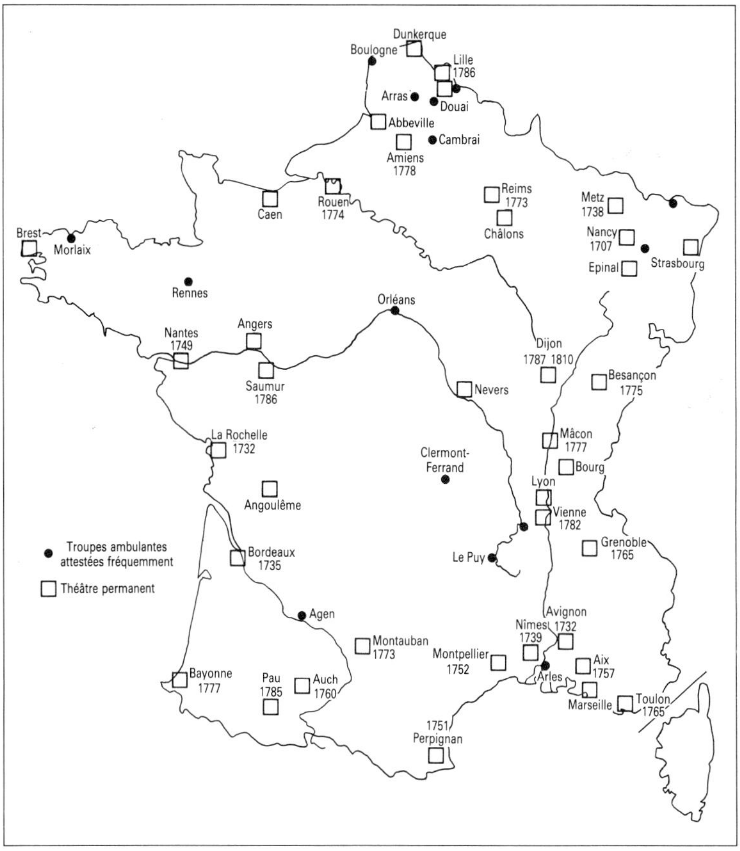

LES THÉÂTRES EN FRANCE AU XVIIIe SIÈCLE.

autour des petites capitales (E. Le Roy Ladurie) : Aix avec Bruey avant 1650 ; Béziers avec le théâtre des *Caritats de l'Ascension*, au temps de Louis XIII ; Avignon, jusqu'à la Fronde ; Agen, Montélimar, Cahors, Montpellier, Carcassonne, Nîmes, Marseille, qui éclipse les autres cités ; jusqu'à Grenoble et même Limoges. La carte du XVIIe siècle enregistre les étapes d'une conquête du royaume par un répertoire, une langue, un style de jeu : le théâtre parisien en français qu'interprètent les troupes libres et protégées, celles des Conti, des Villeroy, des Condés, du duc d'Épernon, de Monsieur, qui parcourent le sud et le sud-ouest du royaume. La carte du XVIIIe siècle prouve le ralliement des élites urbaines dans le Midi comme dans le Nord. Le répertoire occitanien se maintient quelque peu, mais dans un registre déclassé qui bénéficie de l'unanimité festive passagère des notables et du peuple : celui de la tragi-comédie baroque où s'expriment l'amour de la vie et les sentiments ordinaires. Pour le reste, l'Occitanie urbaine privilégie aussi un théâtre en français. C'est le temps où se fixent les troupes et où se construisent les théâtres.

Dans le réseau urbain, une dizaine de cités bénéficient d'une activité théâtrale continue, depuis la fin du règne de Louis XIV et en dépit des difficultés des temps : Lille, Amiens, Bayonne, Nancy, Avignon, Bordeaux, Nantes, Besançon, Dijon et Rouen ; une autre douzaine de cités reçoit des troupes par intermittence. La pro-

Polichinelle à Villeneuve-Saint-Georges devant les Grands incarne un type populaire et le comique (bibliothèque des Arts décoratifs, Paris).

vince se dote de salles de spectacle modernes et dans certains cas exemplaires par rapport à Paris. Le théâtre quitte les jeux de paume, les hangars, les granges et les salles de banquet pour s'installer dans ses meubles, avec commodité et quelquefois luxe. En 1789, D. Rabreau évalue à 50 le nombre des villes qui se sont dotées d'une salle fixe dans un ancien local, d'une nouvelle salle, et d'un grand théâtre, « temple des muses » (huit pour ce modèle à Besançon, Bordeaux, Dijon, Lille, Marseille, Nantes, Nîmes et Strasbourg après 1780). Pour les quatre cinquièmes ce sont des villes de plus de 10 000 habitants, où l'on retrouve tous les facteurs du développement de la vie culturelle (cours souveraines, collèges), mais aussi activités négociantes et garnisons, car le théâtre est porté à la fois par le goût de l'ancienne noblesse et celui des nouvelles élites. Les troupes sont partout décentes et le répertoire est celui de Paris ; on joue, en alternance, tragédies, comédies, opéras, opéras-comiques, pantomimes. Derrière le plaisir et le loisir recherchés par les notables urbains qui encouragent les fondations et les financent, trois enjeux se profilent qui traduisent l'évolution de la société (D. Rabreau) : la police urbaine, pour un meilleur usage et un meilleur contrôle des lieux de spectacle, la spéculation, le prestige culturel.

Il s'agit d'abord de discipliner le public, tout en le distrayant, par la surveillance policière ou militaire, par les règlements de police ; l'effervescence des spectateurs est canalisée, on empêche le détournement des lieux vers d'autres activités, le

Mademoiselle Vestris dans le rôle de Pauline dans Polyeucte *illustre le grand répertoire et le tragique (bibliothèque de l'Opéra, Paris).*

jeu, la prostitution, la boisson. Ainsi l'on évite le débordement des cabales conduites par les différents composants sociaux du public : nobles contre bourgeois, populaire contre élite. La spéculation immobilière et le commerce installent le théâtre dans un édifice public : il devient une affaire entre commanditaires, actionnaires et entrepreneurs. Le théâtre provincial, en effet, n'est pas protégé : c'est un secteur de liberté et de concurrence. De surcroît, il permet maints profits, car souvent sa construction entraîne des aménagements ou l'extension vers des terrains voisins de la spéculation : c'est le cas à Lyon avec Soufflot, à Bordeaux, à Nantes, à Marseille, voire même au Havre et surtout à Paris, autour de l'Odéon. Ni le bon plaisir du prince ni le fonctionnalisme théâtral pur ne guident désormais les constructions, mais une économie de progrès, liée à l'utilité publique ; une politique urbaine, où, en marge de la société des ordres, agissent des citoyens qui s'associent par libre contrat pour un profit et un loisir. Enfin, la moisson culturelle s'engrange dans les nouveaux temples de l'art : la gloire du prince s'y déploie dans le répertoire parisien et l'éducation des peuples pour un ordre policé. Les Philosophes y ajoutent la morale civique et le patriotisme. L'inauguration d'un théâtre comme la séance publique d'une académie sont des cérémonies de liturgie civique. C'est un autre élargissement des pratiques culturelles des milieux notables, et l'affirmation symbolique de la cohérence d'une société par-delà ses divisions.

De la foire au boulevard

C'est que la théâtromanie est partout, elle s'exprime dans les spectacles de la cour comme dans les théâtres privés, elle mobilise les riches, mais aussi le peuple, elle fait les auteurs à succès. Rousseau prêche dans le désert, car jamais société n'a été aussi enjouée de théâtre que celle des Lumières. C'est l'expression d'un besoin qui traverse toutes les couches sociales, c'est un enjeu politique, car par la généralisation de la fréquentation du théâtre se prépare le règne du public et d'une opinion, en attendant les vraies libertés. C'est pourquoi le destin du théâtre de foire mérite attention. A Paris principalement, en province aussi, à la foire de Guibray ou à celle de Beaucaire, à celle de Reims qu'a étudiée René Gandilhun, il est lieu de rassemblement et de contact, il active le commerce des choses et celui des hommes. Le théâtre prend rang dans une pédagogie de la consommation qui s'universalise. Durant tout le XVIIe siècle se sont maintenus dans ces assemblées périodiques les gestes de la culture de la place publique. A Lille, Chavatte est au XVIIe siècle le chroniqueur précis des exhibitions de bêtes fauves ou d'animaux savants, des jeux des nains et des géants, des prouesses des « banquistes », des mangeurs de feu. A Paris, la foire Saint-Germain et la foire Saint-Laurent voient se succéder les spectacles des jongleurs, des sauteurs, des marionnettes, et la multiplication des troupes foraines venues ici se remplumer après des tournées provinciales misérables et faméliques. L'expulsion des Italiens donne un coup de fouet aux forains, les entreprises se multiplient, avec les frères Allard, Domenico, la Veuve Maurice, Bertrand, Gauthier de Saint-Edme et Octave. C'est aussi un secteur de liberté qui obtient un franc succès, le public en est friand et les spéculateurs, bourgeois de Paris, financiers comme Nicolas et Baron, les paumiers toujours intéressés par les représentations, investissent dans les entreprises foraines. Celles-ci, en butte à l'hostilité des comédiens-français qu'appuie la justice, s'adaptent : on doit se contenter de monologue puisque tout dialogue est interdit ; puis du jeu à la muette, où les acteurs miment un texte écrit sur les écriteaux que déchiffrent les lettrés du public. Le théâtre de la foire traduit dans ses formes dramatiques l'écart social et culturel qui sépare la culture du petit nombre et celle de la place publique. Dans la réalité il permet aux pratiques originales du théâtre forain de jouer un rôle intermédiaire entre les domaines culturels. Au terme de bien des avatars, c'est la liberté qui l'emporte. L'union de la tradition italienne avec celle de l'opéra-comique forain, qu'avait soutenue Monnet, se concrétise après 1762, marquant le succès de l'imagination sur le monopole. Jusqu'à la Révolution, le théâtre des boulevards en multiplie les effets, avec Nicolet, Gaudon, les Grands Danseurs, les Variétés, l'Ambigu-Comique. C'est la vogue prérévolutionnaire des « spectacles inférieurs » qui ont relayé les tréteaux forains. Pour ce théâtre, ont travaillé des auteurs de talent, oubliés parce qu'a triomphé dans la culture le « grand théâtre » : Lesage, Fuzelier, d'Orneval, Piron, Favart, et quantité d'hommes de lettres de second rayon, composant pour des entrepreneurs rapaces, Audinot, Pompigny, Maillé de La Malle, Saint-Aubin, Mayer de Saint-Paul : ce sont les pauvres honteux du Parnasse et les Rousseau du ruisseau, champions d'un théâtre mineur.

Le public est ici populaire, mais pas uniquement : tout le monde va à la foire et au boulevard, la bonne compagnie elle-même tend à s'imposer aux spectateurs de

Du théâtre de foire au théâtre de boulevards. Ce dernier mobilise beaucoup de Parisiens pour qui il devient, à la fin du XVIII*e siècle, une occasion de loisir et un lieu de pédagogie sociale (anonyme du* XVIII*e siècle, musée Carnavalet, Paris).*

plein vent et de parades. Monnet sollicite pour l'Opéra-Comique une ordonnance de police qui codifie la décence de son spectacle et de sa salle à l'instar de celle des autres grands théâtres. L'important reste que la bonne société n'a pas réussi à confisquer totalement le succès de la foire et du boulevard. Là se jouent le goût des gens de peu pour un style dramatique appuyé et la fascination des honnêtes gens pour les formes d'expression populaire. On s'encanaille devant la parade de Nicolet ou dans la salle de Monnet. Ménétra, pour qui le théâtre joue un rôle essentiel, y côtoie ceux de la cour et de la ville. C'est pour les autorités un espace de tolérance et pour les privilégiés de la culture un lieu de déclassement moral ; c'est l'effet « Milord l'Arsouille » qui joue pleinement pour plusieurs raisons. L'esthétique foraine en effet conforte l'union des effets qui sont séparés dans la hiérarchie des grands théâtres, c'est aussi un spectacle qui met en jeu tous les sens, c'est enfin un théâtre du merveilleux. En même temps, cette esthétique hybride utilise des procédés qui frondent les grands genres : c'est un théâtre de la force et de la souplesse qu'incarne l'ambigu *Arlequin*, c'est un théâtre du sous-entendu et de la connivence, royaume de la scatologie et de l'obscène, plus ou moins appuyés et voilés ; c'est le théâtre du

Les loges de théâtre marqueront l'une des séparations entre la scène et le public dès le XVIIe siècle. Au XVIIIe siècle, elles sont entrées dans les mœurs et accueillent toutes sortes d'activités des élites sociales. La petite loge *de Moreau Le Jeune (Bibliothèque nationale).*

détournement et des ruses, qui suppose, au temps de la persécution par la Comédie-Française, une participation unanimiste, avec lecture, échange et collaboration des lettrés et des analphabètes. Selon la place qu'on occupe dans le théâtre et dans la société, le répertoire forain et son jeu peuvent suggérer la critique, la fronde, ou garantir l'ordre et la stabilité en réduisant le message contestataire à un effet de distance ou de stéréotype. D'où, sans doute, l'importance de la parodie, qui fait rire tout le monde, mais divertit sérieusement le petit nombre des amateurs qui iront jusqu'à écrire eux-mêmes des parades pseudo-populaires, pour leurs jeux particuliers. Ainsi le spectacle forain doit son succès au mouvement qui uniformise la culture de la société classique ; il fait descendre vers le bas une part de la grande dramaturgie, mais aussi il fait remonter vers les classes dirigeantes les pratiques culturelles de la place. Dans une proxémie neuve, l'érudition et l'ironie élargissent une distance culturelle. Jean-Jacques Rousseau ne s'y trompe pas, en opposant les théâtres aux fêtes de « fraternité publique », la tristesse à la joie, les ombres du théâtre à la réalité de la vie.

LE MONDE DES IMAGES

Le monde des images connaît sous l'Ancien Régime des reclassements et des infléchissements analogues. Ils se situent à la fois dans les sphères de la production, dans les contenus, la diffusion et les usages. Au XVIIe siècle se constituent les institutions qui organisent le champ des beaux-arts, en même temps que se développent dans le monde de l'estampe des procédés et des pratiques qui conquièrent peu à peu un public élargi. La finalité de la monarchie décide encore ici de la hiérarchie des genres, qui compose avec les intérêts des artistes, de leurs clients, des critiques, des marchands d'estampes et des acheteurs de gravures. Un premier mouvement conduit les peintres de l'académie à se distinguer des barbouilleurs d'images et des artisans de l'imagerie. Ils acquièrent ainsi une première distinction que confirme le discours de la critique, chargée de les égaler aux plus grands et d'évaluer la production artistique en termes de littérature. *La Réforme de la peinture*, que prône le peintre Jacques Restout en 1681, montre bien les enjeux sociaux de cette promotion : la peinture est un *état* soumis à l'autorité royale, contrôlé dans ses choix, codifié dans ses pratiques, garanti par la sélection sociale et culturelle des artistes, qui doivent accéder aux savoirs de l'élite (N. Heinich).

De la corporation à l'académie

L'âge des corporations s'achève pour les beaux-arts. Rien ne distinguait jusque-là les maîtres peintres-sculpteurs ou les maîtres sculpteurs-peintres des autres artisans des cités ; ils étaient soumis aux mêmes règles avec quelques avantages dans leurs statuts : un nombre illimité d'apprentis, un consensus qui reconnaît l'importance de leur métier par rapport à la religion et au roi le mettent à part ; c'est déjà un secteur de prestige. L'influence des souverains qui attribuent des diplômes à quelques peintres brevetés, la protection des grands qui assurent du travail dans les enclos privilégiés, faubourgs, abbayes, collèges, permettent l'élargissement de ce cadre, l'accueil des étrangers, la diffusion de goûts et de genres nouveaux : ainsi les Flamands installés dans le faubourg Saint-Germain à la fin du XVIe siècle, et les frères Le Nain. Les débats humanistes sur la revalorisation du statut des *arts majeurs* dans la cité, l'exemple des académies d'Italie, les progrès de la commande somptuaire et du contrôle de l'ordre politique font triompher le modèle académique et le mécénat du roi. Deux niveaux sociaux et culturels se distinguent dès lors dans le milieu des artistes, et ce jusqu'à la Révolution.

Au sommet, les membres de l'Académie, créée en 1648, privilégiée en 1655, défendue par le roi contre les maîtres artisans de la corporation ; placée sous le contrôle de Colbert, vice-protecteur en 1661, elle devient l'instrument de l'« économie politique » des arts. Les académiciens reçoivent pensions et commandes, ils donnent un enseignement qui leur confère la primauté théorique et technique, car ils ont obtenu de l'Académie pouvoir pour se libérer de la dépendance corporative et de la concurrence des barbouilleurs, quitte à accepter une discipline collective et une soumission relative aux goûts dominants.

Voilà l'histoire de la honte de l'Académie française, et voici l'histoire de la honte de l'Académie de peinture.

Vous savez que nous avons ici une École de peinture, de sculpture et d'architecture dont les places sont au concours, comme devraient y être toutes celles de la nation, si l'on était aussi curieux d'avoir de grands magistrats que l'on est curieux d'avoir de grands artistes. On demeure trois ans dans cette École ; on y est logé, nourri, chauffé, éclairé, instruit et gratifié de trois cents livres tous les ans. Quand on a fini son triennat, on passe à Rome, où nous avons une autre école... Il sort tous les ans de l'École de Paris trois élèves qui vont à l'École de Rome, et qui font place ici à trois nouveaux entrants. Songez, mon ami, de quelle importance sont ces places pour des enfants dont communément les parents sont pauvres, qui ont beaucoup dépensé à ces pauvres parents, qui ont travaillé de longues années, et à qui l'on fait une injustice, certes très criminelle, lorsque c'est la partialité des juges et non le mérite des concurrents qui dispose de ces places.

Tout élève, fort ou faible, peut mettre au prix. L'Académie donne le sujet. Cette année, c'était *le Triomphe de David après la défaite du Philistin Goliath*... Ces morceaux faits sont exposés au public pendant plusieurs jours ; et l'Académie adjuge le prix, ou l'entrée à la pension, le samedi qui suit le jour de la Saint-Louis.

Ce jour, la place du Louvre est couverte d'artistes, d'élèves et de citoyens de tous les ordres. On y attend en silence la nomination de l'Académie.

Le prix de peinture fut accordé à un jeune homme appelé Vincent. Aussitôt, il se fit un bruit d'acclamations et d'applaudissements. Le mérite, en effet, avait été récompensé. Le vainqueur, élevé sur les épaules de ses camarades, fut promené autour de la place ; et après avoir joui des honneurs de cette espèce d'ovation, il fut déposé à la pension. C'est une cérémonie d'usage qui me plaît.

Cela fait, on attendit en silence la nomination du prix de sculpture. Il y avait trois bas-reliefs de la première force. Les jeunes élèves qui les avaient faits, et qui ne doutaient point que le prix n'allât à l'un d'eux, se disaient amicalement : « J'ai fait une assez bonne chose ; mais tu en as fait une belle, et si tu as le prix, je m'en consolerai. » Eh bien ! mon ami, ils en ont été privés tous les trois. La cabale l'a adjugé à un nommé Moitte, élève de Pigalle. Notre ami Pigalle et son ami Le Moyne se sont un peu déshonorés. Pigalle disait à Le Moyne : « Si l'on ne couronne pas mon élève, je quitterai l'Académie » ; et Le Moyne n'a jamais eu le courage de lui répondre : « S'il faut que l'Académie fasse une injustice pour vous conserver, il y aura de l'honneur pour elle à vous perdre. » Mais revenons à nos assistants sur la place du Louvre.

C'était une consternation muette. L'élève appelé Millot, à qui le public, la partie saine de l'Académie et ses camarades avaient décerné le prix, se trouva mal. Alors il s'éleva un murmure, puis des cris, des invectives, des huées, de la fureur ; ce fut un tumulte effroyable. Le premier qui se présenta pour sortir ce fut le bel abbé Pommyer, conseiller au Parlement et membre honoraire de l'Académie. La porte était obsédée ; il demanda qu'on lui fît passage. La foule s'ouvrit, et tandis qu'il la traversait, on lui criait : « Passe, foutu âne. » L'élève injustement couronné parut ensuite. Les plus échauffés des jeunes élèves s'attachent à ses vêtements et lui disent : « Croûte, croûte abominable, infâme croûte, tu n'entreras pas, nous t'assommerons plutôt » ; et puis c'était un redoublement de cris et de huées à ne pas s'entendre. Le Moitte tremblant, déconcerté, disait : « Messieurs, ce n'est pas moi, c'est l'Académie » ; et on lui répondait : « Si tu n'es pas un indigne, comme ceux qui t'ont nommé, remonte, et va leur dire que tu ne veux pas entrer. » Il s'éleva dans ces entrefaites une voix qui criait : « Mettons-le à quatre pattes, et promenons-le autour de la place avec Millot sur son dos » ; et peu s'en fallut que cela ne s'exécutât. Cependant les académiciens qui s'attendaient à être sifflés, honnis, bafoués, n'osaient se montrer. Ils ne se trompaient pas. Ils le furent en effet avec le plus grand succès possible. Cochin avait beau crier : « Que les mécontents viennent s'inscrire chez moi » ; on ne l'écoutait pas, on sifflait, on hennissait, on bafouait. Pigalle, le chapeau sur la tête et de son ton rustre que vous lui connaissez, s'adressa à un particulier qu'il prit pour un artiste et qui ne l'était pas, et lui demanda s'il était en état de juger mieux que lui. Ce particulier, enfonçant son chapeau sur sa tête, lui répondit qu'il ne s'entendait point en bas-reliefs, mais qu'il se connaissait en insolents, et qu'il en était un. Vous croyez peut-être que la nuit survint, et que tout s'apaisa ; pas tout à fait.

Les élèves, indignés, s'attroupèrent et concertèrent, pour le jour prochain d'assemblée, une avanie nouvelle. Ils s'informèrent exactement qui est-ce qui avait voté pour Millot, qui est-ce qui avait voté pour Moitte, et s'assemblèrent tous le samedi suivant sur la place du Louvre, avec tous les instruments d'un charivari, et bonne résolution de les employer ; mais ce projet ne tint pas contre la crainte du guet et du Châtelet. Ils se contentèrent de former deux files, entre lesquelles tous leurs maîtres seraient obligés de passer. Boucher, Dumont, Van Loo, et quelques autres défenseurs du mérite se présentèrent les premiers ; et les voilà entourés, accueillis, embrassés, applaudis. Arrive Pigalle ; et lorsqu'il est engagé entre les files, on crie : « Du dos » ; il se fait de droite et de gauche un demi-tour de conversion ; et Pigalle passe entre deux longues rangées de dos ; même salut et mêmes honneurs à Cochin, à M. et Mme Vien, et aux autres.

Les académiciens ont fait casser tous les bas-reliefs, afin qu'il ne restât aucune preuve de leur injustice...

... Moitte, honteux de son élection, a été un mois entier sans entrer à la pension ; et il a bien fait de laisser à la haine de ses camarades le temps de tomber.

Je serais au désespoir qu'on publiât une ligne de ce que je vous écris, excepté ce dernier morceau que je voudrais qu'on imprimât et qu'on affichât à la porte de l'Académie et aux coins des rues.

N'allez pas inférer de cette histoire que, si la vénalité des charges est mauvaise, le concours ne vaut guère mieux, et que tout est bien comme il est. Moitte est un bon élève ; et si le concours est sujet à l'erreur et à l'injustice, ce n'est jamais au point d'exclure l'homme de génie, et de donner la préférence à un sot décidé sur un habile homme. Il y a une pudeur qui retient.

Extraits de *Salons* de Diderot.

La grande peinture est privilège d'académicien, mais l'art officiel mobilise tous les artistes. En province, sous le regard des Parisiens, des sociétés analogues se constituent, dont certaines ne vécurent qu'assez peu de temps, à Lyon et à Reims (mais elles renaîtront ensuite). Leur réseau est celui des métropoles académiciennes des lettres et des sciences — 15 sur 38 —, mais il embrasse des cités moins distinguées, Le Mans, Mâcon, Bayonne, Toulon, Saint-Quentin, Valenciennes, ou des villes épargnées par l'académisme, malgré une présence forte d'amateurs potentiels, Lille, Strasbourg, Nantes. Socialement, le support est le même partout, formé par les milieux notables et les corps ; les conflits sont au départ comparables pour arriver à imposer aux artistes locaux le principe de la tutelle parisienne justifiant la libéralité des arts. Ces sociétés contribuent à encourager l'attraction de la capitale, donc l'inertie et le déclassement provincial, car la mobilité des artistes favorise l'ascension vers Paris, successeur privilégié de Rome — voyez la carrière de Mignard, et au XVIIIe siècle celle de Dandré-Bardon, fondateurs de l'académie de Marseille. Elles développent aussi une conquête d'identité dont témoigne la constitution de traditions locales très fortes, ainsi en Provence. Pour les Parisiens, pour les provinciaux montés à Paris, l'académie c'est le succès que procurent les commandes officielles ou privées et les expositions organisées pour le bénéfice symbolique des académiciens : le premier Salon avec livret date de 1699.

A la base, les artisans constituent un milieu plus large : au XVIIe siècle, N. Heinich évalue les académiciens à 247 et les maîtres de la corporation à 856 ; beaucoup plus diversifiés : ils sont peintres, sculpteurs, mais aussi doreurs, peintres sur verre, peintres de carrosses, peintres d'enseignes, stucateurs, sculpteurs sur bois. Bref, ils constituent un ensemble composite où l'on retrouve tous les métiers du décor, liés par l'aménagement de la maison et le service d'un art de vivre. Tous collaborent sur le chantier aristocratique, et la frontière entre artistes et artisans n'est pas facile à tracer. Elle apparaîtrait sans doute dans la comparaison des situations économiques des uns et des autres, des modes de carrière, des pratiques de clientèle qui diffèrent. Nul doute qu'on retrouvera en haut les grands académiciens, de Le Brun à Coypel, de Boucher à Vien, et en bas la masse artisanale besogneuse. Mais il importe aussi de voir ce qui brouille les limites et quelquefois rassemble le haut et le bas. Il y a d'abord le fait essentiel que la pratique des arts est acquisition de tour de main et de technique, au cours d'un apprentissage qui se fait toujours à l'atelier, sous la tutelle d'un maître qui transmet des manières de voir et des façons de faire, mobilisant chez l'artisan comme chez l'artiste une même fascination pour la matière. La collaboration qui rapproche les uns et les autres dans les manufactures, tapisserie, porcelaine, dans la décoration des théâtres et des jardins, l'agencement du décor public et privé paraît un facteur d'unité essentiel jusqu'à la Révolution. C'est à travers des cercles divers que se jouent opposition et rapprochement : la famille et ses transmissions, les études, les relations amicales et professionnelles, les travaux éphémères ou prolongés sur les chantiers, dans l'atelier d'un grand, les aventures académiques

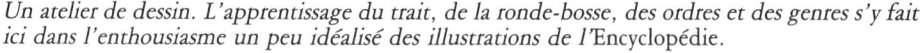

*Un atelier de dessin. L'apprentissage du trait, de la ronde-bosse, des ordres et des genres s'y fait ici dans l'enthousiasme un peu idéalisé des illustrations de l'*Encyclopédie.

*L'*Encyclopédie *renferme une mine de détails sur des métiers et des façons aujourd'hui disparus. Ici l'assemblage d'une voiture chez le carrossier. Panneaux et portières seront ensuite décorés.*

enfin. Entre l'Académie royale et l'Académie de Saint-Luc qui regroupe artisans et artistes, il existe des modes de passage qui ne sont pas à sens unique, même si le rôle de la corporation se trouve condamné, comme les académies de province, à alimenter l'Académie en talents novateurs : Watteau, Chardin et Lajoue, le maître de la rocaille, illustrent ce mouvement. Inversement, les artisans imitent les académiciens pour une identique reconnaissance ; ils ont obtenu des statuts privilégiés dès 1706, ils dispensent un enseignement fort comparable — avec plus de diversité — à celui de l'Académie ; après 1751, ils auront leurs propres expositions. Les uns et les autres ont bénéficié de la montée des amateurs, l'Académie a fait naître un foyer de réflexion et d'idées, Saint-Luc a encouragé la formation d'un milieu divers d'artisans à l'apogée de leur puissance créatrice, les Salons entretiennent l'émulation : « Paris n'a plus seulement des artistes mais une vie artistique. » La peinture et la sculpture profitent des commandes et des marchés de l'État, mais aussi d'un plus grand nombre de « connaisseurs » dont l'influence est décisive (J. Thuillier). Les hommes de Saint-Luc ont un accès direct, par le commerce, à un marché qui s'étend, ceux de l'Académie royale un accès indirect au même marché, dont ils ne se privent pas.

Au total, ce qui organise le monde des producteurs artistiques c'est une façon de mêler à la vie les représentations dominantes, qui font des artistes des hommes de pouvoir, de savoir et de culture, avec des pratiques de commerce social et stimulés par la demande d'une clientèle plus nombreuse et plus critique. La tutelle de l'Académie royale impose une hiérarchie des genres, le double marché — entre commande et achat — permet l'essor de la peinture de chevalet, la montée des genres mineurs qu'affectionnent au XVIIIe siècle des amateurs moins riches que le roi et les grands ; la permanence de l'artisanat autorise l'accès à l'image au-delà des frontières de la richesse et de la notabilité.

La production des images

L'étude de la production des estampes met en valeur un deuxième mouvement : le déclassement de l'imagerie populaire. L'affaire se joue entre Paris et la province. Première rupture à noter à Paris : entre la fin du XVIe siècle et le XVIIe siècle, s'accomplit une migration des producteurs, de la rive droite, autour de la rue Montorgueil et Saint-Eustache, vers la rive gauche, dans le quartier de la rue Saint-Jacques ; ce phénomène s'accompagne d'une transformation technique capitale : le passage de la domination de la gravure sur bois à la gravure sur cuivre. Dès lors fonctionnera jusqu'au XVIIIe siècle un milieu composite qu'unifient alliances matrimoniales, modes de vie et de travail, où se coudoient graveurs artisans et artistes, imprimeurs en taille douce, éditeurs venus du commerce ou d'autres horizons, marchands. C'est là que se joue le succès des nouvelles manières et que s'élabore une production vulgarisant en France et en Europe l'estampe demi-fine, porteuse de nouveautés esthétiques, mais aussi de façons plus ordinaires et de représentations plus traditionnelles. Quelques très grands marchands — Langlois, Poilly, Basan, Bonet, Huquier, Mariette — constituent de solides dynasties familiales et de bonnes grosses fortunes. Ils sont concurrents et alliés de multiples petits marchands, pas toujours éditeurs, et d'une moindre formation artistique. La mode et l'art y trouvent leur compte, le commerce et ses profits plus encore.

Seconde rupture, la taille-douce et ses subtilités triomphent à Paris, alors que la dominoterie l'emporte en province. Le métier de dominotier utilise le bois d'épargne pour une production diverse : cartes à jouer, papier peint et images de tous genres. Elle est généralement anonyme et difficile à dater : c'est un produit d'artisans-artistes, maîtres de leur technique, souvent inventifs, plus souvent encore fidèles reproducteurs de modèles anciens. Ils sont partout, mais surtout dans la France du nord et dans les cités imprimantes, d'où ils ravitaillent les provinces par le circuit du colportage. Dans chaque ville un peu considérable, une dynastie familiale contrôle le marché des images : à Strasbourg, les Heitz ; à Épinal, les Pellerin dès 1740 ; à Rouen, les Baudart au XVIIe siècle et les Galopin au XVIIIe ; à Caen, les Chalopin ; à Avignon, les Corenson et les Roux. A Orléans, mieux connu par les travaux d'Auguste Martin, les graveurs sur bois sont souvent papetiers quand ils éditent des dominoteries, ou simples imagiers qui taillent leurs bois comme on attaque une miche de pain. Ils ont l'instinct des teintes plates chaleureuses, des bleus et des roses harmonieux. C'est un art populaire par ses formes, ses auteurs, son langage, mais il prend ses modèles et ses thèmes partout, y compris dans l'art savant qu'il copie et transpose. La production est très unifiée, car les thèmes passent de boutique en boutique avec les bois ou les graveurs qui travaillent pour des dominotiers de provinces différentes. A la fin du XVIIIe siècle Jean-Baptiste Letourmy a 100 dépositaires dans une soixantaine de villes, il répond à la demande des commerçants, de Paris à Toulouse et de Lille à Avignon. Son fils Jean-Baptiste II, qui lui succède, se marie avec une fortune de 50 000 livres. A Chartres, les Garnier, les Cellabre connaissent des succès comparables en regravant l'imagerie familière ou les succès de Paris, exploités selon des variantes subtiles pour des œuvres fortes et durables, comme les *Ages de la vie* (J. Cuisenier).

L'inventaire de cette production, fait à partir des collections accumulées au Cabinet des estampes, met en valeur une diversité d'usages et de finalités sociales, une évolution du XVIIe siècle (M. Grivel) au XVIIIe siècle (C. Lamballais). L'entreprise pose plusieurs problèmes, celui de la représentativité du fonds par rapport à l'entière production des artistes et des imagiers, celui de l'unité de compte qui mêle gravures isolées et suites, et dont sont exclues les illustrations de livres, celui d'un inventaire qui ne prend en compte ni les manières, ni le médium, ni le format, et qui passe par des catégories aux frontières incertaines. L'étude est imparfaite, mais offre l'avantage de mettre en perspective le changement : c'est pour le XVIIe siècle 100 000 images prises en compte, 400 000 au XVIIIe siècle.

Si l'on regroupe en fonction de la hiérarchie des genres dominants, on perçoit clairement le changement dans le tableau suivant :

	XVIIe s.	XVIIIe s.
Religion	29 %	12 %
Histoire et mythologie	12 %	18 %
Paysage	11 %	20 %
Portrait	18 %	28 %
Genre	6 %	20 %
Ornements et usages utilitaires	24 %	2 %

Les fonds parisiens enregistrent un net mouvement de laïcisation, qui voit les illustrations religieuses de la réformation perdre du terrain et laisser place aux inflexions multiples de la culture profane. L'image sortie du livre a été, avec l'image intégrée, le grand multiplicateur de la culture religieuse, dont elle a généralisé les thèmes iconographiques et les principales dévotions. Au siècle des Lumières, l'image religieuse semble reculer plus vite et plus profondément que le livre religieux : moins de 15 % avant 1710. Mais ce type d'observation est sans doute biaisé de deux manières : d'abord les collections ne conservent guère de traces d'une partie de la production populaire, d'usage familier, vite usée, vite jetée, elles enregistrent plutôt ce qui est dans le vent : les mouvements d'intérêt de l'élite ; ensuite les images religieuses continuent d'être produites massivement en province, elles constituent la base de tous les fonds de dominoterie, et cela jusqu'à la Révolution, voire même au-delà : 55 % des fonds orléanais avant 1800, 60 % du catalogue Pellerin de 1810. Les images du Christ, de la Vierge, des saints et des apôtres, vendues isolées ou par feuilles à 25 sols la rame, continuent donc d'alimenter les circuits de la culture paysanne et citadine.

C'est dans la culture des élites urbaines qu'elles cèdent la place au *portrait*, manifestation d'une conquête d'identité singulière et pour beaucoup d'une affirmation sociale plus ou moins relevée. Le portrait se substitue au *genre*, qui regroupe le sens nouveau du raffinement des mœurs et de la vie ordinaire, la tradition morale et satirique ; au *paysage*, où se reflètent les influences flamandes et la grande tradition classique du paysage idéal, illustré par Claude, et le sentiment d'une nature acculturante ; bref à tous les arts d'ornement et du décor, qui véhiculent les nouveaux processus d'incitation à la consommation, la mode et la technique. Ainsi, dans le système d'information ancien, l'image diffuse toute la culture en même temps qu'elle consolide les valeurs sociales.

La hiérarchie des genres

A l'artiste dont la réputation est popularisée par la gravure, la célébration des rois, des princes, des hommes illustres, militaires et juristes en tête, à lui la représentation des hauts faits des règnes, des victoires, des lits de justice, des fêtes, des cortèges de pouvoir, à lui encore l'illustration allégorique et mythologique qui transpose la gloire et le mode de vie des grands dans l'Olympe des divinités, voir Boucher et Natoire. Dans le paysage et dans la nature morte, l'art consolide les valeurs matérielles : c'est une fête pour les sens et une attestation de la puissance des hommes, même quand la nature morte en suggère la *vanité*. C'est la peinture de la défiance et de la domination (F. Dagognet) ; au XVIIIe siècle, la peinture poursuit encore l'exaltation des valeurs sensuelles de la chasse, des trophées, avec Oudry, mais elle se rabat sur le familier, le grossier, l'idéalisation de la vie simple mais confortable d'une société assurée de son assiette sociale et culturelle : c'est le génie de Chardin, qui propose aux amateurs de tous horizons sociaux la pâte transparente et familière des existences bourgeoises. Bref, pour tous, peintres et graveurs proposent une célébration du réel, c'est peut-être le sens profond de la laïcisation de l'image ; dans le monde du classicisme et des Lumières, l'artiste ne peut jamais être asocial. Il ne peut que contribuer à animer un mouvement qui le porte : ainsi avec la grande incitation à la peinture d'histoire, qui intéresse la commande, les salons, mais n'a guère d'équivalent dans la production gravée.

D'autres inventaires confirment ces mouvements. L'analyse des petites annonces dans la presse parisienne des années 1770-1780 (R. Cassels) : le portrait, 23 % ; le paysage, 17 % ; le genre, 28 % ; la religion ne fait que 2 %, défavorisée encore plus par l'horizon social des lecteurs de journaux. La commande royale, qui suscite le travail des académiciens et détermine une sensibilité particulière du marché, connaît une évolution analogue entre 1750 et 1790 : M. Lenormand de Tournehem, directeur des Bâtiments, achète 192 toiles : 10 sont religieuses, soit 5 % de la commande, le genre fait 30 %, l'histoire 30 %. M. de Marigny, qui lui succède, infléchit un peu le mouvement : le portrait passe de 15 à 27 %, l'histoire perd 10 points, le genre 8 points, la religion un point encore, le paysage et les décors font la différence. M. d'Angivilliers redresse la barre au profit de l'histoire : 73 tableaux sur 153 (48 %) ; tout le reste recule, plus le paysage que le portrait et que la peinture de genre ; la religion retrouve le niveau de la production gravée : 11 %. Les mœurs et la politique sont valorisées par la nouveauté esthétique, non pas au détriment du religieux, mais du paysage et du portrait. Troisième test, les salons des académies : à l'Académie royale de peinture, le religieux est stable jusqu'en 1789, 12-13 % ; à

Saint-Luc pour la même période, de 1759 à 1790, il s'efface de 32 % à 12 %. Le portrait décline chez les académiciens, 41 % en 1750, 16 % en 1765, 32 % en 1789 ; il monte à Saint-Luc de 29 % à 42 %. Le genre recule dans les salons royaux au profit de l'histoire (27 % à 19 %, 13 % à 19 %). Bref, tout se joue autour de ces catégories fondamentales. La Révolution ne fera qu'accentuer sans l'imposer le triomphe du politique (J.A. Leith). Mais au total les significations sociales de ces déplacements sont liées au fait que chaque ensemble peut mettre en branle plusieurs codes à la fois. Ainsi la peinture de genre souligne la représentation célébrée du réel, l'affirmation du pittoresque, l'angoisse érotique. C'est l'étude historique du décalage de ces stimulations qui pourrait animer une histoire de l'art, restituant l'évolution des goûts et des formes dans leur consommation sociale. Ce serait s'attaquer à l'ensemble du système pictural.

Le marché des images

A l'horizon incertain de cette étude à venir se profile la question du public et des usages. Les prix séparent les groupes de consommateurs. La gravure sur bois et sur cuivre est accessible à tous, ou presque ; le tableau et la sculpture font la sélection. Toutefois, dès le début du XVIIe siècle s'affirme un goût de plus en plus vif pour la peinture dans les couches moyennes de la population parisienne (G. Wildenstein). Ce goût ne se démentira pas jusqu'au midi des Lumières (J. Chatelus) : 750 inventaires de marchands parisiens recensent 12 000 œuvres d'art dont 4 500 estampes, soit une dizaine de tableaux par possesseur, entre 1726 et 1759 ; 42 % sont à sujet religieux, 20 % sont des portraits ; 497 inventaires de maîtres artisans comptent 6 600 œuvres d'art, soit près de 6 tableaux en moyenne, dont 49 % de sujets religieux, 16 % de portraits. La consommation artistique de la bourgeoisie parisienne enregistre plus clairement l'héritage que la nouveauté. Dans la réalité, on peut penser que l'image est partout, 50 % des inventaires des salariés parisiens ont au moins une estampe, 13 % seulement un livre. A la ville, mais aux champs aussi, elle est appelée par la soif incessante d'un vaste marché de consommation ; là où la peinture et la sculpture ne permettent que la pièce unique, elle comble d'infinis besoins. Protectrice du logis, servante des confréries, élément familier du pèlerinage et de l'église, l'image prend aussi rang dans les moyens de la transformation des hommes lorsqu'elle se fait technicienne et moraliste. Deux pôles orientent ses acquéreurs : le goût de la collection, le service ordinaire de la vie et du salut.

La collection des amateurs, dont on mesure le progrès à la montée des catalogues de vente, rassemble tous les signes de la consommation esthétique et curieuse ; elle joue un rôle d'intermédiaire entre le visible et l'invisible dans une relation qui varie avec le temps et les groupes sociaux. Elle rassemble pour les riches, les érudits, les savants et les connaisseurs, les antiquités, les vestiges et les fétiches des mondes inconnus, les pierres, les coquilles et les plantes, évocateurs de fugues exotiques et d'autres climats. Les tableaux et les œuvres d'art « transforment le passager en durable [et] confèrent aux princes et aux amateurs [une forme] d'immortalité » (K. Pomian). Le goût de la collection gagne tous les milieux, on en dénombre un petit millier pour le XVIIe siècle, dont un quart pour l'aristocratie et 40 % pour l'ensemble du second ordre (N. Heinich) ; on en recense sans doute le double pour

Vanité, *milieu du* XVIIe *siècle. Ici figurent le livre, symbole de science, et le crâne, qui incite à la méditation sur la fragilité de toute chose. Ailleurs y est souvent associée l'évocation de plaisirs éphémères, fruits, fleurs passées (musée d'Art et d'Industrie, Saint-Étienne).*

le XVIIIe siècle, dont 25 % sont des collections d'artistes. La force de la collection est de permettre un jeu pluriel dans les rapports aux « sémiophores » : de la fonction utilitaire, décorative, culturelle, charismatique ou généalogique, on est passé à la fonction purement esthétique qui choisit les œuvres d'art en regard d'un sujet, de la manière et de l'auteur. C'est cette pratique des arts que mettent en valeur l'académisme, l'invention du « grand goût », la critique, les variations de la mode, des « poussinistes » aux « rubenistes », des peintres rocaille aux maîtres du néoclassicisme, où ce qui compte est la manière dont on se classe par rapport à une hiérarchie symbolique des goûts et du style, moyen grâce auquel se distinguent les esprits supérieurs. L'accès de l'art à tous par les *musées* et les collections ouvertes au public exprime dès la fin du XVIIIe siècle la pression des groupes qui ne sont pas en état d'avoir des collections et le besoin d'un consensus sur le sens de la communication.

Pour le plus grand nombre, l'image continue d'avoir plusieurs fonctions, en particulier l'image de grande diffusion. C'est un moyen de christianisation et de moralisation, que mobilisent le geste individuel et la pratique collective, c'est un instrument de divertissement, mais de divertissement contrôlé, policé, lorsqu'il met en scène *Les Degrés des âges*, les relations entre les hommes et les femmes *(Lustucru opérateur, La Dispute pour la culotte)* ou les contestations sociales *(Les Mondes à l'envers).* Pour une bonne part ces images véhiculent à la campagne les habitudes et

La Galerie imaginaire. *C'est ainsi que Hubert Robert a imaginé la grande galerie du Louvre, pour y accueillir le nouveau triomphe des arts (musée du Louvre, Paris). Hubert Robert dirigera effectivement le Louvre sous le Directoire.*

les gestes de la ville, dont elles illustrent décors mobiliers, costumes, monuments. Enfin l'image volante transfère quantité d'informations ; politiques d'abord : c'est l'instrument de toutes les propagandes ; utilitaires et techniques ensuite. A la campagne, les images sont sur la cheminée, à la tête du lit, dans l'étable ; à la ville, elles sont à l'atelier, aux murs des cabarets — ainsi l'image gravée par Jean Gagnères au XVIIe siècle, où l'on distingue une image de confrérie, un *Saint Nicolas*, le célèbre *Crédit est mort*, et le non moins célèbre calembour illustré : *Mon oie* (on retrouve les mêmes images chez Ramponeau, au XVIIIe siècle). Unissant le plus souvent une illustration et un texte, les images tiennent leur rôle dans la famille, au travail, à l'école, à l'église ; elles christianisent et instruisent le peuple. Pendant des siècles les estampes, comme l'ensemble des manifestations de l'art accessible au plus grand nombre, retables d'église, tableaux de chapelle et d'autel, ex-voto, ont été portées et diffusées par un rapport au sacré. Au XVIIIe siècle, des usages et des pratiques plus mondains, le calendrier, le modèle de dessin et d'ornement, l'estampe satirique et politique de grande diffusion concurrencent l'ancienne tradition. Pascal avait raison de se méfier des images : le XVIIIe siècle est pour tous le « siècle de l'œil », non seulement parce que le cœur de l'homme suit le mouvement des yeux, comme le voulait Hegel, mais parce que le regard dissipe les ténèbres et permet de prendre possession du monde.

LE MONDE DES SONS

« Voici mes souvenirs : 1°) le son des cloches de Saint-André surtout sonnant pour les élections une année que mon cousin Abraham Mallein (père de mon beau-frère Alexandre) était président ou simplement électeur ; 2°) le bruit de la pompe de la place Grenette quand les servantes le soir pompaient avec la grande barre de fer ; 3°) enfin, mais le moins de tous, le bruit d'une flûte que quelque commis marchand jouait à un quatrième étage sur la place Grenette... », ainsi Henri Beyle évoque le fond sonore de son enfance citadine. Les sonneries de cloche, les grincements d'une pompe et la flûte d'un amateur, c'est sur ce terreau de souvenirs que prend peu à peu racine le goût d'un aisé, soucieux de sensations et bien vite connaisseur d'opéras qui « furent portés au sublime pour moi par la présence de Mlle Kubly » et auxquels l'entraîne son oncle, l'amateur de « romans musqués ». Voilà une éducation musicale citadine. Pour les paysans, qui en ce domaine n'ont pas laissé de témoignages personnels, pour les petites gens des villes, la formation de l'ouïe se fonde sur les bruits, les sons et les chants d'église qui ponctuent les fêtes religieuses, toute la vie. Ajoutons aux cantiques les chansons profanes et la musique de « dancerie », inséparable de la fête et du loisir commun, ajoutons pour quelques-uns, plus chanceux, le « filet de vinaigre » d'un mauvais chanteur d'opéra entendu par hasard, pour d'autres l'habitude du concert selon les ressources offertes par la cité. Au sommet de la société seulement existent le goût musical et le plaisir de toucher la viole. L'itinéraire à suivre serait banal s'il ne mettait en valeur quelques façons de faire.

Les bruits et les sons

« Écoutez ces gens qui chantent ce qu'ils crient dans la rue », écrivait le grand Rameau dans son *Code de musique pratique* ; c'était être sensible au génie sonore de la vie ancienne, fait des cris qui précèdent la parole et qui la ponctuent, irremplaçables moyens pour accompagner le labeur et « évaporer la douleur ». Ainsi les métiers ont leurs chants, les ouvriers à la manœuvre, les maçons et les ramoneurs (*Une truellée au sas du haut en bas*) ; enfin, les rythmes disciplinent le soldat. C'est une nécessité élémentaire de l'ordre militaire et de la tactique : Maurice de Saxe reconnaissait que « les tons ont une secrète puissance sur nous, qui dispose de nos organes aux exercices du corps et les facilite... » A la ville et dans les ports, mariniers, marins, portefaix, les « flambards de la Seine » ont leur façon de moduler les efforts, qui devient chansons. Aux champs, le laboureur, le bouvier, le berger, le charretier gouvernent chevaux et bestiaux avec des appels de langue — « hue ! huau ! hola ! dia ! » — qui sont un vrai langage modelé d'interjections ; le cavalier en apprend vite les ficelles, et tout cela tourne vite au chant de travail. Certains compositeurs sauront utiliser ces bruits linguistiques au théâtre, comme ils utilisent les plaintes et les larmes, par exemple dans l'*Isis* de Lully, et l'air des pleureurs, dont les vainqueurs de la Bastille reprendront l'air pour chanter leur victoire sur les cachots. Les cris de la liesse populaire deviennent à l'église chant réglé et oraison pour le *Kyrie* et l'*Alleluia*. Les confrères crient les morts plaintivement, et les jurés-crieurs la vie fré-

Un instrument de musique du XVIIe siècle : la viole de gambe. A gauche, le ténor de viole (Lyon, 1633), à droite un baryton.

nétiquement, avec tambour et trompette. Ces remarques de bon sens ne prétendent pas à théorie, elles soulignent combien la ville et la campagne sont organisées par les cris du travail des hommes ; les chansons viennent après. Pour Rameau, c'est une confirmation de sa théorie musicale, il en tire des effets burlesques ou dramatiques. Le fait montre l'importance qu'il y a à ne pas séparer les domaines de culture.

Dès la fin du Moyen Age, les « cris de Paris » sont notés par les doctes (Guillaume de Villeneuve), bientôt imprimés et illustrés, mis en musique, réimprimés, diffusés par l'édition de colportage et l'imagerie parisienne et provinciale ; les lettrés s'en emparent (Rabelais, *Pantagruel* II, XXX), et les collectionneurs (Maurepas). A la fin du XVIIe siècle, ils sont un moyen essentiel de la culture populaire qui en livre le code dans lequel l'*idiome* des chanteurs et crieurs ambulants n'a pas de sens (S. Mercier) ; ainsi s'instaure une complicité d'allusions propices aux rires *(Ramonez vos cheminées, jeunes dames de haut en bas)*, et en même temps désignent aux dominants les figures du peuple : « Tous les membres des cris de Paris sont de mauvais sujets » (Rétif). Les « cris de ville » introduisent au tintamarre organisé des cités et prouvent comment joue le décalage entre le discours normatif de l'élite et le texte populaire (V. Milliot).

Le joueur de tambour de Jacques Callot (Staatliche Grafische Sammlung, Munich).

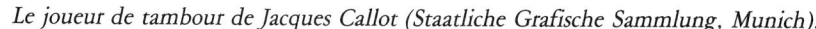

CHANSON

NOUVELLE SUR LA COMPLAINTE

que fit Pierre Antoine Hugues un peu devant ſa mort le deuxiéme jour de Decembre de l'année 1705. Sur l'air Marin.

Les complaintes de l'échafaud ont diffusé pendant trois siècles leçons de morale et de religion, voire une politique élémentaire. Les bois gravés simplistes passent d'un fait divers à l'autre, le texte accompagne l'image (musée des Arts et Traditions populaires).

La chanson et le cantique

La chanson et le cantique s'apprennent tôt, en famille et à l'école. Ils confirment encore qu'il n'y a pas de fossé entre l'élite et le populaire (R. Davenson). Dans la société traditionnelle, les chansons doivent beaucoup aux curés de village, aux missionnaires (Grignon de Montfort composa 164 cantiques, plus de 23 000 vers « pour faire du fruit dans les missions » (Grandet, *Vie de Monsieur de Montfort*). Tous les intermédiaires de la société rurale, petits nobles, bourgeois rentés, praticiens, sont en contact intime avec le peuple ; la domesticité, laquais, chambrières, nourrices, portent leur culture au château et à la ville ; ils y reçoivent un vernis nouveau qu'ils rapportent au village ; par cercles concentriques de Paris à la province, les transpositions de la mode lettrée atteignent les vallées les plus reculées, qui en retour envoient en ville quelques échos champêtres. Les chansonniers de l'âge moderne ne sont souvent que de semi-lettrés ; entre le saltimbanque et le poète, tels

Tabarin, Gros-Guillaume et Turlupin, qui font les foires parisiennes au XVIIe siècle, leurs productions composent des recueils fastueux pour les riches et de minces brochures pour les pauvres, que certains recopient en les calligraphiant et en les illustrant. Dès la fin du XVIIe siècle, la chanson de cabaret devient un genre littéraire et musical ; le premier *caveau* se fonde en 1729, mais partout chantaient à pleine gorge les sociétés bachiques et poétiques, que critique l'Église pour leur débauche, et que surveillent les polices pour leur irrévérence. Bref, entre l'élite et le peuple circulent les airs et les paroles : les *Noëls* que composent chapelains et organistes (Saboly en Provence qui emprunte ses airs à Lully), les psaumes des réformés et les cantiques des catholiques que transmettent les petites écoles et où perfusent quelquefois des aspirations populaires authentiques, comme dans les *Cantiques de l'âme dévote*, édités à Marseille par Laurent Durand, prêtre du diocèse de Toulon, les chansons à boire telles celles d'Adam Billaud, *Maître Adam*, menuisier de Nevers (1600-1662), les airs galants et les complaintes. Enfin, toute une littérature populaire de l'échafaud invite le peuple à tirer la leçon chrétienne d'un châtiment exemplaire ; on l'exhorte — plus encore pendant la Révolution — à adhérer à une protestation civique, parfois en style burlesque, qui déploie une véritable dimension contestataire. Entre la complainte sur la Brinvilliers, la chanson sur la mort de Louis Mandrin, la complainte sur la mort de Marat, un même modèle formel prouve les attitudes de conformité et de résistance qui se peuvent puiser dans les chansons qu'on vend au coin des rues et qui se colportent dans les villages. Tous écoutent, petits et grands, riches et pauvres.

Chansons, comptines, complaintes, chants religieux en latin et en vulgaire diffusent un écho du « grand art » vers le peuple et mettent à la portée du public cultivé des éléments déjà populaires. Favart le vaudevilliste de la foire Saint-Germain, fils d'un pâtissier de Paris mais élève des jésuites de Louis-le-Grand, s'est fait le spécialiste de ces pastiches subtils qu'on retrouve dans la « romance troubadour » illustrée par le comte de Tressan et Moncrif. Il n'est pas impossible que le populaire *Malbrouck s'en va-t-en guerre* soit un pastiche parisien. La chanson et le cantique retrouvent et complètent plusieurs des fonctions aperçues dans l'écrit de colportage : ce sont des moyens de christianisation, ils accompagnent l'actualité de façon réaliste ou fabuleuse et jouent leur rôle dans la propagande politique ; enfin ils sont un moyen d'évasion, de travail, de détente, d'usages privés et collectifs. Le marchand de chansons est un habitué du spectacle de la rue et de la route. Le *Chanteur de foire* de J.-C. Seckaz, le *Violoneux* de Louis Watteau, la *Foire de Gonesse* de Moreau le Jeune illustrent ce commerce : le chanteur qui s'accompagne au violon, la toile peinte sur laquelle il montre de la pointe de l'archet les images illustrant ses ballades, les livrets portés dans un sac à la ceinture et vendus à l'auditoire rassemblé autour du baladin. Entendu, visualisé, le texte acheté peut être aisément reconnu, porté qu'il est par une mélodie mémorisée et interchangeable : Grignon de Montfort inscrivait ses cantiques les plus moraux sur l'air de *Rosalie j'aurai ta fleur* ou de *Mon Dieu, il faut que je file*. Parcourant la campagne, allant de foire en foire, les marchands de chansons s'installent au carrefour. Écoutons S. Mercier : « Les uns lamentent les saints cantiques, les autres débitent des chansons gaillardes ; souvent ils ne sont qu'à quarante pas l'un de l'autre... La chanson joyeuse fait déserter l'auditoire du vendeur de scapulaires ; il reste seul sur son escabelle montrant en vain avec sa baguette les cornes du démon tentateur, l'ennemi du genre humain. Chacun oublie le salut qu'il promet pour courir la chanson damnable. Le chanteur

Le chanteur ambulant fait circuler en ville, dans les foires, les brochures, les livrets et les images vendus dans tous les milieux sociaux (musée de l'Imagerie, Épinal).

Les orgues de Saint-Eustache à Paris (gravure de Balthard, fin XVIII*e*).

des réprouvés annonce le vin, la bonne chère et l'amour, célèbre les attraits de Margot et la pièce de deux sols qui balançait entre le cantique et le vaudeville hélas va tomber dans la poche du chanteur mondain... » Précieux témoignage sur la pédagogie associée de l'image et de la chanson, lieu d'interférences culturelles infinies, « qui passe de bouche en bouche et s'accroît en marchant » (Boileau).

On conçoit que l'Église et les réformateurs de tout poil aient essayé — en vain — de censurer ce domaine comme ils en ont censuré d'autres ; il est lié à la licence des fêtes et des danses qu'accompagne la seule musique dans la plupart des villages, où résonnent le crin crin d'un violon (qui, même pour les précieuses, reste l'« âme des pieds »), le rythme d'un tambourin, le son fêlé des bombardes, des cornemuses et des vielles dont jouent dans les rues de Paris les chanteuses aveugles et les petits savoyards à marmotte. De temps à autre, le seigneur du lieu s'offre un concert de trompe (on ne parle pas encore de cor de chasse), chacun en connaît les variétés mélancoliques ou les appels héroïques, le matin et le soir, bien sûr au fond des bois.

Mais la vraie réalité musicale de l'Ancien Régime, celle par laquelle le peuple accède aux réalités formelles plus relevées, c'est à l'église qu'on l'entend. Dans le patrimoine religieux, la musique est une institution dont la taille, la splendeur, les capacités d'interprétation et le prestige des musiciens, des chantres, des maîtres de chapelle, varient d'un lieu à l'autre, mais qui est partout représentée. Environ 400 églises ont une maîtrise : c'est un milieu de 5 000 à 8 000 personnes. De l'imposante cathédrale, où de pieux chanoines entretiennent de coûteuses « psalettes », à l'église de village, bien des nuances existent. C'est pour l'Église une dépense de prestige que justifient la pédagogie de l'office et la sensibilité d'une prière à la gloire de Dieu, donc visant à la magnificense. A Bordeaux, en 1789, choristes, interprètes, enfants de chœur, gagistes divers, maître de musique, achat d'instruments coûtent aux chanoines quelque 12 000 livres (P. Loupès). Recrutés avec soin sur un marché où joue la concurrence, les musiciens d'église font souvent le tour des villes-cathédrales, se stabilisant sur le tard, touchant l'orgue pour tous les services, composant, et pas seulement pour l'Église ; c'est là que se recrutent tous les grands noms connus : Rameau qui resta organiste à Dijon plus de trente ans et les Couperin à Saint-Gervais de Paris, Campra à Aix, Giraud à Saint-Servin de Bordeaux. Au fond d'humbles collégiales, dans des églises de campagne trop souvent oubliées, gît encore aujourd'hui le trésor inévaluable des orgues anciennes interprétant noëls familiers ou leçons des ténèbres plus profondes. L'affluence aux meilleurs concerts est attestée dès le XVIIe siècle par les témoins. Au XVIIIe siècle, l'assistance aux cérémonies religieuses s'insère dans le cycle de la vie mondaine, quand l'opéra s'insinue dans les offices — voir les œuvres du jeune abbé Le Sueur, de Gossec, de Grétry —, et que le public d'amateurs parisiens se bouscule aux couvents renommés : les Carmes de la rue de Vaugirard, les Feuillants, ou aux églises de bon ton, telles Saint-Eustache, Saint-Gervais ; à Saint-Paul aussi où jouait Daquin, qui aux grandes orgues imitait parfaitement le rossignol, la nuit de Noël. Des organistes « improvisent alors des *Te Deum* pour le seul plaisir de faire frissonner l'auditoire » ; l'archevêque de Paris s'en émeut d'ailleurs.

De l'opéra aux concerts

Deux traits caractérisent l'évolution des pratiques musicales de l'élite : l'influence de la centralisation portée par l'organisation de la musique au service du roi, la montée dans la société urbaine des manières de sociabilité. Sur Versailles et la musique du roi, tout a été dit : sous le règne de Louis XIV, la création musicale majeure est totalement intégrée au système de célébration de la gloire royale, aux fêtes, dans la vie quotidienne comme à la chapelle. La musique, la grande, se fait pour la cour et à la cour ; c'est là que se distinguent les compositeurs et les interprètes engagés dans le service des beaux-arts. Au XVIIIe siècle, la ville l'emporte avec l'opéra et l'Académie royale de musique, dont les spectacles sont fréquentés par les souverains et les bourgeois ; avec l'opéra-comique, né à la foire, avec les concerts, la cour consomme ce qui vient de la ville ; le public couronne les talents musicaux et anime les querelles célèbres où s'affrontent les utilisateurs du langage musical. Personne ne met en doute le principe qui est le même qu'en peinture : la musique doit reproduire, imiter un objet, et elle doit respecter la hiérarchie des genres, de l'opéra, au sommet, à la musique de chambre, ou au toucher d'un seul instrument. L'enjeu essentiel des luttes, c'est l'art lyrique, musique française contre musique italienne au temps de la « querelle des bouffons », gluckistes contre piccinnistes sous Louis XVI ; le plaisir musical qu'exigent les philosophes seconde toujours la Poésie, mais au service du naturel et de la vie ; il prépare à l'action. Les privilèges de l'opéra ne seront pas contestés et c'est à l'intérieur que se joue la transformation du goût pour mieux entendre la musique orchestrale. *In extremis,* Gluck bénéficie d'un engouement qui a fait de Paris à la fin de l'Ancien Régime l'une des trois capitales européennes de l'art musical occidental, avec Vienne et Londres. Le jeune Mozart s'y exhibe, et son enfance a sans doute plus de succès que son talent. Le Midi, là comme ailleurs, cède la place au Nord.

Cette mobilisation se manifeste dans le développement de l'opéra-comique, où triomphent le pastiche, la romance, le drame larmoyant, bref le naturel et la nature à la sauce philosophique ; peut-être plus encore dans les manifestations privées occasionnelles ou périodiques qui se multiplient à Paris, à Lyon, à Montpellier, à Toulouse, à Amiens, à Bordeaux, à Nîmes, à Pau, à Nantes et à Marseille. L'affaire est toujours menée par un noyau d'amateurs, quelquefois instrumentistes eux-mêmes, grands seigneurs, riches financiers, bourgeois. Le privilège (celui de l'opéra) interdit les concerts publics, mais s'accommode d'associations privées où les auditeurs qui le peuvent acceptent le versement d'un abonnement déguisé. Le mouvement est porté par le goût de l'élite cultivée pour le théâtre dont la construction peut abriter le concert, mais surtout par une aspiration à des joies musicales plus dépouillées qu'on goûte dans un cadre intime. En province les académies de musique, les concerts, réunissent donc toutes les activités : le concert spirituel, les concerts vocaux et instrumentaux qui ponctuent l'intense vie musicale parisienne (A. Gervais). Dès le début du siècle les *Grandes Nuits* de la duchesse du Maine (où triomphent les cantates françaises), les concerts de Crozat « le Riche », puis entre 1731 et 1762 les soirées du fermier général La Pouplinière vont donner le sens du goût nouveau. La cantate se transforme en cantatille dans les salons de l'aristocratie : ainsi le 13 décembre 1744 dans le salon du président de Rieux, seigneur de Passy, « qui a une très belle maison au bord de la Rivière ». La musique prend rang

Clavecin Donzelague, Lyon, 1716, musée lyonnais des Arts décoratifs.

Nature morte à l'échiquier, *Baugin, musée du Louvre.*

dans les nécessités de l'art de vivre d'un monde choisi (J. Dorival). Elle moralise les élites, qu'elle enlève à d'autres passions (le jeu, la table), elle accompagne la sociabilité de l'académie, de la loge maçonnique (la musique est intégrée dans les travaux rituels, la *colonne d'harmonie*, où dominent les vents, et accompagne les fêtes et les banquets), enfin elle encourage un vaste mouvement d'édition de partitions imprimées dont Paris entre 1750 et 1770 est la capitale en Europe.

La musique participe de l'effervescence du monde prérévolutionnaire : son public s'est étendu, les concerts ont donné aux musiciens plus d'indépendance par rapport à la cour et à l'Église, les guerres musicales ont favorisé les aspirations nouvelles et l'indépendance intellectuelle. Pour les notables citadins, on est passé du fonctionnel religieux à l'esthétique du spectacle, puis à l'expression imitative, et enfin au goût pour des compositions moins figuratives où se distinguent les virtuoses. Dans cet itinéraire la musique s'est sans doute faite plus qu'auparavant un « art de distinction ». Toutefois, pour beaucoup, elle reste le domaine du merveilleux, cette évocation fondamentale du paradis et de ses chœurs. Jacques-Louis Ménétra, enfant de manécanterie, barytonne les offices de Pâques dans les églises de campagne de son tour de France, compose des chansons gaillardes et des airs laborieux pour accompagner le loisir des compagnons, fréquente l'opéra-comique, conduit ses enfants au concert spirituel, danse à cinquante ans dans les guinguettes des Porcherons au son des vielles, entend sous les armes les hymnes de la fête révolutionnaire. C'est l'itinéraire d'un homme de peu, qui prouve s'il le faut encore la mobilité des cultures.

Au verso

Production manufacturière de toile imprimée à Orange : après impression, les indiennes sont lustrées grâce à une machine à satiner (tableau de J.G.M. Rossetti, vers 1765, Orange, musée municipal).

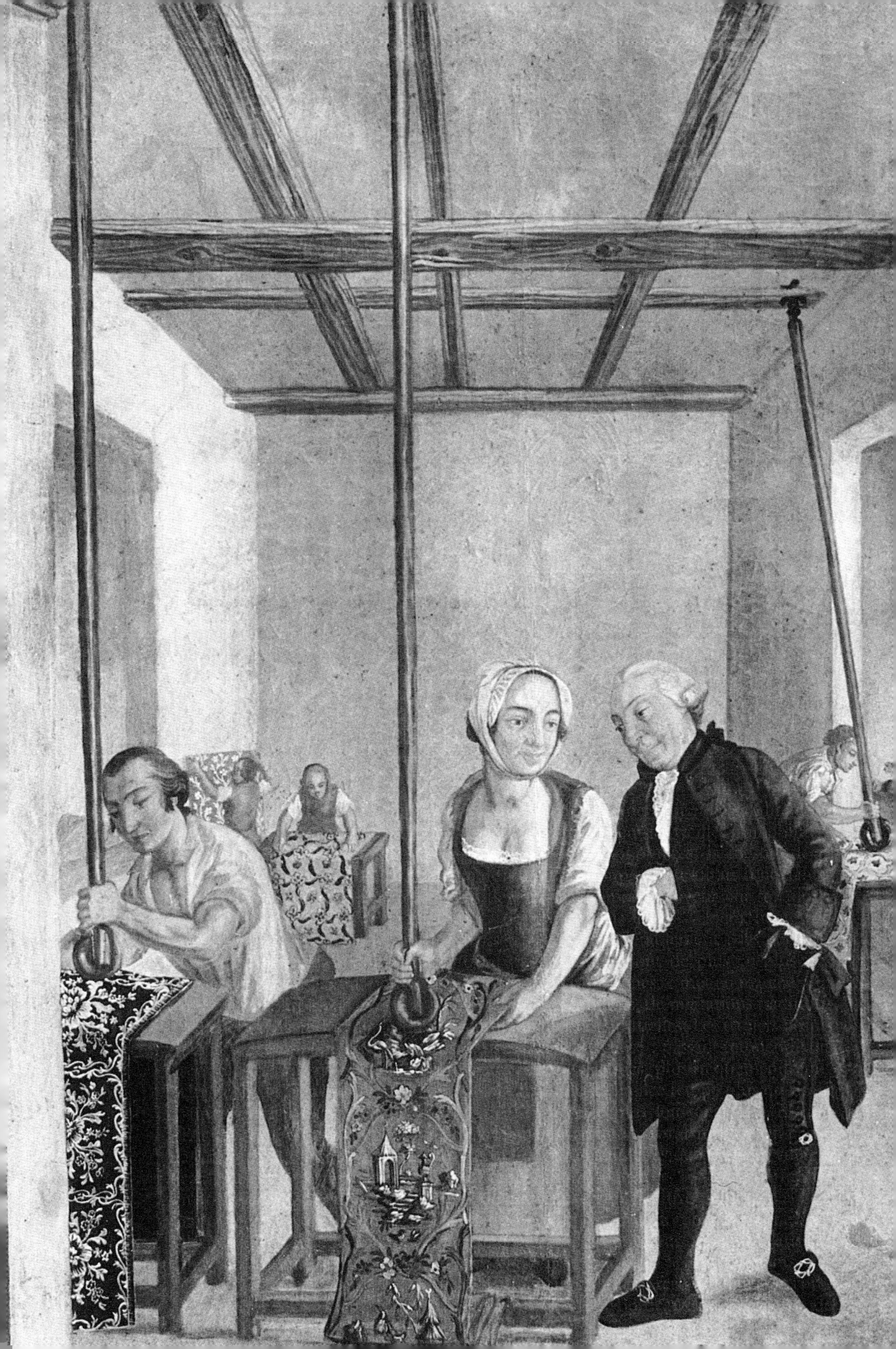

Quatrième partie

DE LA MUTATION À LA CRISE

Une maison d'ouvrier au XVIIIe siècle à Abbeville.
Située rue des Rapporteurs, elle a malheureusement été détruite en 1965.

La société et l'État qui viennent d'être sommairement décrits étaient ceux d'entre 1600 et 1750, dates rondes, qu'on a pu déborder. Description statique, systématique, interprétative, qui a intentionnellement immobilisé le film de l'histoire, pour aller vers les caractères d'ensemble. Faut-il maintenant mettre en marche la bobine vers l'amont, puis vers l'aval, pour présenter une « genèse », puis un « apogée », enfin un « déclin » ? Ce serait un autre livre, que bien d'autres ont risqué, ou risqueront. A chacun ses forces, ses capacités, ses goûts. Les nôtres nous poussent à essayer de saisir, et si possible de comprendre cette espèce de virage accentué qui, passé 1750, découvre des traits en partie nouveaux dans un paysage d'ensemble encore ancien (et qui, même de nos jours, n'a pas été totalement assassiné). A des rythmes inégaux, les divers secteurs de la société d'Ancien Régime se transforment, tandis que, malgré de fulgurantes intuitions, s'entêtent et pataugent à la fois la royauté, l'État et les institutions.

Dans le domaine culturel, passé le midi du siècle, les changements s'amplifient. Ils sont bien visibles dans l'aventure de l'*Encyclopédie*, dans la constitution d'une opinion publique de plus en plus agissante. Ils interviennent en profondeur, par une mutation de sensibilité qui affecte goûts, mœurs et pratiques. La difficulté d'évoluer pour les différents éléments de l'État et de la société anciens s'oppose au mouvement qui s'empare progressivement de la nation, comme un corps qui vieillit en se desséchant, face à un autre qui se gonfle lentement de jeunesse, de dynamismes un peu aveugles, et de fraîches modernités.

10
Un certain climat d'expansion

Les mutations brutales étaient rares en ce temps-là. On le découvre peu à peu, et l'on commence à revenir du traditionnel hymne au « grand siècle » de Michelet, qui aurait vu tant de révolutions : celle qui substitua les « lumières » de la philosophie aux « ténèbres » antérieures ; celles qui auraient transfiguré (sans que les contemporains s'en aperçoivent) à la fois l'industrie, les transports, l'agriculture et la démographie ; celle qui, après 1726, fit succéder une « phase A » d'expansion triomphale à la triste « phase B » des temps louis-quatorziens ; puis, le vocabulaire changeant, les conditions préalables au « take-off », et peut-être ce « décollage » lui-même ; on allait oublier la « grande Révolution » finale, « bourgeoise » ou « atlantique » selon la livrée de ses chantres.

Cette révolutionnite ayant épuisé ses effets, il a bien fallu revenir au travail et à la réflexion. De vives thèses antagonistes sont apparues. Michel Morineau a pu soutenir que le prétendu démarrage de la France au XVIIIe siècle se ramenait à des « faux-semblants », qu'un même « climat » démographique et économique avait régné du XVIe siècle au milieu du XIXe. Dès 1967, Fernand Braudel, consacrant à la « civilisation matérielle » un livre dense et profond, montrait que, du XVe au XVIIIe siècle, rien d'essentiel n'avait changé dans la vie quotidienne des masses humaines les plus nombreuses et les plus humbles, tout en réservant le cas des élites urbaines et capitalistes. Positions plus complémentaires qu'opposées. Dans tout pays un peu étendu et divers comme la France d'alors, vivaient ensemble (et même au XXe siècle ?), superposés ou cloisonnés, sinon tolérants et assimilés, rites séculaires et facilités modernes. Il n'y a eu « social change » et « economic revolution » que pour les observateurs de cabinet des pays sans passé — et sans culture enracinée dans la glèbe. Aussi, tout en maintenant les traits permanents dégagés dans les premiers chapitres du tome 1, va-t-on s'ingénier désormais à rechercher ce qui a pu changer, plus ou moins vite ou profondément, dans le milieu démographique, économique et social du bref demi-siècle qui sépare 1750 de 1789.

LE MILIEU DÉMOGRAPHIQUE : CROISSANCE ET RAJEUNISSEMENT

Point de révolution, mais sûrement l'amorce de plusieurs ; des changements, d'abord ténus, que permettent de dégager avec quelque sécurité les moins hasardeux des incessants travaux de l'école française de démographie historique, infatigable. Du début à la fin du siècle, le royaume a pu passer (on ne le saura jamais avec exactitude) de 20 à 26 millions d'habitants. Il est à peu près sûr que cette croissance ne démarra pas avant 1720 ou 1725, et fut souvent ralentie dans les mauvaises années qui entourent 1740. C'est dire qu'elle appartient bien, pour l'essentiel, à la seconde moitié du siècle, malgré quelques réserves quant aux dernières années. Croissance modeste, l'une des plus faibles d'Europe. Les États voisins firent nettement mieux : Angleterre, plus 60 % ; Espagne, plus 80 % ; Empire, peut-être 100 %. Modestie qui s'explique : la France était alors fort peuplée, avec une densité d'environ 40 habitants au kilomètre carré ; étant donné les conditions économiques et sociales, elle ne pouvait porter beaucoup plus d'hommes. Il n'empêche que cette croissance faible la condamnait, pour l'avenir, à ne plus être le pays le plus peuplé d'Europe, et à glisser vers des prétentions moins éclatantes ; mais, dans l'immédiat, rien ne l'annonçait, comme Napoléon le montra quelque temps.

La poussée urbaine

Croissance inégale dans l'espace français. L'Ouest et le Centre stagnèrent ou reculèrent, parce qu'ils étaient suffisamment peuplés, et que l'essor économique ne les touchait plus, sauf quelques ports. Pour des raisons inverses, l'extrême Nord, surtout l'Est et le Midi ont supporté l'essentiel de la croissance.

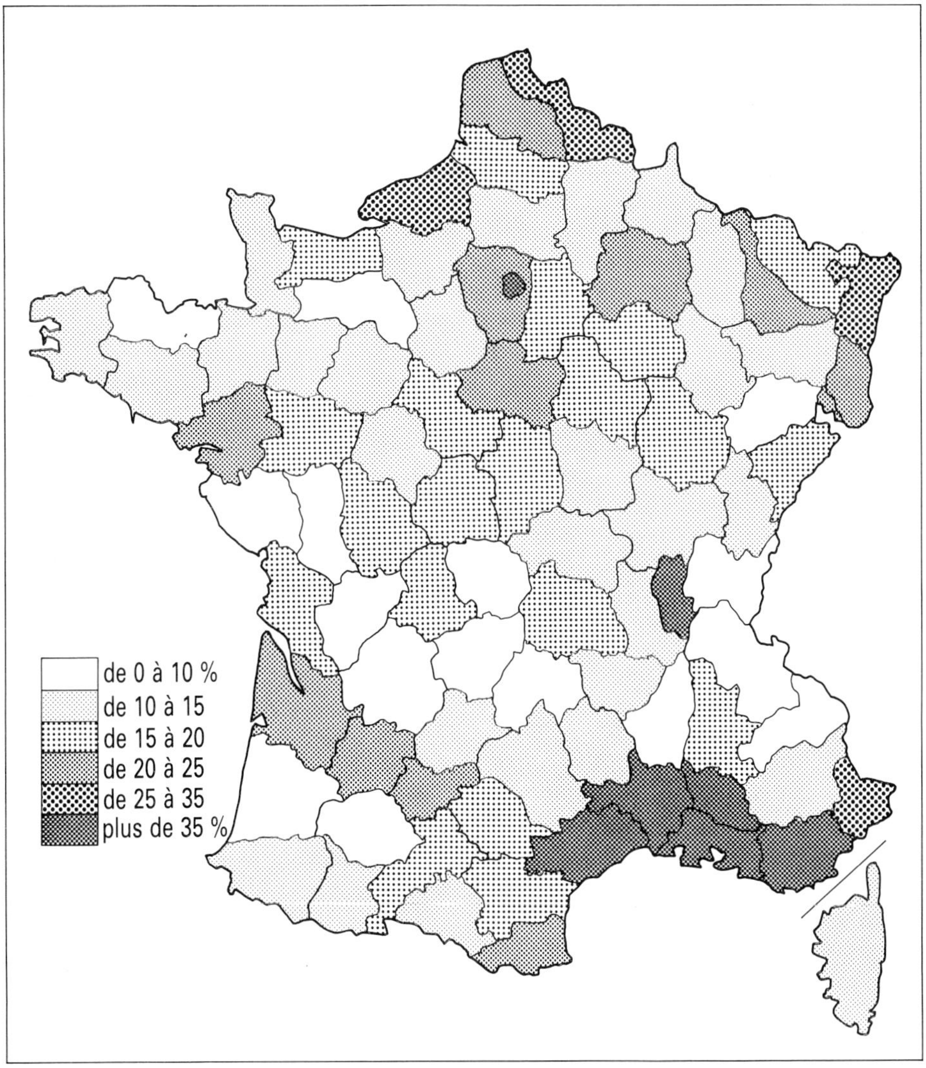

LA POPULATION URBAINE EN 1806

A la fin du XVIIIe *siècle, la population française totale se situait légèrement au-dessous de 30 millions d'habitants, dont près de 19 % dans les villes.*

Cette croissance constitua-t-elle vraiment une nouveauté ? Le cœur du Moyen Age a dû connaître bien mieux que ces 30 % ; le XVIe siècle, au moins le double ; et probablement aussi, dans certaines provinces, la première moitié du XVIIe siècle. Ces notables variations autour d'un niveau optimum, d'un étiage, étaient vraiment classiques, et il est sûr que cet essor modeste fut d'abord une récupération après les mauvaises années 1690-1720. On peut même douter que cette récupération fût achevée en 1750. L'importante nouveauté fut que, pour la première fois depuis le fond des temps, cette récupération ne fut plus suivie d'aucun recul, et qu'elle constitua la première phase (à peu près inaperçue) d'une croissance démographique définitive, et définitivement modeste. Toutefois dans un monde qui reste à 80 % rural, le développement des villes a été un phénomène essentiel. Sans revenir sur la querelle qui tourne autour de l'impossible définition *ad æternam* du fait urbain, il est certain que le nombre d'agglomérations dont la taille et les fonctions se sont multipliées est plus important, Louis XVI régnant, qu'au temps de Louis XIV. Un dense réseau de petites cités (moins de 10 000 habitants), une quinzaine de villes moyennes (20 à 30 000 habitants), une dizaine de grandes capitales économiques et administratives (30 à 50 000 habitants), neuf très grandes métropoles dépassant ce chiffre — avec au sommet Paris jouant tous les rôles — imposent progressivement à des citadins plus nombreux les règles d'un environnement spécifique dans un paysage presque entièrement bâti. La poussée urbaine, diverse et modérée, du XVIIIe siècle contribue en tous domaines à accroître les problèmes économiques et sociaux.

Avoir 20 ans en 1770

La grande période d'accroissement démographique occupe le quart de siècle 1745-1770, après et avant des périodes médiocres ou mauvaises durant lesquelles des disettes traînèrent encore parmi de fortes épidémies. Alors naquirent, et surtout survécurent, ces centaines de milliers de Français qui devaient atteindre la Révolution dans leur verte maturité. Cette surcharge de jeunes a posé des problèmes graves, assez mal perçus, qui pourraient être ceux-ci : comment les loger ? comment leur fournir une occupation, un « établissement », rural ou urbain, si la construction et l'économie démarraient mal ? comment éviter qu'ils ne se heurtent aux générations précédentes et aux gens en place, qui peut-être commençaient à vivre plus longtemps ? On bute partout contre le problème de la « montée des jeunes » en fin d'Ancien Régime : à la campagne, protestation contre le « trust » des fermages par les gros laboureurs ; multiplication des « logistes », sortes de campeurs marginaux ; montée souvent impressionnante du nombre des mendiants et des errants, de jeunes hommes pour les trois quarts et, pour une moitié, à la recherche d'un travail, ainsi que le prouvent maintes récentes recherches dans les fonds d'hôpitaux et surtout de maréchaussée ; chômages et colères urbaines, dus plus à l'arrivée de jeunes ruraux qu'à l'irruption de quelques « mécaniques » ; protestations aigres de jeunes provinciaux instruits et ambitieux, qui frappent aux portes de la « République des lettres », et les trouvent gardées par les gens en place et leurs cerbères, qui les rejettent ainsi dans la basse littérature, pamphlétaire ou pornographique, voire, comme Brissot et quelques autres, dans la basse police. En attendant le défoulement final.

A la période d'accroissement démographique des années 1740-1770 correspond une mobilité relative des jeunes. Ici, le maigre mobilier d'une famille de six personnes est déménagé dans une charrette à bras. Gravé d'après une peinture de Jeaurat, Le Déménagement du peintre.

Et aussi ces sergents et bas officiers de l'armée, rongeant leur frein devant la caste nobiliaire qui barre leur avancement, et qui sauront prendre, généraux de 20 et de 30 ans, d'assez éclatantes revanches. Autant de coups de boutoir, en partie inconscients, donnés contre le raide et myope *establishement* par les classes nombreuses de jeunes gens nés dans le fertile quart de siècle qui clôt le long règne de Louis XV, déferlant sur le champ du travail et de l'espoir au temps du malheureux Louis XVI.

Certes, l'alternance de classes « légères » (ou creuses) et de classes lourdes a dû caractériser longtemps la France médiévale et moderne, y développer des problèmes graves (et mal compris), concourir à cette lancinante impression de flux et de reflux de toutes sortes que laisse le déroulement de ces siècles anciens. Mais, en fin de XVIIIe siècle, aucun reflux ne vint, et la surcharge demeura, ou s'alourdit.

Le recul de la mort

Ni une immigration dérisoire, ni une fécondité plutôt menacée, ni une ardeur spéciale au mariage ne peuvent expliquer la croissance. Reste la mort, facteur toujours essentiel, et le moins facile à connaître. Elle recula d'abord sous sa forme catastrophique traditionnelle. On sait que les méfaits directs des guerres avaient pratiquement disparu depuis 1660, et qu'il a fallu attendre le merveilleux XXe siècle pour retrouver, embellies, les saignées traditionnelles. L'épisode marseillais de la peste de 1720 ne fut qu'une dernière offensive, localisée, qu'on a peut-être exagérée. Sans doute d'autres épidémies avaient relayé sans peine le vieux fléau disparu du royaume : des « pourpres », des « miliaires », des grippes, des varioles terribles, des dysenteries, etc., moins fantastiques tout de même que le « mal qui répand la terreur », si leurs victimes locales ou régionales pouvaient se compter par milliers, et si elles suffisent souvent à provoquer de sérieux « clochers » sur les courbes mortuaires. Sauf exception, plus de ces disettes ou de ces famines mélangées d'épidémies qui désolaient des provinces entières au temps du Grand Roi et de ses prédécesseurs. Les trois facteurs des grandes crises avaient reculé, et celles-ci s'étaient « larvées », selon la forte expression de Jean Meuvret.

Mais cette franche atténuation ne datait que du milieu du siècle. En de nombreuses provinces, des « mortalités » apparurent, souvent à deux reprises, dans les années 1738-1743. Par la suite, on a pu croire et soutenir qu'un nouveau régime démographique s'était installé au moins dans une partie du royaume, puisque le nombre des naissances s'était mis à régulièrement dépasser celui des décès, que les adultes paraissaient vivre un peu plus longtemps, que peut-être les jeunes enfants mouraient moins massivement. Et pourtant, des coups de semonce montraient la fragilité des progrès : nouvelle crise, parfois à peine larvée, vers 1770-1773 ; lourdes épidémies en 1779 (dysenterie), 1783, 1786 ; sérieuse crise de subsistances en Languedoc en 1789-1790 ; d'autres encore sous la Révolution et l'Empire. Dans tout cela, rien de comparable aux horreurs d'avant 1720 ; mais tout de même une structure profonde qui ne se retirait qu'à regret.

A ce recul lent et inégal de la mort, et surtout de ses manifestations massives, beaucoup d'explications partielles ont été apportées, ou inventées. Une lente amélioration des climats (celle-ci est certaine) qui favorisa les récoltes ; de petits progrès agricoles de détail, qu'on retrouvera ; presque sûrement une forte amélioration du blutage des farines et de la panification, au moins dans les villes ; plus de travail à la ville, grâce à une certaine demande industrielle, à la montée du grand commerce, à quelques poussées de construction, à une plus abondante circulation monétaire ; une hygiène (si l'on peut dire) des accouchements et de la petite enfance peut-être moins horrible, bien qu'on ne puisse guère le prouver ; des transports un peu moins lents, qui animent et secourent mieux ; une vigilance administrative certaine, et une « politique sociale » et sanitaire du gouvernement qui dépasse enfin les déclarations d'intentions... Convergence possible de petites causes, dont aucune n'est décisive, encore moins spectaculaire ou « révolutionnaire », mais qui s'additionnent. Quoi qu'il en soit, le fait demeure et joue beaucoup dans la transformation des sensibilités. Plus significatives, d'autres observations décèlent des modifications tellement profondes, qu'on peut les taxer au moins de prérévolutionnaires.

Premiers pas de la « maternité volontaire » : la Déclaration de grossesse *à ses parents est vécue comme un événement grave mais heureux — donc souhaité — par la future mère. Gravure de 1776 d'après un tableau de Moreau le Jeune.*

Mobilité et libération

Ont été soulignés, bien qu'avec des nuances, l'enracinement et la stabilité de la population française. Après 1750, il semble que se secouent les vieilles immobilités. Imparfaite sans doute, mais portant sur de très grands nombres, la mesure de la mobilité démographique par l'origine des conjoints donne des résultats concluants. Avant 1750, au moins les trois quarts des nouveaux époux provenaient soit de la même paroisse, soit d'une « couronne » de deux à trois lieues — deux heures de marche. Après 1750, la proportion baisse, parfois considérablement : les déplacements accomplis avant l'hymen (surtout par l'homme) sont de plus en plus fréquents et de plus en plus longs. Même le fond des campagnes se met en marche. On passe d'une turbulence courte à des déplacements courants, de migrations traditionnelles et faibles à des migrations de travail longues et habituelles. Les papiers hospitaliers et les rapports de maréchaussée disent la même chose : passants et mendiants sont plus nombreux et d'ailleurs mieux repérés, plus jeunes, plus fréquement semi-chômeurs, et viennent de plus loin. Le petit peuple de France remue plus qu'il n'a jamais remué, en attendant que l'armée le projette plus loin encore. L'Ancien Régime, ce n'est plus l'immobilité dans le guéret natal, ou aux alentours. On pense à une première libération. Elle est plus marquée dans les cités que dans les villages car le mariage y est souvent manière d'intégration. A Paris vers 1750 les contrats de mariage enregistrent seulement 53 % de nouveaux venus, chiffre minimum si l'on rappelle que près du quart des actes ne portent pas d'indication d'origine ; en l'An II, les « cartes de sûreté » permettent de calculer pour l'ensemble des Parisiens des taux voisins de 70 %. A Lyon, M. Garden trouve 47,7 % d'immigrants vers 1730, 57,8 % vers 1788. A Caen, J.-C. Perrot, qui utilise des recensements plus précis, obtient 38,5 % en 1666 et 51,8 % en l'An VI. A Bordeaux, qui progresse de 45 000 habitants en 1700 à 110 000 vers 1790, J.-P. Pousson donne des taux de 27 % vers 1737 et de 37 % vers 1791. La progression est nuancée mais générale.

D'autres libérations furent plus éclatantes, ou plus décisives. D'abord la considérable montée de l'illégitimité. On avait toujours été frappé, au moins en France (l'Angleterre étant fort « laxiste »), par la proportion extrêmement faible d'enfants illégitimes baptisés à la campagne, et même à la ville : 2 %, 3 %, parfois à peine 1 %. Et les historiens de supputer des avortements clandestins, des fuites vers les couches et mouroirs urbains, des lacunes dans la documentation, tant surprenaient de telles vertus, qu'il faut pourtant accepter, bien que quelques doutes subsistent. Et puis, après 1750, c'est le début du grand virage. De décennie en décennie, les taux d'illégitimité montent, doublent, triplent, quadruplent, dépassent 10 % çà et là, et feront mieux encore par la suite. Le bâtard et la fille-mère, repoussés jadis par la pression religieuse et la pression sociale, sont désormais sinon acceptés franchement, du moins tolérés (et aussi mieux enregistrés).

En même temps, une évolution comparable, peut-être plus rapide et plus significative, affecte la proportion des enfants conçus nettement avant le mariage, ces « conceptions anténuptiales » que repèrent si aisément les historiens-démographes en reconstituant les familles : 1 à 5 % au début du siècle, 10, 15 % et plus vers la fin, en attendant mieux. Quelque chose comme un large triplement, qui ne démarre presque jamais avant 1750.

LE MONDE DES ERRANTS EN VILLE

Septembre 1770 : compte rendu de routine de la garde du Marché-Neuf

1er septembre 1770. Six heures du soir. Jean Baptiste Liepard, 46 ans, natif de Picardie, maneuvre à maçon sans ouvrage, est convenu demander, couchant rue de la Mortellerie depuis huit jours chez un logeur dont il ignore le nom. Trouvé rue Planche Mibray, avec 33 liards dans sa poche, il est écroué à la prison du Petit-Châtelet.

2 septembre 1770. Jean Communier, 59 ans, natif de Ploërmel en Bretagne, logé rue de la Tannerie depuis deux jours. Il lui a été trouvé des morceaux de pain dans la poche et 4 liards.

Claude Leherle, 48 ans, natif de Mailly en Champagne, aveugle clair voyant, ayant une fleur de lis et laissé sa permission à la maison, couchant rue Molet chez un fruitier, avec un autre aveugle.

Tous deux écroués à la maison du Petit-Châtelet.

2 septembre 1770. Dix heures du soir. De poste au cimetière Saint-Jean et faisant ronde rue des Arcis, a arrêté au coin de la rue Vieille Place aux Veaux, une particulière raccrochante les passants laquelle a dit se nommer Françoise Biquier, femme de Alexandre, horloger, âgée de 28 ans, native de Namur, polisseuse en or, demeurant place Saint-Michel, et ce pour la conduire à Saint-Martin de police.

3 septembre 1770. Onze heures du matin. Jacques Mézières, 10 ans 1/2, natif de Paris, demeurant rue Sainte-Marguerite, faubourg Saint-Germain, chez le fayencier, arrêté rue Neuve-Notre-Dame, trouvé demandant l'aumône depuis huit jours par ordre de sa mère pour avoir du pain.

3 septembre 1770. 7 heures du soir. Gilles Fouchet, 15 ans, natif d'Ivetot en Normandie, à Paris depuis trois jours couchant au Lion d'Or dans une rue dont il ignore le nom. Est convenu demander pour acheter des brosses et une selle, et dans sa poche il s'est trouvé 32 liards. Envoyé à la prison du Petit-Châtelet.

[...]

7 septembre 1770. 7 heures 1/2 du soir. Frédéric Wentjes, 20 ans, natif de Clèves en Hollande, et compagnon ébéniste à Paris, depuis deux mois sans ouvrage, couchant depuis trois jours à Saint-Gervais, n'ayant point d'ouvrage, est convenu demander l'aumône. Arrété rue Vieille-du-Temple et conduit à la prison du Petit-Châtelet.

7 septembre 1770. 11 heures du matin. Pierre Picard, natif de Normandie, 12 ans, décroteur rue de Clichy, couchant dans l'écurie de la basse cour de Monsieur le baron d'Igny, intendant des postes. S'est trouvé 12 liards dans ses poches et du pain. Il est à Paris depuis six semaines.

7 septembre 1770. 7 heures du soir. Jean Baptiste Moulin, 26 ans, natif de Varennes en Clermontois, travaillant à la terre, arrêté rue du Temple. Il s'est trouvé dans ses poches 4 écus de six livres, des morceaux de pain et une cuiller de bois.

Samedi 8 septembre 1770. 4 heures de relevée. Germain Fajot, 40 ans, natif de Bourgogne, arrivé à Paris lundi dernier, couchant depuis à Saint Gervais, arrêté rue Saint Antoine, est convenu demander l'aumône et dans ses poches il s'est trouvé du pain et 35 sols.

Philbert Rotty, 15 ans, décroteur, natif de Châlons sur Saône, et sortant des prisons de Compiègne où il a été six semaines, à Paris depuis deux ans, couchant quai de la Ferraille, est convenu demander l'aumône et arrivé de Compiègne depuis huit jours. Conduit à la prison du Petit Châtelet.

Dimanche 9 septembre 1770. 9 heures du matin. Claude René Sainte Plaine, 15 ans, natif de Paris, logeant rue Mouffetard chez la femme Bourguignon, décroteur, allant chercher de la soupe aux Incurables et du pain aux Chartreux. Estropié du bras droit et de la main gauche depuis 3 mois.

9 septembre 1770. Cir Meuraton, 55 ans, natif de Rives en Auvergne, logé rue de Montreuil, faubourg Saint Antoine, chez le nommé de Gouve demandant l'aumône depuis hier pour acheter des souliers, estropié de la main droite. Il s'est trouvé 59 liards dans ses poches et des morceaux de pain.

Extrait des Archives nationales et cité dans *Vivre dans la rue* de Arlette FARGE.

A Saint-Denis

Conceptions anténuptiales

1670-1739	11,1 %
1740-1792	20,8 %

Illégitimité

1670-1759	1,4 %
1760-1769	2,6 %
1770-1779	4,4 %
1780-1789	5,9 %
1790-1792	7,7 %

Signatures à l'acte de mariage

	Hommes	*Femmes*
1670-1709	51,4 %	20,2 %
1710-1739	60 %	43,5 %
1740-1792	72,5 %	54,8 %

Déchristianisation dans la Provence du XVIIIe siècle

Déclin tardif des demandes de messes pour les défunts

Pourcentage des demandes de messes dans les testaments (Provence entière).

	Hommes	*Femmes*
Avant 1710	70 %	84 %
Vers 1750	80 %	88 %
1760-1769	66 %	75 %
1770-1779	57 %	68 %
1780-1789	46 %	67 %

Déclin de la mariolâtrie

Pourcentage de testaments provençaux réclamant « l'intercession de la très glorieuse Vierge Marie ».

1690-1710	90 %
1740-1749	64 %
1750-1759	50 %
1760-1769	39 %
1770-1779	25 %
1780-1789	16 %

Laïcisation des formules testamentaires : 5 exemples

	1690-1710	1710-1730	1730-1750	1750-1770	1770-1790
Marseille	14 %	35 %	54 %	80 %	86 %
Draguignan-campagne	13 %	22 %	53 %	58 %	75 %
Aix-campagne	9 %	23 %	43 %	50 %	65 %
Grasse	0 %	9 %	24 %	37 %	62 %
Toulon	5 %	0 %	3 %	8 %	40 %

D'après Michel VOVELLE.

Sérieux changement, sans aucun doute, dans les mentalités et les comportements, qui ne paraît pas militer en faveur du succès prolongé d'un catholicisme plus ou moins ascétique mis en place par la Contre-Réforme. Quelles que soient les querelles d'interprétation (qui sondera les dévotions, les cœurs et les reins ?), le fait demeure, qui paraît constituer une visible nouveauté, sinon une révolution dans les mœurs et les esprits. Les sites urbains sont encore en ces domaines des laboratoires de modernité : à Paris, à Lille, à Nantes, à Bordeaux, à Toulouse, à Grenoble, à Caen et à Lyon, les taux de naissances illégitimes et ceux des conceptions prénuptiales s'accroissent : le taux de 15 à 30 % pour les premières constitue sans doute un minimum. L'afflux des filles-mères de la campagne et une transformation interne des mœurs s'y inscrivent sans doute simultanément.

Enfin il est une autre transformation, longuement discutée, bien mise en relief dans quelques localités : les premiers pas de la France dans la voie originale du contrôle systématique des naissances, qu'elle devait inaugurer, première dans le monde, et de loin. Les sûres techniques démographiques des reconstitutions familiales en ont décelé les premières réussites. Rien avant 1750, si l'on excepte les milieux aristocratiques et de la prostitution, d'ailleurs voisins, et le curieux Sud-Ouest, mal connu pourtant. Le phénomène apparaît timidement entre 1750 et 1770 ; après cette date, il s'installe progressivement, le fait est certain, en Ile-de-France, Marcel Lachiver le démontre, en Normandie, en Aquitaine, peut-être en Languedoc ; la Révolution puis l'Empire accusent fortement l'évolution, qui ne semble pas encore atteindre des provinces comme la Bretagne et l'Est (dont on ne sait rien du reste). Il se ramène au fait que les couples fertiles (au moins 90 % du total), qui produisaient jadis un enfant tous les deux ans (ou sensiblement), en acceptent un ou deux au début du mariage, puis refusent les suivants (sauf accident). Cette précocité française dans le *birth-control*, installée autant à la campagne qu'à la ville, dès les années 1770, voilà un fait d'une portée impossible à sous-estimer (quelques moralistes et sociologues sérieux s'en aperçurent d'ailleurs, et se voilèrent la face, tandis que de plus hardis esprits « théorifiaient »). Le diagnostic est sûr, la causalité échappe, et les historiens-démographes se querellent à son propos. Avançons simplement qu'il s'agit là d'une victoire de la volonté, d'un certain type de libération de tabous anciens, et probablement pas d'une éclatante victoire de la religion traditionnelle. L'appréciation dépend des préjugés ou présupposés de chacun.

Tous ces faits, qui sont certains dans les limites où ils ont été étudiés, témoignent de la richesse des registres paroissiaux, qui apportent à la fois un comptage des hommes et un sondage des âmes. Ils suffiraient presque à justifier la place à part qu'on doit assigner à la seconde moitié du XVIIIe siècle, surtout en ses ultimes décennies — et à avancer à nouveau, sinon l'expression usée et excessive de « révolution démographique », du moins quelque chose à la fois de moins brutal et de plus profond, qu'on inventera *ad libitum*.

Quoi qu'il en soit, la convergence des données met en valeur une certaine rupture, soit que celle-ci procède de la destructuration du système démographique ancien reposant sur le mariage tardif, soit qu'elle signifie une lecture nouvelle des relations familiales. Attitudes devant la vie et rapports familiaux sont liés. A la veille de la Révolution ils sont entrés dans une phase de mutation où la spécificité démographique urbaine a joué son rôle. Le malthusianisme précoce des élites citadines (démontré à Caen et à Rouen, confirmé par les textes littéraires pour Paris), la transformation du mouvement saisonnier des mariages en ville, où le calendrier traditionnel — agricole — s'étale, où le mouvement des conceptions voit les écarts diminuer sensiblement, constituent d'excellents indicateurs de la démographie nouvelle et surtout citadine (J.-P. Bardet). Ils traduisent l'oubli des origines rurales en même temps qu'ils favorisent l'élaboration d'autres comportements. La Révolution verra l'affirmation de leur laïcisation sinon d'une déchristianisation, mais pour beaucoup le déniaisement collectif est commencé bien avant.

ÉCONOMIE : REPRISE OU MUTATION ?

Les historiens économistes, si actifs dans le vaste monde depuis un quart de siècle, se sont abattus avec complaisance sur le XVIIIe siècle, français et britannique surtout. Il en est sorti un certain nombre de formules (révolution industrielle et autres, *take-off* ou démarrage, croissance et taux de croissance, etc.) qui correspondent de temps en temps à des réalités, lorsqu'elles sont étayées par des travaux sérieux. Ces derniers sont l'essentiel. Ils ont abouti, en France et ailleurs, à de solides et récentes synthèses, dont on se contentera de reprendre ici les principales conclusions, en les nuançant parfois ; du moins celles qui se rapportent à la seconde moitié du siècle, et qui corrigent, sans les détruire, les schémas proposés au début du tome 1. Mais une démarche lente s'impose.

La stabilité financière favorise un relatif essor économique : la nouvelle Bourse ou Loge des changes de Lyon, construite par Soufflot en 1749 (Bibliothèque nationale). Lyon reste un important centre d'affaires — avec ses négociants, ses foires, ses activités financières, ses manufactures — comparable à Paris.

Un symptôme : la montée des prix et la stabilité monéraire

Voici plusieurs décennies que parut — discrètement — l'œuvre pionnière d'Ernest Labrousse, l'*Esquisse du mouvement des prix et des revenus dans la France du* XVIIIe *siècle*. De 1726 à la Révolution, la hausse globale des prix agricoles, qui étaient l'essentiel, dépassa 60 % : timide jusque vers 1760, véritable élan par la suite, même si celui-ci fut momentanément brisé par l'« intercycle » prérévolutionnaire. Ainsi, après 50 à 80 ans de stagnation ou de dépression mélangée de secousses brutales, c'était le retour à une conjoncture d'expansion et de prospérité. Ajoutons quelques remarques : cette croissance fut faible, au moins quatre fois plus faible que celle qui traversa le XVIe siècle ; dans son premier temps, elle ne fut que récupération de la baisse qui se produisit sous Louis XIV, ce qui distingue à nouveau les dernières décennies du XVIIIe siècle ; enfin elle n'apporte qu'un symptôme parmi d'autres, le climat économique d'une époque ne dépendant pas seulement des prix.

Ernest Labrousse a aussi montré que cette montée des prix s'était accompagnée d'une inégale montée des revenus : faible dans le peuple des dominés, forte ou considérable pour les divers types de rentiers. L'abondante documentation qui soutient la courbe des revenus fonciers permet d'aboutir à une remarque fondamentale, sans cesse confirmée : de 1720 à 1750 ou 1760, les grandes exploitations rurales (dans lesquelles sont incluses les seigneuries) se sont contentées de récupérer la baisse de revenus qu'elles avaient le plus souvent subie de 1650 ou 1670 à 1720 environ ; leurs progrès nouveaux, souvent considérables (un doublement, parfois plus), démarrent après 1760, sinon 1770. Au niveau social supérieur, la conjoncture agricole, favorable durant tout le siècle, le devint exagérément pendant les deux ou trois dernières décennies. Une fois encore, c'est dans cette courte période qu'apparaissent les grands changements.

Pendant au moins quatre siècles, la France avait vécu dans un régime de monnaie rare et, au milieu de variations infinies, continuellement dévaluée. Dans la nécessaire déflation qui suivit les tempêtes du premier quart de siècle, une décision de 1726 fixa la valeur de la livre tournois à un peu moins de 4, 5 grammes d'argent fin. Il se trouva (ne nous lançons pas dans le pourquoi !) que cette valeur se maintint, fut confirmée en 1738, traversa le siècle, légèrement corrigée en 1785 par une réévaluation de l'or, se retrouva pratiquement dans le franc de germinal (Consulat), qui traversa à son tour tout le XIXe siècle pour mourir en 1914 — éclatant symbole — avec une bonne partie de l'Ancien Monde. Cette stabilité de droit et surtout de fait ne put que favoriser la vie économique. D'autant qu'elle fut toujours soutenue, semble-t-il, par un afflux de métaux précieux et une croissance des moyens de paiement sur la réalité desquels tous les historiens s'accordent, s'ils divergent dans les chiffres qu'ils apportent. Venues par le « commerce du Nord », plus encore des pays ibériques et américains, des masses d'argent, que relaya l'or brésilien, doublèrent à peu près le stock métallique français : moins d'un milliard vers 1715, moins de 2 vers 1788. En même temps croissaient à un rythme probablement supérieur les moyens de paiement en « bon » papier (après liquidation des « mauvais » papiers de Louis XIV et de Law) : papier commercial gagé sur le crédit, c'est-à-dire sur la connaissance intime qu'avaient les grands négociants et banquiers de leurs affaires personnelles et réciproques et des possibilités du marché ; papiers d'État et surtout

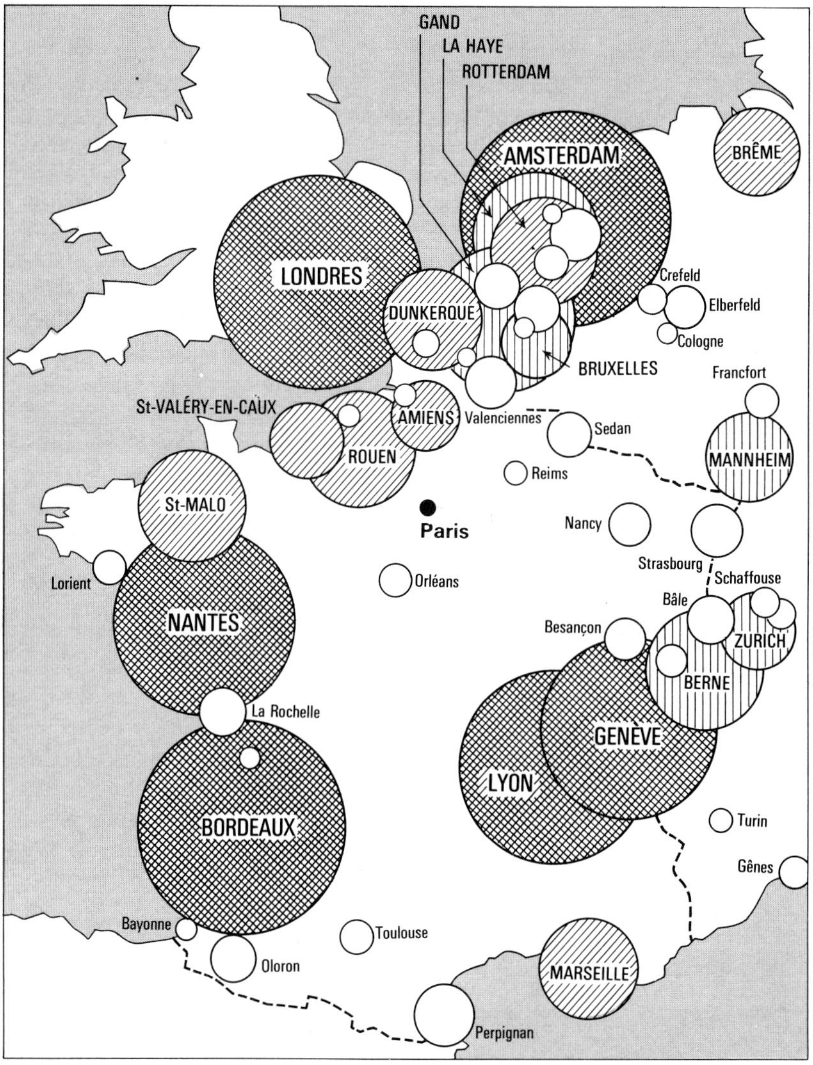

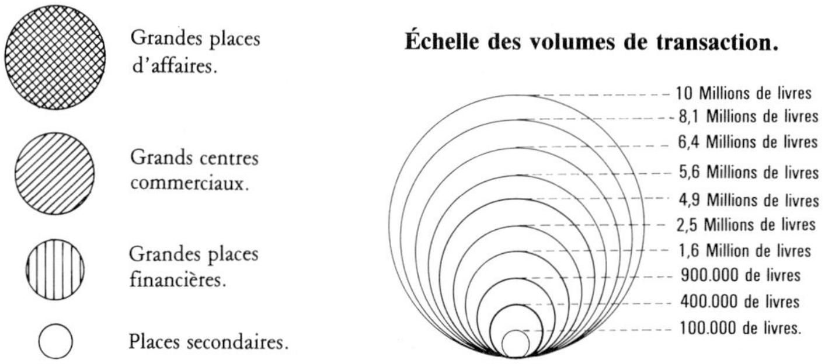

LES GRANDES PLACES D'AFFAIRES VUES DE PARIS

D'après Guy Antoniotti, Une Maison de banque à Paris au XVIIIe siècle, Greffulhe, Montz et Compagnie (1789-1793).

de finance, celui des fermiers généraux et des trésoriers généraux, gagés finalement sur les impôts et les profits à venir, c'est-à-dire sur la richesse sûre et croissante du royaume. Le tout avec d'inévitables crises et accidents de parcours, souvent liés aux guerres et même aux retours à la paix, mais dangereusement multipliés dans les dernières années du régime. Jusque-là, peu de siècles (sinon le XVIe, mais dans un autre style) s'étaient déroulés dans une conjoncture monétaire aussi favorable.

Dans ce significatif domaine, des séries statistiques anciennes, longuement soupesées et discutées, témoignent, malgré quelques désaccords mineurs dans leur interprétation, d'une croissance record, qu'on affirme souvent supérieure à la croissance anglaise (mais celle-ci part d'un niveau bien plus élevé que la française, ce qui suffit à montrer l'astuce statistique naïve ou trop subtile). Selon Pierre Léon, qui a synthétisé les diverses évaluations, le commerce français a crû d'une valeur comprise entre 400 et 450 % entre les années de la Régence et celles qui précédèrent la Révolution (commerce anglais : + 200 %). Les exportations et réexportations ajoutées l'emportèrent presque toujours sur les importations. Dans ce bilan, le commerce européen se comporte comme l'ensemble, et garde donc une place à la fois constante et constamment croissante ; le commerce colonial brille particulièrement puisque sa valeur aurait été multipliée... par 13 — le taux le plus mirifique de tout le XVIIIe siècle français, qui devrait pousser les historiens à approfondir l'étude du secteur américain, surtout antillais, où la Martinique et surtout Saint-Domingue tiennent constamment la vedette.

Le rythme de l'ascension fut régulier et lent jusqu'en 1737 ; apparemment plus rapide ensuite, mais alors coupé de fortes dépressions, qui correspondent exactement aux années de guerre. Il paraît évident qu'une telle croissance se soit accompagnée d'une augmentation du nombre des navires (sans doute de l'ordre du triplement) et d'une progression du commerce intérieur, assez difficile à évaluer sauf en quelques points privilégiés (grands péages et grandes foires comme Beaucaire, Caen, Guibray) où la hausse fut assez régulière, et s'accentua dans les dernières décennies. Enfin, on voit mal comment l'essor du commerce français, bien qu'exagéré par les importations et réexportations coloniales, ne se serait pas accompagné d'une progression de la production française.

Un archaïsme : la production

Une foule de statistiques et de raisonnements ont été produits et parfois discutés. Dans cette mêlée de taux, d'historiens et d'économistes, que Pierre Léon une fois encore a essayé de dominer, il faut bien souligner immédiatement une faiblesse à peu près incurable : si les données chiffrées qui concernent la fin du siècle tournent autour d'une modeste vraisemblance, celles qui se rapportent au début tiennent de la simple divagation. De trop précis taux de croissance ont été calculés à partir de bases de départ trop souvent marécageuses ; rien n'est plus affligeant, ou comique, que leurs précisions contradictoires. Seules, les monographies sectorielles et régionales permettent d'atteindre la vraisemblance, et d'avancer quelques sérieuses hypothèses.

En premier lieu, sur la périodisation des diverses croissances. De 1725 à 1745 environ, il s'agit d'une large récupération après les difficultés des décennies précédentes ; puis, après un temps de respiration, l'expansion reprend, accélérée, surtout après la paix de 1762-1763. Dans certains secteurs, l'expansion est maximum au temps de Louis XV ; en d'autres, une grave crise s'installe, ici dès 1772, là après 1785. Après la récupération, la véritable expansion a été tardive, et inégalement heureuse. Il n'est pas douteux que le secteur agricole (le premier, de loin) fut celui qui progressa le moins, bien qu'il ait réussi à nourrir et vêtir 6 millions de Français de plus, et d'une manière probablement meilleure vers 1780 que vers 1715 (cette assertion est discutée). On se querelle autour du taux de croissance, 60 % pour certains, 30 % pour d'autres, presque rien pour les derniers (tout dépend du niveau choisi comme point de départ, et de la « religion » des historiens). Mais on s'accorde pour placer le plus clair de cette croissance après 1750 (ce qui correspond alors au grand élan de la rente foncière). J'avoue mal comprendre comment le taux de la croissance agricole pourrait ne pas être au moins égal à celui du nombre des hommes. Mais les discussions ne cesseront pas de sitôt.

Cette progression modérée paraît due à la convergence d'améliorations de détail.Grâce aux défrichements, la surface agricole utile put croître de 2,5 %, selon Labrousse, chiffre peut-être optimiste. Çà et là, l'étendue en jachère a dû diminuer, simple accentuation d'une évolution très longue ; les prairies artificielles (que les paysans avisés connaissaient bien avant les physiocrates) se sont quelque peu étendues dans les régions déjà riches et au voisinage des villes. Il est sûr que, dans les grandes plaines, des froments riches et lourds remplacèrent des seigles et des méteils. Rien ne prouve que leur rendement à l'arpent ait connu partout une nette progression ; mais cela se produisit à certaines bonnes années, en des terroirs doués, et bien cultivés. On prépara la semence un peu mieux, et l'on conserva moins mal les récoltes, pour lesquelles le ciel fut plus souvent clément. Les cultures se diversifièrent lentement ; la vigne progressa fortement (ce qui favorisa longtemps les paysans moyens, avant la crise finale) ; le maïs continua son progrès, et il apparaît de plus en plus que la pomme de terre a rencontré des succès locaux, peut-être régionaux (Nord, Est, Bretagne, montagnes) ; un surcroît de bras et de travail paysan aide aussi à expliquer la progression invoquée. Elle n'empêcha pas que reviennent parfois, même larvées et localisées, de brèves crises de subsistances. On le voit, rien d'une révolution ; ou alors ce mot ne veut plus rien dire.

Les manufactures traditionnelles, le vieux secteur textile imperturbablement en tête (signe de *non*-révolution), ont connu une progression moins malaisée à saisir : plus accentuée, mais encore modérée. Pour draperie et toilerie, on s'accorde sur une montée de production de l'ordre de 60 à 80 % — la vieille draperie s'épuisant vers la fin (mode changeant, concurrence anglaise), alors que toilerie et surtout soierie (signe d'élargissement du luxe) se portent mieux. Distorsions géographiques aussi : le « lanifice » s'épuise dans l'Ouest, le Centre, l'Amiénois même, et se revigore dans les provinces en expansion, Est et Midi. Les secteurs d'extension glorieuse sont ceux du nouveau textile (toiles peintes enfin autorisées, et cotonnades), de la sidérurgie et de la houille. Les taux de croissance atteignent alors le quintuplement et le sextuplement (à partir, il est vrai, d'une base très faible, ce qui les surhausse) ; on pourrait parler de « décollage », si ces secteurs neufs tenaient une place fondamentale dans la production totale, ce qui n'est pas, et de fort loin. Ils représentent des promesses d'avenir, l'amorce des « préconditions » du trop fameux *take-off*. Et pourtant, dans ces domaines de pointe, des phénomènes apparaissent qui annoncent nettement le XIXe siècle ; le principal est la concentration, à un degré nouveau, des ateliers, des capitaux et des hommes. Réussites brillantes, mais tardives (presque toujours après 1770) et surtout isolées.

On hésite à proposer un bilan de la croissance française au XVIIIe siècle. Les statisticiens un peu historiens avancent des hausses du « produit national » (ne précisons pas) de 60 %, de 100 %, parfois plus ; si ces calculs ont un sens, c'est que leur résultat est bien supérieur à celui qu'on pourrait avancer pour le siècle précédent... Plus intéressant serait le problème de la redistribution sociale de ce supplément de richesse ; Ernest Labrousse a depuis longtemps montré que l'essentiel alla à la rente et au profit, et que le salaire (ou ce qui en tenait lieu) n'en ramassa que les miettes. Il les ramassa cependant, bien qu'on ne puisse avancer aucun chiffre solide. Il serait malhonnête d'aller plus loin.

Techniques : la révolution importée

A quelques détails près, rien de neuf avant 1750 ou 1760 ; et presque tout le « neuf » vient d'Angleterre, même l'agromanie, qu'elle déroba aux Hollandais, comme tant d'autres techniques. Nous savons déjà que, dans le domaine agricole, la révolution fut surtout verbale. Inaugurées par le premier livre de Duhamel du Monceau, précisément en 1750, agromanie et physiocratie aboutirent à quelques expériences à sensation et à quelques mesures législatives. Une partie des premières sombra dans le ridicule, une partie réussit, le reste fut oublié. Les secondes donnèrent quelques améliorations, déjà signalées, et diversement accueillies (hostilité fréquente des paysans aux fourrages artificiels et à la pomme de terre). Quelques défrichements marginaux, quelques animaux et plantes introduits à grands frais, quelques enclosures qui firent crier les manouvriers (privés de pâtures), toutes ces nouveautés purent localement aider à un certain essor de la production, sans plus. Mais agronomes de salon et expériences bruyantes préparèrent de fortes générations d'agronomes de métier, qui parvinrent à modifier lentement les habitudes, les techniques, les produits de la campagne française, à partir de 1840. Quant à la révolution agricole, la vraie, elle date du XXe siècle, et nous la voyons s'achever sous nos yeux. Avec elle disparaissent les paysans.

Peu d'innovations dans le secteur de la circulation et des transports. Rien dans la navigation. A Marseille, Charles Carrière nous montre, en 1780 comme en 1705, les mêmes types de navires, aux mêmes tonnages, marchant de la même manière, à la même vitesse, toujours inaptes à calculer la longitude, puisqu'un seul sur plusieurs milliers a véhiculé l'instrument révolutionnaire, le chronomètre. Sur les routes et les rivières qui aboutissent au grand port, la même lenteur (qui tout de même étonne), le même rythme, les mêmes véhicules, des ponts et surtout des gués toujours aussi incommodes. Et pourtant, sur mer et sur terre, plus de trafic, une sécurité accrue dans les transports, et des coûts qui stagnent nominalement, donc qui baissent réellement, étant donné la hausse générale des prix. Pourtant, la circulation des messageries et des personnes s'est accélérée, grâce surtout à l'extension de la diligence : selon les *Indicateurs fidèles* de Michel et Desnos, la durée des voyages s'abaisse de 30 à 50 % entre 1765 et 1780, au départ de Paris (Strasbourg à 5 jours

Motifs d'une toile de Jouy : la manufacture de Jouy-en-Josas elle-même, fondée en 1760 par Oberkampf, et dont on devine les bâtiments à gauche derrière l'une des nouvelles machines récemment mises en service.

au lieu de 11 ; Marseille, 8 au lieu de 12 ; Toulouse, 8 au lieu de 15 ; Nantes, 5 au lieu de 8 ; Cherbourg, 4 au lieu de 8). En même temps, les Trudaine, Perronnet, Cessart et autres ingénieurs (toujours après 1750) inventent de nouveaux types de ponts (première réussite à Saumur), et lancent ces admirables grands travaux soutenus par une administration enfin compétente : construire ou reconstruire le réseau routier français, dont 4 000 kilomètres avaient été entrepris en 40 années. Travaux longs, impopulaires à cause de la « corvée royale » qui leur fournissait la main-d'œuvre, mal compris aussi, inachevés en 1789 (et continués ensuite), mais qui fournissaient le début du magnifique réseau qui aida tant à l'expansion du XIXe et du XXe siècle. Efforts et débuts remarquables ; mais il faudra attendre la vapeur et les chemins de fer pour parler de révolution des transports, d'unification économique par désenclavement et considérable abaissement des coûts.

C'est naturellement dans le domaine qu'on commence, après 1750 justement, à appeler « industriel » qu'éclatent enfin, maintes fois chantées, la nouveauté de quelques techniques et l'amorce d'une prochaine révolution. Les premières machines à filer, puis à tisser, sont fabriquées à Rouen après 1765, sur le modèle anglais (comme tout le reste, ou peu s'en faut), par l'émigré Holker ; les plus perfectionnées, *waterframes* et *mull-jennies*, à Passy et à Paris, dans les toutes dernières années de l'Ancien Régime, par deux Anglais. Mais les premières sont répandues en France à un millier d'exemplaires, contre quelque 20 000 en Angleterre, et les autres ne s'imposent pas encore. Si les frères Périer construisent à Chaillot à partir de 1779 les machines à vapeur mises au point par Watt dix ans plus tôt, ils ne parviennent à en vendre qu'une quarantaine, et en partie à l'étranger. Soixante-douze ans après Darby, en 1785, les Wendel réussissent pour la première fois en France à fabriquer

*A la frontière encore indécise entre l'artisanat et la production industrielle, malgré l'inspiration résolument moderne de l'illustration, un atelier de fabrication de glaces (l'opération de verser et rouler, planche de l'*Encyclopédie*).*

au Creusot de la fonte au coke ; date mémorable, portée immédiate faible. De même, la rénovation mécanique de la rubannerie à Saint-Chamond (1769), de la papeterie à Annonay (1779) et les premières découvertes (mal accueillies) de Vaucanson dans le domaine de la soierie constituent bien plus des promesses d'avenir que des modes de production qui transforment la structure économique du pays. Pourtant, les instruments de la future révolution industrielle étaient en place, et l'opinion éclairée commençait à se passionner pour le renouveau des « Arts et Manufactures », tandis que la place du technicien et de l'ingénieur s'imposait progressivement dans un monde pour qui le progrès ne se réduisait plus à un rêve philosophique.

Faut-il honorer du terme de « révolutionnaire » et classer dans les techniques nouvelles ce probable relais de la « finance officière » classique par la banque internationale indépendante du régime et souvent protestante, que symbolise la promotion d'un Necker au rang de ministre ? Il est seulement sûr que ces groupes puissants et encore mal connus occupent une telle place dans la seconde moitié du XVIIIe siècle (en attendant la suite), que nos scolaires classifications, nos timidités et nos illusions ne suffisent guère à les étreindre. Économie, finances, État, société, pensée, arts, on les retrouve partout. Leurs techniques étaient-elles nouvelles, ou nouvellement efficaces ? Il apparaît que l'État ne vivait souvent que grâce à eux, et fléchissait quand ils se dérobaient. Leur puissance était devenue moins discrète, peut-être plus décisive. Quoi qu'il en soit, ils annoncent l'avenir, et on les retrouvera, « insubmersibles » dans leurs associés et leurs descendances, dans tous les régimes qui essaieront de remplacer celui qui devenait « ancien », que ces banquiers n'ont pas peu contribué à abattre.

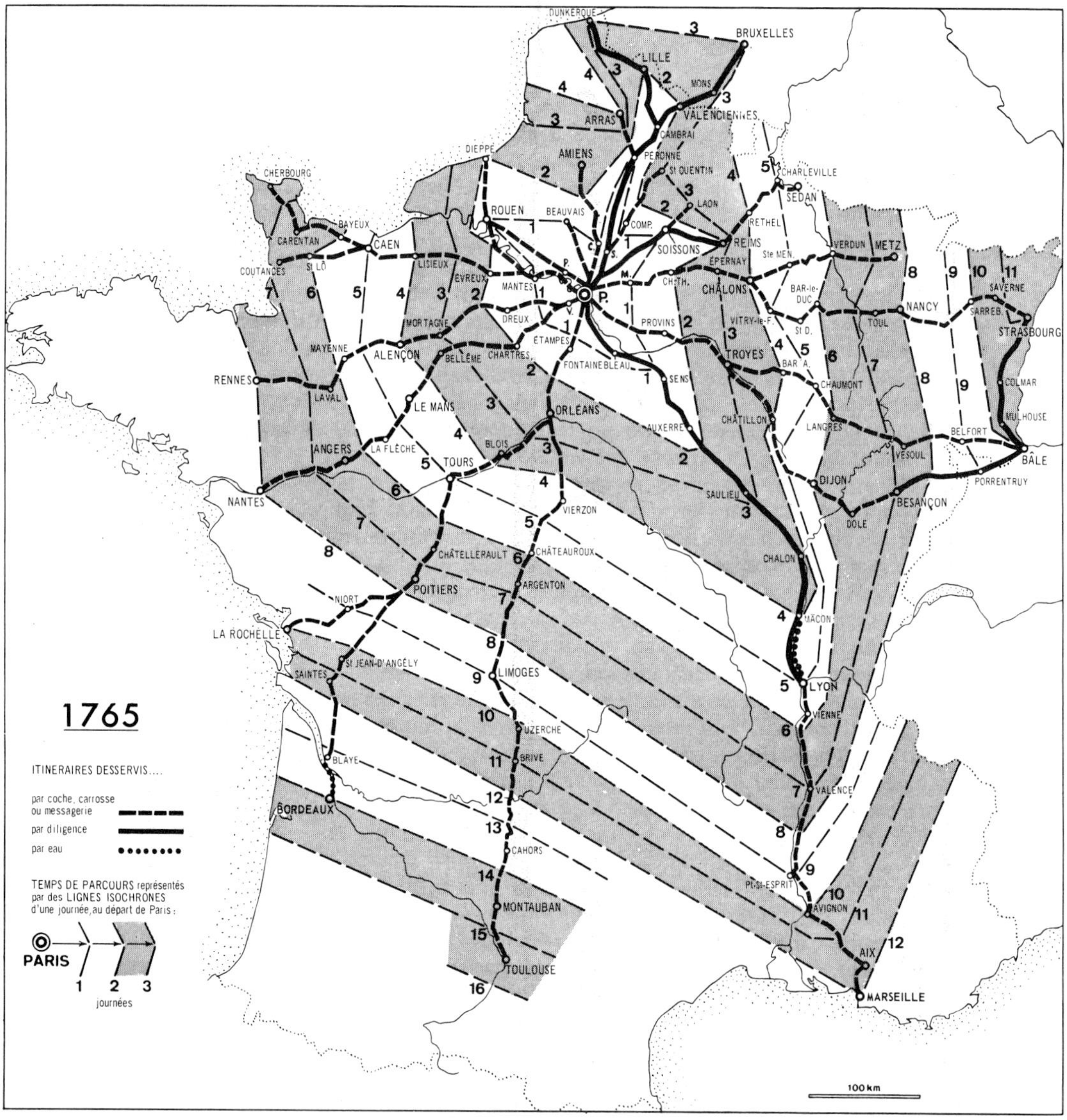

LA GRANDE MUTATION ROUTIÈRE

Développement et aménagement des routes, multiplication des relais de poste et création par Turgot de la Régie des diligences et messageries *en 1775 vont raccourcir considérablement les distances en France entre 1765 et 1780. Si la carte de gauche fait apparaître des axes privilégiés*

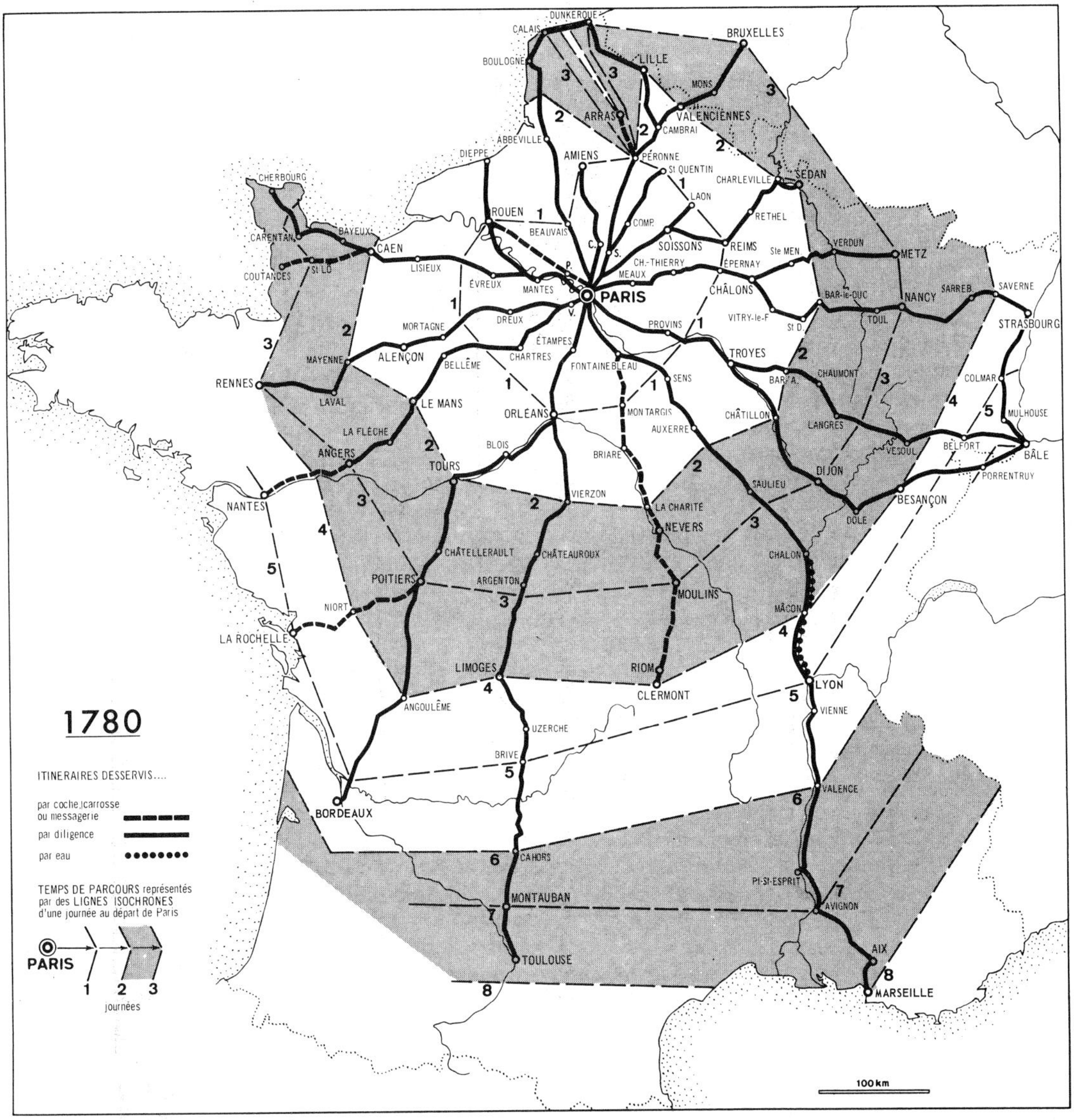

(Paris-Rouen, 1 jour ; Paris-Lyon, 5 jours) que l'on retrouve sur celle de droite inchangés, la distance Paris-Toulouse, Paris-Strasbourg en 1780 y est en revanche réduite de moitié. (D'après Guy Arbellot, Annales E.S.C., *1973)*

Vers une révolution économique ?

La recherche des « nouvelletés » plus ou moins révolutionnaires ne doit pas laisser perdre de vue les principes de base qui demeurent. Aucune révolution industrielle, aucun *take-off* réel, tant qu'une économie reste dominée par l'agriculture, tant que le textile (bien de consommation) l'emporte de beaucoup sur la métallurgie, tant que les moyens de transport des marchandises demeurent lents et coûteux, tant que la rente foncière l'emporte largement sur toutes les autres formes de revenus, tant qu'un système bancaire installé jusqu'au fond des provinces ne draine pas l'épargne et ne subventionne pas l'industrie, tant que les entreprises demeurent très majoritairement familiales et modestes, tant qu'un pur salariat, qu'un véritable « prolétariat », qu'une « classe ouvrière » consciente n'apparaît pas en grandes masses concentrées. De tous ces indubitables facteurs des sociétés industrielles modernes, quelques-uns sont en germe (ou un peu plus) dans la France de Louis XVI ; aucun n'apparaît véritablement au grand jour.

A la différence de l'Angleterre où la concentration régionale des industries sur le charbon est déjà très apparente, la France reste pays d'industrialisation lâche et dispersée, tant pour la métallurgie dont les foyers s'éparpillent de l'Ardenne aux Pyrénées, du Dauphiné au Périgord que pour le textile qu'on trouve partout. La dispersion rend compte d'une hiérarchie de la production sensiblement différente de celle à laquelle le XIXe va habituer économistes et sociologues. Partout le commerce tend à prendre le pas sur la fabrication, et la ville, saisie dans sa croissance, a précédé l'industrie plus qu'elle ne l'a suivie. Les villes, centres de décisions administratives, capitales de la rente, maîtresses des plats pays, apparaissent avant tout comme des lieux d'échange perfectionnant leur prélèvement sur les campagnes, c'est-à-dire leur secteur tertiaire, et rarement comme le lieu des manufactures dont la croissance est le fait des campagnes. La sensibilité de la production industrielle devant le niveau variable des récoltes reste le trait majeur qui fragilise le développement de l'économie urbaine. Les effets de blocage persistent dans une économie où la base capitaliste demeure étroite et le modèle dominant l'investissement foncier et officiel. Les activités de pointe portent sur des produits luxueux et durables, trop sensibles à la conjoncture de la mode et du commerce. Une « révolution » des habitudes de consommation, moteur d'une transformation des activités, s'ébauche à peine dans les plus grandes cités, à Paris dans le système vestimentaire ou la vaisselle, à Caen dans l'habillement dès le milieu du siècle, comme le notaient les inspecteurs des manufactures (J.-C. Perrot). La naissance de l'économie de profit s'accélère dans les grandes métropoles, à Paris, à Lyon, dans les ports comme Rouen, Nantes, Bordeaux, Marseille ; dans les villes moyennes, comme Caen, elle retarde quelque peu, mais le passage d'une économie stationnaire à une économie en mouvement s'amorce lentement. Les traits originaux de l'histoire industrielle du XIXe siècle y sont peu ou prou anticipés.

Aucun des économistes et historiens, morts ou vivants, ayant tenté de chiffrer la part de l'industrie dans le produit national brut, ou dans le revenu national brut n'a retenu une proportion supérieure à 20 % ; Marczewski, l'un des plus péremptoires, opte pour 13 %. Ce qui signifie, quelques broutilles mises à part, que le produit de l'agriculture continue à assurer plus des trois quarts du revenu français.

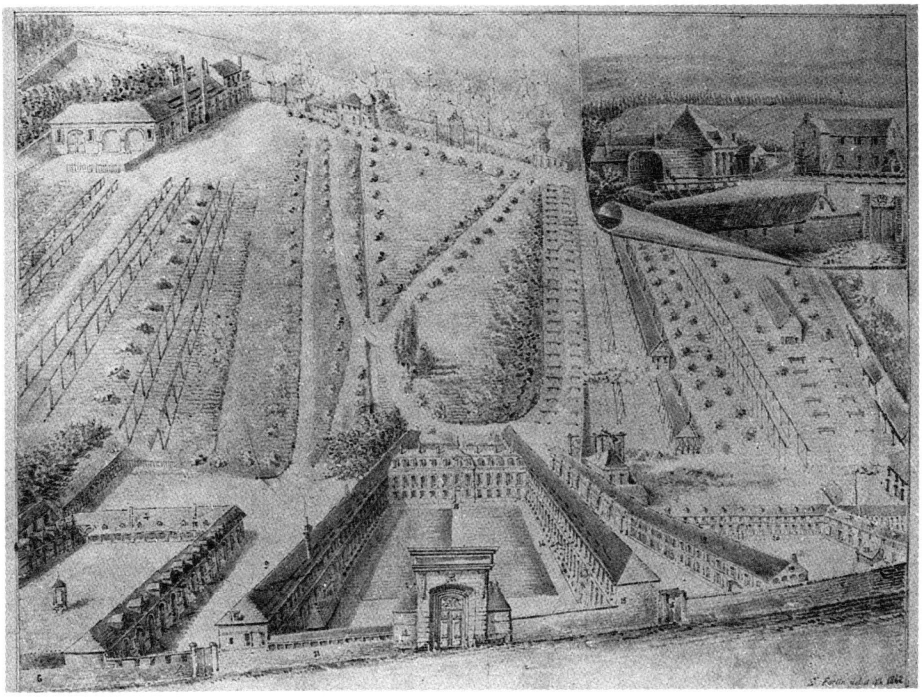

Concurrencer la production lainière anglaise, telle est l'idée de Louis XIV, quand il permet, en 1665, à un Hollandais, Josse Van Robais, de fonder sa manufacture à Abbeville, ville drapière traditionnelle. Au début, la production est éparpillée entre plusieurs maîtres drapiers de la ville, mais, dès 1706 est entreprise la construction des bâtiments ci-dessus, afin, de l'aveu même du fils du fondateur, d'avoir « tous ouvriers rassemblés sous une même clef ». (Perspective et façade de la manufacture vers 1710, lavis et aquarelle du XIX*e* *siècle, bibliothèque municipale d'Abbeville.*

Aucun auteur non plus qui mette la métallurgie ou la houille au premier plan : le textile, surtout le « vieux », représente la moitié de la production industrielle. Rien de plus admirablement minoritaire que les secteurs de pointe. De même, quelques accélérations dans le trafic et quelques tassements de coûts de transport ne sauraient annoncer la vraie révolution, celle des chemins de fer ; le trot du cheval demeure la plus belle vitesse, et les voyages des épreuves qui durent des jours et des jours. Si puissante qu'elle paraisse, la banque ne touche pas un Français sur 1 000, si la finance, par le système des cautions, des croupes et des parts, peut en intéresser un sur 100. Quant au « prolétariat », ou ce qui l'annonçait, Pierre Léon estime le nombre des ouvriers « purs » dans la France de 89 à 500 000 personnes de sexe masculin (ce qui me paraît généreux), entourés certes d'une « nébuleuse de travailleurs mixtes et de tâcherons à temps partiel » *(Histoire économique et sociale de la France).* Et cette nébuleuse de paysans-journaliers-jardiniers-bricoleurs représente toujours le véritable petit peuple d'Ancien Régime, un peuple qui n'est évidemment pas mort d'un coup sous Robespierre ou Bonaparte, et qui a survécu durant bien des décennies.

Bref, d'heureuses retouches à la vieille et robuste machine, qui fonctionnait toujours malgré quelques « ratés », bien chauffée, un peu « dopée », plus quelques bricolages d'artisans avisés et parfois géniaux, et quelques imitations d'inventions étrangères, anglaises surtout. Point de révolution, mais des éléments pour la préparer.

11
Une société en plein renouvellement

Une certaine interrogation subsiste quant au renouvellement de la société à cette époque, surtout en raison de l'insuffisance des recherches sur la société française de la seconde moitié du XVIIIe siècle. Les vieux historiens ne s'intéressaient qu'à la « bonne » société, et ne se penchaient vers le peuple que du haut des papiers d'intendance, ou dans un dessein explicatif de la Révolution, mais après coup. Plus récemment, on s'est beaucoup empêtré dans des scolastiques péremptoires qui prétendent expliquer absolument tout, bien qu'oscillant de Marx torturé à Loyseau rebouilli, et qui témoignent sur les historiens bien plus que sur l'histoire. « Ordres », « classes », le premier terme ayant un sens au XVIe siècle, le second au XIXe, cela ne suffit pas à caractériser toute une société, autrement complexe, diverse et fine que ces dénominations abruptes, qui simplement peuvent aider. Il convient de les connaître, de les saluer, de les utiliser, et surtout de les oublier, par un voyage aux sources qui se fait l'esprit ouvert et si possible frais, ne cherchant qu'à connaître et si possible comprendre.

Bien que limités dans leur objet et leur territoire, les travaux de détail qui s'accumulent d'année en année nous donneront essentiellement leur appui, ainsi que deux modes de réflexion fort simples : une comparaison avec la société « écrasée » du temps de Louis XIV, une utilisation « arrière » des grandes secousses des années 1788-1791 comme révélateurs de tensions antérieures, ce qui se ramène à faire témoigner prérévolution et révolution premier style sur la société du second XVIIIe siècle (alors que la réflexion inverse a généralement prévalu). En attendant la publication de travaux approfondis, qui manquent trop, nous proposerons le schéma suivant, dont la partie hypothétique a été réduite au minimum.

LA NOUVELLE DISTRIBUTION DES ÉCARTS

La pensée et la descendance spirituelle d'Ernest Labrousse y ont insisté depuis plusieurs lustres. Sauf cas régionaux qu'on reprendra, les conclusions que voici n'ont guère été contestées. Après 1760 bien plus qu'auparavant, les prix agricoles, les divers types de rente foncière et seigneuriale, et le revenu paysan plus ou moins pénétré de salariat (à la tâche, en nature) ont monté de manière inégale : les prix, de 60 %, depuis 1726 ; la rente, du double ; le « salariat » et les revenus paysans, de moitié (devant ces proportions, on sent bien que les effets d'une « réaction féodale » en partie supposée, en partie éternelle, ont surtout été psychologiques). Bref, un petit nombre de rentiers ont ramassé les trois quarts du bénéfice « conjoncturel » ; des millions de paysans parcellaires se sont disputé le dernier quart.

Les nouveaux dominants

A ces effets globaux de la conjoncture longue se sont ajoutés ceux du moyen terme et surtout du court terme. Si la masse des petits et moyens paysans exploitants peut profiter des bonnes années pour vendre ses excédents (vin notamment) et ramasser un surcroît de salaires ruraux et « manufacturiers », les crises, même larvées (ce qui signifie une hausse des prix de 50 à 100 %), suppriment leur excédent vendable. Ces paysans se transforment alors en acheteurs (à haut prix) tandis que leurs salaires se raréfient. Inversement, rentiers, décimateurs et gros fermiers profitent des « bons prix » de crise : c'est la « contrariété » labroussienne bien connue de la rente et du salaire. Viennent les difficultés du temps de Louis XVI (surproduction de vin, sécheresses et épizooties, médiocres et mauvaises moissons, déclin du vieux lanifice rural), et les revenus assez favorisés, même dans la paysannerie parcellaire, disparaissent et se transforment en endettement. La plupart des bonnes études régionales ont confirmé, en gros, le raisonnement de E. Labrousse. Avec deux correctifs. D'une part, des régions pauvres, ou isolées, ou pétrifiées — basse Auvergne, Nivernais, Sologne, Bretagne intérieure, sud-est du Maine — ont conservé leur médiocrité miséreuse, sans que rien ne change apparemment ; elles ont continué à vivre hors de la conjoncture.

Montée d'une nouvelle classe rurale : un riche fermier reçoit son propriétaire. A ce niveau, les relations de type seigneur et paysan se modifient au profit d'un nouvel équilibre social. Gravure d'après Moreau le Jeune pour Monument du costume *de Rétif de La Bretonne.*

Mais surtout, cette majoritaire exagération des écarts sociaux s'est accompagnée très visiblement de deux corollaires : l'amenuisement de ce qu'on peut grossièrement appeler la classe moyenne paysanne ; la montée accentuée de grandes dynasties de fermiers, bourgeois ou paysans. Pierre de Saint-Jacob en Bourgogne et Paul Bois dans le Maine l'ont rigoureusement montré. Dans tout le Nord, en Picardie, en Lorraine, en Ile-de-France, le même phénomène a été décelé ou est en train de l'être : les bons rôles de tailles (et il en est beaucoup) révèlent couramment des écarts de « cotes » qui vont de 1 à 1 000, voire de 1 à 10 000 (Gonesse), qui s'élargissent progressivement, et ne peuvent que refléter (avec gauchissement) la réalité sociale et son évolution. Partout, le nombre des moyens laboureurs s'amenuise, et leurs « cotes » diminuent : les plus faibles tombent au rang et au revenu courant du parcellaire micro-propriétaire, micro-fermier, jardinier et éleveur ; rares furent ceux qui rejoignirent les puissantes parentèles et les beaux profits des fermiers des grandes exploitations, des seigneuries, des dîmages, des moulins, souvent de tout cela à la fois, qui pouvaient régler sans sourciller 2 000 à 3 000 livres de tailles par an. De plus, ils avaient mis la main sur la plupart des petites parcelles à affermer qu'ils avaient intérêt à réunir à leur exploitation, privant les petits paysans, notamment les jeunes, de ces instruments de travail et de subsistance. Ce « trust » des fermages, souvent signalé, paraît le propre des grandes plaintes céréalières ; il n'est pourtant pas inconnu dans la basse Bretagne, où des domaines congéables furent réunis pour être affermés en bloc, ou bien, pour les plus consistants, divisés pour être affermés par morceaux. Cette élite rurale n'hésitait pas à tirer le maximum des droits ou prétentions seigneuriales qu'elle gérait — colombier, troupeau à part, clôture de parcelles, triage dans les biens communaux (appropriation du tiers) —, participant ainsi directement des avantages de la seigneurie, et singeant parfois le seigneur. Ces « bourgeois ruraux » (comme les appelait Georges Lefebvre) ne sont pas inconnus au XVIe siècle ; mais ils sont désormais devenus, au moins dans quelques provinces riches, une véritable classe, complice et parfois rivale rusée de la « classe propriétaire », qui profitera largement de la vente des biens d'Église et devrait être rigoureusement suivie à travers le XIXe siècle ; en attendant, ils paraissent concentrer sur eux les rancunes des petites gens, qui transparaissent parfois dans quelques cahiers de doléances, malgré le fréquent écran des rédacteurs bourgeois. Paul Bois a sensiblement prouvé que les insurrections de l'Ouest bocager contre le régime révolutionnaire exprimèrent la rancœur de petits paysans (à qui la Révolution n'avait rien apporté) contre les nouveaux propriétaires, les receveurs, les fermiers, les administrateurs nouveaux, presque tous venus de la ville. L'essai de Charles Tilly sur la Vendée conclut à peu près à une révolte contre l'« urbanisation », étrangère et hostile aux structures paysannes traditionnelles.

Non seulement, dans le monde traditionnel, les écarts s'étaient accusés entre dominants et dominés, mais la bourgeoisie urbaine et la mince couche supérieure de la paysannerie pénétraient en force parmi les dominants, y apportant une sorte d'efficacité plus moderne qui faisait plus mal accueillir encore leur ascension. Il arriva même qu'on les traite de « capitalistes », terme alors nettement péjoratif, bien qu'on l'ait alors surtout appliqué aux détenteurs de biens monétaires et aux spéculateurs.

Éclatement du « premier ordre »

Il faut beaucoup d'aveuglement pour continuer à croire, fin XVIIIe siècle, en la persistance de l'unité spirituelle et organique de ce qu'on continue à nommer, par tradition, le « premier ordre ». Nous avons dit le mépris habituel dans lequel étaient tenus la plupart des réguliers, mis à part des enseignants, des hospitaliers, des érudits. Mépris tel que l'administration royale s'en aperçut, et finit par y mettre quelque ordre (œuvre de la « commission des réguliers » à partir de 1766). La dénonciation des mœurs et des richesses également scandaleuses des réguliers fut l'un des grands thèmes des cahiers de doléances, si favorables par ailleurs au bas clergé séculier ; et la vente des biens des couvents, en France comme en Europe, ne scandalisa que quelques dévots attardés, et connut un franc succès.

Du haut clergé nous savons qu'il était tout à fait dans les mains du roi, et d'ailleurs composé presque entièrement de la plus haute et plus ou moins ancienne noblesse. Depuis l'édit de 1695, cette fraction de la noblesse essayait de tenir plus rigoureusement son clergé diocésain, réguliers comme curés et vicaires, qui réagissaient diversement. Une bonne minorité de prélats pieux, réformateurs, à peu près résidents ; une majorité de jeunes seigneurs brillants, dépensiers, impérieux, peu instruits, peu résidents, de conduite douteuse ; quelques-uns franchement immoraux, indignes, voire incroyants. Quelque nuance que puisse apporter la recherche en cours à ce tableau classique, sa rigoureuse banalité demeure.

On sait aussi à quel point s'était renouvelé le monde des curés depuis la fin du XVIIe siècle. Plus de ces prêtres souvent ignares, frustes ou scandaleux. L'inévitable lie mise à part (on la rencontrait surtout à Paris et au fond de diocèses misérables et isolés), le XVIIIe siècle bénéficie de pasteurs sérieux, venus de la petite bourgeoisie ou de la très riche paysannerie, formés et comme moulés dans les séminaires, mœurs strictes, rigide pédagogie du catholicisme tridentin, fervents, dévots, consciencieux, appliqués, longtemps résidents. Délivrés de tout souci matériel (presque tous jouissent de revenus largement suffisants et souvent plantureux), détenant une parcelle du pouvoir civil, bien implantés dans la terre (dont ils vivent souvent), dans les villages et dans leurs principales familles, ils constituent l'une des forces d'un siècle qui, à quelques égards, tend pourtant vers une chute de ferveur religieuse. Ces sévères curés sont parfois agacés par les prétentions seigneuriales (certains seigneurs veulent encore être encensés !). Ils le sont plus encore par leurs évêques, dont ils ressentent vivement le train fastueux, la conduite légère, et l'autoritarisme parfois tracassier (que l'édit de 1695 et les suivants ont permis). Beaucoup sont assez rigoristes, et donc attirés par le jansénisme, voire le richérisme ; certains supportent mal l'obligation jamais abolie de signer le vieux formulaire de 1653. Ils se connaissent, se fréquentent, et bientôt s'assemblent. Dans les dernières années de l'Ancien Régime, des « assemblées de curés » se constituent, se réunissent en Dauphiné, en Provence, en Bourgogne, en Poitou, manifestations presque parfaites d'une naissante « conscience de classe » — si le mot classe convient vraiment —, qui se retrouvera çà et là dans les élections aux états généraux, où des curés se permirent de se présenter contre des prélats, et de les battre, en attendant qu'en juin 1789, venant rejoindre le tiers état isolé, ils « débloquent » à eux seuls la situation, permettant à la Révolution de commencer.

Le « bon prêtre » l'a emporté, mais en même temps, pour une majorité du deuxième ordre du clergé, une culture fortement traditionnelle qui enferme le bas clergé dans son ghetto. La courbe des vocations révèle aussi la désaffection progressive des milieux où le recrutement était de tradition : milieux des bourgeoisies urbaines, milieux des bourgeoisies rurales. La reprise ultime des ordinations dans certains diocèses puise de nouvelles forces dans l'ensemble des classes paysannes qui ont bénéficié de l'alphabétisation séculaire. Le XIXe siècle y verra à tort un modèle dominant. L'important est qu'en 1789 des tensions nombreuses divisent le bas clergé, et surtout que la logique pastorale a imposé une séparation de plus en plus grande entre le monde des clercs et celui des fidèles ; un équilibre ancien a été délibérément rompu. Les événements révolutionnaires mettront en valeur la crise des clergés et celle des chrétiens ordinaires.

L'excellent pourvoyeur ou « Ma femme au couvent ». *Le traditionnel mépris pour le clergé régulier alimente une satire de plus en plus féroce contre les moines, soupçonnés des pires turpitudes (caricature prérévolutionnaire de grande diffusion).*

Mais la Révolution même, en voulant « civiliser » le clergé et lui faire prêter divers serments, ressouda progressivement une assez large unité, contre elle et ses suites, très majoritairement, et pour longtemps ; et en même temps, le pape, qui avait donné l'interprétation attendue par une grande partie de l'Église de France, retrouvait son autorité sur elle, ce qui condamnait trois siècles de gallicanisme. La dislocation de l'ordre n'avait été que momentanée, et la « révolution des curés », un feu de paille.

La radicalisation nobiliaire

Par la terreur, la guerre ou la corruption, Louis XIV avait rudement achevé de juguler les prétentions politiques, les proconsulats provinciaux et les trahisons successives de « sa » noblesse. Celle-ci avait plié, réagissant à peine contre le style absolutiste, mais grognant contre les anoblissements trop faciles, et témoignant un épais mépris à l'égard de la « vile bourgeoisie », dont elle rougissait pourtant peu d'épouser les filles, les millions et la puissance.

Depuis 1715, bien des choses avaient changé. Les ducs s'étaient précipités vers les « conseils » de la polysynodie ; les nobles parlementaires avaient repris remontrances et querelles ; les théories sur l'excellence nobiliaire, qui précédemment couraient sous le manteau, furent imprimées et répandues paisiblement. On sut que la noblesse descendait d'une race de conquérants, les Francs, qu'un sang spécial l'irriguait, et que par nature elle était apte aux plus hautes fonctions, comme d'aider le roi à gouverner. Théories qui flattaient autant de vanités que d'appétits, mais dont l'exagération parfois grotesque prouvait que la supériorité de la race et du mode de vie nobiliaire avait besoin d'être réaffirmée. « Réaction » nobiliaire, ou inquiétude ?

Tous les manuels plébiscitent le thème de la réaction nobiliaire, soit par tradition, soit par conviction, soit par répétition, soit qu'il faille justifier d'avance la « bourgeoisité » de la future Révolution. Il est vrai que tous les évêques de Louis XVI (sauf un, peut-être) étaient d'ancienne noblesse ; l'Américain Ravitch soutient que ceux de Louis XIV l'étaient aussi ; la « nobilité » des prélats de Louis XVI serait toutefois plus ancienne, mais un siècle s'était ajouté, Michel Peronnet le confirme. En 1791, à quatre exceptions près, le corps épiscopal en refusant la constitution civile du clergé, prouva sa cohésion sociale et idéologique enracinée dans la France ancienne. Étudiant « Messieurs du Conseil », Michel Antoine n'est pas loin de soutenir que leur unanime noblesse était peut-être plus récente sous Louis XV que sous Louis XIV, et plus ostensiblement truffée de finance hâtivement décrassée. La « Royale » (marine de guerre) n'avait jamais compris que des officiers nobles, l'intendance et l'écritoire restant l'affaire des roturiers. Après les plus récentes études, on ne sait plus très bien jusqu'à quel point il y eut réaction nobiliaire dans l'armée au temps des diverses « écoles militaires » réservées aux nobles (mais l'artillerie ? mais le génie ?), et du fameux règlement du comte de Ségur en 1781 (qui, en gros, réclamait la preuve de quatre degrés de noblesse paternelle pour l'accès à certains grades). Il semblerait plutôt que la noblesse « présentée » (au roi), qui était loin de se limiter aux familles de très « ancienne extrace » (mais comprenait pas mal de financiers), ait maintenu ses privilèges d'accession très rapide aux plus hauts grades, tandis que la besogneuse noblesse provinciale restait confinée dans les plus modestes ; remarque qui, si elle est confirmée, montre bien des tensions à l'intérieur du « second ordre ».

En revanche, la longue expérience qu'on a pu accumuler de travaux et de recherches d'histoire rurale et seigneuriale dans l'ensemble français permet d'émettre de fortes réserves au sujet du thème fatigué de la « réaction féodale » à la campagne. S'il fait allusion à la rédaction de nouveaux terriers et à la recherche de droits anciens quelque peu oubliés, on peut assurer que l'une et l'autre se produisirent régulièrement, depuis le XVIe siècle, au lendemain de périodes troublées (guerres, révoltes, notamment Ligue et Fronde) ; plus simplement et plus fréquemment lorsque des héritiers ou des acheteurs jeunes et dynamiques remplaçaient un seigneur fatigué et négligent, ou lorsqu'ils recrutaient un intendant avisé ; puis, à partir de la fin du XVIIe siècle, l'expansion de la technique neuve et efficace du levé de cartes à l'échelle, suivie par la constitution progressive d'un corps de bons géomètres et mesureurs, puis de feudistes, rendirent plus sensible la rigueur d'une administration rurale qui rapportait d'ailleurs de plus en plus. Rappellera-t-on enfin qu'Ernest Labrousse a montré que la hausse de la « rente » suffit à rendre compte de ladite « réaction féodale », qui fut si chère à Philippe Sagnac ?

Tant de livres, d'articles, de positions, de controverses se sont enchevêtrés qu'il faut avouer ne plus très bien savoir où en sont les noblesses, tant les antiques catégories demeurent à la fois vivantes et contredites par la réalité. Des princes du sang aux écuyers, des rares nobles « immémoriaux » aux bourgeois en cours d'anoblissement et en état de « noblesse inachevée », les degrés sont nombreux, assez précis, connus, encore ressentis, et la « cascade de mépris » y dégringole toujours — comme d'ailleurs dans toute la société d'Ancien Régime, et bien d'autres. Mépris plus fortement marqué et ressenti que naguère, peut-être, parce que l'atmosphère a changé, que la réaction défensive fige et aigrit les positions, que les victimes connaissent leur mérite, font plus de bruit, et pensent probablement ce que Figaro dira bientôt : « Parce que vous êtes un grand seigneur, vous vous croyez un grand génie... Vous vous êtes donné la peine de naître, et rien de plus » — fronde percutante, et applaudie par ceux-là mêmes qu'elle visait, trait presque éternel... Dans cette noblesse à la fois raidie et diversifiée, en fin de compte si mal connue, deux groupes peuvent pourtant se dégager : l'un fort noble et de peu de poids, la noblesse qui se croyait pauvre ; l'autre de beaucoup de poids, et très mêlé, ce qu'on appelle de plus en plus « la bonne société ».

La première vit encore au fond des provinces, et à l'armée. Pauvre, objectivement, elle ne l'est presque jamais, et Jean Meyer a réglé le problème ; mais elle *se sent* pauvre et mal à l'aise face à la noblesse de cour, aux salons brillants de la capitale et des grandes villes, aux opulences parfois ostentatoires des négociants, des armateurs, des négriers, de la grande robe et surtout de la finance. Elle sert le roi sans compter, mais sans réelle illustration, dans les degrés les plus bas de la hiérarchie officière de l'armée ; malgré ses défenseurs, le chevalier d'Arc, le comte de Saint-Germain, les grands commandements lui échappent régulièrement. Dans ses manoirs modestes, parfois mal entretenus, les mères, les veuves, les cadets essaient de tirer le maximum du domaine proche et des tenures, exigeant leurs droits pour l'honneur comme pour la subsistance, afin d'entretenir la lignée et le renom. Des bourgeois âpres et de gros fermiers vivent mieux qu'eux, les narguent ou les dépouillent parfois. Ils croient représenter l'honneur contre l'argent, le rigide passé contre le modernisme corrupteur et « capitaliste » (rappelons que le terme, péjoratif, est du temps). Ils sont « contre », ou s'apprêtent à l'être ; non contre le roi, mais contre les « mauvais » ministres, l'administration et tous les financiers. On n'a d'ailleurs jamais fait le compte (s'il est faisable) de ceux qui furent contre la Révolution (parfois, dans l'Ouest, contraints par leurs paysans), de ceux qui furent pour et accédèrent alors à des grades militaires élevés, et de ceux qui attendirent paisiblement que passent les ouragans (les plus nombreux ?). En 1792, un tiers des unités de l'armée de ligne a perdu un tiers de ses officiers nobles ; presque 6 000 ont franchi les frontières, mais il en reste 3 000 qui seront fidèles à la République dont ils pouvaient attendre promotion et reconnaissance efficace. C'est une leçon majeure que nous enseigne l'Américain Samuel Scott.

Du militaire éclairé à l'intelligentsia de la puissance

L'étude que Jean Chagniot a consacrée à l'armée du XVIIIe siècle à Paris montre que, si personne ne conteste les droits acquis par le mérite et la naissance, ceux-ci composent avec la fortune et le crédit, l'instruction aussi, jusqu'aux années cinquante. Trois facteurs militent ensuite en faveur d'une limitation de la mobilité sociale par l'épée : la paix de 1747, qui s'accompagne de réformes sévères ; les mesures prises par Belle-Isle après 1758, qui réduisent les possibilités offertes aux roturiers et aux anoblis ; les édits de Choiseul, qui mettent fin aux traditions de l'entreprise militaire et aux compagnies affermées après 1763. L'armée dès lors ne joue plus qu'avec difficulté un rôle de confirmation de noblesse et la réaction aristocratique ne fera que renforcer les prétentions nobiliaires et provinciales. La portée sociale des promotions antérieures a toujours été limitée par le fait que nombre d'officiers se sont mariés tard et n'ont pas eu de successeurs ou sont restés célibataires. Pour réussir il faut transmettre et pour transmettre il faut survivre, or l'armée connaît une forte mortalité et stérilise quelque peu, par des mariages tardifs. La fermeture des régiments parisiens de la Maison du Roi aux hommes nouveaux se fait après un demi-siècle de brassage, où les fils de la robe, les enfants de l'aristocratie de cour, les rejetons des riches parvenus se partageaient les charges militaires. Les préjugés sociaux s'affirment avec la paix au moment même où la place du militaire et des officiers dans le pays est discutée et recomposée, quand la reprise en main de l'armée par l'État redonne à la noblesse provinciale une partie de ses droits. En même temps, la régie remplace l'entreprise et les vertus militaires dépassent les acquis de l'argent, les soldats sont aux frontières, ou de plus en plus dans les casernes. La remise en ordre coïncide avec la réhabilitation du militaire. La plus grande partie des cadres de l'armée révolutionnaire sont en place.

A partir de 1760, l'opinion et les soldats éclairés, officiers qui fréquentent les cercles, les salons, les loges, les académies, imposent l'image de soldats utiles et de militaires bienfaisants. C'est l'avènement du « militaire philosophe ». Une nouvelle sensibilité anime les réformateurs pour harmoniser la discipline, pour abolir la peine de mort pour désertion, pour élever les orphelins de militaires. « Le militaire instruit, officier ou non, s'intéresse aux débats d'idées et prend parti dans les conflits politiques. Pour que la garde française de 1789 mette ses armes au service d'une patrie régénérée par les Lumières, il a fallu que ses officiers et ses sergents soient eux-mêmes ébranlés par la propagande du parti national » (J. Chagniot). Au-delà du fondement social, l'éthique militaire des temps prérévolutionnaires a un fondement culturel dont l'action partiellement dissolvante par rapport à une identité ancienne n'a pas été freinée par les réformes. La défection des troupes en 1789 est aussi celle des militaires réformateurs, hostiles au despotisme ministériel, partisans du dialogue avec les « patriotes ».

EMMANUEL DE CROŸ, MILITAIRE, CHRÉTIEN, PHILOSOPHE ET NOBLE

Le XVIIIe siècle ne manqua pas de militaires illustres. Bélidor et Vauban, qui ouvrent l'âge des ingénieurs, Maurice de Saxe, que le peuple aimait pour ses galanteries, et le chevalier d'Arc, qui entre Paris et la province défendit la « noblesse militaire », et Guibert, homme de salon pour qui l'immortelle Julie de Lespinasse se désespérait et dont l'*Essai général de tactique* fut l'un des chefs-d'œuvre du temps, et Gribeauval dont les canons et les prolonges donnèrent à Bonaparte la suprématie conférée par la mobilité et la disponibilité de l'artillerie. C'est l'âge des militaires philosophes. Nous parlerons de l'un d'eux, moins illustre, moins connu, mais d'une envergure comparable : Emmanuel de Croÿ, maréchal de France, prince du Saint Empire, grand d'Espagne, chevalier des ordres du roi, grand veneur héréditaire du pays et comté de Hainaut, baron de la ville de Condé, né en 1718, mort en 1785. Deux raisons pour cela : d'abord l'homme permet d'évoquer toutes les facettes du devenir nobiliaire dans la très grande et très cosmopolite aristocratie, la vraie, qui compte à Paris et à Versailles, à Berlin et à Potsdam, à Vienne et à Schönbrunn, voire à Madrid, à Londres et à Rome ; ensuite Marie-Pierre Dion, élève de l'école des Chartes, vient de lui consacrer un livre érudit et sensible, sympathique et chaleureux, nourri aux sources et déjà profond ; sans lui on ne pouvait arriver à dire quelque chose de nouveau sur un itinéraire intellectuel et sur une réussite. R. Dauvergne voyait en Croÿ un « noble libéral », G. Richard, un « grand seigneur autoritaire », C. Manceron, un « dévot », Poncheville, un « mécène », un « artiste », un « lettré », L. Trénard, un « simple esprit curieux » ... toute la complexité d'une figure notable.

Emmanuel de Croÿ hérite de plusieurs siècles de ténacité et de désinvolture héréditaires. La tradition donnait à la famille une origine illustre et royale « notoire en tous les temps et descendante en ligne directe des anciens rois de Hongrie ». La science généalogique et les recherches que le prince conduisit après son veuvage dans une retraite provinciale voulue semblent confirmer un destin plus banal qui s'enracine dans le terroir picard. Croÿ abandonna Attila mais refusa la « tache bourgeoise », affirmant ainsi « moins le désir de montrer une lointaine origine ancestrale que sa conscience d'appartenir à un groupe qui marqua profondément l'histoire des régions qui lui étaient chères » (M.-P. Dion). La généalogie délimite un horizon de rêve et « entraîne évidemment une conscience plus haute du rang » que l'on a décidé de tenir. Emmanuel de Croÿ n'a pas manqué de modèles à imiter dans une maison illustrée au service des Capétiens, des ducs de Bourgogne, et des Habsbourg (Maximilien la fit princière en 1486 et Henri IV ducale en 1598). Les branches d'Arschot, de Chimay, de Roeulx, d'Havré et de Solre accumulent les titres, les dignités, les charges et les ordres. La branche de Solre conduite par le prince Philippe-Emmanuel-Ferdinand-François de Croÿ, grand-père d'Emmanuel, choisit le royaume, la France, les Bourbons, peu après la paix de Nimègue (1678). Les Croÿ d'Havré l'imitent après 1715, mais les Croÿ Roeulx restent d'Empire jusqu'à leur extinction en 1767. Les branches devenues définitivement françaises mirent près de trois générations à s'imposer dans l'aristocratie versaillaise et parisienne, où l'on moquait — Saint-Simon — l'orgueil généalogique des Croÿ. L'une des ambitions principales d'Emmanuel de Croÿ fut de porter à la hauteur de son passé l'éclat de la famille francisée et unie, ce qui n'exclut pas les bonnes relations et les alliances de part et d'autre des frontières.

Il est né au château de Bailleul en 1718, cinq ans avant la mort de son père, homme de guerre lui aussi. Il grandit en province, à Condé, dans un climat propice à l'évocation de la grandeur, élevé « à entendre parler des sièges et des batailles des anciennes guerres des Pays-Bas où mes ayeux avaient tant répandu leur sang ». A neuf ans, il entre au collège de Clermont et dix ans plus tard La Guérinière en fait un cavalier. Il reçoit ainsi l'éducation d'élite qui doit lui permettre de soutenir son rang et d'accéder aux emplois. Sa mère qui aime la chasse à courre y veille de près et travaille pour cela la cour, intrigante et solliciteuse, si l'on en croit Saint-Simon. A partir de 1731, c'est un précepteur, Bottée de Bouffée, un Picard, chevalier de Saint Louis, tacticien, directeur de la Société des Arts que patronne le comte de Clermont, qui continue son éducation. Il lui doit sans doute son intérêt encyclopédique, et en même temps sa fidélité religieuse, l'idée aussi que la profession des armes « ne conduit aux honneurs que par le travail et la peine », en bref que la grandeur doit se gagner. Croÿ témoigne ainsi des investissements éducatifs nouveaux de la noblesse à l'aube des Lumières, il cumule les cursus, sans doute à cause d'une santé quelque peu fragile, mais aussi parce que les itinéraires multiples ouvrent les chemins du monde et que les résultats se mesurent à l'intérêt que l'on conserve dans l'âge adulte pour réfléchir et travailler. Emmanuel de Croÿ se fera le précepteur de ses enfants dans le même esprit, mais sans les envoyer au collège, et en élaborant une véritable réflexion pédagogique pour les enfants de la noblesse.

Entré aux mousquetaires à 18 ans, en 1736, il est mestre de camp, en 1738 ; il est fait brigadier à Fontenoy et se distingue à Lawfeld. Nommé maréchal de camp en 1748, il quitte l'armée. Sa carrière l'a porté aux premiers rangs en moins de quinze ans, ce qu'il doit à ses qualités, et à ses protections. Il a épousé une d'Harcourt arrière-petite-fille de Louvois et nièce de Belle-Isle. S'il se retire alors du service actif, c'est qu'il reste accablé par la mort de sa femme (on a su aimer dans le mariage aristocratique) et qu'il décide d'élever lui-même son fils et sa fille, qu'il est un courtisan peu convaincu malgré ses succès — il a reçu le Cordon bleu, le Saint-Esprit, la charge de gouverneur de Condé —, et surtout qu'il veut illustrer le nom de la famille par d'autres voies. S'il partage désormais sa vie entre la province et la cour, l'étude et l'administration de ses biens, il ne renonce pas totalement aux responsabilités militaires. En 1757, il commande en Artois, Picardie, Calaisis et Boulonnais, rôle qu'il assume jusqu'à la guerre d'Indépendance américaine, organisant avec décision la défense des côtes contre d'éventuelles descentes anglaises. En 1783, un an avant sa mort, il reçoit le bâton de maréchal qu'il porte sur presque tous les tableaux qui le représentent à tous âges, preuve qu'il veillait à son image, et que la guerre avait été une de ses grandes passions.

Deux autres se partagent sa vie : la grandeur familiale et les lettres. Pour la première, tout lui est bon, l'étude généalogique, la patience infinie pour nouer les intérêts des branches du lignage dont il est devenu le leader. Avec les Croÿ d'Havré il conclut « un petit traité de cœur et de politique entre nous deux de nous entretenir en tout, de nous communiquer nos vues, de nous dire nos vérités et de veiller l'un pour l'autre à nous pousser et à nous dire tout ce que nous pouvions découvrir avait rapport à nos intérêts ». Ainsi s'épaulant, la réussite d'une des branches joue pour le prestique de toutes. De plus, de l'attachement au passé et à la grandeur de la maison découle le souci d'accroître et de bien gérer le patrimoine, le souci de l'« oeconomie » qui permet de jouir « des vrais délices champêtres, embellis encore par ceux de la propriété ». Emmanuel de Croÿ n'est pas du côté du gaspillage mais de celui de l'investissement raisonné et du profit maîtrisé : c'est un noble capitaliste. Il veille à ses droits seigneuriaux, surveille ses fermiers, recense ses richesses, achète des terres — nobles de préférence —, soutient procédures et procès, vend les seigneuries et les fermes isolées. Autour de Condé, de part et d'autre de la frontière, il concentre ses biens dans « un inextricable mélange de hardiesse et de passéisme ». En 1789, les seuls revenus seigneuriaux, grand et petit vinage, gambage, afforage, poids et balance, étalage et étaplage, chargeage, hôtage, avalage, terrage, pêche, ferrage, corvées, lods et ventes rapportent pour le seul duché de Condé le sixième des revenus de cette terre : 7 500 livres. Les mines, le charbon sont intégrés au fief et développés avec le souci de l'avenir. Avec un capital de près de 5 800 000 livres, malgré des charges élevées, de l'ordre de 1 800 000 livres, le revenu des Croÿ est un des plus élevés du royaume : 200 000 livres vers 1770, dont moins de 20 000 livres en pensions et traitement, ce qui range Croÿ parmi les aristocrates indépendants, et plus de 50 000 livres pour le profit des entreprises, ce qui le place du côté de l'avenir industriel. Le tout est largement dépensé dans les rentes et les emprunts, les constructions et l'entretien des bâtiments, les charités et le superflu qu'exige une vie seigneuriale de premier rang et la participation à la vie de cour. En grappillant, Emmanuel de Croÿ ne doit pas un sol de dette en 1781, ce qui est assez exceptionnel et traduit qu'en passant de la noblesse provinciale assise à la très haute et très riche aristocratie les Croÿ ont su concilier l'intérêt, les devoirs, et une certaine forme de bonheur hors du commun que permet « le mode d'être bon campagnard » et la vie au pays natal. Clientèles et fidélités, chasses et fêtes, vie publique et « grands objets », vie privée et culte du sentiment intérieur composent l'idéal de cet aristocrate chrétien.

Il l'a approfondi en cultivant les sciences, les lettres, la réflexion, qu'il juge nécessaires pour que la noblesse tout entière conserve sa place et son rôle dans la nation. C'est un bibliophile et un lecteur pratique. Les patientes reconstitutions de Marie-Pierre Dion permettent de préciser les équilibres majeurs de sa bibliothèque, où se combinent héritages et choix personnels, l'entretien d'un patrimoine issu des goûts et des préoccupations des ancêtres illustres, du XVIe et du XVIIe siècle, sa réappropriation et son accroissement par l'aristocrate des Lumières. C'est un éclectique qui se tient au courant, c'est un philosophe mais chrétien : moins de 10 % de livres de piété, mais lus avec attention, 30 % de sciences et arts, un quart de littérature et le tiers d'histoire ; il ne se contente pas de l'étude du passé ou du rêve littéraire, il est de son temps, singulier et toutefois fidèle conciliateur de traditions. Il croit au rôle de l'écrit et à sa mission de lecteur comme le prouve son *Journal* qu'il tient de jour et de nuit, au repos et en voyage, à pied et à cheval, et qu'il compose d'un matériel hétéroclite fait de notes de lecture, d'observations notées, de propos entendus, d'analyses réfléchies. *Mémoires d'une vie,* que justifie la volonté d'arrêter le temps qui passe et de transmettre l'héritage, geste de solitaire et de collectionneur de faits, ces pages qui trahissent une volonté disciplinée ne s'arrêtent qu'aux portes de la mort. C'est un document irremplaçable et attachant, mise en scène d'un acteur de second plan et d'un « moi » de première qualité.

Emmanuel de Croÿ prouve la difficulté de classer les noblesses anciennes sous une étiquette unique. C'est un homme des Lumières que préoccupe la volonté d'adapter la noblesse aux données d'un avenir incertain. C'est un amateur de sciences et un chrétien sans se contredire, patriote plus qu'académicien ; au service de la nation, qu'il incarne encore dans le roi. La réussite de son clan, une fortune hors du commun, lui imposent de se distinguer pour être et rester parmi les premiers. « Le secrétaire d'Emmanuel de Croÿ eut ordre de conclure le journal, non pas en relatant les ultimes instants et la bonne mort du maréchal, mais en y notant », en guise de conclusion à toute une existence : « Enfin, il faut étudier à chaque minute et avec courage. » (M.-P. Dion).

Consciente ou non, l'extravagance d'une certaine classe sociale ne s'étale pas sans une certaine provocation. (Dame de qualité prenant le plaisir du traîneau en hyver, *collection Maciet, XVIII*e *siècle, musée des Arts décoratifs.)*

Enfin, déjà évoqués, les sommets de cette noblesse qui fut un ordre appartiennent à une haute société unie par la richesse, la puissance et l'éclat. Église, épée, robe, finance et talent s'y mêlent ; la noblesse immémoriale y côtoie la plus fraîche ; les roturiers opulents, cultivés ou spirituels y accèdent plus facilement qu'au parlement de Bretagne ou au grade de colonel. Aucun type de revenu ne la caractérise vraiment ; les plus aisés ont des terres, des seigneuries, des châteaux, des hôtels urbains, des rentes, des dettes, des parts dans la ferme générale et même des intérêts dans le grand commerce et les mines de houille. Tous se retrouvent, sinon à la cour, du moins aux salons, à l'Opéra, aux maisons de débauche, à la promenade, aux résidences estivales et automnales ; toujours avides d'argent, de plaisirs et d'idées. Presque tous étroitement liés au régime que beaucoup servent et qui les enrichit ; et presque tous pourtant critiquent sa politique, ses politiques ou son manque de politique, rêvent de réformes, d'un ministère « philosophique », de despotisme « éclairé », de « corps intermédiaires », ou de transformations plus radicales. Des tendances, des écoles, des coteries se créent, se défont et se reforment au sein de cette société brillante et bien-disante, qui prépara de loin, assez inconsciemment, la seule révolution à laquelle songeaient les têtes les plus solides : une monarchie constitutionnelle et libérale. Et tout cela finit par compter plus que leur origine sociale, diverse, et la nature de leurs revenus, voisins en composition comme en montant, et toujours très au-dessus des autres.

La nouvelle moisson bourgeoise

Nous avons essayé au tome précédent de dire ce que fut la bourgeoisie, ou plutôt les bourgeoisies d'Ancien Régime. Dans la seconde moitié du XVIIIe siècle, décèle-t-on en elles des modifications significatives ? Faut-il prêter alors une attention particulière au vieux thème savamment balancé qui oppose (à presque tous les siècles d'ailleurs) le déclin de la noblesse à l'ascension de la bourgeoisie, thème qui nous a toujours paru sommaire, sinon verbal ?

La plupart des bourgeois étaient intégrés au régime, dont ils vivaient, dont ils souhaitaient naturellement le maintien, sauf quelques fortes têtes. Les officiers roturiers, ceux de judicature surtout, pouvaient souffrir de voir diminuer la valeur de leurs offices, et aussi leur prestige ancien ; mais, rentiers de terre et de rentes consti-

Une jeunesse plus nombreuse, plus et mieux instruite va précipiter l'évolution sociale urbaine déjà en marche depuis le début du siècle. Ci-dessus, un compartiment réservé à l'étude dans l'un des dortoirs du collège de Navarre (gravé et dessiné par François-Nicolas Martinet, v. 1760).

Assemblée de francs-maçons pour la réception des apprentis. Le récipiendaire (3), encadré par les surveillants (2) va « recevoir la lumière » des mains du Vénérable (1). Un procureur (9), un médecin (10), un financier (11), un abbé (12) assistent à la cérémonie. La scène se passe en 1757 (CMT, Assistance publique).

tuées, ils ne pouvaient se plaindre de la hausse générale ; quand elles existent, leur « philosophie » et leurs tendances réformatrices ou philanthropiques ne semblent pas correspondre à une aggravation de leur condition, mais peut-être à une prise de conscience de la médiocrité de leur rôle — bien qu'en fin de compte on n'en sache rien, tant manquent les études approfondies et datées. Les autres ramasseurs de rentes rurales, seigneuriales, usurières ou d'État ne désiraient visiblement que la continuation de la prospérité, quelles que puissent être les bourrasques passagères. Grands marchands, négociants et armateurs, qui ne vivaient pas dans le même monde de la terre et de la rente, ne demandaient à l'État que de ne faire aucun obstacle à la poursuite de leurs trafics généralement fructueux ; et ceux-là peut-être poussaient à un libéralisme économique dans lequel les ministres avaient du mal à s'engager à fond, tant la réglementation leur avait toujours plu ; mais les négociants la tournaient sans peine et ne demandaient qu'à continuer. Le cas des fermiers généraux, maintenant bien connus grâce à Yves Durand, a été présenté plus haut : nobles, même s'ils conservaient des activités « bourgeoises », et identifiés à ce point au régime que la Révolution ne s'y trompa pas, les classa parmi les « aristocrates » et les « ennemis de la liberté », et les guillotina.

Si nous laissons de côté les problèmes idéologiques qui sont en dehors du dessein de ce livre, il semble qu'on puisse repérer quelques points critiques dans les bourgeoisies de la fin du siècle. Nous en avons déjà rencontré un : la « conquête bourgeoise » d'une partie des grands biens ruraux par les intendants et les fermiers des villes (aussi bien que par les riches paysans). A ce niveau, rappelons que la résistance est surtout venue des paysans moyens et pauvres, particulièrement dans l'Ouest, où elle a pu expliquer l'essentiel de la Vendée, des chouanneries et de leurs suites. Conquête qui fut renforcée par la Révolution, et maintenue aux siècles suivants.

D'autres points sensibles s'observent en ville. Ils se ramènent souvent à la pression d'une jeunesse plus nombreuse et plus instruite contre les « gens en place », qu'ils soient installés dans l'administration, dans le monde judiciaire et surtout la basoche (visiblement un excès d'avocats), ou dans le monde des lettres et des arts. Académies et cénacles imposent aux nouveaux venus des règles de recrutement limitant l'accès aux cercles réservés alors même que le phénomène se vulgarise par la publicité faite aux séances publiques et privées dans les gazettes françaises et étrangères et que les concours recrutent un nombre de plus en plus important de candidats venus de tous les horizons sociaux. Les jeunes talents n'obtiennent pas la reconnaissance qu'ils attendent. Ils se réfugient alors dans de nouvelles coteries, contre-académies juvéniles ou cercles ouverts à des milieux jusqu'ici tenus en réserve de la « République des Lettres » ; ils animent la montée des loges maçonniques dont les multiples orientations favorisent l'expansion autant que des formules de sociabilité plus mondaines que savantes. Nombre d'entre eux composent un curieux prolétariat de lettrés sans libraire, d'avocats sans cause, de médecins sans clientèle, d'auteurs sans théâtre, mais où beaucoup trompent leur monde et trouvent à publier, plus particulièrement une sous-littérature de pamphlets, de libelles, de manuels contestataires aux effets percutants quant à la dissociation de l'unité monarchique, ce sont les « Rousseau du ruisseau » ; d'autres ont pu plaider des causes choisies, bien vite célèbres, et animer ainsi une fermentation incessante, d'autres soignaient de bonnes clientèles comme Marat, médecin du comte d'Artois, et non sans succès, tout en écrivant réformes et réflexions audacieuses ou en participant aux concours des académies. Beaucoup de révolutionnaires sont issus de ces milieux et ils retrouveront dans le défoulement des années postérieures à 89 bien des nantis de l'académisme ou de la notoriété ancienne.

Reste le problème des banquiers internationaux et de leur impact sur la fin de l'Ancien Régime : problème toujours irrésolu, obscurci par les passions, gêné par l'extrême complication et la dispersion des archives, sans qu'on soit sûr que les plus importantes aient été découvertes ou conservées. Nous l'avons déjà rencontré, en suivant le travail fondamental d'Herbert Lüthy. On sait, en bref, que l'Ancien Régime, aux périodes les plus difficiles, n'a pas toujours trouvé de ressources suffisantes dans ses financiers habituels ; qu'il eut recours aux coûteux services des grandes constellations bancaires établies à la fois à Londres, Amsterdam, Hambourg, Paris, Cadix, Lyon, Genève, pour trouver des moyens de paiement à l'étranger, et même des emprunts. Familles catholiques et « régnicoles », comme les célèbres Magon, malouins, et surtout les Lecouteulx, normands ; familles souvent helvétiques et protestantes : les Isaac Mallet et les Tourton et Guiguer du début du siècle, continués ou relayés par les Thélusson et Necker, les Tourton et Bauer, puis les Delessert, Cottin, de Candolle, Girardot, puis dans les années 1780 le Zurichois Hottinguer et le Neuchâtelois Perrégaux, chez qui entrait en 1788 comme teneur de livres un certain Jacques Laffitte. Ces complexes associations internationales vraiment apatrides prêtèrent au régime déclinant tant qu'elles purent croire en sa solvabilité ; puis le laissèrent tomber, provoquant indirectement la convocation des états généraux, occasion de la Révolution, quitte à subventionner ensuite la guerre victorieuse, même montagnarde, et à reparaître parmi les plus forts actionnaires de la Banque de France dès 1800, avec justement les Perrégaux, Mallet, Hottinguer, Delessert, Lecouteulx, pour s'en tenir aux plus grands. Hommes libres, ces grands banquiers internationaux, dans la mesure où ils ne sont pas « corporés », presque jamais officiers, où (sauf quelques grands domaines de prestige) ils sont étrangers à l'économie traditionnelle du grand royaume agricole, puisqu'ils jouent sur le papier et sur la monnaie, d'une grande place de change à l'autre. « Hors du régime » au sens strict, sans doute ; mais peut-être aussi forts, peut-être plus forts que ce régime. Est-il téméraire d'avancer que, dès les années 1770-1780, le règne des banquiers (Laffitte) s'est instauré, aidant à faire et défaire les régimes, en tout cas s'adaptant admirablement, par-dessus les ruptures ou pseudo-ruptures révolutionnaires, à l'évolution apparemment saccadée de la vie (politique) française, aux plus hauts niveaux ? Mais le règne des banquiers ne succéda-t-il pas simplement au règne des financiers ?

C'est le résultat d'une lente transformation de l'économie du royaume, où l'encaisse métallique était jusqu'alors confisquée « en ce sens qu'elle demeure, en toute circonstance, l'apanage d'une minorité qui en assure une diffusion exclusive soit entre ses membres, soit dans l'appareil financier de la monarchie » (D. Dessert). Alors le monde du grand négoce et de la banque développe ses propres instruments de transaction et joue à tout propos des possibilités anciennes des lettres de change. La royauté n'y a recours qu'en temps de crise ultime et leur préfère les financiers qui sont maîtres du jeu de la circulation des espèces parce qu'elle profite aux intérêts des grands, détenteurs de la domination terrienne, seigneuriale et politique. Ces liens empêchent la réforme du système et conduisent la royauté à la crise. L'État de Louis XV et de Louis XVI, tout en utilisant les ressources traditionnelles de la finance, s'est orienté vers une politique d'emprunt et de crédit, à l'intérieur, mais de plus en plus à l'extérieur. Ne pouvant réformer l'impôt par des solutions plus égalitaires, ne pouvant poursuivre en justice les maltôtiers comme au temps de Louis XIV, la monarchie doit faire face à ses créanciers et choisir une solution politique pour contenter les grands banquiers. En même temps la finance et ses riches auxiliaires doivent renoncer à l'instrument monétaire qui était la base de leur emprise sur l'État, promouvoir les affaires et multiplier l'économie papier au détriment de la leur. « Ainsi les gens d'argent et leurs bailleurs de fonds sont-ils entraînés à promouvoir un groupe qui remet en cause leur hégémonie financière, donc économique et par là politique. » La bourgeoisie du capital peut alors apparaître comme la fille involontaire de l'État d'Ancien Régime et de sa société aristocratique et celle-ci pourra soutenir la première, passé la tourmente révolutionnaire (D. Dessert).

LA SUBORDINATION IMPATIENTE

Déjà souvent mise en cause, la paysannerie n'appelle ici que des précisions en forme de bilan. Il est commun de remarquer que les vieilles fureurs s'étaient apaisées, depuis Louis XIV et sa vigoureuse poigne. Réapparaissaient pourtant, exactement lors des chertés, ces émeutes de marché (avec essais fugitifs de « taxation » populaire) et ces troubles de la circulation des grains qui sont toujours apparus liés à la trame même de l'Ancien Régime (certains survécurent au XIXe siècle), dont la « guerre des farines » de 1775 ne constitue que l'épisode le plus retentissant. Çà et là sont signalées aussi de brèves émotions : rien de grave, nous assure-t-on.

La paysannerie : le ferment persistant

Nous avons vu pourtant que le calme fut loin d'être parfait. Des travaux localisés (Bourgogne, Toulousain, Armagnac, Ile-de-France), certains encore non publiés, ont permis de repérer d'autres formes de résistance paysanne, en Bourgogne contre la seigneurie, dans le Sud-Ouest contre la dîme. Résistance souvent passive : dès qu'un maître est lointain, vieilli ou négligent, on oublie de payer, on feint de ne plus savoir à qui payer, et combien... Les archives des seigneuries et des tribunaux sont pleines de ces finasseries significatives et des tentatives (baptisées « réaction seigneuriale ») pour les faire cesser. On va jusqu'à plaider : en Bourgogne, contre le seigneur, et on perd régulièrement, mais on continue ; dans le Sud-Ouest, contre le gros décimateur (qui lève jusqu'à 12,5 %), et Georges Frêche a montré que les parlementaires toulousains donnent parfois gain de cause aux paysans en corps. Si besoin est, l'on agit : en Bourgogne, on détruit les clôtures du seigneur, et on reprend les communs qu'il s'est adjugés ; dans le Sud-Ouest, on organise froidement la grève des dîmes, ou on décide d'abaisser leur taux, ce qui aboutit parfois à des « accommodements » ; et, dans la région parisienne, on n'attendit pas 89 pour tuer les lièvres et les faisans des Joly de Fleury ou des Pontchartrain, et massivement. Plus les recherches s'approfondissent, et plus on détecte ces formes persévérantes de résistance passive, ou juridique, ou localement violente. Quant à l'Ouest, on sait que la résistance paysanne visa plutôt la bourgeoisie fermière et intendante des grands domaines (P. Bois).

En Languedoc, le contentieux foncier se détériore sérieusement après 1750. Des tensions habituelles s'exaspèrent autour de l'arbre, de l'herbe, du communal, où s'affrontent les intérêts de classe et les conceptions de la propriété. Les batailles pour les landes, les communaux, les « montagnes », mobilisent les habitants selon des stratégies variables, le long de fronts qui ne sont ni continus ni immuables (N. Castan), opposant les riches et les moins riches, les pauvres et les puissants. La fureur et le ressentiment animent tous ceux que l'on veut empêcher d'user ou d'abuser du bien collectif, entre les perdants réduits à une économie de déprédation et les nantis partisans d'une « bonne mise en valeur des communes pour s'en réserver le profit ». La contestation de la seigneurie amplifie encore l'agitation : trois points principaux sont en cause dans le procès du petit criminel rural jugé au parlement de Toulouse :

Scène de la vie bourgeoise : France de tradition ou France à venir ?
La Collation *(Gouache anonyme de 1765, musée Carnavalet, Paris).*

Trompe-l'œil. La future église Sainte-Geneviève (devenue le Panthéon sous la Constituante), présentée au roi par Soufflot et Marigny, peinte sur une gigantesque toile, le 6 septembre 1764, ne servira presque jamais au culte (toile par Pierre-Antoine de Machy, musée Carnavalet, Paris).

la valeur des titres, le taux des prélèvements, les modes de perception. Face à la politique offensive des seigneurs qui utilisent à leur profit l'appareil judiciaire, le durcissement de la protestation individuelle et collective s'observe dans toutes les régions du haut Languedoc. Inertie et refus de payer, injures et agressions, incendies de granges et de forêts précèdent ou accompagnent des mouvements plus organisés. La violence collective couve un peu partout, là où les conflits seigneurs-paysans sont les plus vifs. Quercy, Vivarais, Rouergue, haut Albigeois, là où l'offensive des feudistes a été sans scrupule, là où les spéculateurs terriens ont eu un comportement agressif. L'originalité du Toulousain réside sans doute moins dans l'arbitraire des dominants, qui ne furent pas plus excessifs qu'ailleurs, que dans la collusion de moins en moins acceptée de la seigneurie et du pouvoir judiciaire. La réaction féodale s'y est associée peut-être plus clairement qu'ailleurs à l'essor individualiste et capitaliste.

Ailleurs, surtout dans les grandes plaines céréalières, nous avons déjà dit dans ce chapitre que ce fut au sein de la paysannerie que s'accentuèrent les tensions, notamment entre les grands exploitants-fermiers et les petits parcellaires : à l'occasion des ventes, des affermages, des partages de communaux surtout. On sait aussi qu'en Brie, des communautés paroissiales furent « enlevées » par les manouvriers aux gros laboureurs, après des élections quasi démocratiques, ratifiées par l'intendant Bertier de Sauvigny. Une autre opposition, à la fois ancienne dans son objet et neuve par sa résolution, est apparue lors du dépouillement des archives de la maréchaussée de Meaux : des ouvriers moissonneurs migrants, bien organisés dans ce qu'on appelle des « bacchanales », molestent ou mettent à l'index les gros récoltants afin d'obtenir des salaires plus élevés.

Le monde rural de la fin du XVIIIe siècle n'a pas fini de révéler aux historiens ses tensions et ses luttes. On pouvait d'ailleurs s'y attendre, si l'on pensait que les brutales révoltes paysannes des années 1788 ne pouvaient avoir éclaté si soudainement dans un ciel sans nuages, et que des conditions préalables et des répétitions de détail pouvaient les avoir préparées. Comme se préparaient aussi en ville, mais de plus loin, les puissants mouvements ouvriers des XIXe et XXe siècles.

Agitations urbaines, agitations ouvrières

Il y avait toujours eu dans quelques villes, surtout textiles (Lyon, Amiens et Rouen étant les mieux connues) d'assez nombreux compagnons et ouvriers « dont le seul patrimoine était le travail », pour paraphraser un mot de Cliquot de Blervache à la fin du XVIIIe siècle. De ces quasi-prolétaires d'ancien type, on connaît assez bien la condition, les misères, la totale dépendance, les fréquentes colères, réduites à quelques brutalités, à des grèves propres à un ou deux métiers, à des activités compagnonniques demi-secrètes, nettement corporatives et toujours déchirées par des rivalités internes. Lyon, si bien étudié par Maurice Garden, peut fournir d'utiles exemples. En 1744, émeute et grève des maîtres-ouvriers en soie : elles visent de nouveaux règlements et cessent dès qu'ils sont rapportés. En 1770, les compagnons chapeliers déclenchent une grève totale pour protester contre la hausse des prix, objectif moins « corporatif » ; mais aucun autre « métier » ne les soutient, même pas les ouvriers en soie. Revendications d'un moment, dans le cadre corporatif, le désordre, l'absence de solidarité.

Là où les *fabriques* sont ramassées, à Rouen comme à Lyon, le clivage entre maîtres et compagnons, entre marchands-fabricants et ouvriers, est devenu plus radical. Les modifications réglementaires accentuent la division entre deux classes et veulent limiter sinon interdire l'accès à la classe supérieure des marchands, à la classe inférieure des travailleurs manuels. Les résistances à cette évolution sont vives bien que freinées par les divisions compagnonniques et parce que l'attraction de la maîtrise reste forte. En revanche, dans les capitales économiques moyennes dont Caen formait le meilleur exemple, l'institution corporative fonctionne mieux parce qu'elle est extrêmement diversifiée, et il y a peu de conflits. Les maîtres et leurs fils ne monopolisent pas les maîtrises : sur les 6 189 aspirants couronnés à Caen entre 1730 et 1789, 45 % seulement sont des fils de patrons. En fait la corporation sert d'abord à la transcription d'un message social fidèle au système de la société hiérarchisée. Là où ne se constituent pas des masses ouvrières mobilisables sur les luttes de salaire ou pendant les crises, maîtres et compagnons ne s'en plaignent pas trop, et le système corporatif n'apparaît pas comme le verrou archaïque de la production qu'on a trop souvent décrit (J.-C. Perrot).

A Lyon, à la fin du siècle, des temps nouveaux semblent apparaître. A la grande grève et aux émeutes de 1786, lancées par les ouvriers en soie, se joignent les chapeliers et les canuts ; en tout, des milliers ; l'objectif, d'allure plus moderne, est l'amélioration des salaires, et la cessation du « despotisme » et de l'« esclavage » auxquels les soumettent les marchands : des accents neufs. Il faudra la force armée et quelques pendaisons pour en venir à bout, mais le mouvement ne meurt pas : ses meneurs seront triomphalement élus aux élections de mars 1789. Préface nette aux grandes journées lyonnaises du XIXe siècle, bien plus qu'à Mirabeau ou Robespierre.

Symbole ou exception, que cet exemple de Lyon ? Présage, sans doute, car il ne fut pas isolé. Des mouvements pour l'amélioration des horaires de travail et des salaires ont éclaté aux fabriques de toiles peintes de Beauvais (plus de 1 000 ouvriers) en 1778 ; imprimeurs, relieurs, papetiers surtout (l'élite...) s'agitent souvent : une « association générale » des papetiers, née en Auvergne, gagne après 1780 une bonne partie du Sud-Ouest et même quelques « moulins » bretons, mais reste strictement papetière. Des mineurs se révoltent à Rive-de-Gier et à Montcenis en 1788, et l'agitation menace au Creusot et en Dauphiné à la même date. La célèbre émeute Réveillon d'avril 1789 avait débuté par la lutte de 350 ouvriers (d'ailleurs assez bien payés) contre la vie chère et une menace de baisse des salaires, avant de dégénérer en émeute de quartier populaire, comme Paris en verra tant dans l'avenir.

Tout cela gardait beaucoup de traits anciens : l'étroit corporatisme, l'absence habituelle de préparation et de liaisons, et surtout du sens de l'unité du monde ouvrier (sauf peut-être à Lyon), le souci de maintenir des statuts anciens, la lutte aveugle contre les « mécaniques » dans le textile, la féroce rivalité des compagnonnages... Mais la concentration des travailleurs (un millier, désormais) dans quelques fabriques nouvelles et de grosses dimensions leur donnait une plus forte résonance ; et déjà circulaient des mots d'ordre appelés à des retentissements futurs. Tout cela préfigure les usines et les foules ouvrières de l'avenir, et les puissants mouvements de classe dont Lyon donnera d'ailleurs les premiers exemples. Pour le moment, dans la société toujours agricole et artisanale, le mépris et la répression brutale répondent seuls, comme jadis, aux paysans furieux du XVIIe siècle.

Fusillade faubourg Saint-Antoine. Le salaire des ouvriers d'une entreprise de papier peint, la maison Réveillon, ayant été autoritairement réduit, de nombreux ouvriers cessent le travail. Le 28 avril 1789, les gardes françaises appelées font feu sur les « récalcitrants ».

Des transformations insidieuses agissent aussi pour conférer au monde des ouvriers des caractères nouveaux. « En fin de compte, c'était l'opinion des dominants qui investissait le monde ouvrier d'une cohérence moins objective que normative, d'une homogénéité d'origine et d'une solidarité de rôle et de fonction. C'était une unité de soumission et d'abnégation qui démarquait nettement la grande frontière sociale et servait à isoler et à identifier les classes inférieures, à les contenir ainsi... » (S. Kaplan). Le maintien de cette subordination est le but de la police du travail, qui pour cela dispose du contrôle des corporations et de la surveillance des métiers libres. On ne peut s'en passer et la réforme de Turgot en 1776 n'est en ce domaine qu'un feu de paille malgré les espoirs qu'elle suscita chez les maîtres et les compagnons lassés des contrôles de leur jurande et partisans d'une liberté propice aux bonnes affaires. En témoigne, pour les Parisiens, Jacques-Louis Ménétra, compagnon devenu maître, mais qui sent mieux qu'un autre le recul de l'indépendance des ouvriers, car la main-d'œuvre est abondante et le jeu de l'offre et de la demande entre patrons et travailleurs plus favorable aux premiers, qu'appuient les commissaires, qu'aux seconds qui animent des cabales isolées et sans lendemain. Les ouvriers parisiens sont en liberté surveillée, ne pouvant quitter l'atelier sans « donner quinzaine » et prévenir. Ils sont identifiés et fixés par le travail. L'espionnage, des associations ouvrières divisées, l'intervention contre les grèves, les « voies de la rigueur » permettent de régler les protestations populaires pour l'emploi, les salaires, la liberté du travail. L'usage du certificat — nécessaire pour être reçu chez un autre employeur —, celui du livret, mis en place dans certaines corporations dès 1775, sont une expression du contrôle social qui survivra aux changements révolutionnaires. A partir des années soixante, tous les observateurs s'accordent pour dénoncer l'insubordination ouvrière en dépit des contrôles. C'est que la transformation des rapports entre maîtres et compagnons précède celle des institutions et des lois et qu'elle a été préparée par le changement des hommes. L'ouvrier — surtout à Paris et sans doute dans les grandes cités manufacturières — est un homme nouveau. Rétif de la Bretonne et Sébastien Mercier attribuaient ces nouveaux comportements à des « idées mal entendues » et aux « mauvais livres », voire même à un accès trop aisé aux maîtrises, ce qui demande à être vérifié, et encore à des salaires excessifs, alors qu'en réalité ils baissent et que la récession contribue à détériorer les conditions d'existence salariale. L'un et l'autre confirment l'idée que la mentalité ouvrière nouvelle nuit au « bien public ». La Révolution accélérera ces processus en donnant aux anciens compagnons « le début d'une éducation et d'un apprentissage politique ». Lois et règlements réprimeront les désordres au nom de la liberté individuelle, le contrôle et la discipline resteront deux impératifs essentiels, l'agitation ouvrière devient manœuvre criminelle, voire complot politique ; elle reste un crime contre la société dominante. La religion du travail renforce celle de la propriété dans le nouvel idiome des patrons et des bons bourgeois.

UNE SOCIÉTÉ EN VOIE DE LIBÉRATION

Une telle modification de la société peut surprendre. Elle vise seulement à mettre en relief une hypothèse interprétative qui se dégage lentement de la réflexion historique sur l'évolution de la société d'Ancien Régime, hypothèse sûrement féconde et peut-être exacte, peu révolutionnaire d'ailleurs. Elle consiste à voir dans la France d'avant 1661 une société presque anarchique et demi-atomisée, que l'incroyable chaos des frondes acheva de caractériser ; dans le règne de Louis XIV, une brutale tentative de reprise en main et de réduction au silence, œuvre militaire de l'État et de l'Église alliés ; et dans l'époque suivante, une ère de desserrement, de respiration progressive, de libération lente puis accélérée, à la fois de la « terreur » de la veille et des « tabous » de l'avant-veille, mais sans retour au semi-anarchisme précédent.

De cette libération (nous ne colorons ce mot d'aucune valeur affective), les traits les plus voyants sont bien connus. Ainsi, les diverses réactions qui marquèrent l'époque de la Régence, et ne furent pas toutes éphémères : gouvernement nobiliaire, reprise des remontrances parlementaires, regain de querelles religieuses, libération partielle de la censure, mise au grand jour de la vie fastueuse et libertine des riches (bien antérieure d'ailleurs au Régent et à ses « roués »). Dans les domaines démographique et économique, les mises au point tentées plus haut ont permis de déceler, surtout après 1750, des déblocages plus importants encore, puisqu'ils ne se limitent pas aux élites, mais concernent une bonne partie des « peuples », sans doute quelques millions de personnes.

Un bilan s'impose d'abord, au risque de redites. La mobilité démographique a crû, après 1750, dans la fréquence et dans la distance. Aux sédentarismes paysans mêlés de turbulence locale ou provinciale, aux migrations classiques très minoritaires, a succédé une sorte de démarrage, qui a élargi le cercle des relations au-delà de la limite pédestre des trois lieues, accéléré le glissement vers les villes, animé les grands chemins, amené les spécialistes « belges », suisses, allemands vers les centres d'industrie nouvelle, et mis en branle une part plus large des Français. Des troupes de jeunes sans emploi assuré, accrues au moment des crises, ont campé aux lisières, aux faubourgs, aux « garnis » urbains, prêtes à tout « remuement », voire à l'aventure conquérante. La France des immobilités très majoritaires est devenue celle des mobilités minoritaires accrues.

Alors qu'avant 1750, la pensée religieuse et sociale tolérait mal bâtards et conceptions anténuptiales, voici que les premiers et les secondes, mieux tolérés, se sont multipliés. L'interprétation de ces phénomènes très neufs n'est pas aisée ; ne traduit-elle pas une sorte de libération à l'égard de tabous sexuels, sociaux, et sans doute religieux ? Plus frappants encore, les solides débuts des Français dans la voie de la restriction des naissances, nettement attestés dans quelques provinces après 1750 ou 1770, pour s'accentuer encore par la suite. Ce résultat de la volonté des couples (ou du mari seul, mais comment savoir ?) témoigne, avec une force rencontrée nulle part ailleurs, d'un type de libération (ou de « malthusianisme » au sens péjoratif du mot) propre aux Français de la fin du XVIIIe siècle.

Le grand détachement

Invinciblement, les remarques précédentes, et quelques autres qui suivront, conduisent au thème brûlant de la « déchristianisation », que les catholiques devenus historiens ont longtemps rejeté, pour l'accepter enfin, mais du bout des lèvres, et avec mille nuances. Il a fallu l'autorité souriante de Gabriel Le Bras pour l'admettre en paraissant le refuser, celle de Jean Delumeau pour l'installer (avec d'autres nuances) plus récemment. La « doctrine » est actuellement celle-ci : la « rechristianisation » en profondeur d'une minorité dévote et souvent jansénisante s'est accompagnée de la déchristianisation superficielle d'une majorité qui, justement, n'aurait été chrétienne que dans des habitudes, des usages, des obligations et des apparences sociales et rituelles, fortement mêlées d'ailleurs de cultes préchrétiens et de sorcellerie, entre autres superstitions. Ces reculs des « formes extérieures » du catholicisme, d'ailleurs les seules décelables et comptables, ont été observés en de nombreuses provinces (dont les futurs pays de mission du chanoine Boulard), et tout spécialement dans la seconde moitié du XVIIIe siècle. Rappelons les enquêtes menées sous la direction ou l'inspiration de Gabriel Le Bras : dans les diocèses de Châlons dès 1740, de Paris un peu plus tard, puis dans les villes d'Auxerre, Bordeaux, Clamecy, Rouen, etc., le nombre des communiants effectifs atteint tout juste, avant la Révolution, la moitié, sinon le tiers et parfois le quart de celui des communiants « légaux » (ceux qui, vers 12-13 ans, avaient fait leur première communion). D'autres recherches ont montré que les vocations s'étaient raréfiées à la même époque, que l'effectif des séminaires avait diminué (d'un bon quart à Reims entre les années 1750 et les années 1770, mais pour reprendre après 1780, selon Dominique

Julia), que les confréries pieuses avaient été désertées, et que les pénitents de Provence s'étaient transformés en des services municipaux de pompes funèbres, selon Maurice Agulhon.

L'utilisation sérielle des testaments, en Provence par Michel Vovelle, à Paris par Pierre Chaunu, a fait progresser notre connaissance des formes extérieures de ce détachement. Là où la pratique pascale et dominicale masque les inégalités par suite de l'obligation, le geste testamentaire et le discours qu'il enregistre permettent de saisir l'évolution de l'engagement religieux. Un sondage raisonné à travers les 500 000 testaments provençaux, une analyse profonde et subtile permettent à Vovelle de dire l'essentiel : de 1680 à 1710, une Provence chrétienne homogène dans ses manières de penser et de dire la mort ; entre 1710 et 1750-1760, la consolidation des paroles et des gestes ; après, presque partout les formes extérieures de la piété refluent, les attitudes devant la mort changent, on l'a vu, la forme des testaments s'est faite majoritairement laïque dans les villes d'abord, dans les campagnes ensuite. La courbe met en valeur trois phases : celle de l'activisme maximal de la pastorale issue du concile de Trente, celle d'une ascension continuée, celle d'un repli sans appel : le pourcentage des testateurs inquiets de demander des services *de mortuis* pour le salut de leur âme tombe de près de moitié.

A Paris, les faits sont plus précoces et plus brutaux. Jusqu'au milieu du siècle, une lente glissade amorce le recul ; le sommet de la demande de messe se situe entre 1650 et 1710, le maximum autour de 1690, et les pratiques testamentaires ont fait leur plein social, touchant tous les milieux sociaux, les pauvres et les riches. Après 1720, les pratiques se modifient moins sur le nombre des demandes de messe, qui se maintient jusqu'en 1770, que sur d'autres formules, l'élection de sépulture, où le cimetière remplace l'Église, la réduction du discours spiritualisé et la disparition dans 10 % des textes des invocations, significative dès 1730-1740, pour arriver à 30 % vers 1770. Conservée, l'invocation s'appauvrit, elle abandonne la référence, capitale dans la piété du « Siècle des saints », aux mérites du Christ. Enfin les dons et legs se réduisent substantiellement : 50 % des actes n'en font plus mention. Le partage laïc l'emporte définitivement. Dans le reste du royaume, d'autres analyses, F. Lebrun en Anjou, Ph. Goujard à Rouen, confirment les transformations méridionales et parisiennes.

Pour expliquer ce fréquent et profond recul des formes visibles du catholicisme, on a fait appel à une débauche d'hypothèses et on a même objecté que les aspects extérieurs ne témoignent pas pour la dévotion intérieure, qu'elles peuvent même en exprimer l'inverse. Une autre explication, qui a d'abord scandalisé, mais qui paraît s'imposer, consiste à accuser l'ordre excessif apporté dans les cérémonies du culte par le clergé sourcilleux issu de la Contre-Réforme, sa violente dénonciation des « faux » saints et des « faux » cultes (la Saint-Jean, telles fontaines, telles statues), sa méfiance envers les miracles, le mysticisme, l'effusion (que le petit peuple paraissait goûter), la terreur entretenue du Malin, de l'Enfer et de ses bûchers, l'unique croyance dans la précellence de la vie éternelle, le refus entêté de tout ce qui est rêverie, exaltation, fantastique, fêtes populaires, ou simplement jouissance paisible des biens de ce monde. D'où, par réaction, bien des effusions de mysticisme dont les miracles de saint Médard et les flagellations parisiennes ne constituent que l'exemple le plus connu... Les convulsions révèlent la permanence d'une conception du sacré dans le peuple et chez certains dévots que ne peuvent plus admettre l'Église, l'État et sa police. L'imprégnation miraculeuse éclate dans les phénomènes de transe

Gabrielle Moler, « convulsionnaire de Saint-Médard ». Toutes sortes de manifestations mystiques allant du délire extatique aux spasmes convulsifs s'opéraient autour de la tombe du diacre François de Pâris, ardent janséniste, mort en 1727. Après l'interdiction du cimetière en 1732, ces scènes d'hystérie se poursuivent en privé. Certaines femmes notamment se soumettaient dans une apparente insensibilité à de véritables supplices infligés par de jeunes hommes.

qui rassemble petites gens et quelques représentants de l'élite janséniste autour de la tombe du diacre Pâris et dans les réunions secrètes des prophètes et des « secouristes », sans compter les amateurs de spectacle. La répression que mène le lieutenant de police et le parlement, non sans hésitation, révèle l'hostilité des élites aux manifestations somatiques des gens de peu. Tous leurs représentants, théologiens orthodoxes ou jansénistes, médecins, prennent leurs distances plus ou moins vite à l'égard des manifestations où s'incarne un ordre désormais incompréhensible du surnaturel. L'opinion y lira des « folies », les philosophes la preuve du « fanatisme ». On peut y voir une fracture fondamentale de la société religieuse et de la société civile disciplinées : elles ne supportent plus l'inexplicable. Les convulsions sont des « excès funestes... capables de porter à la sédition ». Leur condamnation joue dans le même sens que la désaffection à l'égard de la prédication doloriste et terroriste. Le message chrétien a-t-il trop bien exorcisé la peur de la mort (P. Chaunu) ?

Au total, tout parle dans le sens d'une « éclipse du sacré » qu'on interprétera selon ses convictions en termes de laïcisation, de redéfinition des sentiments, voire de détachement et de déchristianisation. Dans cette sensibilité nouvelle, qu'une génération d'historiens de la littérature et des beaux-arts avait déchiffrée comme un prélude au romantisme, l'inquiétude et l'angoisse ont leur place et l'irrationalité y fait son chemin à l'aise car elle se nourrit de toutes ces incertitudes : « Le sommeil de la raison engendre des monstres. »

Une autre explication consiste à mettre en cause la propagande anticatholique à la fois ancienne et récente. Elle pose la question, à laquelle on a déjà tenté de donner une réponse, de savoir si le bon peuple des villes et des villages lisait Voltaire, ses prédécesseurs, ses imitateurs et surtout ses épigones, certains de fort basse espèce. Rassemblons une dernière fois les faits les moins contestés.

L'enquête séculaire du recteur Maggiolo, oubliée, redécouverte et remise à neuf dernièrement encore par F. Furet et J. Ozouf, confirmée par maintes études conduites en campagne et dans les cités, nous dit en clair que l'analphabétisme masculin recule en un siècle, de 1686-1690 à 1786-1790, et passe de 71 % à 52 % (les femmes ont aussi progressé mais sans jamais rattraper leurs époux). C'est moins qu'en Angleterre et surtout en Écosse. Cela signifie que la moitié des hommes, paysans compris, avaient acquis à la veille de la Révolution les rudiments qui permettaient de lire, voire d'écrire, si une faible partie sans doute lisaient et écrivaient effectivement et ordinairement. La progression, on le sait aussi, affecta surtout la moitié nord-est du royaume, d'Avranches à Gex, pour ne pas dire encore de Saint-Malo à Genève, où se trouvaient les campagnes suralphabétisées avec des taux de l'ordre de 75 % et plus, si le reste continuait à croupir dans un analphabétisme majoritaire, aussi bien d'ailleurs les secteurs à catholicisme fervent que les provinces tôt déchristianisées. Les Frances « atlantiques » stagnent et s'enfoncent dans un refus de l'alphabétisation, les régions méridionales amorcent un début de rattrapage. En fait, il se trouvait partout dans chaque village des gens capables de lire et d'interpréter les nouvelles, ne serait-ce que le curé, le vicaire, le maître d'école, le praticien et le notaire des champs, le gros fermier, souvent aussi ces sortes de haut-parleurs qu'étaient les cabaretiers, les maîtres de poste, les meuniers, les savetiers, les forgerons et maréchaux-ferrants autour desquels on faisait cercle, voire encore les domesticités des châteaux, où les vedettes, régisseurs, maîtres d'hôtel, premier valet et première soubrette sont toujours polies de quelque manière urbaine.

Plus encore dans les villes, qui se comportent toujours comme les régions où elles puisent leur force démographique, des milieux de dominés alphabétisés et raisonneurs existent. Comme les paysans ils sont capables de lire les manuels de religion et les ouvrages de la *Bibliothèque bleue*, almanachs, feuilles volantes et colportées, rarement repris aux inventaires après décès parce que de peu de valeur, dissimulés ou partagés. Les sociétés typographiques tapies aux frontières du royaume, notamment à Neuchâtel en Suisse, ont envoyé clandestinement de la philosophie en « digest », des extraits, des mélanges, des pamphlets et des libelles insultants pour les moines et les financiers — une tradition —, mais aussi, et de plus en plus, pour l'Église et la famille royale, en des termes bassement pornographiques, et d'autant plus efficaces. On n'ira pas soutenir ici (parce qu'on ne peut le démontrer) que cette sous-littérature, toujours plus importante et significative que la grande, a fait la déchristianisation et la Révolution. Elle y a sans doute aidé, bien relayée par les conteurs et propagandistes issus de la petite bourgeoisie, de l'artisanat et de cette jeunesse instruite qui ne trouvait plus sa place dans la République des Lettres. Toute une foule d'intermédiaires bigarrés y contribue.

L'exemple parisien suggère qu'entre la crise de la conscience, vers 1700-1720 et 1770-1790, un peuple plus nombreux s'est alimenté à des sources innombrables d'information. On en a vu les principales. Savoir lire, savoir écrire sont des acquis élémentaires que seuls les plus défavorisés, migrants venus de loin, salariés peu qualifiés ou journaliers disqualifiés, piétaille de la délinquance et de la petite criminalité, n'ont pas encore gagnés. Pour tous, la lecture et la curiosité se sont vraisemblablement élargies dans les dernières décennies du XVIIIe siècle et la montée de l'alphabétisation pouvait devenir un facteur de libération par rapport aux obéissances et aux croyances du passé. C'est en tout cas ce que les observateurs moraux, S. Mercier et Rétif en tête, reprochaient à la classe insubordonnée des ouvriers. Le peuple de Paris certes a changé et la lecture y est pour quelque chose sans doute, avec tout ce qui est mobilisateur dans une ville capitale de la novation et de la consommation. Toutefois, plus que le contenu des écrits qu'on peut lire — ils peuvent être aliénants, ils peuvent être libérateurs, mais comment en mesurer l'efficace ? —, c'est leur diffusion même qui en s'accélérant est ferment de changement. C'est l'appétit alors du liseur populaire et son application qui vont accélérer l'évolution de toute une littérature colportée dans la capitale et hors les murs. Ils expliquent l'apparition et la disparition des titres, ils provoquent l'enrichissement des thèmes et justifient quelquefois les paris éditoriaux. Cette multiplication du lire traduit une tactique d'appropriation de savoirs différents et ainsi par une adaptation active ouvre la voie à d'autres lectures. La culture du peuple puise ses sources, à Paris comme ailleurs, dans une sensibilité ancienne, mais l'on ne peut pas croire qu'elle reste insensible à la variété du spectacle culturel dans laquelle elle baigne. Par leur mépris (on l'a vu à propos des convulsionnaires), par la réitération de leur volonté de contrôle (on le voit clairement dans la police des mœurs et du travail), les élites sociales, clercs, administrateurs, policiers, médecins, prouvent qu'ils n'ont pas totalement réussi à uniformiser le désordre culturel du plus grand nombre. Mais désormais l'homme ordinaire peu ou prou peut et doit lire. Il y a gagné un air d'indépendance et une capacité de réflexion politique qui n'échappent pas aux autorités en place.

Jacques-Louis Ménétra prouve qu'on ne peut douter de cette capacité à se libérer et à élaborer une ligne indépendante de réflexion, sinon une philosophie plébéienne. Il rassemble dans tous ses écrits les pensées et les motifs de la tradition antireligieuse. Dans les diatribes de cet ancien enfant de chœur, élève de l'école paroissiale de Saint-Germain-l'Auxerrois, on croit entendre le *Catéchisme du curé Meslier*, le *Nouveau Système de religion chrétienne* du curé Cupé, le *Traité des trois imposteurs*. Il témoignerait ainsi de toute une tradition matérialiste et antireligieuse s'il ne savait aussi s'en tenir à distance. Son témoignage est intéressant pour qui tente de réfléchir à la possibilité de libération qui s'offrait aux multitudes, pour deux raisons : il permet de comprendre comment les hommes de milieux sans lettres pouvaient avoir accès à un type étranger de culture, il montre comment on ne doit pas réduire les gens de peu à ne posséder que le reflet des idées d'autrui. Ménétra a à sa disposition, comme tout un chacun, les ressources du colportage ; mais celui-ci ne véhicule qu'un anticléricalisme prudent et tolérable, les vieilles remises en cause gaillardes de l'Église, des moines, des nonnains, guère pis que dans des milliers de proverbes usuels. En revanche s'il ne peut se payer directement les livres de contrebande philosophique, où *Manon la ravaudeuse, Thérèse philosophe* côtoient les *Questions sur l'Encyclopédie*, la *Politique naturelle*, le *Gazetier cuirassé*, les *Lettres philosophiques*, l'*Helvétius complet, Freret et d'Holbach en extraits*, la *Lettre à Eugénie contre les préjugés* et les *Œuvres de Jean-Jacques Rousseau*, livres coûteux et rares même dans leurs éditions banalisées, il peut toutefois les emprunter ou en entendre parler. La voie de l'emprunt est possible dans les bibliothèques bien pourvues des intermédiaires citadins ou ruraux. Ménétra, compagnon, pendant son *Tour de France*, erre de châteaux en abbayes, de presbytères en couvents, de manoirs seigneuriaux en maisons bourgeoises, des boutiques huppées aux hôtels aristocratiques. On sait que livres et journaux circulent de la bibliothèque et du salon à l'office et dans les antichambres. Il a pu avoir maintes ouvertures à des éditions prohibées, il a pu emprunter des ouvrages interdits à ses amis plus fortunés. Il a pu avoir accès à des copies, à des extraits hâtifs et partiels. Il a pu en discuter, les échanger contre d'autres copies avec des drôles du même acabit. Bref, rien n'interdit qu'il puisse exister une filière populaire de la diffusion des « livres philosophiques ».

En même temps, ses idées ne sont pas pures reproductions d'une culture étrangère. La démarche compte plus que le propos. Son expérience permet de saisir une tentative pour se détacher des croyances habituelles, mais c'est ensuite un essai pour élaborer à partir de matériaux hétérogènes une réflexion personnelle. Pour cela il joue de deux registres principaux, la critique des Églises et des religions révélées, la fascination de toutes les hétérodoxies, et il en vient à façonner son déisme personnel, son éthique et sa vision du monde. Il en vivra la dimension politique pendant les années de la Révolution, partagé entre le patriotisme actif et la terreur de la Terreur. La religiosité du journal ne peut se séparer d'une expérience de la liberté. Pour beaucoup de citadins, pour un noyau minoritaire mais influent de ruraux acculturés, la démarche a pu être la même.

La libération limitée et surveillée des gens de peu rejoint et amplifie celle de la culture des élites. On en a vu les composantes en ce qui concerne le livre et les sociabilités culturelles. Art épistolaire, conversations de salons, communications des sociétés savantes et des académies préparent moins la Révolution qu'ils ne façonnent un art de vivre et des manières d'agir. En même temps, les institutions de la République des Lettres vulgarisent des pratiques politiques qui vont retentir plus largement dans le bouleversement des années révolutionnaires. Les tensions et les affrontements n'épargnent pas les sociétés de pensée malgré leur dimension utopique et égalitaire. A leur niveau c'est toujours de la faute à Voltaire et à Rousseau dont il est question, mais dans les groupes dominants les apparences réconciliées du langage et des gestes ne doivent pas masquer les divergences et la barrière du privilège.

Face à une démographie en voie d'évolution profonde, à une économie en procès d'accélération et parfois de renouveau, à une société rajeunie, traversée de remous et de tensions neuves, en voie de desserrement et peut-être de libération — face à tout ce qui changeait à des rythmes inégaux, où en était l'État, qu'on ramenait souvent à l'« administration », ce régime qui ne savait pas qu'il allait devenir « ancien » ?

12
État vieilli, État velléitaire

On ne peut traiter longuement de ce qui ne change pas et ne désire pas changer. La perduration est ici la loi. Et pourtant, l'inaltérable sentimentalisme de tant de folliculaires et même d'historiens (pour ou contre Louis XV et Louis XVI), l'abandon trop long d'une histoire politique sérieuse, la manie de l'anecdote ou d'un économisme ou sociologisme également futiles soutiennent cette impression que les dernières décennies de l'Ancien Régime ne sont pas encore vraiment connues. Il est vrai que la nature presque contradictoire du gouvernement et de l'administration ne facilite pas l'analyse : dans des cadres magnifiques, aux décors changeants et aux architectures rigides, des groupes ou des coteries souvent remarquables jettent des feux immédiatement éteints, tandis que les obstinés, les besogneux ou les prestidigitateurs triomphent sous des rois qui, malgré de fugitifs éclairs, n'arrivent pas à gouverner et règnent à peine. Une débauche de projets et d'idées prophétiques, de semi-réalisations toujours avortées et piétinées, alors que persistent les traditions réchauffées, les principes sacrés et immuables, alors que remontent les vieilles « libertés » de provinces, de corps et d'ordres ; libertés réactionnaires et réactionnaires en fin de compte libéraux ; toute une histoire qui n'en finit pas de se redécouvrir ou de s'inventer ; mille idées pour l'avenir, et que l'avenir reprendra ; un vieux système qui à la fois les comprend et les refuse ; ou bien qui, s'il les tolère, en voit son agonie comme accélérée.

Il serait assez ridicule d'avancer gravement que toutes ces contradictions devaient fatalement aboutir à la Révolution — déterminisme infantile ; mais une crise du régime était prévisible et fut prévue par quelques bons esprits, qui n'en voyaient pourtant pas les détours : aucun devin ne pouvait soupçonner les puissants mouvements venus de l'inattendue paysannerie.

PERMANENCES ET INFLEXIONS

Le système lentement mis en place au XVIIe siècle — centralisation plus qu'absolutisme — avait été étendu jusqu'à ses dernières conséquences. Dans les provinces, le réseau des intendants était bien ancré, malgré quelques modifications dans les circonscriptions. Leurs bureaux, d'abord squelettiques, s'étaient étoffés, sans prendre jamais de dimensions considérables : dix à quinze personnes. Le nombre (jusqu'à la cinquantaine) et les attributions des subdélégués s'étaient plus fortement accrus, ramassant les renseignements, faisant pénétrer plus avant leur influence. Les attributions, à la fois vastes, souples et vagues, restaient essentiellement financières. Chaque intendant tâchait d'obtenir un *modus vivendi* acceptable à la fois à Versailles et dans la généralité administrée, compatible avec sa tranquillité provinciale et son avancement futur : diplomatie quotidienne et délicate. Auprès d'eux s'était ancrée l'organisation privée, étoffée et efficace de la Ferme générale, que l'intendant devait à la fois soutenir et contenir. Bien que souvent bénéfique et exercée par des hommes dont la qualité étonne à distance, l'administration des intendants n'était pas très populaire : elle paraissait illustrer souvent, contre l'originalité et les « libertés » provinciales, le « despotisme » gouvernemental et parisien d'une administration qui avait surtout des ennemis. Ils constituaient de commodes boucs émissaires que chargèrent remontrances, pamphlets et cahiers de doléances. Agents jugés trop puissants du « régime », ils sombrèrent avec lui.

Un lourd édifice sans unité et sans âme

Au gouvernement, malgré cent ajustements de détail, l'organisation des ministères, du Conseil et de ses diverses manières de siéger n'avait pas subi de remaniement fondamental, de même que le rituel agaçant (depuis 1715) des remontrances et des lits de justice. Le roi choisissait personnellement ses ministres, et était toujours censé assister à toutes les séances du Conseil, dont les décisions, par centaines, étaient toujours prises en son nom. En cas de conflit avec les cours souveraines, il prononçait toujours les mêmes paroles et exposait toujours les mêmes principes, ceux de Louis XVI et de Louis XV comme de Louis XIV : le discours de la Flagellation, maintes fois reproduit en demeure le plus majestueux exemple.

Trois modifications étaient pourtant apparues, qui tenaient soit à la nature des choses, soit à la personne des rois. Le nombre des arrêts du Conseil portant sur les affaires financières avait atteint le chiffre impressionnant de plusieurs milliers par an. Pour Michel Antoine, « en finance, le Conseil n'était le plus souvent qu'une façade... un décor majestueux et vide plaqué devant des coulisses où s'affaire une technocratie » ; ce qui, pour cet historien, a déformé la véritable monarchie, tuée par la monarchie administrative envahie par la finance. Point de vue sans doute discutable, mais qui interprète une réalité qui ne l'est pas : un régime dévoré par ses problèmes d'argent. Un régime devenu aussi sans unité, sinon sans âme. Tant qu'avait vécu Louis XIV, dont le courage persévérant et la forte personnalité imposaient une unité au Conseil, le roi animait, prenait ses responsabilités, gouvernait. Ses successeurs, le premier fort doué, le second plein de bonne volonté, n'assurèrent jamais une réelle et surtout constante unité. Souvent absents, ou muets, ou capricieux, ou lâches, ils laissaient les ministres s'accorder ou se disputer entre eux dans les « comités de ministres », ou bien ils les recevaient un par un, accordant parfois à celui-ci ce qu'ils avaient refusé à celui-là. Et quand soudain le roi parlait en maître — ce qui arriva surtout à Louis XV —, c'était avec les impérieux accents du plus pur traditionalisme, et sans vraie persévérance au-delà d'un modeste délai (l'affaire Maupeou exceptée).

Au demeurant, depuis la mort de Fleury (1743), les ministres dépendaient de la cour et des coteries de cour (dont ils sortaient), plus encore de l'entourage féminin du roi : la Pompadour, les filles de Louis XV, la Dubarry beaucoup moins, et Marie-Antoinette beaucoup trop. De « Cotillon Ier » à l'Autrichienne, ces dames décidèrent le plus souvent : les historiens les plus tendres pour l'Ancien Régime finissant le reconnaissent eux-mêmes. De tous ces caprices ajoutés résultait une instabilité ministérielle qu'on oublie presque toujours de signaler, tant on a l'habitude d'appliquer ce diagnostic à d'autres régimes. En 35 ans, de 1754 à 1789, l'Ancien Régime usa tout de même 19 contrôleurs généraux des finances ; comme deux durèrent un lustre chacun (L'Averdy, Terray), il ne resta que 25 années aux 17 autres, même pas 18 mois chacun. Dans ce défilé de marionnettes, un certain Silhouette devint un nom commun, ce qui prouve bien que l'opinion ressentait l'absence de sérieux d'un tel régime, qui s'interdisait ainsi la persévérance dans l'action et ce qu'on appelle aujourd'hui la crédibilité.

Les mêmes principes toujours hautement affirmés, les mêmes et constantes structures gouvernementales, déformées par l'abondance des affaires et par la pratique, aboutissaient à une manière de caricature, d'inefficacité paperassière, de discours et de décisions sans lendemain, de valse courtisane et ministérielle, que moquaient ou dénonçaient parlementaires, philosophes, pamphlétaires et gens d'esprit. Immuable en doctrine, à la fois dilué et gauchi par l'usage, rongé de soucis financiers, l'État d'Ancien Régime trouvait pourtant des serviteurs de valeur exceptionnelle, qui analysaient le mal et proposaient des réformes qui auraient pu être efficaces. Cet État était encore capable de les comprendre et même de les adopter ; de les soutenir, jamais, et cette constatation ne comporte aucune exception.

L'image perdue du souverain de France

Le retour à l'analyse politique de l'Ancien Régime s'impose et pas seulement pour une histoire des idées, même si celle-ci a encore beaucoup à dire. Ainsi Georges Benrekassa montrant qu'un texte politique au XVIIIe siècle n'est pas une chose évidente car, à l'exemple de la préface de *l'Esprit des Lois* ou des textes qui racontent l'historiographie des révolutions, le livre de politique est hanté par l'histoire et les représentations contraignantes de l'historicité ; alors le danger de « partager pour chaque époque historique l'illusion de cette époque » guette l'historien, plus encore à l'approche de la fin d'un régime qui n'avoue pas encore son échec. Une histoire des pratiques politiques spécifiques du temps reste à écrire, seule capable de rendre compte comment l'État monarchique perdit ses chances successives. On y verrait sans doute comment la grande œuvre de tout pouvoir étant de se faire aimer (P. Legendre), des monarques moins philosophes que rois n'ont pas fait les bons choix alors même que les intellectuels, dans les académies et ailleurs, s'empressaient de les conseiller aux hommes de gouvernement et aux princes. La consultation des peuples pour l'élaboration des cahiers de doléances peut alors apparaître comme la dernière manifestation d'une ancienne structure du pouvoir : le roi consulte la vieille société des corps et des communautés. Seulement l'opération conduite selon les règles traditionnelles et dans le souvenir de 1614 enveloppe désormais une véritable élection — et non plus une simple désignation de notables — et une véritable

L'« Autrichienne » sous les traits d'une harpie : caricature de Marie-Antoinette en 1788, à la suite de l'affaire du Collier, dont les retombées éclaboussèrent une reine pourtant innocente, mais déjà détestée pour sa morgue, son esprit réactionnaire et ses caprices dispendieux.

Le culte rendu aux anciens rois alimente chez le peuple la critique des abus : Rassemblement sur le Pont-Neuf, *le 16 septembre 1788, où, dit la légende, le « peuple faisait saluer et mettre à genoux les passants devant la statue de Henry IV qu'il croyait avoir été le meilleur des rois ». (Gravure contemporaine de l'événement, musée des Arts décoratifs, Paris.)*

compétition politique qui ne sont pas inscrites au programme habituel. Une bataille pour le pouvoir s'ouvre et l'idéologie révolutionnaire s'inscrit moins dans les cahiers de doléances que dans leurs marges (F. Furet). Les nouveaux représentants bientôt porteurs d'une autre légitimité que celle dont les investissaient les anciennes manières de représentation s'emparent d'un pouvoir disponible. Les révolutionnaires ne savent point encore qu'ils font la Révolution et, bientôt, la Révolution va faire les révolutionnaires. C'est pourquoi nous ne jugeons pas utile d'entrer une fois encore dans la vieille querelle, Révolution bourgeoise, Révolution des élites, tout a été dit et de la meilleure façon, tout a été répété. La rupture de 1789 est sans doute tout cela à la fois comme elle est la « fille des Lumières » — voyez Daniel Mornet jamais remplacé —, et il y a peut-être mieux à faire qu'à le redire encore et encore. Simplement nous ne croyons pas qu'on puisse réduire le politique uniquement à lui-même et faire l'économie de la recherche des assises sociales qui s'y dévoilent. Les luttes qui ont commencé longtemps avant la Révolution perdurent après. L'imaginaire, le symbolique y ont leur place, car les peuples qui perdent leur mémoire et leurs légendes sont condamnés à périr de froid. Tout pouvoir est sacralité et c'est sans doute en ce domaine que le XVIIIe siècle a vu des ruptures décisives.

LA POLITIQUE POPULAIRE ET LA RÉVOLUTION

Pour les gouvernants, l'essentiel est que le peuple ne bouge pas. Paysans, citadins peuvent s'agiter, murmurer, avoir leurs « émotions », il importe qu'ils n'explosent pas. C'est une des vocations de la police, en tant que science du gouvernement des hommes, de veiller à cette régulation dont la politique des subsistances est un élément essentiel. Faire que « l'approvisionnement arrive en abondance » est une des manières dont l'État monarchique a su après Louis XIV se garantir des protestations populaires.

Le complot de famine ?

Dans un monde où la peur de manquer du pain quotidien est confirmée par le retour régulier, fût-il atténué, des crises, quand personne ne peut dominer la nature, la tyrannie des grains gouverne le fatalisme de tous et commande l'intervention. Or, voilà la politique et ses choix retrouvés. A l'aube du siècle, c'est un commissaire de police parisien, Nicolas Delamare, qui a formulé les principes d'une action assurant le maintien de l'ordre social : le roi, père nourricier, est responsable du sort de ses sujets, tous les organes de l'administration royale sont mobilisables à tout moment pour exécuter cette politique. Le peuple de Paris, par son nombre, par ses habitudes, joue dans le système d'ensemble un rôle particulier car les autorités en redoutent les explosions plus qu'ailleurs, mais le phénomène est général et lié à l'organisation même des marchés presque clos sur eux-mêmes. Le fonctionnement de la police des grains a pour tous deux conséquences principales : son caractère d'absolue nécessité, qui justifie le rôle de l'État au nom du bien commun : le monarque est le nourricier des peuples, son rôle est de garantir l'abondance et des prix accessibles, c'est le « roi boulanger » ; l'hostilité invétérée contre les hommes du commerce, maîtres des approvisionnements. L'attitude des consommateurs est étroitement guidée par ces principes, les besoins permanents créent la dépendance et la croyance magique qu'en temps de difficultés le contrôle doit venir à bout des monopoles et des menées mystérieuses qui visent à affamer la foule.

Des jours glacés de 1709 aux jours chauds de l'été et de l'automne 1789 une même mentalité explique la protestation populaire. La police et le peuple sont unis par une tradition où le problème des grains n'est plus seulement affaire d'économie mais de politique. Dire que le peuple n'a pas de conscience politique c'est oublier cela ou le réduire à une conscience primitive de survie ; or la politique qu'exprime la police des grains est quasiment une mystique. Les disettes successives, 1725-1726, 1738-1741, 1747, 1751-1752, 1765-1770, et décisives, 1771-1775, ont été le terrain où se sont affrontées ces croyances et la hantise du « complot de famine » (S. Kaplan). On vient de faire l'histoire de ces rumeurs qui ont contribué à la déstructuration profonde de la société ancienne, car « la hantise des complots a mobilisé les masses et a contribué à les sensibiliser au politique ». C'est le soupçon qui a progressivement accrédité la conviction d'une trahison et a fini par remettre en cause le pacte paternel qui unissait le souverain et ses sujets.

Monde industriel naissant, travail des enfants,
Visite de la manufacture de tabac, *musée d'Art wallon, Liège.*

Crépuscule sur les dieux. Coucher de soleil sur le bassin d'Apollon, parc du château de Versailles.

Avoir le droit et être le plus fort

[La jeune Belin va laver son linge à la rivière et cherche avec ses compagnes un endroit où ne pas se mouiller.]

Malheureusement cet abri se trouva sous les possessions du sieur de Roche, seigneur du lieu... Laissons dire au sieur de Roche que les blanchisseuses foulaient l'herbe aux pieds. Quel peut être ce dommage aux premiers jours du mois de mars où la nature est encore dans son inertie ? Et si la jeune Belin avait étendu quelque peu le linge sur un mûrier, cet arbre ne pouvait en recevoir aucun mal ; c'étaient des linges d'enfant.

Les blanchisseuses étaient dans la plus innocente occupation lorsque le sieur de Roche s'annonce avec beaucoup de fracas. Il arrive tout enflammé de colère... cependant il excepte de ses rigueurs ses compagnes. Leur linge fut respecté. La malheureuse Belin fut la seule victime. Il jetta tout le linge de cette fille dans la rivière, avec sa canne, en affectant de le jeter pièce à pièce pour [la] forcer de se remettre continuellement dans l'eau. L'on sait que la Belin était dans un état qui ne pouvait que devenir mortel à cause de la froideur de l'eau où cette malheureuse fille était obligée de se replonger sans cesse.

Pour les témoins du sieur de Roche, les uns affirment qu'elle avait de l'eau jusqu'à la ceinture, d'autres qu'elle en avait jusqu'au sein... [Il] ne s'en tint pas là. Il lui donna des coups de canne, quoique accablée par son état et les fréquentes immersions qui lui sont devenues si funestes *[elle en mourra deux mois plus tard]*. Il échappa à cette fille de dix-huit ans des propos populaires qui ne sont plus injurieux *[en 1781]* : huganaudas, camisardas ! Un banc de la Belin avait échappé aux emportements du sieur Roche et sur ce banc était la croix de la jeune fille. L'un et l'autre furent précipités dans la rivière.

Cité dans *Vivre ensemble* de N. et Y. CASTAN.

Une forme d'action ouvrière spontanée : les cabales des ouvriers de la forêt de Rambouillet (1742)

Plainte des marchands de bois adjudicataires des ventes [coupes réglées] *de la forêt de Rambouillet, à la maîtrise des Eaux et Forêts de Rambouillet.*

... Les ouvriers font entre eux des cabales dans les ventes. Ils s'assemblent sous prétexte de faire marché du prix qu'ils doivent avoir de l'abatis et fabrication de chaque espèce de marchandise, et plutôt pour faire la loi au marchand en l'obligeant à donner le prix qu'ils demandent, et empêcher d'autres ouvriers qui se présentent de travailler à meilleur marché, lesquelles assemblées ils réitèrent souvent et ont des chefs entre eux qui font suspendre plus d'un mois l'ouverture d'une vente, prétendant par là forcer le marchand à leur donner le prix qu'ils veulent exiger, aimant même ne pas travailler pourvu qu'ils l'empêchent de commencer à faire abattre ses bois...

Archives départementales des Yvelines.

Apparition d'une conscience de classe : les ouvriers lyonnais à la fin du siècle

Mémoires des ouvriers en soie réclamant un « tarif » [des salaires], 1780.

Ce n'est point aux dépens de l'étranger, ni du superflu de l'opulence, que le marchand s'enrichit, c'est de la substance de ses concitoyens les plus pauvres qu'il s'engraisse... Il fait gémir dans l'indigence des hommes dignes d'un meilleur sort quand ils sont industrieux, économes et actifs.

[Aux marchands qui veulent maintenir la liberté des prix de façon, discutée de gré à gré entre le marchand-fabricant et son façonnier, l'ouvrier lyonnais déclare que cette liberté est] meurtrière, [puisque c'est] la liberté en un mot d'écraser ceux qui l'alimentent et le soutiennent.

Explication de l'émeute de 1789 des ouvriers en soie, par l'un de ses inspirateurs, Denis Monnet

L'honteuse avarice, ou plutôt la cupidité de nombre de marchands-fabricants de cette ville, porta, en 1786, le désespoir dans l'âme des maîtres-ouvriers qui travaillaient à façon ; que, ne pouvant pas se fournir la subsistance en travaillant jour et nuit, ils s'adressèrent aux anciens juges-consuls ; mais ils étaient marchands et ils rejetèrent leurs remontrances et leurs réclamations. Ils prirent alors le parti de convenir entre eux que *pour vivre en travaillant* il ne fallait ouvrer tels et tels genres d'étoffes qu'au prix qu'ils déterminèrent.

Cité par Maurice GARDEN, *Lyon et les Lyonnais au XVIIIe siècle.*

RÉVOLUTION ET ANCIEN RÉGIME

La thèse de Tocqueville

La Révolution n'a point été faite, comme on l'a cru, pour détruire l'empire des croyances religieuses ; elle a été essentiellement, malgré les apparences, une révolution sociale et politique ; et, dans le cercle des institutions de cette espèce, elle n'a point tendu à perpétuer le désordre..., mais plutôt à accroître la puissance et les droits de l'autorité publique. Quand on la sépare de tous les accidents qui ont momentanément changé sa physionomie à différentes époques et dans différents pays, pour ne la considérer qu'en elle-même, on voit clairement que cette révolution n'a eu pour effet que d'abolir ces institutions politiques qui, pendant plusieurs siècles, avaient régné sans partage chez la plupart des peuples européens, et que l'on désigne d'ordinaire sous le nom d'institutions féodales, pour y substituer un ordre social et politique plus uniforme et plus simple, qui avait l'égalité des conditions pour base.

Cela suffisait pour faire une révolution immense car, indépendamment de ce que les institutions antiques étaient encore mêlées et comme entrelacées à presque toutes les lois religieuses et politiques de l'Europe, elles avaient, de plus, suggéré une foule d'idées, de sentiments, d'habitudes, de mœurs, qui leur étaient comme adhérents. Il fallut une affreuse convulsion pour détruire et extraire tout à coup du corps social une partie qui tenait ainsi à tous ses organes. Ceci fit paraître la Révolution encore plus grande qu'elle n'était...

... Ce qu'il est vrai de dire d'elle, c'est qu'elle a entièrement détruit tout ce qui, dans l'ancienne société, découlait des institutions aristocratiques et féodales, tout ce qui s'y rattachait en quelque manière, tout ce qui en portait, à quelque degré que ce fût, la moindre empreinte... (La Révolution) a pris le monde à l'improviste, et cependant elle n'était que le complément du plus long travail, la terminaison soudaine et violente d'une œuvre à laquelle dix générations d'hommes avaient travaillé. Si elle n'avait pas eu lieu, le vieil édifice social n'en serait pas moins tombé partout, ici plus tôt, là plus tard ; seulement il aurait continué à tomber pièce à pièce, au lieu de s'effondrer tout à coup...

A. de TOCQUEVILLE, *L'Ancien Régime et la Révolution*, Livre I, chap. 5

C'est pourquoi, lors des réformes de 1763-1764 et surtout de 1774-1775, la volonté populaire a fait capoter l'*aggiornamento* de l'économie, car « la police s'est faite peuple » (Dupont de Nemours). Foin du libéralisme pour qui crève de faim ! Vive la taxation ! Le roi ne peut pas imaginer qu'au nom de l'intérêt privé on affame ses peuples. Plus particulièrement, la capitale refuse le jeu des libéraux, le « laisser-faire, laisser-passer », et c'est parce que ses autorités familières, le prévôt des marchands, le lieutenant général de police, le procureur général du parlement, les commissaires des quartiers savent ce qui va se passer. Le recours aux grains payés par le trésor royal, la surveillance des marchés, des boutiques, la propagande — on étale sur les quais aux moments de crainte des sacs bien garnis qui rassurent — n'ont pas empêché les prix de grimper, mais le ravitaillement a été assuré, les émotions contenues. Le droit des consommateurs, le vieil idéal communautaire, doit l'emporter sur celui des producteurs et des vendeurs. En pleine période révolutionnaire, R. Cobb retrouve cette coïncidence profonde et durable des intérêts du peuple et de la police. Avoir du pain à la maison reste « l'énoncé le plus simple et le plus définitif de la politique économique du sans-culotte ».

Pain et royauté

En même temps l'obsession du « pacte de famine » alimente les rumeurs que le silence des gouvernants accrédite, car il n'est pas question de rendre des comptes au peuple. L'image du roi et de ses pouvoirs sort désacralisée de ces crises successives, « il — le souverain — a perdu sans retour l'affection de ses peuples ». Il est peut-être mort pour eux quand les menaces prétendues du complot fait pour affamer les pauvres et enrichir les hommes de profit ont circulé dans le réseau de l'information populaire des chansons, des placards et des pamphlets. La rumeur rejoignait d'autres éléments de critique et de contestation, voire de désinformation, à mettre au compte des libellistes et de la pornographie politique. La polarisation des masses urbaines s'inscrit dans ce mouvement de protestation économique, comme leur fatalisme et leur indifférence peuvent s'y enraciner. Le roi et le peuple ont pris leurs distances par rapport aux vieilles obligations d'une économie moralisée. « En désacralisant tout à la fois le pain et la royauté, la hantise du complot a dans le même temps permis que se réalisent deux des conditions fondamentales préalables au déblocage des structures politiques, économiques et psychologiques de l'Ancien Régime » (S. Kaplan).

Ci-gît le bien-aimé Bourbon
Monarque d'assez bonne mine
Et qui paye sur le charbon
Ce qu'il gagne sur la farine.

LA RÉFORME IMPOSSIBLE

Des idées de Vauban aux ultimes tentatives de Loménie de Brienne et de Lamoignon, les historiens ont maintes fois conté les tentatives de réformes et leur échec. Sans reprendre ce récit, nous voudrions essayer d'analyser les éléments du problème, en nous limitant à deux domaines.

La « contrariété » impôts-privilèges

Les rois du XVIIe siècle avaient haussé le taux des impôts existants à un niveau qui ne pouvait plus être dépassé ; et pourtant ils ne parvenaient pas mieux à payer les dépenses de guerre. L'idée devait venir de rendre l'impôt plus efficace en étendant la matière imposable, c'est-à-dire en restreignant ou supprimant les exemptions partielles ou totales dont jouissaient toutes les catégories de privilégiés : clergé, noblesse, officiers, pays d'états, villes, et tant d'autres. Il n'était en effet pas très difficile de constater que tous ces non-imposables détenaient une bonne partie des revenus et de la fortune du royaume ; il n'était pas non plus interdit d'espérer que leur contribution « proportionnelle » puisse combler l'incessant déficit (bien que le calcul ne semble pas avoir été sérieusement fait, et qu'on puisse douter même des miracles). La série commence donc en 1695, et va se dérouler pendant près d'un siècle, sur le même scénario constamment repris. La capitation de 1695 devait être levée provisoirement « sur tous nos sujets sans aucune distinction », et pourtant le texte réservait déjà le cas du clergé. Le premier dixième (1710) prétendait viser provisoirement aussi « tous propriétaires, nobles ou roturiers, privilégiés ou non privilégiés », et se prendre « sur toutes les charges, emplois et commissions, soit d'épée, soit de robe, des maisons royales, villes, de police et de finance... toutes les rentes sur l'hôtel de ville... rentes à constitution, rentes viagères... ». Quinze ans plus tard, le texte créant, provisoirement toujours, l'impôt du cinquantième reprenait presque les mêmes termes : l'impôt sera « payé par tous les propriétaires de tous états sans exception, ecclésiastiques ou séculiers, nobles ou roturiers, privilégiés ou non privilégiés... ». Belle obstination !

Plus tard, lors du temps de répit que procurèrent l'administration de Fleury et les bonnes années du milieu du siècle, deux seuls (et excellents) contrôleurs généraux ayant suffi à remplir un quart de siècle, Orry et Machault, le second tenta de faire mieux : un véritable impôt général, permanent celui-là, et touchant nommément « les usufruitiers » (c'est-à-dire le clergé), le célèbre vingtième institué par l'édit de Marly de mai 1749. Tentative de révolution fiscale, a-t-on dit, et l'édit était en effet au moins cela. Mais révolution vite avortée, comme d'habitude : l'assemblée du clergé ayant hautement protesté en 1750, le « Bien-Aimé », qui pourtant appréciait Machault et avait promis de le soutenir, céda au clergé dès 1751, puis lâcha à la fois l'impôt et le ministre. Tous les privilégiés avaient naturellement joint leurs protestations indignées à celles du clergé ; les bonnes intentions passagères du roi n'y avaient pas résisté. On a depuis longtemps compris qu'il ne s'agit pas seulement, en cette affaire à répétition, d'un ladre refus de contribuer ; mais d'une contradiction de principe qui découle de la nature même de la société et du régime. Il repose sur la reconnaissance de privilèges et de libertés. Tout impôt vraiment général détruit ces privilèges et ces libertés. Il détruit donc les fondements de la société, de l'État, disaient les privilégiés menacés. Seul le roi aurait pu, s'il l'avait voulu avec obstination, résoudre la contradiction. Henri IV ou Louis XIV y seraient-ils parvenus ? Louis XV (Louis XVI plus encore) finit toujours par reculer ; au fond de lui-même, désirait-il changer quoi que ce fût dans les immuables fondements de son régime ? Et la contradiction ne s'était-elle pas transportée à l'intérieur de la personne royale ?

Confrontés, bien tard, à des problèmes du même ordre, d'autres ministres envisagèrent à nouveau le même type de réforme fiscale : subvention territoriale de Calonne (1787) reprise par Loménie de Brienne, un moment soutenus par Louis XVI. Mais le ministère crut alors utile de faire approuver ses initiatives par une « assemblée de notables » triés sur le volet, supposés obéissants ; mais ces privilégiés d'entre les privilégiés refusèrent tout, fort logiquement. Dans un climat d'une tout autre gravité, la même contradiction inhérente au régime s'affirmait jusqu'au bout. Il n'empêche que de nombreuses améliorations de détail, intelligentes et bénéfiques, étaient apparues durant le siècle (qu'on compare un rôle d'impositions de 1680 et un rôle de 1780...). Mais le problème essentiel n'avait jamais pu être résolu, et la nature du régime en était autant (ou plus ?) responsable que la faiblesse des rois.

Le « coup de majesté »

Matés par Louis XIV avec une énergie qui ne se retrouvera qu'une fois, les parlements avaient repris dès 1715, sur un rythme variable, mais avec un succès croissant, leurs prétentions et leurs luttes, qui ont été maintes fois racontées. Il convient d'ailleurs d'englober les autres cours souveraines, particulièrement les Cours des Aides, dans cette opposition parlementaire. Avec quelques variantes dans le déroulement, le schéma d'ensemble se répétait : remontrances, lit de justice, itératives remontrances, lettres de jussion, grève judiciaire, exil, négociations, pardon royal, rentrée de « la cour ». Dans la décennie 1760, les parlements éclataient de triomphe, après avoir abouti à des succès décisifs dans l'affaire des jésuites, celles de Bretagne et quelques autres.

Éclata soudain, début 1771, le « coup d'État » Maupeou, en réalité « coup de majesté », le roi, pour une fois, ayant soutenu énergiquement son chancelier jusqu'au bout, jusqu'en mai 1774, mort prématurée d'un monarque rénové. Apparemment, il s'agissait de réduire les ressorts, en effet bien trop vastes, des parlements de Paris, Rouen et Toulouse, qui furent démembrés. Bien plus : la vénalité et l'hérédité des charges étaient abolies, et la justice proclamée gratuite. Des juges appointés et révocables étaient institués (on eut du mal à les trouver), et la réforme fut étendue à toutes les cours souveraines de Paris et de province, y compris les Monnaies, les amirautés, la Table de marbre. Maupeou et son secrétaire Lebrun (le futur consul) travaillaient à un code unifié pour tout le royaume. Ce coup de tonnerre, qui provoqua fureurs et applaudissements, avait naturellement un sens politique

Protégé par Mme de Pompadour, ce clerc, conseiller au parlement de Paris, devint contrôleur général des finances en 1769. Accusé comme Louis XV de « pacte de famine » au moment de l'établissement du monopole royal sur les grains, il fut désavoué dès son avènement par Louis XVI, qui choisit Turgot (portrait par Alexandre Roslin, musée du château de Versailles).

très fort : il ruinait l'opposition parlementaire, laissait prévoir la disparition par extinction de l'aristocratie des « grandes robes », annonçait un renouveau du régime. Au même moment l'impopulaire (et scandaleux) abbé Terray, remarquable contrôleur général, mêlant banqueroutes partielles, mesures brutales, solide réforme des vingtièmes (qui préfigure la « subvention territoriale ») et remise en route du vieux projet de « cadastre général » du royaume, paraissait en passe d'améliorer enfin la situation financière. Après de longues patiences, le vieux roi, profondément et durablement excédé par l'opposition acharnée et injurieuse qu'il avait rencontrée, soutint fermement cette étonnante expérience, dont on a pu penser qu'elle « aurait pu sauver » l'Ancien Régime — supposition évidemment gratuite, mais non absurde. Il fallut la mort de Louis XV, puis l'insigne faiblesse (pour ne pas dire plus) de Louis XVI pour tout jeter à bas. Maupeou dut rendre les sceaux, toute la réforme fut abolie, et les parlements revinrent, suffisants et acclamés.

Ultime tentative, bien tardive, en 1788, attribuée à Lamoignon. Ni la vénalité ni les parlements ne furent supprimés ; mais on leur enleva l'enregistrement des ordonnances (confiée à une cour plénière présidée par le roi et qui ne se réunit qu'une fois, difficilement) et la plupart des appels, renvoyés à 47 « grands bailliages » placés entre parlements et présidiaux. D'utiles mesures annexes (réforme criminelle, suppression de tribunaux trop spécialisés ou peu utiles) n'eurent pas le temps de produire leur effet. Dès septembre 1788, toutes ces mesures prises à Versailles en mai (et en lit de justice) furent, comme d'habitude, révoquées. On ne pensait plus qu'aux états généraux, déjà convoqués. Pourtant, Louis XV et Maupeou avaient montré qu'une très grande réforme était possible. De son échec, Louis XVI porte toute la responsabilité.

En porte-t-il d'autres, comme d'avoir facilité ou provoqué le développement de la Révolution, par sa duplicité constante comme par son refus profond d'accepter intimement toute nouveauté qui attentait à sa sincère conception de la royauté absolue, des structures traditionnelles de l'État, de son rôle de roi très-chrétien défenseur de la foi et de l'Église ? Sauf épisodiquement au temps de Turgot, il avait été l'homme du maintien, et peut-être de l'incompréhension. C'est en cela qu'on peut soutenir que, dans la séculaire impossibilité de toute réforme fondamentale, la personne du roi entre pour autant que les « structures » du régime.

Au verso

Amélioration du réseau routier dans le nord de la France : routes pavées et diligences annoncent le XIX*e siècle. Tableau de Jean-Louis Demarne (1744-1829), musée du Louvre.*

Survie de l'Ancien Régime

De la nuit du 4 août à leur dispersion fin septembre 1791, les légistes des premiers temps avaient eu le sentiment d'avoir entièrement supprimé le régime précédent, et l'avaient éloquemment proclamé dans le préambule de leur constitution de 1791. On a longtemps pensé, et enseigné, que ce type de gouvernement, de société, peut-être aussi de civilisation avait sombré à jamais dans ces années épiques, tandis que se levaient, sous leur première forme, des temps nouveaux et radieux. Ou, plus modérément, que ni les nostalgies ni les législations des « restaurations » d'après 1814 n'osèrent ou ne purent rétablir les distinctions héréditaires, le « régime féodal » et la dîme ecclésiastique. Une page, vraiment, avait été tournée, et les huit régimes (pour simplifier) qui en un siècle et demi tâchèrent de succéder à l'Ancien ne manquèrent jamais de proclamer, avec une jactance croissante, le sentiment de leur orgueilleuse originalité. Il faut en rabattre. Les « civilisations » sont rarement mortelles ; les sociétés, et même quelques institutions, persistent, ou ressuscitent en se coulant dans des formes nouvelles. Ce n'est pas un paradoxe que de montrer, au XIXe siècle bien sûr, mais aussi au XXe, et parmi nous, l'Ancien Régime survivant. Certes, à des degrés inégaux, avec des glissements, des masques, et aussi de franches ruptures.

C'est presque un jeu de relever tout ce qui s'est maintenu ou a été rapidement rétabli des complexes institutions de l'Ancien Régime. Des offices vénaux — et restés pratiquement héréditaires — ont bravement survécu : nos « offices ministériels » (avoués, huissiers, avocats à la Cour de Cassation et au Conseil d'État) au moins jusqu'à de très récentes réformes ; des offices dits publics comme ceux des notaires ; les uns et les autres, sous le contrôle de la « chancellerie », dénomination d'Ancien Régime toujours accolée au ministère de la Justice ; et ce domaine de la justice et de la basoche garde, plus qu'aucun autre, les traditions et l'inimitable style des Brid'oisons de jadis ; plus la torture réapparue avec la Deuxième Guerre mondiale.

La France, telle qu'en elle-même...

Des administrations entières, d'une solidité éprouvée, ont traversé sans grand dommage les ouragans politiques, plus superficiels qu'on ne croit souvent. Créées sous Louis XIV ou Louis XV, les Eaux et Forêts, l'Enregistrement, les Ponts et Chaussées, nobles dames parmi leurs roturières cadettes, avec leurs vénérables ordonnances, en partie en vigueur (on a récemment vu déterminer le niveau de la mer de la même manière qu'au temps de Colbert), les forestières comme bien d'autres, avec leurs traditions, leurs titres, leurs écoles et presque leur personnel de caste (ou d'« ordre »). Les vieilles administrations hospitalières, après de médiocres avatars, ont aussi traversé les siècles, avec leur fortune immobilière énorme et souvent vétuste, leurs solides domaines agricoles et leurs archives — qui remontent couramment aux XIIe et XIIIe siècles (providence des historiens) — et leurs monuments, et leurs religieuses, et le style de leur administration. Après quelques péripéties, les monopoles typiquement louis-quatorziens du timbre (fiscal), du tabac, des postes (avec leurs « marques postales », ancêtres du timbre-poste) et des messageries, commodes, fructueux, longtemps exemplaires. Honnis par la Révolution, les impôts, dits « indirects » — si commodes eux aussi — ont refleuri par la grâce de Napoléon et de ses successeurs, sous le nom également honni de « droits réunis ». Octrois et aides ont aussi reparu, avec leurs « gabelous » et leurs « rats-de-cave », durables sobriquets populaires ; les premiers se sont effacés au XXe siècle — mais l'octroi de mer survit aux Antilles ! — ; les seconds se sont enflés ; jusqu'aux péages qui sont ressuscités, avec leur noble dénomination, alors que le XVIIIe siècle réformateur s'était ingénié à les racheter et parfois à les supprimer.

Guillotinés ou émigrés, les fermiers généraux, comme la Ferme, se sont éteints. Mais les « trésoriers-payeurs généraux » paraissent avoir continué, au moins dans le

L'unification administrative va se poursuivre dans une harmonisation salutaire des poids et mesures : de gauche à droite, l'are va remplacer la toise, le franc la livre tournois, le stère la demi-voie de bois (gravure de 1800, musée Carnavalet).

A mi-chemin entre un baroque finissant et une sensibilité qui annonce déjà le style « saint-sulpicien », l'éternel culte voué à la Vierge en France (chapelle de l'hôpital Liné à Provins).

XIXe siècle départemental, et avec les mêmes titres, à rassembler les fonds des contribuables, et peut-être à les prêter à l'État (ou à d'autres ?) ; du moins ont-ils toujours figuré, dans les listes de notables que dressaient les monarchies censitaires, vers les premiers rangs. Et l'État a bien été contraint, si contrainte il y eut, de continuer à passer des marchés avec ce qu'on n'appelait plus des « compagnies de munitionnaires », mais quelque chose qui leur ressemblait assez, quand la guerre s'annonçait ou survenait. Quant aux grandes constellations bancaires, toutes internationales, on connaît leur aptitude à survivre. Dès l'an V, quand le climat politique devint plus calme, beaucoup rouvrirent leurs modestes échoppes, un moment déménagées, transférées, ou camouflées ; et l'*Almanach national*, comme naguère son prédécesseur l'*Almanach royal*, livre leur liste et leur adresse aux lecteurs : à trois exceptions près (dont Enfantin et Pourtalès) ce sont exactement les mêmes qu'en 1788, les Cottin et les Delessert, les Hottinguer et les Mallet (de nos jours, la plus vieille banque française), les Pache, les Perrégaux, les Senn-Bidermann, les Tourton et les Vandenyver, et bientôt le jeune Laffitte ; et, trois années plus tard, les plus grands se réuniront, puis se succéderont, pour fonder et « régenter » la Banque de France. Les uns et les autres, malgré de gros accidents de parcours, surent servir la plupart des régimes — même le plus révolutionnaire — et ne pas toujours y perdre ; et d'ailleurs, quels régimes vécurent en France sans le soutien des banquiers ?

Officiellement, les vieux « coutumiers » d'Ancien Régime étaient devenus chiffons de papier. Ce furent pourtant des juristes d'Ancien Régime qui rédigèrent les codes napoléoniens, et la coutume de Paris se prolonge en partie dans le Code civil. Ces « superstructures » unifiées n'ont pas empêché que survivent, sous le nom d'« usages locaux », réimprimés jusqu'en plein XXe siècle, une partie de ces vieilles coutumes qui ont longtemps régi (avec quelle variété !) les mitoyennetés, les servitudes de passage, les baux à loyer et leurs échéances, des institutions rurales et mille détails de la vie quotidienne.

Survivaient aussi, sous l'officiel système métrique (d'ailleurs organisé, même sous Robespierre, par d'enthousiastes techniciens d'Ancien Régime, parfois des nobles !), toute la géométrie traditionnelle des arpents et des cannes, des setérées et des setiers, des boisselées et des boisseaux, et l'inextricable imbroglio des queues, des fûts, des muids, des tonnes et des tonneaux. Pendant un bon demi-siècle, les rédacteurs d'actes (notaires et leurs clercs) opérèrent inlassablement les conversions réglementaires — seul moyen à peu près sûr, d'ailleurs, pour connaître exactement les véritables mesures anciennes, la plupart des tableaux officiels de conversion datés du Consulat s'avérant fort approximatifs. Même après le milieu du XXe siècle, il était fréquent d'entendre les paysans, au moins les plus âgés des régions les moins modernisées, s'entretenir couramment des diverses boisselées ou setérées, s'y reconnaître aisément, et naturellement avoir l'usage courant de leurs équivalences métriques, et quelquefois en jouer. Des « communaux » survivent, et des regains, et des clôtures et ouvertures de prairies communes et de bois, et des affouages, et même des servitudes de glanage, sans compter, dans le Midi, de vieilles drailles de transhumance... De tout cela qui fut la trame de vie pendant des générations, la Révolution n'avait pas supprimé grand-chose, et ne le cherchait guère ; longues survivances, en voie de rapide disparition.

En outre, des réformes qui se voulaient totales et définitives n'étaient pas toujours acceptées ; et des réactions en sens inverse furent tentées, et réussirent parfois. Les bons prêtres et les bons évêques effectivement ramenés « dans les bagages de l'étranger » essayèrent d'une astuce pour faire revivre les droits seigneuriaux et surtout la dîme : la réimpression, autour de 1820, des bons catéchismes d'Ancien Régime. En 1822, le vigilant abbé Grégoire les dénonçait dans une brochure au titre significatif : « Des catéchismes qui recommandent et prescrivent le paiement de la dîme, l'obéissance et le respect aux seigneurs des paroisses, et de leur réimpression sous l'empire de la Charte », discussions déjà présentées dans de graves journaux comme *Le Constitutionnel* (février 1821) et *La Quotidienne* l'année suivante. Ici, un noble réclame son banc seigneurial dans l'église paroissiale (d'autres l'ont repris, tranquillement) ; là, des paysans laissent une rangée de récolte sur 10 pour une dîme coriace ; en Poitou (si bien étudié par Pierre Massé) des discussions interminables opposent paysans et propriétaires sur la « qualité » des « rentes » (nom habituel du montant du fermage en cette province) assises sur les terres : si elles ont été créées « nobles » ou « féodales », pas de doute, elles ne sont pas dues ; mais comment le prouver, quand les grimoires sont imprécis, ou perdus, et que ce mot de « rente » englobe tout ce qui « charge » une terre ? La législation changeante et qui ne prévoit jamais tout, la rareté des titres anciens et clairs, la malice contradictoire des uns et des autres compliquaient le problème, en Poitou et ailleurs. On sait aussi que les révolutionnaires, à peu près tous, n'ont voulu que détruire les attributs barbares, seigneurie et féodalité, qui gâtaient le visage de la propriété et en gênaient la libre transmission ; de la propriété dont ils ont été les fervents admirateurs et servants, au moins autant, et probablement plus que leurs prédécesseurs.

Un « mal français » ?

Pour voir plus clair en ces questions complexes, la méthode consiste à franchir décidément la frontière archivistique et juridique qui sépare artificiellement l'« ancien régime » de la « période intermédiaire » et des « nouveaux régimes ». Quelques jeunes chercheurs s'y sont essayé patiemment, en suivant les mêmes « domaines » de 1780 à 1840, à l'aide d'archives privées bien tenues et complétées par le recours aux minutes notariales, particulièrement dans le centre et l'ouest du pays. Les conclusions sont formelles : presque tous les « anciens droits », qualifiés de « fonciers », donc liés à la propriété de la terre, ont été incorporés dans les baux ou les contrats nouveaux : les charges ont peu varié, ou pas du tout, elles ont simplement changé de nom. Et, du Nivernais au Berry et à la haute Bretagne, de retrouver les charrois, les chapons de Noël, les agneaux de Pâques, et les menus « offrandes et suffrages », tels qu'en eux-mêmes les « nouveaux régimes » les ont conservés... On peut presque ériger à titre de symbole la réponse d'un propriétaire de l'Indre, Gabriel Alamore, à son fermier Pierre Henry : « Je t'ai affermé mes biens en janvier 1789 lorsqu'ils étaient grevés de différents droits seigneuriaux exigibles. Si je ne t'avais pas chargé de cet acquittement, le prix de mon bail aurait été plus considérable. C'est moi, propriétaire, qui dois profiter de l'abolition des droits féodaux, et non pas toi, fermier. »

Plus simplement, la recherche en cours observe peu à peu ce que le juriste P. Viard, spécialiste de la dîme, a appelé « l'incorporation subreptice dans les fermages ». Les anciens droits plus ou moins abolis sont intégrés dans l'ensemble des redevances et charges du preneur, dans ce qu'on appelle dans l'Ouest « le gros » ou « les rentes » de la terre. Quelques paysans ont essayé de plaider ; ils n'avaient ni les titres clairs ni la force suffisante pour gagner leur cause. Sur les marais salants de la côte atlantique point de demi-mesure : le vieux « terrage » au seizième est textuellement devenu « le droit du bourgeois » (bourgeois = propriétaire) et chaque bail porte, au moins jusqu'en 1850, que sera « déduit le seizième pour les anciens droits seigneuriaux appartenant maintenant au propriétaire ». Ajoutons quelques exemples méridionaux comme ce contrat de métayage de Lectoure qui, en 1909, porte encore obligation de la dîme baptisée « néo-dîme ». Faut-il généraliser ? Ce serait pour le moins prématuré ; mais la question reste posée. D'autant que des provinces entières n'avaient accepté ni la « diminution » du prêtre, ni l'officielle suppression de toute « féodalité ». Elles protégèrent et nourrirent les réfractaires, conservèrent et rendirent leurs domaines aux nobles seigneurs, émigrés ou non. Vers eux allaient toujours la soumission, l'honneur, les présents, les offrandes et même la plupart des « droits », dont le nom seul a changé, et encore pas toujours. Taches résiduelles ? fossiles isolés ? Avant bien d'autres « politistes », Siegfried ne s'y trompait guère, lorsqu'il analysait le « granit » de l'Ouest, ou le contraste ardéchois. Dans des bocages et quelques montagnes, le temps des seigneurs et des bons prêtres a survécu à bien des régimes qui se disaient « nouveaux ». On les retrouverait sans peine, aujourd'hui même, dans telles régions où les tombes des « martyrs » sont toujours fleuries, les chapelles expiatoires toujours illuminées, et le 14 Juillet jamais célébré.

Et d'ailleurs, comment aurait été possible la rupture totale qu'on imagine parfois ? On ne sache pas que les conventionnels aient guillotiné tous les tièdes, même pas tous les suspects. Il fallait bien que l'administration s'exerce, qu'il y ait des maires, des juges, des percepteurs, qui ne sortent pas soudain du papier d'une constitution. Sauf monographies locales, trop rares, on n'a jamais examiné à fond, c'est-à-dire généalogiquement et statistiquement, le destin et le sort des notables du temps de Louis XVI et de leur descendance. L'enquête sur les « masses de granit » de l'époque napoléonienne, que conduisent L. Bergeron et G. Chaussinand-Nogaret, permettra sans doute une première évaluation. Une expérience ancienne, relative au département de l'Oise, nous a permis de constater que, d'inévitables accidents de parcours mis à part, les mêmes familles, qui avant 1789 dominaient (avec l'économie) la magistrature et l'organisation municipale ou bailliagère, se retrouvèrent dans les tribunaux, les administrations, les municipalités révolutionnaires, impériales et à nouveau royales. Le symbole presque attendrissant pourrait en être ce descendant de marchands anoblis, inébranlablement maire de Beauvais de 1803 à 1839, qui prêta serment à six régimes. Non loin de là, dans la fraîcheur opulente des pâtures brayonnes, quelques traverses n'empêchèrent pas les anciens seigneurs (très peu émigrèrent), comme des Motte de Bisancourt et des Titon de Villotran, de se retrouver maires quasi seigneuriaux des villages dont ils demeuraient les châtelains. Et, dans les bonnes familles, un ou deux rejetons surent bien se vouer — avec mesure — à chacun des régimes de passage. Sur ces permanences, on est beaucoup moins renseigné que sur de spectaculaires substitutions. L'hypothèse est pourtant bien tentante à soutenir : les notables des « nouveaux régimes » furent majoritairement les mêmes que les notables de l'Ancien, ou leurs descendants. Mais il faut attendre d'autres enquêtes pour trancher — et penser aussi à ces gros fermiers engraissés de biens nationaux...

L'irrésistible ascension de la centralisation

Ces interrogations et ces suggestions posent le problème majeur, toujours ouvert : jusqu'à quel point la Révolution a-t-elle bouleversé la société française ? Les historiens qui s'attachent au XIXe siècle ont en partie répondu : toutes les listes de grands notables de la monarchie censitaire donnent la première place à l'ancienne noblesse, qui a récupéré une bonne partie de ses biens ; auprès d'elle, les gérants des nouveaux régimes, hommes d'affaires, de banque, de finance, maîtres de forges, dont la majorité n'était certes pas des hommes nouveaux. En tête dans les villes moyennes, toujours la bourgeoisie de rentes et de prêts, largement propriétaire, qui durera autant que le franc-or ; dans les campagnes, à un niveau comparable à celui de leurs anciens maîtres, leurs anciens fermiers et receveurs, gorgés de biens d'Église (et parfois d'émigrés), prêts à servir tout régime qui leur en assure la conservation. Ceux-là, d'ailleurs, mériteraient d'être mieux « pistés » par les historiens, depuis les premières grosses fermes du XVIe ou du XVIIe siècle jusqu'à telles vertigineuses ascensions sociales, politiques, voire culturelles, des XIXe et XXe siècles ; il n'y faudrait qu'un peu de patience...

En doute-t-on vraiment encore ? La grande « césure » sociale fut bien postérieure aux tonnerres de 89 ou de 93 ; elle se dégagea progressivement de la révolution industrielle d'entre 1840 et 1860, puis des postérieures transformations d'un « capitalisme » qui sut ne pas rester figé, et n'a pas fini d'évoluer. Les secousses et les législations de la Révolution en avaient au plus facilité l'avènement ; elles furent

Un des traits typiques et le plus constant de notre administration : l'existence quasi permanente d'un maillon, rouage essentiel entre le pouvoir central et les régions. Ici, un préfet napoléonien, « frère cadet » de l'intendant d'Ancien Régime, avec des pouvoirs plus étendus.

permissives, non décisives. Mais cela est une autre histoire, que nous ne saurions aborder. Il est seulement sûr que les anciennes structures, les anciennes coutumes, les anciennes mentalités, enkystées dans les terres, les âmes et les groupes, ne moururent pas brutalement. Au reste, toutes les provinces d'un pays ou d'une société n'évoluent pas du même train, ne vivent pas d'une seule coulée, insensibles qu'elles sont à ce que nous appelons contradictions, puisque les contradictions peuvent coexister sans douleur, même dans un seul homme.

Mais Tocqueville l'avait bien vu : la grande victoire posthume de l'Ancien Régime, dans une architecture enfin simplifiée et départementalisée, ce fut celle de la centralisation, qui réussit même, au bout d'un siècle, à faire accepter l'impopulaire service militaire. Les tentations fédéralistes écartées, la Convention, Napoléon et tout ce qui suivit gardèrent, renforcèrent, systématisèrent l'« absolutisme » surtout verbal des rois. Les préfets remplacèrent les intendants, avec plus de pouvoirs effectifs, plus de servilité, et souvent moins de talent. D'abord nommées (au moins leur maire), puis élues, les administrations municipales perdirent progressivement, avec leur autonomie financière, leur autonomie tout court : quel maire actuel n'est pas principalement un quémandeur préfectoral ou ministériel ? Les communications devenues rapides, puis instantanées, les tâches de l'État s'élargissant incessamment, quels que soient les bavardages de « concertation », « participation », ou « régionalisation », tout se décide à Paris, jusqu'aux édicules de Clochemerle ; à

Paris, où étouffent délicieusement des administrations pléthoriques et prétentieuses, dont même un Colbert n'aurait osé rêver. L'absolutisme et Louis XIV (que R. Mousnier appelait il y a bientôt trente ans « le grand révolutionnaire de la France ») ont triomphé au-delà de toute espérance : un « monstre froid » règne, et l'on souhaiterait qu'un nouveau Tocqueville s'emploie à le décortiquer.

Dans ce domaine, l'Ancien Régime ne survit pas : il triomphe.

Dans le domaine de la culture, combien de traits anciens perdurent jusqu'à nos jours. Et d'abord la tyrannie parisienne, les gros messieurs de Paris dictent aux provinces et aux provinciaux les normes du bien-dire et du bien-faire. Il n'est pas jusqu'aux actuels académiciens de province qui ne reconnaissent sans toujours l'admettre ces orientations du goût et de la mode, et l'on sait combien il est difficile d'y échapper. La noria des talents que Colbert et ses commis avaient fortement accélérée continue de conduire vers Paris, ses lumières, ses salons, ses éditeurs, voire ses universités, les fils des régions qu'on tente aujourd'hui, enfin ! de faire renaître. La marque d'une centralisation distinctive élaborée pendant deux siècles et accentuée par les régimes divers et nouveaux qui présidèrent au destin des Français depuis 1789 continue de donner à notre pays une originalité à nulle autre pareille en Europe ; il suffit de regarder l'Italie et ses multiples capitales culturelles malgré les ambitions romaines, l'Angleterre, la Suisse et ses cantons, l'Allemagne et ses Länder. Le fédéralisme culturel agonise sous l'Ancien Régime, il meurt sous la Révolution quand il prend une résonance politique. C'est peut-être une chance pour demain de le voir réclamé par les jeunesses et encouragé par le pouvoir. Reste que c'est une loi du développement culturel de s'imposer par la violence et de voir triompher les cultures dominantes — et les idéologies qui les accompagnent. L'unité de notre culture était sans doute à ce prix et l'on aurait mauvaise grâce à le regretter. Conçoit-on Marcel Proust écrivant au soleil de Marseille et Raymond Queneau à l'ombre du beffroi de Lille ! Le triomphe du français était à l'œuvre dans l'effort des notaires et des juges, des maîtres d'école et des régents, des libraires et des imprimeurs, des académiciens provinciaux et des amateurs de tout poil qui font le succès des œuvres et des chefs-d'œuvre, lisants et écrivants de tous ordres, écrivains et novateurs quelquefois. L'important est de ne pas prendre pour mouvement naturel ce qui n'est que ruse de l'histoire, et nous avons encore beaucoup à faire pour nous déprendre des mauvaises habitudes léguées par les créateurs de la véritable « nouvelle histoire », les vaillants positivistes moustachus et barbus qui au temps de l'affaire Dreyfus se voulaient progressistes et étaient créateurs : ils nous ont appris à croire au « génie français », mais, en même temps qu'ils exaltaient l'Ancien Régime et ses Lumières, ces Lavisse, Monod et quelques autres dont Lanson *qui genuit* Mornet, ils ont fait passer à la trappe les gêneurs et ce qui ne prenait pas facilement place dans la grande machinerie annonciatrice des progrès politiques, littéraires et scientifiques et que justifie l'amour de la patrie substitué à celui des rois. Le XVIIIe siècle et ses Lumières avaient créé le Panthéon, l'histoire positive sinon positiviste s'accommode de lui et exige le culte des grands hommes de l'absolutisme que la République célébra : « Turenne et Vauban, Corneille et Molière, ils sont la civilisation » (A. Compagnon). Le XXe siècle finissant, notre république se présidentialise et retrouve des accents monarchiques. Les pouvoirs intellectuels façonnés par une douzaine de générations continuent à fonctionner et à sélectionner, prouvant que les meilleurs sont là où ils doivent être selon les meilleures traditions de la *sanior pars*, telle qu'elle organisait le devenir culturel des hommes à l'aube du XVIIe siècle. Ses membres ne doutaient pas, les actuels non plus.

Affaissements et résurgences d'une civilisation

On sait assez que l'Ancien Régime ne fut pas seulement un corps assez monstrueux d'institutions, de pratiques, de coutumes, de manières de gouverner et d'administrer, et sans doute un type de société, que d'aucuns disent « à ordres ». Il s'insérait dans une économie et une démographie, qui se modifiaient lentement et surtout tardivement, et lui survécurent quelque peu. Il s'insérait aussi dans une, ou plutôt des civilisations, dont rend compte peu à peu une manière d'ethnographie rétrospective, qui s'avance volontiers jusqu'à une psychologie, voire une psychiatrie également rétrospective — pourquoi pas ? L'on enseigne couramment que cette économie est morte ; quant au reste, c'est une tout autre affaire.

Les grandes lignes sont connues, peut-être trop. Sauvée de la disette par la pomme de terre, le maïs, la betterave, les fourrages artificiels, les premiers amendements et engrais, trouvant, grâce au chemin de fer, de nouveaux débouchés dans les villes qui se gonflent, l'agriculture, parmi bien des épreuves, cesse d'être le facteur souffrant et largement dominant de l'économie française vers 1850, un peu avant ou après selon les calculs et les options des historiens et économistes. Mais elle survit longuement, dans beaucoup de ses modes anciens : polyculture de subsistance, semi-autarcie, micropropriétés, métayages difficiles, et ne fait vraiment sa mutation, dans d'autres douleurs, qu'après la Seconde Guerre mondiale.

Poussée par l'exemple anglais, ranimée (lentement) par la machine à vapeur, l'industrie, surtout la métallurgie, de plus en plus concentrée, mais avec de larges secteurs de « petites et moyennes entreprises » (réelles alors) devient le secteur d'entraînement, celui aussi qui désormais (avec la banque, mal connue) déclenchera de nouveaux types de crises, qui ne seront plus de subsistances — après 1848 ? Très lentement, la banque devient « d'affaires » et, plus tardivement encore, s'implante au fond des provinces, drainant des épargnes longtemps rétives vers des placements plus ou moins sûrs. Concentration, internationalisation, « trusts » et « cartels », nous sommes loin du temps des Bourbons.

Les routes des Trudaine, dont ni la Révolution ni l'Empire n'interrompirent la construction, puis les chemins vicinaux chers à Guizot, quelques canaux, les chemins de fer enfin réduisirent les frais de transport, uniformisèrent (lentement) les prix, et contribuèrent ainsi au désenclavement local et à l'unification réelle du vieux royaume aux provinciales bigarrures ; puis tout le reste. N'empêche que la diligence (parfois le coche d'eau) purent rester en service jusque vers 1900, que les marchés locaux demeuraient largement fréquentés, que le « ravitaillement » demeura longtemps banlieusard (la ferme, la vigne...) et que les prix différaient encore sensiblement d'une ville à l'autre entre les deux guerres mondiales. Et que le même « franc de germinal », fils très fidèle de la livre tournois de 1726, régna superbement jusqu'en 1914, époque où les espèces sonnantes étaient encore préférées aux billets de banque. Il fallut les deux guerres mondiales pour que le glorieux franc de

Louis XV se réduise au millième de sa valeur (quels que soient les faux-semblants inventés pour voiler la réalité). Et pourtant chez tant de Français, le louis ne perd pas sa valeur symbolique, ou sa sécurité. Ce n'est plus qu'en quelques cantons reculés — avec la faucille, l'araire et le dépiquage —, ou au tréfonds de mentalités à peine avouées, ou alors en des périodes de blocus comme l'occupation allemande, que survit ou resurgit l'économie d'Ancien Régime.

Les caractères démographiques ont, en fin de compte, plus lentement évolué. La grande originalité française, le contrôle des naissances, est apparue, nous l'avons montré, avant 1789 ; elle s'est simplement étendue au XIXe siècle, suivant un rythme et une progression géographique qui sont à reconstituer, avant de triompher (non sans luttes) au XXe siècle. La baisse de la mortalité, qui dépend principalement de celle de la mortalité des enfants, était timidement apparue en quelques provinces dès la fin du XVIIIe siècle, s'y abaissant peut-être (mais on en disserte) de quelques points (pour cent) ; elle n'a pas sensiblement progressé au XIXe siècle : en 1895 encore, plus du sixième des nouveau-nés mouraient dans leur première année. Les techniques pastoriennes, vers 1900, l'ont fortement réduite une première fois ; l'après 1945 a fait le reste. D'autre part, la grande migration vers les villes (dont les racines sont fort anciennes) ne se déclencha pas avant 1840, et les campagnes ne se sont vraiment vidées qu'à partir du second tiers du XXe siècle. Ce n'est que très

Pourtant, le temps est en marche, et dans des domaines aussi différents que surprenants : à gauche, croquis d'un projet de chauffage central à air chaud pour le château de Guermantes en Seine-et-Marne ; à droite, la première femme dentiste. Un arrêt du parlement fut tout de même nécessaire pour l'autoriser à passer ses examens (collection particulière, 1760).

récemment que la mort des petits enfants a été ressentie comme un scandale, et la paysannerie comme une survivance.

Grand facteur d'évolution économique, psychologique et politique, l'alphabétisation avait déjà bien « démarré » au XVIIIe siècle dans le tiers nord-est du pays, tandis que le rattrapage du Sud-Est est amorcé, Guizot fit beaucoup pour l'étendre ; la IIIe République paracheva, spécialement pour les femmes, pourtant non encore électrices, ces éternelles mineures (apparentes) de l'Ancien et de tous les « Nouveaux » Régimes — jusqu'à des temps très proches. Nous renvoyons aux célèbres enquêtes et cartes du chanoine Boulard et de Gabriel Le Bras pour prendre une vue de la « déchristianisation » aux alentours de 1930 ; le terme a fait naître des tempêtes ; les sombres taches des « pays de mission » n'en demeurent pas moins ; une chute des « pratiques saisonnières » et surtout des autres paraît continue et profonde ; il est assez remarquable que ses origines remontent au XVIIIe siècle ; continuité, accentuation, réveils peut-être : on décidera. Ainsi semblent s'être effondrées, mais bien plus lentement qu'on ne croit souvent, la plupart des caractéristiques qui constituaient l'enveloppe économique et démographique, et le « climat » culturel de l'Ancien Régime. La civilisation industrielle, puis électronique, ou informatique, ou technocratique, ou publicitaire et de mass media les aurait-elle donc intégralement remplacés ?

Les hochets de la nostalgie

Le type de « société de classes » qui, après de lentes transitions, s'est installé en France dans le cours du XIXe siècle pour se modifier notablement jusqu'à nos jours suscite chez les sociologues, politologues et tant d'autres les diagnostics et les pronostics les plus variés. Ce n'est pas avancer une assertion bien hardie que de suggérer que ce sont essentiellement les niveaux de fortune (quelle que soit la nature de la fortune) et plus encore la hiérarchie des revenus réels qui en constituent les facteurs déterminants (avec toutes les solidarités de familles et de groupes qu'on peut imaginer). Pourtant la société française n'est pas encore tout à fait la société nord-américaine, et l'on entend encore rarement dire d'un homme ou d'une famille : « Il vaut tant de millions ou de milliards. » Les signes ostentatoires sont de moins en moins négligés : multiplicité des résidences, domesticité, voitures, yachts, style de vie, etc. Ce qui caractérise pourtant la France et une partie du Vieux Monde, c'est qu'une large partie de ses classes ultra-fortunées ont spontanément retrouvé et ressuscité les distinctions, les honneurs, les « illustrations » de l'Ancien Régime jamais oublié, ou du moins leurs faux-semblants. En particulier la noblesse. Déjà Napoléon, qui connaissait bien la passion des hommes pour ce qu'il appelait crûment des « hochets », avait créé une noblesse d'Empire, assise sur des « majorats » (comme en Espagne ou au temps d'Henri III), et la Légion d'honneur, qui en était un substitut ou un prologue. Les monarques qui suivirent conservèrent ou imitèrent ; ils ajoutèrent quelques anoblissements de leur cru, héréditaires ou viagers ; même Louis-Philippe y sacrifia quelque peu. De par leur nature, les républiques ne pouvaient officiellement reconnaître les titres de noblesse, puisqu'elles étaient censées gouverner des citoyens « égaux en droit ». Telle est la thèse ; l'hypothèse est tout autre : toutes les chancelleries républicaines, après avis déterminant de l'éternel Conseil d'État, ont légalisé et légalisent proprement les titres « réguliers », et en « investissent » elles aussi ceux qui le demandent et fournissent des « preuves » ; moyennant, il est vrai, le paiement de droits non négligeables, qui allaient sous la IIIe République de 5 000 francs (or) pour un duc d'Ancien Régime à... 65 francs pour un simple baron d'Empire ; droits élevés et uniformisés en 1947 au chiffre coquet de 100 000 francs. Ainsi, les républiques laissent, moyennant finances, le beau monde prendre des titres jadis appelés « de courtoisie », qui demeurent l'ornement et le piment des annuaires mondains : ne voit-on pas telle famille où le père et les deux fils s'affublent également du titre de comte ? En dehors de ces titres de tolérance ou de complaisance, propres à ce qui se croit la meilleure société, d'autres ont été conférés par le Conseil d'État, grâce à quelques cheminements fort légaux : telle famille, devenue célèbre par un pseudonyme d'allure nobiliaire, illustré par exemple en littérature, est autorisée à s'en emparer ; telles autres autorisées à « relever » (le terme a vaincu les siècles) le nom d'un noble authentique mort sans postérité directe sur un champ de bataille, et dont elles prouvent être les héritières : le monde de la politique et celui des affaires, si peu distincts, fourmillent d'exemples ; autre moyen bien légal : l'adoption d'un opulent jeune roturier par une antique famille noble et désargentée, intervenue parfois par le canal des petites annonces. De tous ces accroissements ou changements de patronymes, les rares connaisseurs se gaussent ; mais ce qu'on appelle l'opinion en est presque toujours fort impressionnée, et suit franchement. Tout se passe comme si une large masse de Français, aidée en cela par la presse à sensation, ne doute pas que la particule soit signe de noblesse, éprouve une sorte de nostalgie de ces belles marques de distinction et a soif d'honneur et de décoration(s), qui emportent le reste avec eux, et souvent l'excusent.

En dehors de groupes fervents issus de l'Action française, la nostalgie de la royauté caractérise aussi les républiques qui vieillissent, soutenue, cultivée, entretenue et renforcée par tous les « medias », télévision d'État comprise. Familles royales constitutionnelles, familles royales exilées, monarques toujours « glorieux » d'avant 89 : quels tirages, et quels taux d'écoute ! La concentration des pouvoirs essentiels dans les mains d'un seul, ici ou là, ne semble plus provoquer d'indignation majoritaire : le « guide » séduit plus qu'il ne scandalise, et certains surent présenter la stature, la majesté et le langage d'un roi. L'avenir de la monarchie française n'est peut-être pas entièrement derrière elle. Hormis ces nostalgies nobiliaires et princières, dont on ne saurait dire si elles ne sont que superficielles et sentimentales, d'autres ont resurgi, favorisées un moment par le régime de Vichy, qui se voulait « corporatiste ». Précédemment abandonné aux anciens groupements folklorisants d'étudiants très bourgeois, le vocable de « corporation » a largement reparu dans notre vocabulaire, avec sa charge affective fleurant bon le passé ; celui d'« ordre », autrement distingué, et vichyssois aussi d'origine, a rapidement suivi. Foin du « syndicat », terme vulgaire, et même de l'« association », trop neutre ; mais des « ordres de... », quelle allure, et quel discret parfum d'Ancien Régime ; on ne connaît pas d'ordre des égoutiers. Affaire de mots, donc mineure, objectera-t-on ; affaire aussi de mentalités propres à des groupes situés fort au-dessus du médiocre, tant par les revenus que par l'influence.

L'académisme reste vivant en dépit de la transformation des académies regroupées par Bonaparte dans l'Institut. Idéologie de l'unanimité et de la réconciliation, il prêche sous tous les régimes les vertus de la réconciliation des contraires, la nécessité de reconnaître l'autorité des talents reconnus, l'utilité de la sociabilité culturelle et il entretient farouchement l'espoir qu'un jour enfin l'académicien sera le conseiller entendu des princes qui gouvernent. L'idéal technocratique façonné dans les sociétés savantes au temps des Lumières reçoit chaque jour sa part d'illustration. La « fièvre verte » gagne les meilleurs comme au bon vieux temps de Chapelain et de Duclos. C'est une vieille habitude qui n'épargne ni les militaires, ni les clercs, ni les universitaires, ni même les écrivains.

Beaucoup plus largement, avec une tout autre signification et une force inattendue, beaucoup de vieilles croyances longtemps étouffées ou masquées, que les esprits forts prenaient pour de méprisables séquelles, ont reparu au grand jour, favorisées peut-être par une certaine crise des religions établies et la monotone mécanisation de la vie quotidienne. Rebouteux et guérisseurs, longtemps survivant en d'obscures officines et de lointaines provinces, ont émergé puissamment, avec leur presse et leur clientèle, peut-être aussi nombreuse et brillante que celle des médecins dûment estampillés, et en partie la même. Voyantes, devins et mages emplissent quotidiens et magazines, servis par des journaux spécialisés et une inventive publicité ; des puissants de ce monde paraissent avoir recours à eux, comme jadis les Valois et l'entourage de tant de rois, du temps de la Montespan au temps de Cagliostro et de Mesmer (celui du baquet). Zodiaque et horoscopes nous obsèdent, et tel qui s'en gausse n'oublie pas de s'y référer ; et le *Grand Albert* et les *Centuries* de Nostradamus sont réédités. La raison critique et les rassurantes théologies ne suffisant plus, on redécouvre, comme Louis XIV vieillissant, le « sage hindou » et le

La fameuse Bête du Gévaudan, qui emprunte à plusieurs représentations de la mémoire populaire, alimente encore la légende. Il s'agit en fait d'un loup ou d'une bande de loups enragés qui sema la terreur pendant les hivers 1764-1765, avec quelque cent cinquante meurtres à son actif (gravure en taille douce, 1765, musée des Arts et Traditions populaires, Paris).

« philosophe chinois ». Depuis Lourdes, la Marne et Fatima, le miracle est attendu, guetté, proclamé, devient l'espoir des nouveaux prolétaires, occupés ou abusés par le « totocalcio » gaulois, et toutes ces loteries dérivées de la « loterie royale », inaugurée lors du mariage de Louis XIV. La percée récente vers l'irrationnel (déguisé au goût du jour) retrouve et rejoint les plus vieilles civilisations, bien antérieures à l'Ancien Régime.

Avec des moyens massifs, la littérature dite populaire reprend, en les rhabillant, les thèmes les plus courants des anciens almanachs et de la *Bibliothèque bleue*, comme l'a bien remarqué Robert Mandrou. Miracles des martyrs, estocades des grands sabreurs, féeries devenues « scientifiques », soldats de la « vraie » civilisation forcément « occidentale », présages et sauvetages toujours miraculeux, amours supposées de princes et de vedettes, vieilles gaillardises transmuées en lourds érotismes, glorification de la guerre, du héros et du massacre sinon de la torture — retours aux vieilles et soporifiques distractions si largement bénéfiques à leurs vendeurs et aux minorités dominantes et gouvernantes. L'Ancien Monde et le plus vieux passé sont parmi nous, apparemment habillés de neuf.

Plus inattendues, les anciennes ethnies (quel autre terme convient mieux ?), qu'on croyait abandonnées aux doux maniaques et aux petits commerçants en folklore, resurgissent à leur tour. Systématiquement traqués, notamment à l'école, les « patois » — en réalité des langues et des dialectes — retrouvent à l'Est, à l'ouest, surtout au sud, une audience qu'on croyait réduite aux vieillards ruraux. Sans doute aurait-on tort de traiter par l'ironie des mouvements qu'une partie de la jeunesse, sans doute frondeuse, mais aussi enthousiaste, soutient et sert. La « région », dans ce pays, n'est pas seulement « de programme » ou d'utilisation politique. Elle est retrouvailles heureuses avec le passé des familles et des terroirs, recherche d'identité égarée, fuite et refuge quand le quotidien n'est que grisaille, uniformité, répétition, tristesse. Les Français retournent à leurs pères, leurs ancêtres et leurs sources, bien antérieures à 1789.

N'est-il pas jusqu'au régime lui-même qui revienne, inconsciemment bien sûr, aux usages anciens ? Ces compagnonnages et ces fidélités qui rappellent, non pas on ne sait quel « féodalisme », mais compagnons et fidèles d'après la Ligue et la Fronde, dont les familles régnèrent plus d'un siècle sous les rois sortis victorieux des frondes et des ligues ; ces privilèges retrouvés, ces liaisons parfois dénoncées entre milieux d'affaires et classe politique — comme sous Sully, Mazarin, Colbert et tant d'autres, qui réservaient à leurs larges parentèles les plus fructueuses affaires du régime.

Hypothèses et suggestions, visions et options peut-être trop « actuelles », pensera-t-on, pour des historiens qui prétendent traiter de sujets deux à quatre fois séculaires. Le passé n'est jamais totalement mort, peut-être de moins en moins ; plus qu'on ne croit, l'instant fugitif du présent en est tout pénétré. C'est pourquoi l'historien, homme libre, est aussi un témoin du présent.

BIBLIOGRAPHIE

AGULHON M., *Pénitents et francs-maçons de l'ancienne Provence*, Paris, 1968.

ANTOINE M., *Louis XV*, Paris, 1989.

ARIÈS Ph., *L'Homme devant la mort*, Paris, 1977. — *Histoire des populations françaises et de leurs attitudes devant la vie*, Paris, 1948. — *L'Enfant et la vie familiale*, Paris, 1960.

AUDISIO G., *Les Français d'hier*. Tome 1, *Des Paysans, XVe-XIXe siècles*, Paris, 1994.

BABELON J.-P., *Henri IV*, Paris, 1982.

BARDET J.-P., *Rouen aux XVIIe et XVIIIe siècles*, 2 vol., Paris, 1983.

BAYARD F., *Le monde des financiers au XVIIe siècle*, Paris, 1988.

BENREKASSA G., *Le Concentrique et l'Excentrique, marges des Lumières*, Paris, 1980. — *La politique et sa mémoire*, Paris, 1983.

BERCE Y.-M., *Histoire des Croquants*, 2 vol., Genève, 1974.

BERENGER J., *Turenne*, Paris, 1987.

BERGIN J., *Pouvoir et fortune de Richelieu*, Paris, 1987 ; id., *The Rise of Richelieu*, Yale, 1991.

BERTAUD J.-P., *Les causes de la Révolution française*, Paris, 1992.

BLET P., *Le Clergé de France et la monarchie*, 3 vol., Rome, 1959-1985.

BLUCHE Fr., *Louis XIV*, Paris, 1984 ; *Dictionnaire du Grand Siècle*, Paris, 1990.

BRAUDEL F., *L'identité de la France*, 3 vol., Paris, 1986.

BRAUDEL F., *La Méditerranée au temps de Philippe II*, Paris, 1947, 2e éd. 1978 — *Civilisation matérielle, économie et capitalisme, XVe-XVIIIe siècles*, 3 vol., Paris, 1979.

BRAUDEL, LABROUSSE et coll., *Histoire économique et sociale de la France*, t. 2, *1660-*1789, Paris, 1970.

BRIGGS C., *Early modern France, 1560-1715*, Oxford, 1977.

CABOURDIN G., *Terre et hommes en Lorraine*, 2 vol., 1550-1635, Nancy, 1977.

CABOURDIN G. et VIARD G., *Lexique historique de la France d'Ancien Régime*, Paris, 1992.

CARRIÈRE Ch., *Négociants marseillais au XVIIIe siècle*, 2 vol. Marseille, 1973.

CASSELLE P., « *Le commerce des estampes à Paris dans la seconde moitié du XVIIIe siècle* », thèse de l'École des Chartes, Paris, 1976.

CASTAN Y., *Honnêteté et relations sociales en Languedoc, 1715-1780*, Paris, 1974.

CASTAN N., *Justice et répression en Languedoc à l'époque des Lumières*, Paris, 1980. — *Les Criminels de Languedoc*, Toulouse, 1980.

CHARTIER R., *Les origines culturelles de la Révolution française*, Paris, 1990.

CHARTIER R., « L'Ancien Régime typographique », in *Annales E.S.C.*, Paris, 1978. — *Intellectual and Social History, on Reappraisal in Modern Europe Intellectual History*, Cornell U.P., Ithaca (U.S.A.), 1984.

CHARTIER R., JULIA D., COMPÈRE M.-M., *L'Éducation en France du XVIe au XVIIIe siècle*, Paris, 1976.

CHARTIER R., « La ville dominante et soumise » in *Histoire de la France urbaine*, G. Duby et E. Le Roy Ladurie, tome 3, Paris, 1981.

CHAUNU P., *La Civilisation de l'Europe classique*, Grenoble-Paris, 1960. — *La Civilisation de l'Europe des Lumières*, Grenoble-Paris, 1971. — *La Mort à Paris*, Paris, 1978.

CHEVALLIER P., *Louis XIII*, Paris, 1979.

CLOULAS I., *Catherine de Médicis*, Paris, 1979.

CORVISIER A., *Dictionnaire d'Art et d'Histoire militaire*, Paris, 1988.

CORVISIER A., *Louvois*, Paris, 1983.

CROIX A., *La Bretagne aux XVIe et XVIIe siècles, la vie, la mort, la foi*, 2 vol., Paris, 1981.

DARNTON R., *L'Aventure de l'Encyclopédie*, Paris, 1983. — *Bohème littéraire et Révolution, le monde des livres au XVIIIe siècle*, Paris, 1983. — *Le Massacre des chats*, Paris, 1984.

DAVENSON H., *Le Livre de la chanson*, Neuchâtel, 1957.

DELUMEAU J., *La Peur en Occident, XIVe-XVIIIe siècles*, Paris, 1978. — *Le Catholicisme entre Luther et Voltaire*, Paris, 1971. — *Naissance et affirmation de la Réforme*, Paris, 1965.

DESSERT D., *Argent, pouvoir et société au Grand Siècle*, Paris, 1984 ; id., *Fouquet*, Paris, 1987.

DEYON P., *Amiens, capitale provinciale...*, Paris, 1967.
DION R., *Histoire de la vigne et du vin en France des origines au XIXe siècle*, 1959.
DION P.-M., « Itinéraire intellectuel et réussite nobiliaire au XVIIIe siècle. Le prince de Croÿ, 1718-1784 », thèse de l'École des Chartes, Paris, 1984.
DUBY et coll., *Histoire de la France rurale*, t. 2, Paris, 1975. — *Histoire de la France urbaine*, t. 3, Paris, 1981.
DUPAQUIER J. et coll., *Histoire de la population française*, t. 2, Paris, 1988.
DUPRONT A., « Vie et création religieuse de la France moderne, XIVe-XVIIIe », in *La France et les Français*, Paris, 1972.
DURAND G., *Vin, vigne et vignerons en Lyonnais et Beaujolais, XVIe-XVIIIe siècles*, Lyon, 1979.
FEBVRE L., *Le Problème de l'incroyance au XVIe siècle, la religion de Rabelais*, Paris, 1947.
FERTÉ J., *La Vie religieuse dans les campagnes de la région parisienne, 1622-1695*, Paris, 1962.
FLANDRIN J.-L., *Les Amours paysannes*, Paris, 1975. — *Familles...*, Paris, 1976.
FOUCAULT M., *Histoire de la Folie, Folie et déraison à l'âge classique*, Paris, 1961.
FURET F. et OZOUF J., *Lire et écrire, l'alphabétisation des Français, de Calvin à Jules Ferry*, Paris, 1977.
GARDEN M., *Lyon et les Lyonnais au XVIIIe siècle*, Paris, 1970.
GELIS J., LAGET M., MOREL M.-F., *Entrée dans la vie, naissance et enfance dans la France traditionnelle*, Paris, 1978.
GOUBERT P., *La Vie quotidienne des paysans français au XVIIe siècle*, Paris, 1982. — *Beauvais et le Beauvaisis de 1600 à 1730*, 2 vol., Paris, 1960 ; éd. abrégée ; *Cent mille provinciaux au XVIIe siècle*, Paris, 1968. — *Louis XIV et vingt millions de Français*, Paris, 1966 ; rééd. augmentée, Paris, 1977.
GOUBERT P., *Mazarin*, Paris, 1990.
GOULEMOT J.-M., *Mémoires* de Valentin Jamerey-Duval, Paris, 1981.
GRIVEL M., « Le commerce de l'estampe à Paris au XVIIe siècle », thèse de 3e cycle Paris IV, 1982.
GUTTON J.-P., *La Société et les pauvres, l'exemple de la généralité de Lyon*, Paris, 1970.
HEINICH N., *La Constitution du champ de la peinture française au XVIIe*, Paris, 1981.
JACQUART J., *La Crise rurale en Ile-de-France, 1550-1670*, Paris, 1974. — *François Ier*, Paris, 1981.
JULIA D. et FRIJHOFF W., *École et Société dans la France d'Ancien Régime*, Paris, 1975.
KLEINMAN R., *Anne of Austria*, Colombus, 1985.
LACHIVER M., « Vin, vigne et vignerons en région parisienne du XVIIe au XIXe siècle », Société d'hist. et d'archéol. de Pontoise et du Vexin, 1982. — *La Population de Meulan du XVIIe au XIXe siècle*, Paris, 1969.
LACHIVER M., *Vins, vignes et vignerons*, Paris, 1988 ; *Les années terribles, 1680-1720*, Paris, 1991.
LAGET M., *Naissance, l'accouchement avant l'âge de la clinique*, Paris, 1981.
LAGRAVE H., *Le Théâtre et son public à Paris dans la première moitié du XVIIIe siècle*, Paris, 1969.
LEBRUN F., *Les Hommes et la mort en Anjou aux XVIIe et XVIIIe siècles*, Paris, 1971. —*Se soigner autrefois, médecins, saints et sorciers aux XVIIe et XVIIIe siècles*, Paris, 1983. — *La Vie conjugale sous l'Ancien Régime*, Paris, 1975.
LEBRUN F., *La Vie conjugale sous l'Ancien Régime*, Paris, 1994.
LEBRUN F., QUEMIART J., VENARD M., *Histoire générale de l'enseignement et de l'éducation en France*, t. 2, *De Gutenberg aux Lumières*, Paris, 1981.
LÉON P. et coll., *Histoire économique et sociale du monde*, t. 2 et 3, Paris, 1978.
LÉON P., *Économies et société préindustrielles, 1650-1780*, Paris, 1970.
LE ROY LADURIE E., *Les Paysans de Languedoc*, 2 vol., Paris, 1962 ; éd. abrégée, Paris, 1969.
LESPAHNOL A., *Messieurs de Saint-Malo*, Saint-Malo, 1990.

LOTTIN A., *Vie et mentalité d'un Lillois sous Louis XIV*, Lille, 1968. — *Lille, citadelle de la Contre-Réforme, 1598-1660*, Lille, 1984.
LOUGH J., *Paris theaters audiences in the 17th and 18 th centuries*, Oxford, 1957.
LOUX F., *Le jeune Enfant et son corps dans le monde traditionnel*, Paris, 1978.
MANDROU R., *La France aux XVIIe et XVIIIe siècles*, Paris, 1967. — *Magistrats et sorciers en France au XVIIe siècle*, Paris, 1968.
MARION M., *Dictionnaire des institutions de la France aux XVIIe et XVIIIe siècles*, Paris, 1923 ; rééd. 1968.
MARTIN H.-J., *Livre, pouvoir et société à Paris au XVIIe siècle*, Paris, 1969.
MÉNÉTRA J.-L., *Journal de ma vie*, éd. par D. Roche, Paris, 1982.
MÉTHIVIER H., *L'Ancien Régime en France*, Paris, 1981.
MÉTHIVIER H., *La Fronde*, Paris, 1984.
MEUVRET J., *Le Problème des subsistances à l'époque Louis XIV*, 2 vol., Paris, 1977.
MEYER J., *La Noblesse bretonne au XVIIIe siècle*, 2 vol., Paris, 1966 ; éd. abrégée, Paris, 1972.
MICHAUD C., *L'Église de France et l'argent : les receveurs généraux du Clergé aux XVIe et XVIIe siècles*, Paris, 1991.
MOUSNIER R., *Les Institutions de la France sous la monarchie absolue*, 2 vol., Paris, 1974 et 1980.
MUCHEMBLED R. et coll., *Magie et sorcellerie en Europe du Moyen Âge à nos jours*, Paris, 1994.
MUCHEMBLED R., *Société, cultures et mentalités dans la France moderne*, Paris, 1994.
PEROUAS L., *Le Diocèse de La Rochelle de 1616 à 1724*, Paris, 1964.
PERRENOUD A., *La Population de Genève du XVIe au début du XIXe siècle*, Genève, 1979.
PERRONET M., *Les Évêques de l'ancienne France*, Lille, 1977.
PERROT J.-C., *Caen au XVIIIe siècle, genèse d'une ville moderne*, Paris, 1975.
PLONGERON B., *Théologie et politique au siècle des Lumières*, Paris, 1973.
POITRINEAU A., *Remues d'hommes... XVIIe-XVIIIe siècles*, Paris, 1983.
POITRINEAU A., *Ils travaillaient la France. Métiers et mentalités du XVIe au XIXe siècle*, Paris, 1993.
QUENIART J., *Culture et société urbaine dans la France de l'Ouest au XVIIIe siècle*, 2 vol., Lille, 1977.
RICHET D., *La France moderne, l'esprit des institutions*, Paris, 1973.
ROCHE D., *Le Siècle des Lumières en province. Académies et académiciens provinciaux*, Paris, 1978. — *Le Peuple de Paris*, Paris, 1981.
SAINT-JACOB P. de, *Les Paysans de la Bourgogne du Nord au dernier siècle de l'Ancien* Régime, Paris, 1960.
TAVENEAUX R., *Le Catholicisme de la France classique*, Paris, 1980.
TOCQUEVILLE A. de, *L'Ancien Régime et la Révolution*, 1re éd., 1856.
VENARD M., *Le Diocèse d'Avignon et la Contre-Réforme*, Lille, 1982.
WOLF J., *Louis XIV*, New York, 1968.

COMPLÉMENT BIBLIOGRAPHIQUE

BEGIN K., *Les princes de Condé, patrons et mécènes au Grand Siècle*, Seyssel, 1998.
BÉLY L., éd., *Dictionnaire de l'Ancien Régime*, PUF, 1996.
BERCÉ Y.-M., *Fêtes et révoltes. Des mentalités populaires du XVIe au XVIIIe siècle*, Hachette, 1976.
BERGIN J., *L'ascension de Richelieu*, Payot, 1994.
BILLACOIS F., *Le duel dans la société française des XVIIe et XVIIIe siècles*, Éd. de l'EHESS, 1986.
BOURGEON J.-L., *Les Colbert avant Colbert*, PUF, 1973 (2e éd. 1986).
BOURQUIN L., *Noblesse seconde et pouvoir en Champagne au XVIe et XVIIe siècle*, Publications de la Sorbonne, 1994.
CHAGNIOT J., *Paris et l'armée au XVIIIe siècle*, Economica, 1985.
CHARTIER R. et MARTIN H.J., éds, *Histoire de l'édition française*, 4 vol., Promodis, 1982-1989.
COQUERY N., *L'Hôtel aristocratique, le marché du luxe à Paris au XVIIIe siècle*, Publications de la Sorbonne, 1998.

CORNETTE J., *Le Roi de guerre. Essai sur la souveraineté dans la France du Grand Siècle*, Payot, 1993.
DAMIEN R., *Bibliothèque et État. Naissance d'une raison politique dans la France du XVIIe siècle*, PUF, 1995.
De l'État, fondation juridique, outil symbolique, *Revue de synthèse*, LXII, 1991.
DION M.-P., *Emmanuel de Croy*, U. Bruxelles, 1987.
DUBOST J.-F., *La France italienne, XVIe-XVIIe siècle*, Aubier, 1997.
DUBOST J.-F. et SAULIER P., *Et si on faisait payer les étrangers ? Louis XIV. Les immigrés*, Flammarion, 1999.
DULONG C., *La fortune de Mazarin*, Perrin, 1990.
DURAND Y., *Les Fermiers généraux au XVIIIe siècle*, PUF, 1970, rééd. Maisonneuve et Larose, 1996.
ELLIOTT J.H., *Richelieu et Olivares*, PUF, 1991.
FOGEL M., *Les cérémonies de l'information dans la France du XVIIe au milieu du XVIIIe siècle*, Fayard, 1980.
FUMAROLI M., *La diplomatie de l'esprit, de Montaigne à La Fontaine*, Hermann, 1994.
FUMAROLI. M., *L'âge de l'éloquence*, Droz, rééd. 1995.
GAYOT G., *Les draps de Sedan. 1646-1870*, Éd. de l'EHESS, 1998.
GENET J.-P., *L'État moderne*, Éd. du CNRS, 1990.
GIESEY R., *Cérémonial et puissance souveraine en France. XVe-XVIIe siècle*, A. Colin, 1987.
GIESEY R., *Le Roi ne meurt jamais. Les obsèques dans la France de la Renaissance*, Flammarion, 1987.
GRELL Ch., *L'Histoire contre érudition et philosophie : étude sur la connaissance historique à l'âge des Lumières*, PUF, 1993.
GUIGNET Ph., *Le pouvoir dans la ville*, Éd. de l'EHESS, 1990.HANLEY S., *Le lit de justice des rois de France. L'idéologie constitutionnelle dans la légende, le rituel, le discours*, Aubier, 1991.
KAPLAN S., *Le pain, le peuple, le Roi. La bataille du libéralisme sous Louis XV*, Perrin, 1986.
KAPLAN S., *Les ventres de Paris. Pouvoir et approvisionnement dans la Ferme d'Ancien Régime*, Fayard, 1988.
KAPLAN S., *Le meilleur pain du monde*, Fayard, 1996.
LEMARCHAND G., *La fin du féodalisme dans le pays de Caux*, Perrin, 1989.
MARGAIRAZ D., *Foires et marchés dans la France pré-industrielle*, Éd. de l'EHESS, 1988.
MINARD Ph., *Typographie des Lumières*, Seyssel, 1986.
MINARD Ph., *La fortune du colbertisme. État et industrie dans la France des Lumières*, Fayard, 1998.
MORICEAU J.-M., *Les fermiers de l'Île-de-France*, Fayard, 1994.
MORINEAU M., *Les faux semblants d'un démarrage économique. Agriculture et démographie en France au XVIIIe siècle*, A. Colin, 1971.
NAGLE J., *Le droit du marc d'or des officiers*, Droz, 1992.
NASSIET M., *Noblesse et pauvreté. La petite noblesse en Bretagne, XVe-XVIIIe siècle*, Société d'histoire et d'archéologie de Bretagne, 1993.
NICOLAS J., *La Savoie au XVIIIe siècle : noblesse et bourgeoisie*, Maloine, 1977.
PARKER G., *La Guerre de Trente Ans*, Aubier-Montaigne, 1987.
POITRINEAU A., *Ils travaillaient la France. Métiers et mentalités du XVIe au XIXe siècle*, A. Colin, 1992.
POUSSOU J.-P., *Bordeaux et le sud-ouest au XVIIIe siècle*, Touzot, 1983.
QUÉNIART J., *Les hommes, l'Église et Dieu dans la France du XVIIIe siècle*, Hachette, 1978.
RANUM O., *La Fronde*, Le Seuil, 1995.
RANUM O., *Les créatures de Richelieu. Secrétaires d'État et surintendant des Finances*, 1966.
ROCHE D., *La culture des apparences*, Fayard, 1989.
ROCHE D., *La France des Lumières*, Fayard, 1993.
ROCHE D., *Histoire des choses banales*, Fayard, 1997.
SABATIER G., *Versailles ou la figure du Roi*, A. Michel, 1999.
SCHNAPPER A., *Curieux du Grand Siècle. Collections et collectionneurs dans la France du XVIIe siècle*, 2 vol., Flammarion, 1988-1994.
TALLON A., *La Compagnie du Saint-Sacrement, 1629-1667*, Éd. du Cerf, 1990.
TOUZERY M., *L'invention de l'impôt sur le revenu. La taille tarifée*, Imprimerie Nationale, 1994.
VIALA A., *Naissance de l'écrivain*, Éd. de Minuit, 1985.
VOVELLE M., *Piété baroque et déchristianisation en Provence au XVIIIe siècle. Les attitudes devant la mort*, Le Seuil, 1973.
VOVELLE M., *L'homme des Lumières*, Le Seuil, 1996.

INDEX DES NOMS DE PERSONNES

Les numéros des tomes sont indiqués en chiffres romains, et en italique.

TABLE DES MATIÈRES

TABLE DES PORTRAITS

TABLE DES CARTES

ILLUSTRATIONS

Bulloz : 321. Cabaud M. : 40, 137, 137, 238, 264, 272, 273, 295, 313, 351. Centre médico-technique de l'A.P. : 114, 118, 155, 333, 343. Jean-Loup Charmet : 85, 156, 227. Dufau A. : 143, 213. Edimedia : 53, 147, 151, 184, 247, 299, 301, 324, 339, 350, 371. Explorer : 30, 205, 234, 281, 281, 282, 286, 319, 331, 358, 360, 363, 370. Giraudon : 6, 16, 49, 100, 102, 109, 111, 123, 167, 178, 189, 194, 195, 200, 205, 219, 249, 255, 261, 265, 267, 268, 278, 328, 347, 362. Anderson-Giraudon : 41. Lauros-Giraudon : 36, 92, 215, 243. Hubert Josse : 290. Ouest-France : 180. Photothèque Armand Colin : 93, 221, 367. Rapho : 115. Roger-Viollet : 44, 45, 47, 52, 60, 66, 71, 196, 235, 312. Scala : 23. Yan-J. Dieuzaide : 159.

Abbeville, Bibliothèque Municipale : 292, 317. *Amsterdam,* Rijksmuseum-Stitching : 25. *Auray,* Basilique Sainte-Anne : 123, 172. *Bordeaux,* Bibliothèque Municipale : 227, 227. *Dijon,* Musée des Beaux-Arts : 131, 185, 187. *Épinal,* Musée Départemental des Vosges : 285. *Genève,* Bibliothèque Publique et Universitaire : 29. *Grenoble,* Musée Dauphinois : 11. *Le Mans,* Musées du Mans : 34, 211, 258, 259. *Marseille,* Archives municipales : 79, 91, 119, 173. *Nancy,* Musée Historique Lorrain : 14. *Paris,* Bibliothèque Nationale : 82, 166, 176, 306 ; Bibliothèque Sainte-Geneviève : 19, 19 ; Musée des Arts et Traditions populaires : 58, 67, 67, 134, 163, 239, 239, 283, 374 ; Musée Carnavalet : 246 ; Réunion des Musées Nationaux : 279. *Rouen,* Musée National de l'Éducation. INRP : 75, 127, 197, 332 ; Musée Flaubert : 119.

Hors-texte couleurs :

pp. 32-33 : R.M.N., Edimedia
pp. 64-65 : Explorer, Ouest-France
pp. 96-97 : Top/Rosine Mazin, R.M.N.
pp. 112-113 : Top/Rosine Mazin, R.M.N.
pp. 128-129 : R.M.N. Lauros-Giraudon
pp. 160-161 : Explorer, Yan-J. Dieuzaide
pp. 192-193 : Top/Rosine Mazin, Top
pp. 224-225 : Photothèque Armand Colin, R.M.N.
pp. 256-257 : Explorer
pp. 288-289 : Explorer, R.M.N.
pp. 336-337 : Explorer
pp. 352-353 : Explorer, Top/Rosine Mazin

N° d'éditeur : 10101161-(III)-(2,4) - CABL 90 - D.L. : Janvier 2003
Imprimé en France par I.M.E. - 25110 Baume-les-Dames - N° Impression : 16493